湖南省教育科学“十四五”规划课题“利用错题资源进行反思性教学的实践研究”（课题编号：ND227364）成果
湖南省基础教育教学改革研究重点项目“小学数学错题归因、整理及应用”（项目编号：Z2023159）成果

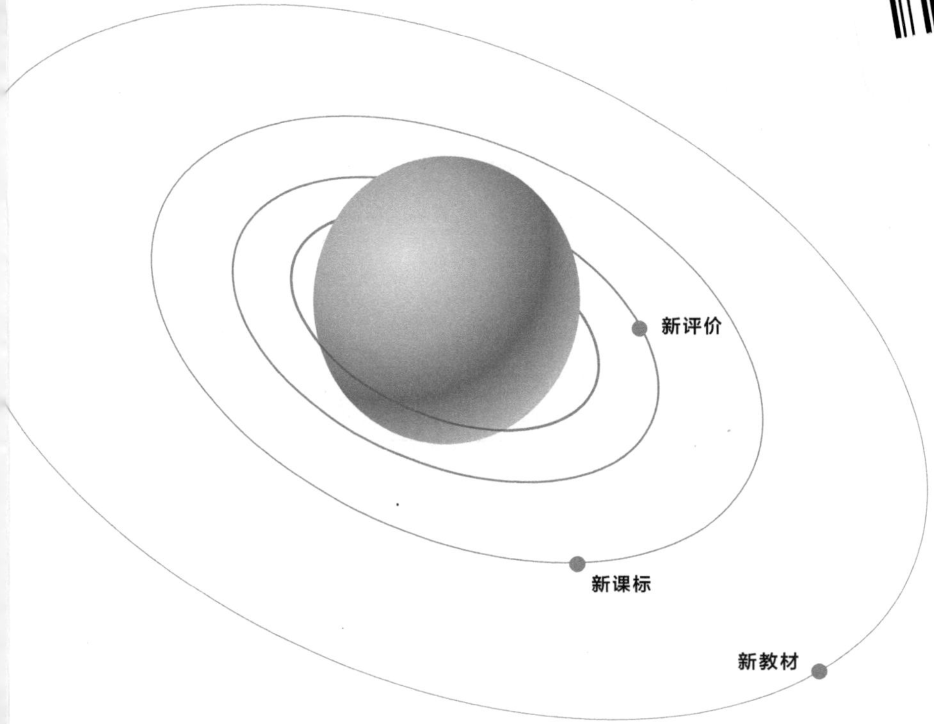

反思性教学

"三新"改革下的理论重构与课堂实践

李丽 著

湖南大学出版社

图书在版编目（CIP）数据

反思性教学："三新"改革下的理论重构与课堂实践 / 李丽著. -- 长沙：湖南大学出版社，2025. 7.
ISBN 978-7-5667-4214-8

Ⅰ. G420

中国国家版本馆 CIP 数据核字第 2025XJ7557 号

反思性教学："三新"改革下的理论重构与课堂实践

FANSIXING JIAOXUE："SANXIN" GAIGE XIA DE LILUN CHONGGOU YU KETANG SHIJIAN

著　　者：李　丽
责任编辑：吴颖辉
整体设计：风格八号
印　　装：长沙创峰印务有限公司
开　　本：787 mm×1092 mm　1/16　　**印　　张**：12.75　　**字　　数**：286 千字
版　　次：2025 年 7 月第 1 版　　**印　　次**：2025 年 7 月第 1 次印刷
书　　号：ISBN 978-7-5667-4214-8
定　　价：56.00 元

出 版 人：李文邦
出版发行：湖南大学出版社
社　　址：湖南·长沙·岳麓山　　**邮　　编**：410082
电　　话：0731-88822559（营销部），88649149（编辑室），88821006（出版部）
传　　真：0731-88822264（总编室）
网　　址：http://press.hnu.edu.cn
电子邮箱：290531289@qq.com

李　丽

邵东市教育科学研究所副所长，正高级教师。全国基础教育科研先进个人，湖南省首届青年精英教师、湖南省首届义务教育阶段名师、湖南省卓越教师培养对象，邵阳市骨干教师、邵阳市师德楷模。

序 1

反思的力量

在当今教育改革的大潮中，“三新”（即新课标、新教材、新评价）背景正以前所未有的力度推动着我国教育体系的现代化进程。这一背景下，课堂教学改革成为教育界关注的焦点，而反思性教学作为提升教学质量、促进教师专业成长的重要途径，更是备受推崇。李丽老师所著的《反思性教学：“三新”改革下的理论重构与课堂实践》一书正是在这一关键时期应运而生，为广大一线教师提供了系统、实用的反思性教学实践指南。

反思性教学，作为一种以探究和解决教学问题为基本点、以追求教学实践合理性为目标、以促进教师专业发展为目的的教学行为，其重要性不言而喻。在“三新”背景下，面对新课标的全新要求、新教材的深度变革以及新评价下的不断探索，教师们迫切需要一种能够引导他们深入思考、持续改进的教学理念和方法。本书正是基于这样的时代需求和教育背景，为广大教师提供了一盏明灯。

本书的结构严谨、内容丰富。李丽老师从反思性教学的理论基础出发，系统梳理了反思性教学的历史渊源、理论依据、定义与核心理念，为后续的实践探索奠定了坚实的理论基础；接着，她详细阐述了反思性教学的构成要素、教学反思的类型与方法，以及一线教师在教学反思中普遍存在的问题与提升策略。这些内容为教师们在实践中如何开展反思性教学提供了具体的指导和参考。

尤为值得一提的是，本书通过大量的案例分析，展示了反思性教学在不同学科、不同教学场景中的具体应用与成效。这些案例均来自一线教师的教学实践，生动具体，既反映了教师们在教学实践中的真实困惑和挑战，也展示了他们通过反思性教学取得的显著成效和宝贵经验。这些案例的分享，无疑将激发教师们的共鸣和思考，为他们提供可借鉴、可复制的实践模式。

此外，李丽老师还结合新课标、新教材、新评价的要求，深入探讨了反思性教学在推动课堂教学改革中的重要作用与实践路径。她强调，反思性教学不仅是教师专业成长的重要途径，更是提升教学质量、促进学生全面发展的有效手段。这一观点无疑为当前的教育改革提供了新的思路和方向。

我作为一名教育工作者、一名教师培训师，深知一线教师，特别是刚走上讲台的新教师，他们在教学实践中面临的种种挑战和困惑。新教师从入职之始，我们就要培养其反思意识；青年教师要学会反思，不断提升反思重构这种关键能力；骨干教师要养成反思习惯，且成长且反思；卓越教师和教育专家要具备深度反思的品质，在理论与实践之间来回反思，形成自己的教育主张或思想。总之，反思是一面伴随教师终身专业成长的“镜子”。它是帮助教师发现问题的“放大镜”，是聚焦问题的“显微镜”，是拓展视野的“广角镜”，更是高瞻远瞩的“望远镜”。

李丽老师的这本书，无疑为教师们提供了一把开启智慧之门的钥匙。我衷心希望广大教师能够认真地阅读这本书，从中汲取营养，不断地提升自己的教学水平和专业素养。同时，我也期待这本书能够成为教育界同仁们交流思想、分享经验的平台。让我们携手共进，在“三新”背景下，共同探索反思性教学的无限可能，为培养更多适应未来社会需求的优秀人才而不懈努力！

邵东市教师进修学校
党总支书记

2025 年 1 月 20 日

序 2

反思是教与学不断优化的核心密码

教与学没有一劳永逸的模式，需要“苟日新，日日新，又日新”地不断优化，而不断优化的核心密码是反思。成为一名熟练型教师是容易的，但要想成为一名卓越教师，则必须形成反思的习惯。世界知名的教师、教育学者，斯坦福大学教授李·舒尔曼曾提出：“教学是一门遗憾的艺术。”当你离开教室时，你的教学经验、失败教训，都会随着时间流逝而烟消云散，因此，教师必须重视教学记录的价值。在记录时，必然伴随着对教学的反思，这种反思能够帮助我们找到替代当前教与学行为和观念的更好路径，促进教与学更好地发展。

我个人非常重视教学反思，具体体现为一旦我对教学有想法，便会将其记录下来，当我再次面对自己的记录时，我能对其不断地追问，开展持续性思考，这样我就会想到更好的教学策略。我有两个反思的习惯：第一，如果遇到优秀课例，我会对着课件逐页回观，看一看授课者呈现了什么学习内容，如何呈现学习内容，以及这种呈现能否让学生与学习内容之间深度互动，让学生在学习实践中学会学习；第二，我会遵循质性研究的基本思路，一方面描述课堂发生的事件，尽可能还原课堂事件的生成过程，另一方面我会退回到这些事件的后台，反思这些事件背后的理念、假设，琢磨其是否经得起推敲，确保自己能实现深度反思，从而让自己获得更好的发展。

2017 年，李丽老师作为湖南省的名师到北京来学习，我非常荣幸给他们班上过一节课，主题是“基于自我研究的教育教学思想的凝练”。这是基于我的硕士论文开发的一个教师培训课程。我们认识后，时常关注着对方的动态。2023年，我连同李才强老师、刘姣老师和吕丹老师共同创办了十年读书会。李丽老师邀请我介绍一本反思性教学方面的书，我因为工作原因迟迟没有推荐，她后来咨询我《反思性教学：一个已被证明能让所有教师做到最好的培训项目》是否值得一读。我没有读过这本书，咨询了这方面的研究同行，他们给我的反馈是，这本书的质量蛮不错。于是，李丽名师工作室的成员，再加上十年读书会的书友就这本书共同开展了为期近五个月的精读，李老师及其工作室成员每次的分享都让我非常惊艳。具体表现是他们不仅能够对书本的内容做精细的剖析和分解，还能够触类旁通、学以致用、学有建构，让这本书的思想和精神能够在数学教学中开花结果。

非常欣喜李老师及其团队成员完成了《反思性教学："三新"改革下的理论重构与课堂实践》一书，这是她和团队长期思考与实践的结果，是一本依托理论指导，不断在实践中验证的教育智慧结晶。通读这本著作，我发现它有四个特点：第一，注重理论澄清，具体表现为澄清了反思性教学的理论源头、发展脉络，分析了反思性教学的核心构成要素。第二，注重本土创新，具体表现是提出了指导反思性学的“五步四制”模型，指导反思性教的“三阶九问”反思框架和“双轮驱动”的反思性教学模式创新，这些都是反思性教学的中国话语和中国表达。第三，凸显案例分析，具体表现是这本书结合新课标、新教材和新评价的背景，提供了众多真实案例，丰富的案例可以帮助读者们看到反思性教学理论在数学教学中落实落细的精妙之处，打开了反思性教学的宝盒，呈现了反思性教学的后台。第四，紧扣错误资源，错误是进步的阶梯，李丽老师借助错误资源开展反思，让错误彰显出教育的价值，这一点我亦特别欣赏。我相信这本书能够对读者有所裨益。

北京师范大学教育学博士
北京教育学院讲师
靳伟

2025年1月8日

前　言

在教育的广阔天地里，每一位教师都是探索者，每一间教室都是实验室。我，作为一名小学数学教研员、正高级教师，深知自己肩上的责任与使命。多年来，我带领全县小学数学教师及我主持的名师工作室，深耕于“反思性教学”的研究与实践，致力于推动课堂教学的改革与创新。

“反思性教学”对我而言，不仅仅是一种教学理念，更是一种行动指南。它促使我不断审视自己的教学实践，从中发现问题、分析问题，并寻求解决问题的策略。这种自我反思的过程，让我更加深入地理解了学生的学习需求，也让我更加清晰地看到了自己作为教师的成长轨迹。

在过去的十年里，我以 3 个省级重大课题为抓手，潜心研究“反思性教学”。其中，历时 5 年的“基于课例研究提升小学数学教师教学反思能力的行动研究”这一课题，最终荣获了“第五届湖南省基础教育教学成果奖”。这是对我研究工作的肯定，也是对我继续前行的激励。

2022 年，我主持了湖南省规划课题“利用错题资源进行反思性教学的实践研究”，2023 年主持了湖南省首届基础教育改革重点项目“小学数学错题归因、整理与应用”。这些课题的研究，让我更加坚信“反思性教学”的价值与意义。它们不仅提升了我的教学能力，也为我的研究提供了丰富的案例和理论支撑。

为了更好地梳理和总结我在“反思性教学”研究中的理论探索

和实践经验，也为了展示我和我的团队在课堂教学改革中所取得的成果，我撰写了这本《反思性教学："三新"改革下的理论重构与课堂实践》。

我希望这本书能够为广大的教育工作者提供一些有益的启示和借鉴，更希望它能够激发更多的教师投入到"反思性教学"的研究与实践中来，共同推动我们基础教育的改革与发展。因为，我深知，只有每一位教师都行动起来，都成为教学的反思者、研究者、创新者，我们的教育才能真正地走向未来，走向更加美好的明天。

邵东市教育科学研究所　副所长
正高级教师

2024 年 12 月 30 日

目　次

第一章 | 反思性教学的理论基础

第一节　反思性教学的定义与核心理念

一、反思性教学的定义

对于反思性教学的定义，不同学者各有侧重。例如，有学者强调反思性教学是教师自觉地把自己的课堂教学实践作为认识对象进行深入思考和总结的过程；有学者则认为反思性教学是教师通过行动研究不断探究和解决如何达到教学目的以及教学工具的使用等方面问题的过程；还有学者将反思性教学定义为教师对教学经验的反思和总结过程，强调通过反思来审视和改进自己的教学活动；等等。但无论如何定义，其核心要素都包括：教师的自我反思、教学实践的合理性追求、教师的专业成长、学生的全面发展。这些要素构成了反思性教学的核心理念与价值取向，也是反思性教学与其他教学理念相区分的重要标志。本书所研究的反思性教学，包括两层含义：一是教师反思性地教，二是学生反思性地学。

（一）教师反思性地教：教学实践的智慧与探索

教师反思性地教，是反思性教学的第一层含义。它强调教师在教学实践中的主体地位和主动作用，要求教师以探究和解决教学问题为基本点，通过不断地反思和改进，提升教学实践的合理性。

1. 探究与解决教学问题

反思性教学要求教师具备敏锐的问题意识，能够发现教学实践中的问题，并进行深入探究。这些问题可能涉及教学决策、教学技术、教学伦理等多个层面。教师需要以严谨的态度和科学的方法，对这些问题进行深入探究，寻求有效的解决办法。通过这一过程，教师能够不断积累教学经验，提升教学实践能力。

2. 追求教学实践的合理性

反思性教学追求教学实践的合理性，即教师的教学实践应符合教育规律和学生的实际需求。这要求教师不断地反思自己的教学目的和教学手段，确保它们与教育理念和教学目标相一致。通过反思，教师能够发现教学实践中的不合理之处，并进行相应的调整和改进，以实现更加优质的教学。

3. 促进教师的全面发展

反思性教学还强调教师的全面发展。在反思性教学实践中，教师需要不断反思自己的教学行为、教学理念和教学效果，以获得更加全面的教学体验。这种反思不仅有助于教师发现自身的不足和缺陷，还能激发教师的责任心和进取心，促使他们更加努力地提升自己的教学实践能力。通过反思性教学，教师能够逐渐成长为更加成熟、更加专业的教育者。

（二）学生反思性地学：学习主体的觉醒与成长

学生反思性地学，是反思性教学的第二层含义，也是其重要目标之一。它强调学生在学习过程中的主体地位和主动作用，要求学生通过反思性学习，提升学习效果和学习能力。

1. 学生的主体地位与主动性

反思性教学注重学生的主体地位和主动性。在传统的教学模式中，学生往往处于被动接受知识的地位，缺乏主动性和创造性。而反思性教学则倡导学生成为学习过程的主体，引导学生积极参与学习活动，主动思考和探究问题。通过反思性学习，学生能够更加深入地理解知识，提升学习效果。

2. 反思性学习过程

反思性学习过程包括回顾、分析、评价和调整四个环节。回顾环节要求学生回顾自己的学习过程和学习成果，明确自己的学习目标和任务；分析环节要求学生对自己的学习过程和成果进行深入分析，发现自己的学习问题和不足之处；评价环节要求学生对自己的学习成果进行评估，明确自己的学习效果和进步空间；调整环节则要求学生根据评估结果调整自己的学习策略和方法，以更好地实现学习目标。

3. 学习能力的提升与全面发展

反思性学习不仅有助于提升学生的学习效果，还能促进学生的学习能力提升和全面发展。通过反思性学习，学生能够培养自己的批判性思维、创新思维和解决问题的能力等；同时，反思性学习还能帮助学生发现自己的学习兴趣和潜力所在，为未来的学习和职业发展打下坚实的基础。

（三）教师反思性地教与学生反思性地学的相互关系

教师反思性地教与学生反思性地学是反思性教学的两个核心要素，它们之间相互交织、相互促进。教师的反思性教学为学生的反思性学习提供了良好的环境和指导，而学生的反思性学习又反过来促进了教师的反思性教学。

1. 教师的引导作用

在反思性教学中，教师扮演着重要的引导者角色。他们通过设计富有启发性的教学活动和情境，激发学生的学习兴趣和探究欲望。同时，教师还通过示范、指导等方式，引导学生掌握反思性学习的方法和技巧。在教师的引导下，学生能够更加深入地理解知识，提升学习效果和学习能力。

2. 学生的反馈作用

学生的反馈是教师进行反思性教学的重要依据。通过学生的反馈，教师能够了解自己的教学效果和学生的学习情况，从而发现教学实践中的问题并进行改进。同时，学生的反馈还能激发教师的责任心和进取心，促使他们更加努力地提升自己的教学实践能力。因此，在反思性教学中，学生的反馈具有重要的作用。

3. 相互促进的良性循环

教师反思性地教与学生反思性地学之间形成了一个相互促进的良性循环。教师的反思性教学为学生的反思性学习提供了良好的环境和指导，促进了学生的学习效果和学习能力的提升；而学生的反思性学习又反过来促进了教师的反思性教学，使教师能够更加深入地了解学生的学习需求和实际情况，从而进行更加有针对性的教学改进。这种良性循环使得反思性教学在教学实践中不断得以优化和发展。

二、反思性教学的核心理念

反思性教学作为一种以学生为中心、注重教师专业发展和教学质量提升的教学模式，其核心理念包含多个层面，这些层面共同构成了反思性教学的理论框架。

1. 反思性实践

反思性教学的核心在于教师和学生的反思性实践。这不仅仅是一种简单的回顾和总结，更是一种深度的、系统的思考过程。它要求教师和学生在教学过程中不断反思自己的行为和思维，通过分析和评估，发现存在的问题，并提出改进措施。这种反思性实践有助于教师和学生形成对教学和学习的深度理解，从而不断优化教学和学习实践。

2. 持续的专业发展

反思性教学强调教师的专业发展是一个持续的过程。传统的教师培训往往是短时期的，而反思性教学则要求教师在整个职业生涯中都要进行持续的学习和发展。教师通过反思教学实践，能够不断更新教学理念和方法，提升自己的专业素养。这种持续的专业发展有助于教师适应教育改革的需要，不断提升教学质量。

3. 以学生为中心

反思性教学注重学生的主体地位，强调教学应满足学生的个性化需求。传统的教学模式往往以教师为中心，而反思性教学则要求教师关注学生的学习状况和需求，通过反思和调整教学策略，更好地满足学生的学习需求。这种以学生为中心的教学理念有助于激发学生的学习兴趣和主动性，促进学生的全面发展。

4. 批判性思维的培养

反思性教学鼓励学生进行批判性思维，通过反思和质疑，培养学生的创新思维和问题解决能力。在反思性教学中，学生不仅仅是被动的知识接受者，更是主动的思考者和探究者。他们通过反思和质疑，不断挑战自己的思维边界，从而培养出具有创新性和批判性的思维能力。

综上所述，反思性教学作为一种新兴的教学理念与实践模式，正逐步成为教育领域的热点话题。它强调教师的反思能力与专业发展，注重学生的主体地位与自主学习能力的培养。通过反思性教学，我们可以打破传统教学模式的局限，实现教学质量的持续提升和学生的全面发展。

第二节　反思性教学的历史渊源与发展

一、古代教育中的反思思想

反思性教学的思想根源可以追溯至古代东西方文化的深邃土壤之中，其核心理念在不同文明形态中均有体现，为现代反思性教学理论的形成奠定了坚实的基础。

1. 西方古代的反思思想

在西方，反思的概念最早可追溯到古希腊时期，哲学家们对于知识获取过程的思考，为后来的反思性教学提供了理论启示。例如，苏格拉底的“助产术”教学方法，通过提问引导学生自己发现真理，这一过程本质上就是一种反思的过程。柏拉图在其《理想国》中，也强调了教育与哲学思考的联系，认为教育应培养人的理性思考能力，进而促进自我反省与提升。

2. 中国古代的自省传统

在中国，尤其是儒家文化中，自省（内省）作为一种重要的道德修养方法，与反思性教学有着深刻的内在联系。儒家思想强调个人修养与道德完善，认为通过自省可以洞察自身不足，进而实现自我提升。《论语》中提出的“见贤思齐焉，见不贤而内自省也”“君子求诸己，小人求诸人”，以及“吾日三省吾身”等言论，均体现了儒家对自省的重视，强调了自我反省在道德修养中的核心地位。

儒家的自省传统不仅关注个人道德修养，还将其应用于教育领域。教师被要求以身作则，通过自省不断完善自身，同时引导学生进行自我反思，培养其独立思考和解决问题的能力。这种教育理念与反思性教学所倡导的“通过自我反思提升教学质量和促进学生全面发展”不谋而合。

二、近现代教育学中的反思理念

进入近现代，随着教育学的独立发展，反思性教学的理念逐渐明确并形成了系统的理论体系。这一时期的教育家们从不同角度对反思性教学进行了深入探讨，为其理论基础的构建提供了有力的支撑。

（一）国外反思性教学理论的发展

1. 杜威的反思性思维理论

杜威作为反思性教学的倡导者，其反思性思维理论对后世产生了深远影响。他认为反思性思维是一种主动的、系统的认识过程，个体通过此过程深入分析经验，以解决真实问题或重构理解。它不同于被动接受知识，而是“对某个问题进行严肃认真的、持续不断的深思”。这种思维方式不仅适用于个人认知发展，也适用于教育领域，促使教师不断审视自己的教学实践，寻求改进和创新。

2. 唐纳德·舍恩的反思性实践理论

舍恩进一步拓展了反思性教学的内涵，提出了反思性实践的概念。他认为基于直觉、经验等在情境中的“反思性实践”与基于工具理性的“技术性实践”是两个针锋相对的概念，强调教师对于课堂教学的洞察与反思，即时调整教学方法。舍恩的理论强调了实践者需在动态情境中融合思考和行动，提倡在“做中学”，这为反思性教学提供了更加具体的操作路径。

3. 斯蒂芬·D. 布鲁克菲尔德的批判反思型教师理论

布鲁克菲尔德则从批判性反思的角度探讨了反思性教学的价值。他认为批判反思型教师对自身教学假设、权力动态及实践效果的持续审视，确保了课堂中的权力和权威被负责任地使用，从而促进学生的深度学习。这种批判性反思有助于教师更加深刻地理解教学本质，促进教学实践的合理性。

4. 佐藤学的反思性实践

佐藤学作为日本教育学界的杰出代表，其提出的“对话性实践”和“学习共同体”理念进一步深化了反思性教学的内涵。该理念着重于构建师生共同学习、相互倾听的课堂环境，以促进学生的学习与成长。在此过程中，教师的反思性教学发挥着核心作用。教师需持续观察课堂、分析学生表现、反思教学行为，以便及时调整教学策略和方法，更贴切地满足学生的学习需求。这一教学理念凸显了教师在教学实践中的主体地位和能动性，为反思性教学的实施提供了坚实的理论支撑。他的教育理念不仅在日本取得了显著成效，也为其他国家的教育改革提供了有益的参考。

（二）国内反思性教学理论的研究

在国内，反思性教学的研究起步较晚但发展迅速。以熊川武教授为代表的教育学者在借鉴国外理论的基础上，结合我国的教育实际，对反思性教学进行了深入探讨。熊川武教授认为反思性教学是教学主体通过行动研究，不断探究与解决教学问题，将“学会教学”与“学会学习”结合，提升教学实践的合理性。这种理论不仅丰富了我国教育学的理论体系，也为我国教师的专业成长提供了有效的路径。

综上所述，反思性教学的理论基础源于古代东西方文化的深厚积淀并在近现代教育学中得到进一步地丰富与发展。它不仅吸收了古代哲学中对于知识与自我认知的深刻洞察，还融合了近现代教育学对教学实践与教师专业成长的创新思考。反思性教学逐渐从一种个体化的、内隐的教师思维活动，转变为一种具有广泛影响力的、外显的教学理念与实践。它强调教师在教学实践中的主体地位，鼓励教师对自己的教学行为进行更深入的思考与审视，通过不断地自我调整与改进，提升教学实践的合理性与有效性。

第三节　反思性教学的理论依据

反思性教学作为一种以反思为核心的教学理念与实践模式，其形成与发展有着深厚的理论基础。本节将从哲学、心理学、教育学等多个学科领域出发，深入探讨反思性教学的理论基础，以期为反思性教学的实践提供更为坚实的理论支撑。

一、哲学基础

1. 实用主义哲学

实用主义哲学是19世纪末起源于美国的重要哲学流派，强调以行动、经验和效果为核心，认为知识是通过实践和经验不断积累和发展的。反思性教学正是基于这一哲学思想，其"经验—实践—反思"的循环模式强调教师在教学实践中不断反思、探究和解决教学问题，以积累教学经验，提升教学效果。

2. 批判性思维

批判性思维是一种基于理性分析和逻辑推理的思维方式，强调对信息的主动质疑、评估与反思，而非被动接受，它是反思性教学的核心要素之一。它要求教师对教学实践进行深入地反思，具备批判性思维，能够发现教学实践中的问题，并提出改进方案。这一思想在哲学领域有着深厚的根基，强调对既有观念的审视和质疑。

二、心理学基础

1. 元认知理论

元认知理论是心理学和教育学领域的重要概念，由美国心理学家弗拉维尔于1976年提出，核心思想是"关于认知的认识"，即关注个体对自身认知活动的自我觉察、调控和评估能力。反思性教学要求构建以学生为中心的教学模式，让学生成为学习过程的主体，通过反思性学习建立自我管理机制，提升学习效果和学习能力。

2. 建构主义学习理论

建构主义学习理论是20世纪80年代以来最具影响力的教育理论之一，强调学习是学习者在已有经验基础上主动建构知识的过程，而非被动接受。基于此理论的反思性教学鼓励学生进行深入的反思性学习，培养自身批判性思维与解决问题的能力，实现个人的全面发展。建构主义学习理论颠覆了传统教育的“灌输”模式，强调学习者的主体性与社会互动性，为现代教育改革提供了重要范式。

三、教育学基础

1. 教师专业发展理论

教师专业发展理论强调教师在教学实践中的不断发展和成长。反思性教学要求教师以探究和解决教学问题为基本点，追求教学实践的合理性，实现教师的全面发展。这一理念与教师专业发展理论的核心思想相契合。

2. 全人教育理念

全人教育理念强调学生的全面发展，包括认知、情感、社会等多个方面。反思性教学要求学生成为学习过程的主体，通过反思性学习实现自身的全面发展，这与全人教育理念的核心思想是一致的。

四、“新课程标准”与教师发展标准

1.《义务教育数学课程标准（2022 年版）》

《义务教育数学课程标准（2022 年版）》（以下简称“新课程标准”）强调，数学教学应注重培养学生的反思能力和问题解决能力。“新课程标准”要求教师在教学过程中，引导学生通过反思性学习，深入理解数学概念，掌握数学方法，并能够运用所学知识解决实际问题。这一要求与反思性教学的核心理念高度一致，即强调学生在学习过程中的主体地位，通过反思促进知识的深度加工和迁移应用。

2.《小学教师专业标准（试行）》

《小学教师专业标准（试行）》指出，教师应具备持续学习和自我反思的能力，能够在教学实践中不断地探究和改进，以提升教学质量。这与反思性教学对教师专业发展的要求相吻合，即教师需要通过反思性实践，不断审视和优化自己的教学策略，实现专业成长；同时，《小学教师专业标准（试行）》还强调教师应培养学生的反思习惯，引导他们学会自我评价和自我调整，这与反思性教学中学生作为学习主体的理念相一致。

3.《中小学教师培训课程指导标准（专业发展）》

《中小学教师培训课程指导标准（专业发展）》提出：“教师培训应注重提升教师的反思性实践能力和教学研究能力。”这意味着教师培训不仅要传授教学知识和技能，更要引导教师学会在教学中进行反思，通过研究改进教学实践。这与反思性教学强调教师在实践中不断反思、探究和解决教学问题的理念是一致的。同时，《中小学教师培训课程指导标准（专业发展）》还鼓励教师在培训中探索如何有效培养学生的反思能力，以促进学生的全面发展。

综上所述，反思性教学的理论基础不仅源于哲学、心理学和教育学的深厚积淀，还与当前的教育改革和教师专业发展的标准紧密相连。这些文件不仅强调了教师在教学实践中进行反思的重要性，也突出了培养学生反思能力的必要性，为反思性教学在新时代背景下的实践提供了更为坚实的理论支撑和政策导向。

第四节　反思性教学的构成要素

反思性教学作为一种以反思为核心的教学理念与实践模式，其构成要素主要包括教学目标、教学资源、教学行为、反思能力、教学环境五个方面。

一、教学目标

反思性教学的教学目标不仅关注知识的传授，更强调教师与学生的全面发展。它要求教师以探究和解决教学问题为基本点，追求教学实践的合理性，并通过这一过程实现教师的专业发展。同时，它也要求学生成为学习过程的主体，通过反思性学习提升学习效果和学习能力，实现学生的全面发展。

二、教学资源

在反思性教学中，教学资源不仅仅包括传统的教材、教具等，还包括教师与学生的经验、问题、困惑等。这些资源被视为教学过程中的宝贵财富，被用来促进教师与学生的反思与成长。同时，反思性教学也强调教学资源的多样性和动态性，鼓励教师与学生不断开发新的教学资源，以适应不断变化的教学和学习需求。

三、教学行为

反思性教学的教学行为强调教师的探究性和学生的主体性。教师不再是知识的简单传授者，而是教学问题的探究者和解决者。他们通过不断审视和改进教学实践，追求教学实践的合理性。同时，学生也被鼓励积极参与学习过程，成为学习的主动者，通过反思性学习提升自己的学习效果和学习能力。

四、反思能力

反思能力是反思性教学的核心构成要素。它要求教师具备批判性思维，能够对自己的教学实践进行深入地反思，发现其中的不足，并不断优化和改进。同时，学生也需要具备反思性学习的能力，能够对自己的学习行为、学习效果进行深入地反思，并据此调整学习策略。反思能力的提升是反思性教学的重要目标之一。

五、教学环境

教学环境在反思性教学中扮演着重要的角色。它要求教师和学生处于一个支持性的教学环境中，这个环境包括物质环境（如教室布置、教学设备等）和人文环境（如师生关系、班级氛围等）。在这个环境中，教师和学生能够自由地表达自己的想法和观点，进行深入地交流与合作，共同推动反思性教学的实施与发展。同时，教学环境也需要鼓励创新与试验，为教师和学生提供足够的空间和时间来探索新的教学方法和学习方法。

综上所述，反思性教学的构成要素包括教学目标、教学资源、教学行为、反思能力和教学环境五个维度，这些要素相互关联、相互作用，共同构成了反思性教学的完整体系。

第二章 | 如何进行教学反思

第一节 教学反思究竟“思什么”

教学反思究竟“思什么”是一线教师最关注的问题。随着“新课程标准”的颁布、新教材的实施以及新评价体系的建立，教学反思成为提升教学质量、促进学生全面发展的关键环节。教学反思不仅是对教学过程的回顾，更是对教学实践的深入分析和对未来的规划。本节将从目标、内容、教师、学生、评价五个维度，构建教学反思内容框架（见图2-1），结合实践案例，具体阐述教学反思究竟“思什么”，以期为一线教师提供实践指导。

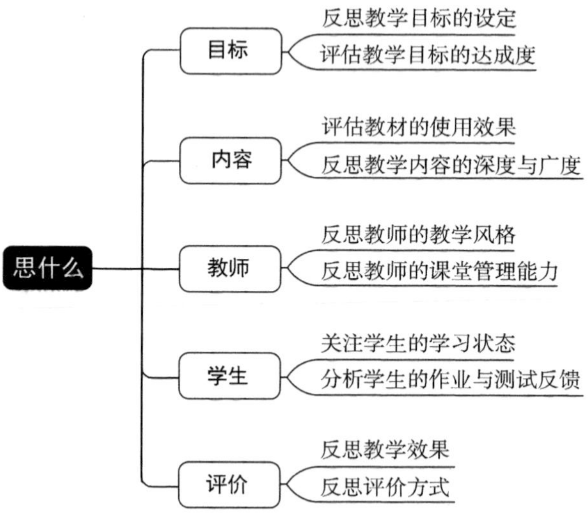

图 2-1 教学反思的内容框架图

一、目标维度

反思教学要先设定目标。教学目标是教学活动的导向，它决定了教学的内容和方向。在“新课程标准”的指导下，教学目标应体现全面性、发展性和时代性。

1. 反思教学目标的设定

在“新课程标准”的背景下，教学目标不仅要关注学生的知识技能培养，还要注重学生的情感态度、价值观以及关键能力的培养。因此，教师在设定教学目标时，需要深入思考以下几个方面。

- 教学目标是否符合“新课程标准”的要求？
- 教学目标是否关注学生的全面发展？

● 教学目标是否具有可操作性和可测量性?

2. 评估教学目标的达成度

在教学结束后，教师需要对教学目标的达成度从以下几个方面进行评估。

● 学生是否达到了预期的学习目标?

● 哪些教学目标未能达成? 原因是什么?

● 如何改进教学策略以提高教学目标的达成度?

通过分析教学目标的达成度，教师可以发现教学过程中的问题和不足，进而提出改进策略。

案例建议

在“分数的初步认识”的教学中，如果发现学生对分数概念的理解不够深入，教师可以反思自己的教学方法，尝试采用更多的实物演示和情境模拟来帮助学生理解分数。

实践方略

为了实现上述目标，我们需要采用一系列科学的方法和策略来指导教学目标的设定与反思。其中，逆向设计、学生中心以及 SMART 原则是我们尤为需要重视的三个方面。

● 逆向设计：从期望的学习成果出发，逆向规划教学活动与评价方式。

● 学生中心：调研学生兴趣、难点，确保目标贴近学生“最近发展区”。

● SMART 原则：SMART 原则是一种目标设定的方法论，为我们提供了一个清晰、具体的框架，用于指导教学目标的设定与反思。它由五个英文单词的首字母组成：具体(specific)、可测量（measurable)、可达成（achievable)、相关性（relevant)、时间限制(time-bound)。应用 SMART 原则设定教学目标可以包括以下方面。

具体性：明确教学目标的具体内容，避免模糊和笼统的表述。例如，设定“学生能够准确计算两位数的加减法”就是一个具体的目标。

可测量性：确保教学目标可以通过一定的方式进行测量和评估。例如，可以通过测试或作业来测量学生“计算两位数的加减法”的准确性。

可达成性：设定学生通过努力可以达到的教学目标。这要求我们在设定目标时，要充分考虑学生的实际情况和能力水平。

相关性：确保教学目标与“新课程标准”和学生的实际需求相关联。例如，设定的教学目标应该能够帮助学生提高他们的数学素养和解决实际问题的能力。

时限性：为教学目标设定明确的时间限制，以确保教学活动的有序进行。例如，“在本周内，学生能够准确计算两位数的加减法”就是一个具有时限性的目标。

案例建议

在教授“小数的乘除法”时，教师可以应用SMART原则设定以下教学目标：在本周内，学生能够准确计算小数的乘除法（具体性）；至少达到80%的准确率（可测量性）；并通过小组合作和课堂讲解的方式实现这一目标（可达成性）；这一目标旨在帮助学生提高他们的数学运算能力和解决实际问题的能力（相关性）；确保教学活动在本周内有序进行（时限性）。通过使用“教学目标设定表”（见表2-1）来明确每一节课的具体目标，并在课后进行反思，评估目标的达成度。由此教师可以更加明确地安排教学活动，并准确衡量学生的学习成效。

表2-1　教学目标设定表

课程主题：______________　　　　授课日期：______________

<table>
<tr><th colspan="7">一、教学目标设定</th></tr>
<tr><th>序号</th><th>教学目标</th><th>具体性</th><th>可测量性</th><th>可达成性</th><th>相关性</th><th>时限性</th></tr>
<tr><td>1</td><td>学生能够理解并掌握______________（核心概念/技能），并表现出____________（核心素养目标，如批判性思维、创新思维等）</td><td>具体描述</td><td>如何测试/评价</td><td>考虑学生水平</td><td>与新课标关联</td><td>本节课/本周</td></tr>
<tr><td>2</td><td>学生能够运用____________（知识/技能）解决____________（具体问题/情境），并在此过程中展现出__________（核心素养目标，如问题解决能力、沟通交流能力）</td><td>具体描述</td><td>如何测试/评价</td><td>考虑学生水平</td><td>与实际需求关联</td><td>本节课/本周</td></tr>
<tr><td>3</td><td>学生能够表现出对____________（情感态度/价值观）的理解和认同，并体现出____________（核心素养目标，如社会责任感、文化自信）</td><td>具体描述</td><td>如何观察/评价</td><td>考虑学生水平</td><td>与全面发展关联</td><td>本节课/本周</td></tr>
<tr><th colspan="7">二、教学目标达成度分析</th></tr>
<tr><th>序号</th><th>教学目标</th><th>达成情况</th><th>可测量性</th><th colspan="3">具体要求</th></tr>
<tr><td>1</td><td>学生能够理解并掌握______________（核心概念/技能），并表现出____________（核心素养目标）</td><td>是/否</td><td>如何测量/评价</td><td colspan="3">针对未掌握的学生，提供更多的练习和辅导，同时设计活动以强化核心素养目标</td></tr>
<tr><td>2</td><td>学生能够运用____________（知识/技能）解决____________（具体问题/情境），并在此过程中展现出__________（核心素养目标）</td><td>是/否</td><td>如何测量/评价</td><td colspan="3">设计更多的实际情境练习，提高学生的问题解决能力，并注重在活动中培养学生的核心素养</td></tr>
</table>

续表

3	学生能够表现出对__________（情感态度/价值观）的理解和认同，并体现出__________（核心素养目标）	是/否	如何测量/评价	通过课堂讨论和分享，增强学生对情感态度和价值观的认同，并通过实践活动培养学生的核心素养
三、教学反思与改进				
1. 总体反思：本节课的教学目标设定是否合理？是否全面考虑了学生的发展需求以及核心素养的培养？ 2. 问题与挑战：在教学过程中遇到了哪些问题？哪些教学目标的达成度较低？核心素养目标的达成情况如何？ 3. 改进策略：针对未达成的教学目标，特别是核心素养目标，计划采取哪些改进策略？如何调整教学方法以提高达成度？ 4. 下一步行动计划：在接下来的教学中，如何进一步优化教学目标的设定与达成，特别是如何更好地培养学生的核心素养？				

注：本表用于每节课后进行教学目标的反思与评估，帮助教师不断改进教学策略，提高教学质量，并特别关注学生的核心素养培养。

二、内容维度

反思教学要选择与组织教学的内容。教学内容是教学目标的载体，它决定了学生将学到什么知识。在新教材的背景下，教师需要灵活处理教材，选择和组织适合学生的教学内容。

1. 评估教材的使用效果

新教材注重知识的系统性和逻辑性，同时也注重与学生的生活实际相结合。因此，教师在使用教材时，需要评估其使用效果，思考是否需要适时补充或调整以适应学生的实际需求。例如，在教授小学数学“面积与周长”时，教师发现教材内容较为抽象，难以直接激发学生兴趣。此时，教师可以考虑引入生活中的实例，如测量教室的黑板、课桌的面积和周长，让学生亲身体验。这样的调整不仅增强了教学内容的直观性和趣味性，还促进了学生对抽象概念的理解和掌握。

2. 反思教学内容的深度与广度

教学内容的深度和广度是直接影响教学质量的重要因素。教师在选择和组织教学内容时，需要深入思考以下几个方面。

- 教学内容是否具有挑战性？是否能激发学生的学习兴趣？
- 教学内容是否与学生的认知水平相符？是否需要进行适当地调整？
- 教学内容是否涵盖了“新课程标准”所要求的所有知识点？

案例建议

以小学数学“图形的运动”为例，教师在选择和组织教学内容时，需要考虑学生的年龄特点和认知水平。对于低年级的学生，可以从简单的图形平移和旋转开始教学；而对于高年级的学生，则可以增加图形对称和图形变换等更具挑战性的内容。

实践方略

为了实现上述对教学内容的有效选择与组织，我们需要采用一系列科学的方法和策略来指导教学实践。其中，主题式整合、情境教学法以及整体性规划是我们需要重视的三个方面。

- 主题式整合：围绕大概念或核心问题，整合多学科知识，形成综合性学习单元。
- 情境教学法：创设模拟真实情境，让学生在解决问题中学习，增强内容的实用性。
- 整体性规划：整体性规划是一种注重教学内容连贯性和完整性的教学方法。它强调在选择和组织教学内容时，要考虑知识的系统性和逻辑性，确保教学内容的连贯性和完整性。实现整体性规划可以包括以下步骤。

分析“新课程标准”和教材。深入研究“新课程标准”和教材，明确各个知识点之间的联系和递进关系。

制订整体性的教学计划。根据“新课程标准”和教材的分析结果，制订整体性的教学计划，确保教学内容的连贯性和完整性。

定期回顾和调整教学计划。在教学过程中定期回顾和调整教学计划，根据学生的实际情况和学习效果进行适当地补充和调整。

案例建议

在教授小学数学“面积与周长”时，教师可以先回顾之前学过的长度单位、长方形和正方形的特征等知识，然后逐步引入面积和周长的概念、计算方法以及它们之间的关系。在教学过程中，教师可以根据学生的掌握情况适时调整教学计划，确保教学内容的连贯性和完整性。

三、教师维度

反思教师的教学风格与课堂管理能力。教师是教学活动的组织者和实施者，教师的教学风格和课堂管理能力直接影响教学质量。

1. 反思教师的教学风格

教师的教学风格包括语言表达、肢体语言、教学节奏等多个方面。在“新课程标准”的背景下，教师需要反思自己的教学风格是否适合学生。

案例建议

在教授小学数学时，教师需要思考自己的语言表达是否清晰准确、是否能够用简洁明了的语言解释复杂的数学概念；同时还需要思考自己的肢体语言是否丰富多样、是否能够用生动的表情和动作吸引学生的注意力。

2. 反思教师的课堂管理能力

课堂管理能力是教师的重要素质之一。在“新课程标准”的背景下，教师需要反思自己的课堂管理能力是否能够满足学生的需求。

案例建议

在教授小学数学时，教师需要思考自己是否能够有效地组织课堂活动、是否能够及时处理课堂上的突发事件；同时还需要思考自己是否能够关注学生的个体差异、是否能够针对不同层次的学生进行差异化教学。使用“自我反思表”（见表 2–2）来定期评估自己的教学实践，并设定个人发展目标。

表 2–2　自我反思表

教师姓名：__________　　学科：__________　　日期：__________

一、教学风格反思		
1	语言表达	我是否能用简洁明了的语言解释复杂的数学概念或理论？（是/否） 我是否注意语速和语调的变化，以保持学生的注意力？（是/否） 我是否适当重复或确认学生的理解，以确保信息传递的准确性？（是/否）
2	肢体语言	我是否使用适当的面部表情和手势来辅助教学？（是/否） 我是否在教室中走动，以便更好地与学生互动？（是/否） 我是否注意自己的肢体语言，以确保它不会分散学生的注意力？（是/否）
3	教学节奏	我是否根据课堂内容和学生的反应来调整教学节奏？（是/否） 我是否给学生足够的时间来思考和回答问题？（是/否） 我是否有效地利用课堂时间，确保教学进度与计划相符？（是/否）
二、课堂管理能力反思		
1	课堂活动组织	我是否能清晰地说明课堂活动的目的和规则？（是/否） 我是否能有效地组织学生进行小组讨论、合作学习等活动？（是/否） 我是否能确保所有学生都有机会参与课堂活动？（是/否）
2	突发事件处理	当课堂上出现突发事件时，我是否能迅速而有效地应对？（是/否） 我是否能保持冷静，确保课堂秩序不受影响？（是/否） 我是否能从突发事件中吸取教训，以改进未来的课堂管理？（是/否）

续表

<table>
<tr><td colspan="3">二、课堂管理能力反思</td></tr>
<tr><td>3</td><td>差异化教学</td><td>我是否关注学生的个体差异，并尝试满足不同学生的需求？（是/否）
我是否能针对不同层次的学生提供适当的挑战和支持？（是/否）
我是否定期评估学生的进步，并根据需要调整教学策略？（是/否）</td></tr>
<tr><td colspan="3">三、个人发展目标设定</td></tr>
<tr><td colspan="3">1. 在接下来的一个月中，我如何改进我的教学风格？（请具体描述）
______
______
2. 在接下来的一个月中，我如何提升我的课堂管理能力？（请具体描述）
______
______
3. 我将如何评估自己是否达到了这些目标？（请具体描述评估方法和时间）
______</td></tr>
</table>

注：本表用于教师自我反思和评估教学实践，帮助教师认识问题并设定个人发展目标。建议每月填写一次，并根据实际情况进行调整和更新。通过持续反思和改进，教师可以不断提升自己的教学能力和课堂管理能力，以此来更好地满足学生的需求并促进他们的学习发展。

四、学生维度

反思学生的学习状态与反馈。学生是教学活动的主体，学生反馈是改进教学的“金钥匙”。

1. 关注学生的学习状态

学生的学习状态包括参与度、兴趣与困难等多个方面。在“新课程标准”的背景下，教师需要关注学生的学习状态，思考如何更好地激发学生的学习动力。例如，在教授小学数学时，教师需要观察学生是否积极参与课堂活动、是否对所学内容感兴趣；同时还需要了解学生在学习过程中遇到的困难和问题，并及时给予帮助和指导。

2. 分析学生的作业与测试反馈

学生反馈是教学反思的宝贵资源。你是否经常向学生了解他们对课堂的看法，并真正倾听他们的声音？在新评价体系的背景下，教师需要认真分析学生的作业和测试反馈，思考如何改进教学策略以提高学生的学习效果。

案例建议

在批改小学数学作业时，教师需要关注学生的解题思路和计算方法是否正确；在分析测试成绩时，教师需要关注学生的整体表现和个体差异，并针对不同层次的学生的实际情况提出具体的改进建议。

实践方略

● 即时反馈：在课堂上鼓励学生即时提出疑问或建议，这有助于教师立即调整教学策略。

● 定期调查：定期进行学生满意度调查，了解他们对教学内容、方法和氛围的看法。

● 建立反馈机制：创建一个安全、开放的环境，让学生知道他们的反馈是被重视的，并且会真正影响到教学决策。使用“学生反馈收集表”（见表2-3）来系统地收集和分析学生的意见和建议，确保每一条反馈都能得到认真对待。

表2-3 学生反馈收集表

课程名称：________ 教师姓名：________ 日期：________

一、学习状态反馈		
1	参与度	在今天的课堂上，你是否积极参与了讨论和活动？（是/否） 你觉得自己在课堂上的参与度如何？（高/中/低） 如果参与度不高，请说明原因：________
2	兴趣	你对今天的学习内容感兴趣吗？（是/否） 你认为哪些内容特别有趣或有用？请列举：________ ________ 你认为哪些内容较为枯燥或难以理解？请列举：________
3	困难与挑战	在今天的学习过程中，你遇到了哪些困难或挑战？请具体描述：________ ________ 你希望老师如何帮助你克服这些困难或挑战？请提出建议：________
二、作业与测试反馈		
1	作业反馈	你认为最近的作业难度如何？（适中/太难/太容易） 你在完成作业时遇到了哪些问题？请具体描述：________ ________ 你对作业的设置和批改有什么建议或意见？请具体说明：________
2	测试反馈	你对最近的测试结果满意吗？（满意/不满意） 你认为自己在哪些方面做得好？请列举：________ ________ 你认为自己在哪些方面需要改进？请列举，并提出改进建议：________

续表

三、总体反馈与建议		
1	教学内容与方法	你认为老师的教学内容是否清晰易懂？（是/否） 你对老师的教学方法有什么建议或意见？请具体说明：________
2	课堂氛围	你觉得今天的课堂氛围如何？（活跃/沉闷/其他） 你希望课堂氛围在哪些方面有所改变？请具体说明：________
3	其他	你还有什么其他的建议或意见想对老师说吗？请自由撰写：________

注：本表用于收集学生对教学活动的反馈和建议，以帮助教师改进教学策略和提高教学质量。请学生认真填写，并确保每一条反馈都是真实和具体的。教师将认真对待每一条反馈，并在后续的教学中进行相应的调整和改进。感谢你的参与和支持！

五、评价维度

反思教学效果与评价方式的设定。教学效果是教学活动的最终体现，而评价方式则是衡量教学效果的重要工具。在新评价体系的背景下，教师需要反思教学效果和评价方式。

1. 反思教学效果

教学效果包括学生的知识技能掌握情况、情感态度变化以及关键能力的提升等多个方面。在“新课程标准”的背景下，教师需要全面反思教学效果，思考是否达到了预期的教学目标。

案例建议

在教授小学数学时，教师需要反思学生是否掌握了所学的数学概念和计算方法；同时还需要关注学生的情感态度变化，如是否对数学产生了浓厚的兴趣和好奇心。

2. 反思评价方式

评价方式包括作业评价、测试评价以及过程性评价等多个方面。在新评价体系的背景下，教师需要反思自己的评价方式是否科学合理、是否能够真实反映学生的学习效果。

案例建议

在评价小学数学作业时，教师需要思考自己的评价标准是否明确具体、是否能够客观公正地评价学生的作业质量；在评价测试成绩时，教师需要思考自己的评价方式是否多样化、是否能够全面反映学生的知识技能掌握情况和关键能力提升情况。

教学评价不仅是对学生学习成果的检验，更是教学改进的重要依据。将形成性评价、过程性评价与终结性评价相结合，注重过程性评价，强调能力导向而非分数导向。

● 多元评价体系：结合自评、互评、师评等多种评价方式，从多维度评价学生。

● 成长记录袋：建立学生个人成长档案，记录学习过程中的亮点与进步，鼓励纵向比较。

● 反馈与指导：提供具体、建设性的反馈，指导学生如何改进，而非仅仅给出分数或等级。

在教授“整数的乘除法”时，教师可以结合自评、互评、师评等多种评价方式，全面了解学生的学习状况；利用“成长记录袋”记录学生在学习过程中的进步和亮点，鼓励学生进行纵向比较；提供具体、建设性的反馈与指导，帮助学生明确改进方向，提升学习效果。通过这样的综合应用，教师可以更加有效地评价学生的学习成果，为学生的持续发展提供有力支持。

反思是一个多维度、多层次的过程，可以从目标、内容、教师、学生、评价等五个维度进行。那么，每一节课的教学反思都必须涵盖所有维度吗？

在日常教学中，教师可以根据教学实际和需要，选择性地对某些维度进行深入反思。例如，在某节课后，教师可能主要关注学生的反馈和学习状态，思考如何更好地激发学生的学习动力和兴趣；而在另一节课后，教师可能更关注教学目标的达成度和教学效果，思考如何调整教学策略以提高教学质量。

同时，教学反思也是一个持续不断的过程。教师可以在一节课后重点反思某个维度，而在后续的教学中继续关注其他维度，形成一个全面的、系统的反思体系。

总之，教学反思的五个维度提供了全面审视教学实践的视角，但并不意味着每一节课的反思都必须涵盖所有维度。教师应根据教学实际和需要，灵活选择反思的维度和深度，形成一个持续性、有针对性的反思过程，以不断优化自己的教学实践，提高教学质量和效果。

第二节　教学反思的类型

教学反思根据不同的分类标准，可以划分为不同的类型，每种类型都有其独特的价值和应用场景。在这一节中，我们将深入探讨几种常见的教学反思类型，旨在为您提供一套实用的反思工具箱，帮助您在不同情境下选择最合适的反思方式，促进教学实践的持续优化。

一、时间维度的教学反思

1. 课前反思

在教学活动开始前进行的反思，它帮助教师预设教学方案，预见可能遇到的挑战，并提前规划应对策略。强调预见性，通过预设模拟情境，优化教学设计，提升教学准备的充分性。

实施方略

- 教学预案设计：详细规划教学流程，包括导入、新授、巩固、总结等环节，预设学生可能的反应及应对措施。
- 同伴审议：与同事分享教学计划，通过集体讨论，发现潜在问题。
- 自我提问：使用“如果……怎么办?”的提问方式，对可能遇到的挑战进行预设性思考。

2. 课中反思

课中反思，发生在教学过程中，要求教师具备高度的敏感性和应变能力，能够及时捕捉教学现场的信息，灵活调整教学策略。强调即时性与灵活性，通过现场观察与即时反馈，实现教学的动态调整。

实施方略

- 课堂观察技巧：训练自己快速捕捉学生表情、动作等非言语信息的能力，判断其学习状态。
- 微型调整：对于小范围的学习障碍或兴趣点，及时调整教学内容或方法，如临时插入一个解释或示例。
- 思维暂停：利用短暂停顿，给自己时间思考如何更好地引导学生，或让学生有时间进行自我反思。

3. 课后反思

课后反思，是在教学活动结束后进行的系统回顾与分析，旨在总结经验教训，提炼有效策略，为今后的教学提供参考。强调深度与系统性，通过全面回顾，提炼教学智慧，促进专业成长。

实施方略

- 教学日志：记录教学过程中的亮点与遗憾，包括成功的教学策略、学生的精彩反应、待改进之处。

● 数据分析：利用学生作业、测试成绩等数据，分析教学效果，识别学习难点。

● 案例研究：选取典型教学片段，进行深入剖析，形成典型教学案例，供日后参考或分享。

二、聚焦多维度的教学反思

1. 对教学理念的反思

教师需要反思自己的教学理念是否符合教育的发展趋势，是否真正体现了以学生为本的教育思想。这种反思有助于教师更新教学理念，提高教学境界。例如，在教学中反思是否真正做到了让学生经历知识形成的过程，让学生在实际操作和解决问题的过程中体验和理解数学知识的产生和发展，而非单纯地记忆公式和应用公式。

案例背景

在邵东市教科所举办的中老年教师教学比武活动中，某乡镇的尹老师选择了“三角形的面积”作为参赛内容。然而，在赛前试教过程中，他面临了学生学习兴趣不浓厚、知识掌握情况不佳的挑战。尹老师最初采用的教学方法是直接给出三角形面积的计算公式，然后通过大量的练习来帮助学生记忆和应用这些公式。

经过个人深入反思及研课团队的集体研讨，尹老师逐渐意识到自己的教学策略存在明显偏差。他过于注重知识的传授和计算技巧的训练，却忽视了让学生经历学习过程的重要性，即经历像数学家一样的探索与创造过程。这种教学方式导致学生的核心素养和综合能力没有得到应有的培养。

为了改变这一状况，尹老师决定调整教学策略，将教学的重点放在引导学生自主探究上。他设计了改造花坛等具有实际操作意义的情境，让学生在这些情境中通过动手实践、合作交流来自主探究三角形面积的计算公式。

这一教学策略的转变立即取得了显著成效。学生们在积极参与改造花坛和操作实验的过程中，不仅学习兴趣被大大激发，而且通过自主探究和合作学习，他们对三角形面积的计算公式有了更深入的理解和掌握。教学效果的提升证明了尹老师教学策略调整的正确性和有效性。以下是尹老师的再教设计（见表 2-4）。

表 2-4　“三角形的面积”教学设计

教学前的设定	
教学目标	1. 使学生理解、掌握三角形面积的计算公式，并能运用它正确计算三角形的面积 2. 通过指导实际操作，培养学生抽象、概括能力和思维的创造性，发展空间观念 3. 进一步渗透“转化”思想的运用，提高学生运用“转化”的思想方法解决数学问题的能力 4. 鼓励学生寻求多样的解题策略，发展学生的创造性思维
教学重点	理解和掌握怎样运用“转化”思想方法，将三角形转化成已经学过的图形，从而推导出三角形面积的计算公式
教学思路	本节课的设计力求体现“以学生发展为本”的教学理念，让学生在学习小组内，通过拼一拼、剪一剪等操作，亲身经历新知的形成过程，体验“转化”思想在几何知识中的运用。为学生创造主动的发展空间，从“学会”逐步到“会学”，培养学生终身学习的能力
教学资源	1. 若干个完全一样的按比例放大的锐角三角形、直角三角形、钝角三角形 2. 多媒体课件

教学过程设计			
教学环节	**教师活动**	**学生活动**	**设计意图**
情境导入	同学们，你们的爱好是什么？想知道老师的爱好吗？ 老师的爱好是旅游，旅游可以回归自然，体验生活，体会人与自然的真、善、美。同时，旅游还可以拓宽视野，增长见闻。上次我就碰到一个有趣的问题：景区管理处要将一块长方形的花坛进行绿化改造，一半种二月兰，一半种郁金香，可以怎样平均分开呢？景区管理处最后选择了方案③，其中一块的面积是多少，你会计算吗？说说你是怎么计算的？ 刚才我们借助了长方形计算出了直角三角形的面积，是否所有的三角形都可以这样计算呢？这节课我们一起来研究三角形的面积（板书课题）	1. 学生自主研究 2. 学生汇报不同方案 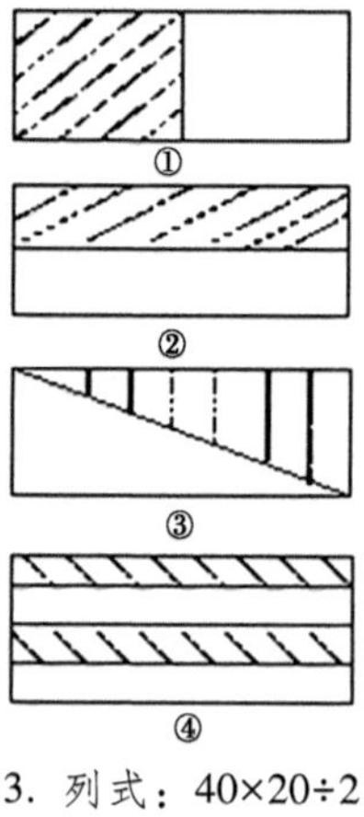 3. 列式：40×20÷2。 理由：长方形的面积除以 2 就是三角形的面积了	1. 紧密联系生活实际，体现数学来源于生活，在一定程度上体现数学的价值 2. 激活已有的知识积累，寻求多样的解题策略，发展学生的创造性思维

续表

教学过程设计			
教学环节	教师活动	学生活动	设计意图
自主探究	1. 你能用学具袋中的两个完全一样的三角形拼成一个熟悉的图形吗? 2. 拼成的图形与三角形的面积有什么关系? 为什么? 3. 通过实验你发现了什么? 板书:三角形面积=底×高÷2 $S=AH\div2$ 4. 小结:刚才同学们采用把三角形转化成平行四边形、长方形、正方形,通过找出它们的面积与部分之间的关系推导出三角形面积计算公式,这种"转化"的方法也可用来解决很多数学问题或生活中的问题 我们还可以把一个三角形用剪一剪、拼一拼的方法推导出三角形的面积公式,课后大家可以试试 5. 了解历史,激发兴趣 ①课件阅读:数学资料 a. 大约在2000年前,我国数学家刘徽在《九章算术注》中,就已经论述了三角形面积的计算方法 b. 面积计算的起源:在古埃及,僧侣每年都要向农民征收税赋,农民上交自己的农产品,捐税多少是按土地的多少来决定的,这就需要丈量和计算土地面积。测量土地的工作是十分繁重的,因为埃及的土地主要分布在尼罗河沿岸,每年河水泛滥,洪水会把地界冲掉,年年都要重新测量土地。因此,人们常常把几何学的起源归功于埃及尼罗河水的泛滥 ②看到这些你有什么感想? ③老师也有很多感触啊! 今天,同学们通过自己的研究也推导出了三角形面积的计算公式,说明同学们也很聪明。相信你们还会有更多更大的发现,将来也会成为了不起的人物,大家有信心吗?	1. 操作学具 2. 弄清拼成的图形与三角形面积之间的关系以及底、高之间的关系 3. 小结 ①两个完全一样的锐角三角形、钝角三角形都可拼成一个平行四边形,而且每个三角形的面积是平行四边形面积的一半 ②平行四边形的底等于三角形的底,平行四边形的高等于三角形的高 4. 板书公式: $S=AH\div2$ 5. 阅读"数学资料"后,谈感想	1. "探索是数学的生命线。"给学生探索的时间和空间,在操作学具、观察、讨论、交流的过程中,找到解决问题的方法,最大限度开发学生的智力、培养能力 2. 注重引导学生经历数学学习的过程,让学生主动构建知识,像数学家那样去"想数学",大胆探索、经历、体验数学知识的"再创造"过程 3. 注重数学思考方法的渗透,强调"转化"思想的运用,把未知图形面积转化为已学过的图形面积来计算,进而可以把未知的问题,转化成已学过的知识来解决。学会一种学习和思考的方法 4. 链接相关知识,铺陈数学文化底色。通过阅读与本课相关的数学资料,学生可以接触数学名家,分享古今中外的数学故事,了解数学历史,知道数学在人类文明史上产生的重要作用,激发学生学习数学的兴趣

续表

自我反思	
主要教学方法与手段的有效性分析	1. 引导学生自主探索，参与获取知识的全过程。数学知识只有通过学生主动参与、自主探索，才能转化为学生自己的知识。课中让学生自己去“学数学”，利用学具拼、剪等活动，研究三角形与其他数学图形之间的内在联系，大胆推导三角形面积的计算公式，把学习主动权交给学生，把数学知识转化为数学活动，让学生在活动中参与三角形面积公式推导全过程 2. 注重数学思考方法的渗透，培养学生终身学习的能力。运用“转化”的思想方法，将复杂的图形转化成已经会计算面积的图形，探索研究其与已学过的图形之间的联系，从而找出面积的计算方法。进一步体会运用旧知识去研究新问题的学习方法 3. 鼓励学生寻求多样的解题策略，注意学生思维能力的培养
学生思维发展状况（或预设）分析	从开课伊始到三角形面积公式的推导，都是学生自主探索，给学生留足了探索空间。学生们个个情绪高涨，跃跃欲试。有的学生自己操作，独立思考。有的三五个一组，展开激烈的讨论。通过大胆探索，学生的转化方法多样，每一个学生都通过自己的努力，推导出了公式，课堂气氛异常活跃。这样，学生在探索过程中不仅轻松地学到了知识，而且活跃了思维，加深了对公式的理解，同时品尝到了成功的喜悦
存在的问题与改进措施	1. 由于本课中学生自主探索的部分比较多，所以自控能力弱和数学基础较差的学生，容易游离于小组外 2. 教师应多给这部分学生以关注，走近他们，关注他们思维发展的动态，关注他们学习的积极性，多给他们帮助与鼓励，从而激发他们学习数学的兴趣，增强自信心

案例分析

尹老师的“三角形的面积”教学转型案例是一个成功的教学理念反思和创新的案例。他通过深入反思自己的教学理念，意识到传统的教学方式的不足，并大胆地进行了调整和创新。他的成功不仅在于提高了学生的学习兴趣和成绩，更在于他通过自己的实践，为我们提供了一个宝贵的范例。

2. 对教学行为的反思

教师需要全面审视自己的教学行为，包括教学方法的选择、教学媒体的运用、教学组织的安排等，来思考自己的教学方法是否过于单一或陈旧，是否需要尝试新的教学方法和手段。这种反思方式有助于教师优化教学行为，提高教学效果。

反思摘录

低年级游戏化学习

邵东市第一实验学校　申　彬

一年级的数学课堂上，作为班主任兼数学老师的我正面临着一个挑战：如何让刚接触正规数学学习的孩子们对这门学科产生兴趣并积极参与。传统教学模式下，尽管我讲解细致入微，但学生们的眼神中却常常流露出迷茫与不耐烦。我意识到，单一的讲授方式对于活泼好动、好奇心强的一年级学生而言，或许并不合适。于是，我开始深入反思自己的教学方法，决定尝试游戏化学习方式，以此作为促进师生沟通和增进理解的桥梁。

1. 问题与分析

当我在课堂上提出数学问题时，孩子们往往表现出被动反应，鲜有主动提问或讨论的情况。传统的课堂布置——整齐排列的桌椅、黑板上的公式和概念——似乎构建了一道无形的墙，隔阂了师生间的自然交流。因此，“师生互动的双向性”让我认识到，教育不应是单向灌输，而应是师生共同参与、相互激发的过程。因此，我要打破这一僵局，通过游戏化学习，激发孩子们的学习动力，同时拉近与他们的心理距离。

2. 实践策略

我精心设计了一系列与数学概念紧密相关的游戏，如“数字跳房子”“形状侦探”和“数学接龙”。在“数字跳房子”游戏中，孩子们通过跳跃来完成简单的加减法计算，将抽象的数学运算与身体动作相结合，既锻炼了身体，又在游戏中掌握了数学技能。而在“形状侦探”活动中，学生们在校园内寻找不同形状的物体，拍照记录并讨论它们的特点，将数学学习融入生活情境，激发了他们对几何形状的好奇心。“数学接龙”鼓励团队合作解决问题，促进学生间的互助与数学技能的集体提升。

3. 反思与调整

实施初期，我密切观察学生们对游戏的反应，发现虽然大多数学生积极参与，但仍有一小部分学生因为担心失败而显得犹豫不决。因此我调整策略，增加了小组合作的元素，鼓励孩子们相互帮助，帮助个别孩子克服畏难情绪，共同完成任务。另外，我还特别关注这些孩子的进步，给予及时的正面鼓励，逐渐消除了他们的顾虑，让他们在游戏和合作中找到了乐趣和自信。整体上，学生的学习成效与课堂互动得到了明显提升。

第三节　教学反思的方法

教学反思的方法多种多样，教师可以根据自己的实际情况选择适合自己的方法进行反思，以下是一些常用的教学反思方法。

一、教学反思日志法

教学反思日志法是一种简单易行的教学反思方法，是一种有意识地记录、生动地表达教师教学行为的日记（见表2-5）。它不同于一般的教学日志，一般的教学日志重视“事”

而忽视“思”，而教学反思日志是通过教学反思，促进教师成长。

表 2-5　教学反思日志

学校：＿＿＿＿＿＿　教师：＿＿＿＿＿＿　课题：＿＿＿＿＿＿　日期：＿＿＿＿＿＿

<table>
<tr><td colspan="2">一、在本堂课中让我感到最自豪的教学活动</td></tr>
<tr><td>教学活动描述</td><td>原因分析</td></tr>
<tr><td></td><td></td></tr>
<tr><td colspan="2">二、在本堂课中让我感到沮丧（或最有可能改变）的教学活动</td></tr>
<tr><td>教学活动描述</td><td>原因分析</td></tr>
<tr><td></td><td></td></tr>
<tr><td colspan="2">三、改进措施</td></tr>
<tr><td colspan="2"></td></tr>
</table>

二、学生反馈反思法

学生反馈反思法是一种重要的教学反思方法，教师可以通过定期与学生面对面交流、开展问卷调查等方式来了解学生对自己教学的看法和建议。这种反馈可以帮助教师更加准确地了解教学效果和学生的学习需求，从而及时调整教学策略和方法，提高教学效果。

下面是乡村教师张紫萍的教学探索与自我超越，她在接手基础薄弱的班级后，通过严格的教学管理显著提升了学生的成绩。但在教学过程中，她忽视了学生的兴趣和个体的差异，导致师生关系紧张。她在与学生深入交谈后，进行了深刻反思，进而调整教育理念、优化教学方法，构建了和谐的师生关系。

从应试压力到全面育人

邵东市光明小学　张紫萍

2014 年初涉教坛，我被学校委以重任，接手了一个三年级班级。这个班级之前由一位代课老师任教，我接手时，班上有 23 名学生，其中一半的学生学业未达合格标准，加之乡村教育资源匮乏，我需独自承担所有科目的教学任务。因此，初接手时，我内心倍感焦急与压力。每日从早晨 8 点的早自习直至下午 5 点放学，我都会全身心投入，每天疲惫不堪。

当时，我全神贯注于提升学生成绩，却忽略了他们的内心感受，常以教师的威严来压制学生。我本科学的数学专业，对于语文教学缺乏有效方法，只能依靠大量的习题训练来提高学生的语文水平，这无疑加重了学生的学业负担。为了迅速提升班级整体成绩，我对学生的课堂表现及课后作业要求极为严格。这样的教学方式，成绩优秀的学生能够跟上进度，但对于后进生而言，学习变得异常艰难。当时，我对教育公平的理解也存在偏差，未能实施分层教学。

这届学生毕业后，我与他们进行了交流。他们既喜欢我的严格，因为这意味着我全心全意、毫无保留地投入教学；又讨厌我的严格，因为它缺乏人情味，要求过于苛刻。我的初心、目的和结果都是向好的，但学生却不满意。问题出在哪里？原因是什么？以后该怎么办？此次谈话后，我进行了一次深刻的反思。

1. 教学中存在的问题

学生成绩提升了但对学习缺乏兴趣：尽管通过严格的教学管理和大量的练习，学生的学业成绩有所提升，但他们普遍反映学习任务重、压力大，缺乏学习的乐趣和动力。

师生关系紧张：我过于强调教师的威严，忽视了与学生的情感交流，导致师生关系紧张，学生对我既有敬畏也有不满。

教学方法单一低效：由于专业背景与所教科目不匹配，我在语文教学中采用了题海战术，缺乏多样化的教学方法，增加了学生负担，影响了教学效果。

忽视学生个体差异：我未能充分关注学生的个体差异，没有实施分层教学，导致部分学生跟不上教学进度，产生挫败感。

2. 问题产生的原因

教育理念偏差：我过于追求学生的学业成绩，忽视了教育的全面性和学生个性化发展的需求，没有真正理解教育的本质。

教学经验不足：作为新教师，我缺乏有效的教学策略和方法，难以应对复杂的教学情境和学生需求。

情感投入不足：我过于关注教学任务的完成，忽视了与学生的情感交流和对其心理关怀，导致师生关系疏远。

专业背景限制：我的数学专业背景在一定程度上限制了我在语文教学上的创新和实践能力。

3. 后续解决策略

调整教育理念：树立全面发展的教育理念，关注学生的个体差异和全面发展需求。认识到教育的目的不仅是传授知识，更重要的是培养学生的兴趣、能力和素养。

优化教学方法：积极学习新的教学理念和方法，如情境教学、合作学习等，以提高语文教学的有效性和趣味性。同时，注重培养学生的阅读兴趣和写作能力，让语文学习成为学生主动探索的过程。

构建和谐师生关系：放下教师的威严，以平等、亲切的态度与学生相处。多倾听学生的想法和感受，及时给予鼓励和支持。通过组织丰富多彩的课外活动，增进师生之间的情感交流，建立相互信任、尊重和支持的良好关系。

实施分层教学：根据学生的实际情况和个体差异，实施分层教学。为不同层次的学生设计不同的教学目标和教学内容，确保每个学生都能在适合自己的学习节奏中进步。

加强自我提升：不断学习和提升自身的专业素养和教育能力。通过阅读教育理论书籍、参加教学研讨会等方式，拓宽视野、更新观念、提升技能。同时，积极向经验丰富的教师请教和学习，借鉴他们的成功经验和做法。

这段教学经历让我深刻认识到作为一名教师的责任和使命。在未来的教学工作中，我将以更加开放的心态、更加科学的方法、更加深厚的情感投入到教育事业中，为学生的全面发展和健康成长贡献自己的力量。

三、课堂观察反思法

课堂观察反思法，简而言之，是对课堂情境中师生行为进行有目的、有计划地观察，并运用多种记录手段收集数据，进而进行系统性分析，以达到教学反思与改进的目的。对于忙碌且个体化的教师而言，这一方法简单易行、灵活实用，能够有效促进教师的专业发展和自我提升，它有以下实施步骤。

1. 观察前的准备阶段

课堂观察始于明确的观察目的与详尽的规划。教师需确定观察的时间、地点、次数及重点，确保观察活动有的放矢。设计或选择合适的观察记录工具，如观察表、录音录像设备等，是此阶段的关键任务。此外，要设定被观察行为的一般标准，为后续的资料分析提供参照框架。

比如说，如果观察的目的是评价教师表扬的有效性，那么，观察的中心可能就集中在这个教师身上，对教师表扬学生的行为进行观察记录。再次，设计或选择观察记录的方式或工具。研究者在观察前应根据观察的目的和背景选择一种最为合适的记录方式或现成的教师表扬技能观察表（见表2-6），另外研究者也可以根据自己的需要自行设计观察表对观察的中心行为和事件进行记录。从某种程度上说，不同的课堂观察方法其实就是不同的信息记录方法。合适的记录方法才能收集到所需要的信息。一旦选定了某种记录方法，就要遵循其具体的规则及技巧。

表2-6 教师表扬技能观察表

序号	时间	表扬方式			表扬类型				
		口头语言	肢体语言	书面语言	中立肯定	惊奇激动	价值判断	延伸挖掘	其他
总计									

最后，如果有可能，还应该事先确定被观察行为的一般标准。经事先讨论认可的行为标准可作为观察过程和观察后反思的导引。比如要对教师的表扬技巧进行研究，可设定“教师有效表扬指标表”（见表2-7），根据表中提供的这些指标确定有效表扬的标准。

表2-7 教师有效表扬指标表

有效表扬	无效表扬
看情形而定，灵活机动	随机且不系统
详细说明学生完成的独特性	肯定学生的反应很有限
表扬了学生自发的、有变化的，以及其他好的迹象	显示出均一性，表明反映是有条件的，出自最低限度的注意
给学生提供关于他们的能力或成绩价值的信息	不提供信息，或者提供学生关于他们的身份地位的信息
使学生倾向于在与任务相关的行为方面得到更好的评价，以及考虑问题的解决	使学生倾向于将自己与他人相比较，以及考虑竞争（可能会伤及自尊心）
用学生自己以往的成绩作为线索来描述当前的成绩	用其他学生的成绩作为线索来描述学生当前的成绩
承认学生在困难任务中付出的努力或成功	表扬时不考虑学生付出的努力或成绩的意义
将成功归因于学生的努力和能力，暗示类似的成功将来还可能获得	把成功归因于其他原因，比如幸运或任务难度小

续表

有效表扬	无效表扬
学生相信他们在学习上付出努力是因为想要发展与这项工作相关的技能	学生相信他们在学习上付出努力、获得进步是因为一些其他的理由，比如取悦于教师或为得到一些奖励
将学生的注意力集中在与其任务相关的行为上	将学生的注意力集中在教师身上，或外在的权威身上

2. 进入课堂及记录资料阶段

在进入课堂前，观察者需获得被观察者的同意，并努力营造相互信任的氛围。在课堂中，观察者需依据预先选定的记录方式，仔细观察并记录师生的言语、非言语行为及其发生的情境。此过程中，观察者需克服各种可能影响观察信度和效度的因素，确保数据的真实性与客观性。

3. 观察后的资料分析与反思阶段

资料收集完毕后，需及时整理并分析，通过定性与定量方法揭示课堂行为间的内在联系。资料分析不仅是对原始数据的解读，更是对教学实践的深刻反思。观察者可依据分析结果，归纳出研究结论，并针对教学行为进行批判性思考，最终形成观察反思报告。

4. 拟定并实施行动策略阶段

课堂观察的最终目的在于改进教学实践。基于反思结果，教师需拟定具体的行动策略，并在教学实践中加以实施。同时，持续监控实施效果，根据实际情况调整策略，确保改进措施的有效性与针对性。我们来看这样一位教师课堂观察反思行动的实例。

案例分析

张老师的教学改进之旅

1. 发现问题

城区某校的科学教师张老师，在开学初的两次小测验中发现学生学习效果不佳。为探究问题根源并寻求改进方案，张老师决定采用课堂观察反思法进行自我诊断。

2. 初步文献探讨与研究计划制订

张老师广泛查阅相关文献，明确了影响学生学习效果的多重因素，包括教师因素、学生因素及教学条件等。随后，他与同年级的两位科学教师合作，共同制订了通过观察彼此课堂教学来发现问题的研究计划。

3. 执行观察与反思

合作小组设计了详细的“课堂观察反思表”，并结合田野笔记的方法对彼此的课堂进行了深入观察。观察后，他们运用定量与定性分析方法，对记录资料进行了系统梳理，并结合学生问卷调查结果，将问题初步归结为教学方法的单一性。

4. 拟定并实施行动方案

针对发现的问题，合作小组为张老师量身定制了改进方案，包括增加实验活动、开展课堂讨论及户外教学活动等。张老师依照方案调整了教学策略，并在实施过程中持续观察学生反馈，不断优化教学方案。

5. 效果评价与策略调整

经过一个月的实施，再次测验评估学生学习效果，结果显示学生的学习成绩有了显著提高。张老师与合作小组根据评估结果，对行动方案进行了微调，以巩固和扩大教学成果。

课堂观察反思法以其科学性、实用性和可操作性，为教师提供了一个自我诊断与改进的有效工具。

四、协同反思法

协同反思法是指教师通过平行沟通、相互切磋的形式进行教学反思的方法。通过自我审视和同行间的相互交流、启发、补充，实现思维的碰撞，从而产生新的智慧火花，使原有的教育观念更加科学和完善，更有利于达成教学目标。协同反思法是一种更为综合的反思方法，它结合了日志反思、观察反思等多种反思方法的优点，使教师能够更全面地审视自己的教学实践，并不断改进。

（一）教研活动中的协同反思

1. 集体备课促反思

集体备课相对于个人备课而言，是教师团队有计划、有组织地共同制订教学计划、分析教材、确定教法并形成教学预案的过程，是一项集体性的教研活动。

案例背景

某中学语文教研组为了提升教学质量，决定采用集体备课的形式，通过协同反思促进教师专业成长。教研组定期举行集体备课会议，鼓励教师们共同参与课程设计，分享教学资源，并在备课过程中相互点评，共同提升。

活动流程

- 确定备课主题：每次集体备课前，教研组组长会提前告知备课主题，确保每位教师都能有充分的准备时间。
- 个人初备：每位教师根据备课主题，自行收集资料，设计初步的教学方案，并记录下自己在备课过程中的困惑和思考。

● 集中研讨：在集体备课会议上，每位教师轮流展示自己的教学方案，并详细说明设计思路和教学意图。其他教师则认真聆听，并在笔记本上做好记录。

● 协同反思与点评：每位教师展示完自己的教学方案后，其他教师应积极发表自己的看法和建议。大家围绕教学目标、教学内容、教学方法、课堂互动等方面进行深入讨论，共同寻找教学方案的优化空间。

反思摘录

师 A：我在设计《背影》这篇课文的教学方案时，特别注重情感的引导。但我在初次备课过程中发现，如何让学生在阅读过程中真正感受到父子之间的深情，是一个难点。我希望通过朗读、角色扮演等方式来激发学生的学习兴趣和情感共鸣。

师 B：我认为你的设计很有创意，但在实际教学中，我们还需要注意学生的个体差异。有些学生可能不太擅长表达情感，我们可以通过小组讨论、分享个人经历等方式，引导他们参与到课堂互动中来。

案例分析

通过集体备课的形式，教师们能够集思广益，共同解决备课过程中遇到的难题。在协同反思的过程中，每位教师都能从他人的设计中获得灵感，同时也能够发现自己教学设计中的不足。这种相互启发、相互补充的方式，不仅促进了教师的专业成长，也提升了整个教研组的教学质量。

2. “听—说—评课” 促反思

“听—说—评课”是我国中小学通用的教学研究方式，能有效提升教师的教学能力。

活动流程

为了进一步提升教师的课堂教学能力，某小学的数学教研组开展了“听—说—评课”活动。通过听课、说课、评课三个环节，教师们在教学实践中不断反思和总结，从而提升教学水平。

● 听课：教研组成员随机选择某位教师的课堂进行旁听，重点关注教学目标的达成度、教学方法的有效性、学生参与度等方面。

● 说课：听课结束后，授课教师对自己的教学设计进行说课，详细说明教学目标、教学重难点、教学方法以及教学反思等内容。

● 评课：听课教师根据授课教师的说课内容和课堂表现，进行客观公正的点评。点评内容既包括优点和亮点，也包括改进空间和建议。

反思摘录

授课教师：在这节“分数的初步认识”的课堂中，我试图通过实物演示和动手操作的方式，让学生直观感受分数的意义。但在实际教学中，我发现部分学生对分数概念的理解还不够深入，这可能与我的教学方法和引导方式有关。

评课教师：你的教学设计很有创意，能够激发学生的学习兴趣。但在实际操作中，你可以尝试增加一些互动环节，让学生更多地参与到课堂互动中来。同时，对于理解有困难的学生，你可以通过个别辅导或小组合作的方式给予更多的关注和支持。

案例分析

通过“听—说—评课”活动，教师们能够在教学实践中不断反思和总结自己的教学方法和策略。在评课环节中，教师们能够客观公正地指出授课教师的优点和不足，并提出具体的改进建议。这种协同反思的方式不仅有助于提升授课教师的教学水平，也能够促进评课教师的专业成长。

（二）合作行动研究中的协同反思

行动研究法是一种将教学反思与教学实践相结合的方法。教师可以通过行动研究的方式，对自己的教学实践进行深入的探究和改进。

活动流程

为了解决学生阅读能力普遍偏低的问题，某县第三中学的语文教研组决定开展一项合作行动研究。教研组成员围绕“如何提升学生阅读能力”这一主题展开深入研究和实践探索。

● 确定研究主题：教研组成员共同商讨确定研究主题，明确研究目的和研究意义。

● 文献综述：通过查阅相关文献和资料，了解当前国内外关于学生阅读能力提升的研究现状和实践经验。

● 现状调查：通过问卷、访谈等方式，了解当前学生阅读能力的现状及存在的问题。

● 设计干预方案：基于现状调查结果和相关理论支持，设计提升学生阅读能力的干预方案。

● 实施干预方案：在教研组成员的共同努力下，将干预方案应用到实际教学中去验证其有效性和可行性。

● 协同反思与改进：在实施干预过程中，教研组成员定期进行协同反思和总结会议，共同分析实施过程中遇到的难题，并探讨解决方案和改进措施。

反思摘录

师A：在实施干预方案的过程中，我发现部分学生对课外阅读缺乏兴趣和动力。为了激发他们的阅读兴趣，我尝试引入了一些与课文内容相关的趣味阅读材料，并在课堂上组织了阅读分享会等活动。这些措施取得了一定成效，但还需要进一步探索更多有效的方法。

师B：我认为我们可以通过家校合作的方式进一步提升学生的阅读能力。家长可以配合学校一起监督和鼓励孩子进行课外阅读，并参与到孩子的阅读过程中来。同时，学校也可以定期举办一些亲子阅读活动或讲座等形式的活动来增进家校之间的沟通和合作。

案例分析

通过合作行动研究的方式开展协同反思不仅有助于解决教学实践中的具体问题，还能够促进教师之间的交流和合作。在研究过程中教师们能够共同探索解决问题的有效方法和策略，并在协同反思中不断优化和完善自己的教学方案。这种基于合作和共享的研究方式不仅提升了教师们的专业素养，还促进了整个教研组的共同发展。

教学反思是教师专业发展的重要途径。通过深入反思自己的教学理念、教学行为以及教学效果等方面，教师可以不断发现自身的不足和提升空间，进而调整和优化自己的教学策略和实践。同时，运用多种反思方法并建立反思团队，教师可以更加有效地进行教学反思并实现个人的专业成长。最终，教学反思将帮助教师成为更加优秀、更有影响力的教育者，为学生的成长和发展贡献更多的智慧和力量。

第四节　一线教师在教学反思中存在的主要问题

教学反思作为教师专业发展的重要环节，近年来在国内外教育领域受到了广泛的关注。众多学者和一线教师纷纷投入到反思性教学的实践与研究中，探索如何通过教学反思提升教学质量，促进学生全面发展。然而，在实际操作过程中，一线教师在教学反思方面仍面临诸多挑战与问题。本节将详细剖析这些问题，并辅以具体案例，以期为后续的策略探讨与路径选择提供参考。

一、反思意识淡薄

尽管教学反思的重要性已被广泛认可，但仍有部分一线教师缺乏教学反思的意识和习惯。他们往往将教学视为一种机械性的重复劳动，忽视了教学过程中的创造性与个体差异性。这部分教师在教学结束后，很少对自己的教学行为进行深入地思考与总结，更不用说形成系统性的反思笔记或报告了。

案例背景

县教育局的专家们到校进行教学常规视导。张老师是一位有着 15 年教龄的小学数学教师，作为小学数学组的“老将”，张老师自然也在被检查之列。张老师像往常一样，提前准备好了教案、作业批改记录等材料，信心满满地等待着检查组的到来。然而，当检查组翻阅到张老师的“教学反思”栏目时，那一页却意外地留白，显得格外刺眼。当被问及为什么没有写“教学反思”时，他坦言：“我哪有时间反思啊！每天备课、上课、批改作业，忙得不亦乐乎。教学反思？那是教育专家们的事情，我们一线教师哪有那么多精力。”

案例分析

老师们在繁忙的教学工作中，忽略了自我审视与提升。“教学反思”不仅是记录教学得失的简单行为，更是推动个人教学技能精进的关键步骤。教学反思意识的淡薄，主要源于传统教育观念的影响和教师个人职业发展规划的缺失。在传统教育观念中，教师往往被定位为知识的传递者，而非教学的研究者和创新者。这种定位导致了许多教师缺乏主动反思的意愿和能力。同时，一些教师在职业发展过程中缺乏明确的规划和目标，也使得他们缺乏进行教学反思的动力。

二、自我觉察能力不足

在教学反思的过程中，部分一线教师表现出自我觉察能力的不足。他们在进行反思时，往往难以客观、全面地识别自身存在的问题，容易陷入自我满足或自我否定的极端情绪中。这种自我觉察能力的欠缺，使得他们的反思过程缺乏深度和针对性，难以准确把握教学过程中的关键问题和明确改进方向。

案例背景

在教授“平移与旋转”一课时，李老师发现学生在进行关于旋转的练习时会频繁出错。尽管教师在课堂上详细讲解了旋转的概念，并通过实例演示了旋转的过程，但学生在独立练习时仍然难以正确应用所学知识。为了找出问题所在，李老师进行了教学反思。

反思摘录

在“平移与旋转”这节课中，我详细讲解了旋转的概念，并通过实例演示了旋转的过程。学生们在课堂上也似乎能够理解，但在进行练习时却出现了很多问题。我开始认为是学生没有认真听讲，但后来发现他们在课堂上听得很认真。那么，问题究竟出在哪里呢？是我讲解得不够清楚？还是我没有给学生提供足够的练习机会？

案例分析

从这位教师的教学反思中可以看出，他主要关注了自己是否详细讲解了旋转的概念、是否通过实例演示了旋转的过程以及学生是否在课堂上表现出了理解、是否上课认真了。然而，他没有深入反思自己的教学方法是否真正帮助学生掌握了旋转的概念，也没有意识到学生在练习过程中可能遇到的难点和困惑。他未能觉察到自己在讲解旋转概念时没有充分考虑到学生的认知水平和思维方式，导致学生在独立练习时无法正确应用所学知识，这正是他自我觉察能力不足的体现。

案例建议

1. 深入了解学生的认知

更深入地了解学生的认知水平和思维方式，尝试站在学生的角度去理解他们在学习时可能遇到的困难和问题。可以通过与学生交流、观察学生练习过程等方式来获取更多关于学生认知的信息。

2. 优化教学方法

针对学生在练习时出现的问题，优化自己的教学方法。例如，可以使用更具体、更生动的实例来演示旋转的过程，或者设计更具有针对性的练习题目来帮助学生巩固所学知识。

3. 加强练习指导与反馈

在课堂练习和课后作业中，更加关注学生的表现，及时发现并纠正他们的错误。可以提供更多的练习机会，并给予学生及时的指导和反馈，以帮助他们更好地掌握旋转的概念。

4. 反思与自我提升

认识到自我反思的重要性，并不断提升自我觉察能力。可以通过参加教学研讨会、阅读相关教学文献等方式来拓宽自己的视野，学习更多有效的教学方法和策略，以更好地满足学生的学习需求。

李老师有反思的意识和习惯，但在实际操作中却难以深入剖析自己的教学行为、决策和效果，也难以准确把握教学过程中的关键问题和明确改进方向。这种自我觉察能力的欠缺，主要源于教师个人认知能力的限制、缺乏专业的反思训练和指导，以及教学环境的压力等因素。为了提升教学效果和促进教师专业发展，建议这部分教师深入了解学生认知水平，优化教学方法，加强练习指导与反馈，并认识到自我反思的重要性，不断提升自我觉察能力。

三、反思方法单一

在教学反思的方法上，部分一线教师过于依赖个人的直觉和经验，而忽视了同伴互助、专家引领等多元反思方法的应用。这种单一的反思方法不仅限制了教师反思的广度和深度，也影响了教师反思的积极性和持续性。

案例背景

王老师是入职刚满一年的青年教师，他经常进行教学反思，但他的反思方法主要是自己独自思考，他很少与同事交流教学心得，也从未参加过教学反思的研讨会或培训。当遇到教学难题时，他总是试图自己解决，而不是寻求他人的帮助。这使得他的教学反思常常陷入困境，无法找到新的突破点。

反思摘录

“简单的同分母分数加减法”这节课的内容是简单的同分母分数加减法的计算。通过教学，教师要让学生进一步体会分数的实际意义，也为学生提供动手操作、自主探索、合作探究计算的机会；同时也锻炼学生、培养学生运用分数知识解决实际问题的能力和意识。课堂上，我让学生通过折一折、画一画等方式来研究同分母分数加法的计算方法，从而让学生体会答案的由来，也为下面学习同分母分数减法打下基础。但为了完成教学任务，我让学生说得较少。对学生的精彩发言评价方法单一，未能激起学生的求知欲望，课堂气氛显得不够活跃。最后的巩固练习没有完成。

案例分析

王老师的教学反思体现了一定程度的自我审视和改进意识，但确实存在方法单一的问题，其反思主要依赖于个人直觉和经验。

1. 个人经验的依赖

王老师的反思主要集中在个人教学过程中的感受和体验，如“为了完成教学任务，我让学生说得较少”和“对学生的精彩发言评价方法单一”。这种反思虽然有助于个人成长，但缺乏更广、更深的视角，如学生反馈、同事意见或教学理论的支撑。

2. 缺乏多元化的反思方法

反思中未提及同伴互助或专家引领，这表明王老师可能未充分利用这些资源来丰富和完善自己的教学反思。多元化的反思方法，如观摩同事的课堂、参加专业研讨会或寻求行业内专家的指导，可以提供更加多元化的视角和建议，有助于更全面地识别问题和改进教学。

3. 反思的广度和深度有限

王老师的反思主要集中在课堂管理和学生互动方面，而对于课程内容的选择、教学方法的多样性、学生个体差异的考虑等方面则未涉及。反思的深度也有限，例如对于“未能激起学生的求知欲望”这一点，没有进一步分析背后的原因或提出具体的改进策略。

4. 积极影响和改进方向

王老师已经意识到需要让学生更多地参与课堂，并计划采用多元化的评价方式，这是积极的改进方向。建议王老师在未来的反思中，尝试纳入更多元的反思方法，如邀请同事观摩课堂并提供反馈，或参加专业发展活动以获取新的教学理念和策略。

教学反思方法的单一性，主要与教师缺乏反思方法的培训和指导有关。许多教师在职前教育和在职培训中，很少接触到有关教学反思方法的系统培训，这使得他们在面对教学问题时往往束手无策，无法运用有效的反思方法来解决问题。同时，一些学校和教育机构也缺乏对教师教学反思方法的指导和支持，这使得教师在教学反思的道路上孤军奋战，难以形成反思的共同体和共享的文化。

四、反思成果难以转化

虽然部分一线教师能够进行深入的教学反思，但他们的反思成果往往停留在意识层面，缺乏具体的改进措施和计划，导致反思成果无法有效转化为实际的教学改进。这种现象不仅浪费了教师的反思努力，也影响了教学反思在教学实践中的应用价值。

案例背景

曾老师是城区某校下乡支教的青年教师，长期坚持写“教学反思日记”。在一次教学视导中，我收集到了曾老师的教学反思文本。

反思摘录

2020年11月25日，星期三，支教的第五十六天，今天学习的是“求一个数比另一个数多（少）百分之几的实际问题”。本节课的教材设计，是先根据题意画线段图，再通过线段图启发学生的思维，然后重点引导学生讨论对问题的理解，最后确定解题思路。教材后期还在改变问题之后，对两个问题的解法和计算结果进行了讨论，重点让学生体会到：两者解题的思考方法相同，提问不同，所以计算过程与结果也不相同，导致这一现象的根本原因即是单位“1”的不同。

优点：

这节课我做得最好的地方，应该是导入扎实的复习。

我是按教材的教学思路授课的，唯一有改动的地方是在授新之前，我分三个层次进行了足够的复习。一是句式的改变，旨在帮助学生更有效地分析数量关系；二是对比两数之间的分数关系，旨在帮助学生找准单位“1”，体会两数之间所有的分数关系，也为新课学习做直接铺垫；三是简单的分数实际问题的综合对比，旨在让学生形成对比学习。

复习内容分为两类，一类是条件不变，问题改变；一类是条件改变，问题不变。这些复习铺垫有效地帮助学生形成了知识的综合体系，使得后续的新课学习非常顺利，学生有了思考的方向。并且通过这节课的学习，学生在解决这类问题时，形成了好的解题习惯。

不足：

时间把握不到位。复习阶段占用的时间最多不能超过5分钟，不能让复习“喧宾夺主”。但是在实施过程中，我没有想到学生对已学知识进行综合的能力差，没有预设学生会出现这种情况，所以，在复习阶段花了大量的时间，并且学生还是不太敢发言，或者发言时思考的时间太长，让这个阶段占用了更多的时间，严重压缩了新课的学习时间。

新授过程缺少了线段图的辅助理解。我在讲解例题时，也配合了线段图的展示，但是我的重点一直放在分析数量关系上面，让学生会说、能理解“实际造林比原计划多百分之几”就是求“实际比原计划多造林的面积是原计划的百分之几”。这个过程并没有紧密联系我出示的线段图，而是通过学生不断地表达。所以在之后问题改变的例题中，学生完全没有利用到线段图以帮助思考，仍是直接分析数量关系来解决问题。

没有对方法二进行深刻理解。一方面是因为时间原因，另一方面也是因为缺少了线段图的帮助，上面两点不足直接导致了学生对方法二的舍弃。学生也不太能理解先求实际造林面积相当于原计划的百分之几，再求这个百分数与“1”的差。还有一点，由于学生的计算能力差，所以不想选择这种方法。

案例分析

优点：

详细记录了教学过程中的成功之处。曾老师详细描述了他在复习导入阶段的成功，特别是分为三个层次的复习策略，这有助于学生更有效地分析数量关系，找准单位“1”，并形成对比学习的习惯。

识别了教学中的不足。曾老师坦诚地指出了时间把握不到位、授新课过程缺少线段图的辅助理解，以及没有对方法二进行深刻理解等三个主要问题。

不足：

未触及教学反思的核心——行动改进。真正的反思性教学不仅仅是对教学现象的描述，更重要的是提出切实可行的改进措施并付诸实践。该反思主要集中在本次课的得失，缺乏具体的行动改进计划。

案例背景

尹老师是某乡镇中心小学的一名数学教师，日常教学坚持反省、坚持写“教学反思日记”，工作5年以来教学业务水平提升比较快。下面是教科所下乡调研时，随机翻看的一篇教学反思。

反思摘录

优点：

“画垂线”这一课从学生生活中熟悉的“微信红包”导入，激发学生学习兴趣，也告诉学生数学与生活有着紧密联系，同时又对“认识垂线”的知识进行回顾，以更好地开展接下来的教学。

交流学习—自主探究—合作学习，意在培养学生对数学信息获取的能力，以及画垂线的技能和实践操作能力并使学生初步拥有空间意识。合作学习的安排，既让学生有了团队意识，又起到自主学习的作用。

能力提升是按要求画已知直线的垂线，从如何画到怎样检查是否正确，给学生一种顺逆思维的冲击，让学生更加明确检查的方法就是看这个相交的角是不是90°的直角。

归纳总结课程的流程，使课堂流程更清晰。观察交流—实践操作—方法总结—实际应用，重在让学生认识这种学习方式，以后遇到这一类型的问题，有学习迁移的能力和意识。

在自主探究环节中，过直线上一点画已知直线的垂线，我选择录屏讲解画垂线的方法，目的是使学生更加直观、清楚地知道怎样画，并能够自己画垂线，自学能力在此有了锻炼。

学生上台示范画垂线时，学生画法正确、操作正确、语言表达清楚，教师化身为“夸夸队”，总结操作方法，又强调了画垂线的注意事项，让学生感受到被尊重、被认真对待，从而对数学更加喜爱。

开红包的机会和班级优化大师的运用，把控了课堂纪律，也调动了学生学习的积极性。

不足：

教案中文字、字母未认真检查，细节未处理好。

上课语速较快。

当已知直线不是水平方向时，学生掌握得不太好，课下还要巩固练习。

在选择喜欢的工具画两条互相垂直的直线时，应让学生找出这些工具上所有直角，再利用直角边画垂线，而我直接把共同点说出来，未让学生主动思索，没有把学习的主动权交给学生。

课堂应变能力有待提高。学生画法单一时，未及时补充。

实施方略

- 提升自身素养，方便快速准确解决课堂临时问题。
- 练习语速、语音、语调，让声音给人舒服的感觉。
- 以后工作要更加细致，要注重细节。

案例分析

尹老师这篇教学反思整体上写得相当全面和深入，既总结了教学过程中的优点，也坦诚地指出了存在的不足，并提出了改进的方向。以下是对这篇教学反思的具体评议与分析。

优点：

反思内容全面。教师从教学导入、教学方法、学生能力培养、课堂流程、学生示范、课堂管理等多个方面进行了全面的反思，涵盖了教学的主要环节。

注重学生体验。教师在反思中多次提到学生的感受和学习效果，如激发学生学习兴趣、培养学生的团队意识、训练学生的顺逆思维等，体现了以学生为中心的教学理念。

注重细节与实效。教师在反思中不仅关注整体教学效果，还注意到了教案的细节、语速的控制、学生掌握程度等具体问题，并提出了相应的改进措施。

自我提升意识强。教师在反思中不仅指出了学生的不足，也坦诚地分析了自己的不足，如课堂应变能力有待提高，表现出了强烈的自我提升意识。

不足：

对不足的分析不够深入。虽然教师指出了几个不足，但对这些不足的分析不够深入，没有进一步探讨这些不足背后的原因或可能的影响。

改进措施不够具体。教师在提出改进措施时，有些表述比较笼统，没有给出更具体的实施方案或步骤。

反思建议

在反思中注重分析教学过程中的具体问题和原因，而不是仅仅停留在描述表面现象上。

针对存在的问题，提出更具体可行的改进措施，并考虑如何将这些措施融入今后的教学实践中。

在反思中也要关注自己的教学行为和态度，不断反思和提升自己的教学理念和教学能力。

教学反思是提升教学质量的重要途径，但反思成果的转化同样关键。只有通过制定具体可行的改进措施、建立持续跟踪与调整机制、加强同伴互助与专家引领以及争取学校层面的支持等，才能真正实现教学反思的价值与意义。尹老师的案例提醒我们，教学反思不应仅仅停留在个人层面，还应在集体智慧的支持下不断深化与拓展，以此推动教学质量的持续提升。

五、反思环境不佳

教学反思需要一个良好的环境作为支撑，包括校园文化、同事关系、领导支持等多个方面。然而，在一些学校中，教学反思的环境并不理想，甚至存在一些阻碍教师进行教学反思的因素。

案例背景

某学校的青年教师赵老师，对工作充满热情，坚信教学反思是提升教学质量的关键。然而，在实际工作中，她发现学校的教学反思环境并不如她所期望的那样理想，公开课后的研讨交流环节，资深教师们都是应付式地评论几句，或者直接省略此环节；教案撰写中也未明确要求包含教学反思部分，甚至一些教师因坚持撰写教学反思日记而在同事中显得格格不入。我收录了赵老师在《红楼梦》选段公开课后的教学反思日记。

反思摘录

今天的公开课，我精心设计了互动环节，希望通过角色扮演引导学生深入理解人物形象。课堂上学生的参与度很高，但我也意识到自己在时间控制上存在不足，导致部分重要情节未能充分展开。课后，我本期待能与同事们一起探讨如何改进，但遗憾的是，公开课后并没有安排研讨交流。我意识到，如果我们的教学反思仅停留在个人层面，而无法得到集体的智慧碰撞，这样的反思效果将是很有限的。

案例分析

1. 校园文化的缺失

在赵老师的案例中，校园文化的缺失是显而易见的。一个良好的校园文化应该鼓励教师进行教学反思，将其视为教师专业成长的重要途径。然而，在该校，教学反思并未得到足够的重视和支持，这导致教师们在教学反思方面缺乏主动性和积极性。公开课后没有研讨交流环节，教案不要求写反思，这些都反映出学校管理层在教学反思文化建设上的缺失。

2. 同事关系的疏离与误解

赵老师因坚持撰写教学反思而成为教师群体中的"另类"，这反映了同事关系的疏离以及对教学反思的误解。在一些教师看来，教学反思是一种额外的负担或形式主义的表现，而非提升教学质量的有效手段。这种误解不仅阻碍了教学反思方法的普及和推广，也影响了教师之间的正常专业交流与合作。

3. 领导支持不足

学校领导的支持对于构建良好的教学反思环境至关重要。然而，在该案例中，学校领导并未在教学反思方面给予足够的重视和支持。他们未能认识到教学反思对于提升教学质量、促进教师成长的重要性，未能在政策制定和资源分配上给予相应的倾斜，这导致教师们在教学反思方面缺乏必要的专业指导和政策支持。

教学反思环境不佳的原因主要有以下几个方面：一是校园文化缺乏反思和创新的氛围；二是同事之间缺乏互助和合作的关系；三是领导对教师教学反思的支持不够。这些因素导致教师在教学反思时感到孤独无助，直接影响了他们进行教学反思的积极性和效果。

综上所述，一线教师在教学反思方面存在的主要问题包括反思意识淡薄、自我觉察能力不足、反思方法单一、反思成果难以转化以及反思环境不佳等，这些问题不仅影响了教学反思的效果和价值，也制约了教师的专业发展和教学质量的提升。因此，在后续的章节中，我们将针对这些问题提出相应的策略和路径选择，以期帮助一线教师更好地进行教学反思，实现教学质量的持续提升和学生的全面发展。

第三章 | 反思能力提升的策略与路径

第一节　教师教学反思能力提升的策略与路径

不论是知识经济对未来人才创新素质的诉求，还是教育追求更为人本教学的理想，都挑战着教师的专业能力，期望他们有创见地实施课程。小学数学教师的专业能力主要包括：把握数学课程改革发展动态的能力、教学设计能力、教学实施能力和教学反思能力。教学反思能力作为教师教学能力的重要组成部分，在教师能力结构中占据重要位置，也是较难发展的教师能力之一，它直接影响着教师专业成长的发展。孟子说："行有不得，反求诸己。"这不仅是个人修养的重要方法，也是教师成长的法宝。叶澜教授说："一个教师写一辈子教案不一定能成为名师，写三年教学反思就有可能成为名师。"在此脉络下，探究提升教学反思能力，具有重要的理论意义。

一、"自我锻造"的内在策略

1. 提升理论素养

教师需要加强专业理论学习，丰富理论知识与实践经验，提升教学反思素养。具体来说，可以通过提升学历、阅读理论书籍、学习相关理论知识等来提高自身的理论素养。理论的学习可以帮助教师把握事物的内在联系与客观规律，可以透过现象表面了解问题的本质所在，从更高的理论层面来分析问题。

2. 增强反思意识

教学反思不仅可以帮助教师准确找到教学中的问题所在，还能够让教师通过分析和解决这些问题，促进自身教学反思能力的提升和实现自我的发展与成长。因此，要转变教师教学观念、激发教师反思动力、培养教师反思意识，让教师在头脑中真正认识到，有效的教学反思活动是促进教师专业化发展与提升教学质量的有效方法和手段。这样教师就会自觉地增强自身教学反思的主动性与积极性，将教学反思积极有效地融入自己的日常教学实践之中，从根本上改变自身的教学观念和教学行为，提升教学实践能力。

3. **把握反思要点**

（1）对课堂教学现象进行深入分析。当面临真实课堂教学的时候，你发现课堂中会发生各种各样的情况，反思时，如果忽视这些鲜活的事件，或者仅仅是把这些事件进行罗列，这对改进教学的作用并不大。但如果能抓住一个或者是几个事件，不断对事件进行深入地分析，就会起到引发思考的作用。

案例背景

一位教师执教“三角形的内角和”，课后反思时关注到一个现象：课堂沉闷，学生学得无趣。那么“无趣”背后的原因是什么？教师通过学生调研、教研组集体讨论寻找原因。整节课中学生探究三角形内角和都是在教师的指令下去操作的，教师让学生先用量的方法证明内角和是180°，再用“撕—拼”的方法来确认，最后用“折”的方法去验证。这样的探究是“伪探究”，学生的探究欲望没有被激发，学生的思维没有深度参与，学生没有体验到解决问题后的愉悦。学生学得被动，因而课堂沉闷。原因找到后，教师接着寻找解决问题的办法，尝试从激发兴趣与开放探究问题两方面入手，调整教学设计。

教学环节一：提出疑问

今天我们的研究就从这个会变形的三角形开始。让学生观察会变形的三角形（几何画板中的三角形），拉动三角形的一个顶点，三角形就会变形。

【设计意图】 让学生通过观察，体会到变中有不变。三角形的内角和真的是180°吗？无论什么形状的三角形内角和都是180°吗？提出疑问，激发学生的探究欲望。

师：你发现了什么？

生：三角形的高变长了、周长变长了、面积变大了……

师：学数学，常常要求我们关注变化的情况。不过，学数学的高手就不一样，他除了能发现变化以外，还能看到变中有不变。咱们班有这样的高手吗？

生：三角形的内角和不变。

师 ：你真是学数学的高手。

师：内角和不变，是多少度？

师：三角形变来变去，内角和真的一直是180°吗？这还只是我们的猜想。数学是科学的、严谨的，这个猜想是否正确，还需要去验证。

教学环节二：操作验证

【设计意图】 开放性的问题，放手让学生探究，给学生更多的思维和创新的空间，自己寻找解决问题的方向与思路。提升学生思维品质，提高学生解决问题的能力。

师：数学讲究用事实说话，用数据说话，你有什么办法证明三角形的内角和是180°？小组合作探究，比一比，看哪一组的验证方法最多。

这实际上就是我们经常说的“2W1H”原则。What（是什么），即教学现象是什么；Why（为什么），即原因是什么；How（怎么做），即怎么去解决。反思没有必要面面俱到，也不能停留在表面，应体现在不断思考和实践中，这样对教学的改进作用就能得到体现。

（2）关注学生的表现。教师在进行反思的时候，一定要从学生的角度去思考。比如，学生在课堂的表现如何？学生上完课后的感受是什么？学生还存在什么疑问和需求？实际上，学生的学习表现为教师进行反思提供了重要的视角。因此，无论在课堂还是课后，教师要注意观察学生、了解学生，根据他们的表现和感受，对自己的教学进行深层次的反思，为教学策略的调整提供依据。

（3）关注对教学目标的追问。教师在进行反思的时候，不能仅仅停留在对教学活动的分析上，还要关注教学目标的达成情况和教学目标设计得是否合理。如果学生没有达成教学目标，教师需要去分析原因是什么，是教学过程中哪些地方有了问题，或者是教学目标本身制定得不合理。

（4）注重再教学设计。教师的所想所思，还需体现在再教学设计当中。通过教学反思，我们根据课堂中存在的问题，分析并寻找到问题产生的原因。仅此还不够，考虑一下再教这部分内容时"该如何做"才是落脚点，这就需要教学再设计。及时记下这些得失，并进行必要的归类与取舍，写出"再教方案设计"，这样就可以做到扬长避短、精益求精，把自己的教学水平提高到一个新的高度和境界。

案例背景

一位教师进行"米和厘米"的教学，学生学习结束后，教师安排学生做练习，鼓励学生估计教室的门大约有多高。结果，学生估测的结果与实际出入很大。看来学生并没有建立起对"1米"的印象，也就是学生感受1米的实际长度的教学目标达成情况不好。随后，教师针对这点对自己的教学环节进行了认真的分析，发现在鼓励学生用手比画出1米有多长，以及列举生活中的例子说明1米有多长的活动中，自己只是重视让学生做这一活动，但对学生比画和列举实例的准确性却忽视了。于是，教师重新设计了这个教学活动，不仅让学生实际操作，还更重视学生之间的互相交流，让学生将自己比画的长度和米尺相比较，不断地进行调整。同时，让学生自己动手做了1米的线绳，建立起正确印象。

4. 拓宽反思视角

（1）自身视角。对自己教学实践中的现象和问题进行回顾、审视和思考。

（2）学生视角。从学生的角度来反思自己的教学行为及其结果，从学生的眼中认识自己，通过不同方式从学生那里得到更多的反馈。比如：观察学生的学习状态，研究学生对教学行动的体验与感受，分析学生的作业与学习成果，以民主对话的方式倾听学生的不同声音等，并以此来对自己的教学效果进行评价、反思与改进。

（3）同事、专家视角。与同事、专家一起观察自己的教学实践，与他们就实践问题进行对话、讨论。俗话说"旁观者清，当局者迷"，以旁人的眼光来审视自己的教学实践，能使自己对问题有更明确的认识，并获得解决问题的广泛途径。

（4）文献视角。阅读理论文献是教师进行反思不可或缺的视角。一种完善、系统的理论能够给教师提供一套批判的工具与标准，促使教师从更广阔的视野中审视自己的思想和行为。系统的理论学习是反思意识觉醒、反思能力增强的前提。一方面，对教育教学真谛的理解和把握需要教育教学外在价值标准的内化，只有将实践中反映出来的问题上升到理论层面加以反思，才能探寻到根源，使教学的合理性水平得到提升和拓宽；另一方面，只有不断学习、更新知识结构，才能不断地提升教育教学能力、问题诊断能力、教学评价能力等相关能力。

5. 丰富反思方法

反思类型有纵向反思、横向反思、个体反思和集体反思等，反思方法有行动研究法、比较法、总结法和对话法等。

（1）纵向反思和行动研究法。纵向反思是把教学实践作为一个认识对象放在历史过程中进行思考和梳理。行动研究法就是有目的、有计划地对教育行动中的具体问题进行系统探究，以提高教育行动有效性的研究方法，其目的是解决教育实际问题。行动研究法可分为三个层次：单个教师的行动研究；协作性的行动研究（理论工作者与一线教师合作）；区域范围内的联合行动研究。

（2）横向反思和比较法。教学反思需要跳出自我，反思自我。所谓跳出自我就是经常地开展听课交流，研究别人的教学长处。“他山之石，可以攻玉”，通过学习比较，解析手段、方法上的差异，从而提升自己。当然，无论是运用行动研究法还是比较法，我们都需要学习先进的教育教学理论，提高自己的理论水平。

（3）个体反思和总结法。“课后思”指一节课下来就总结思考，写好“课后一得”或“教学日记”，这对新教师尤为重要；“周后思”或“单元思”是指一周课下来或一个单元讲完后再反思，摸着石头过河，尝试发现问题并及时纠正；“月后思”是对于自己一个月的教学活动进行梳理；“期中思”即期中质量分析，对期中考试及其之前的教学表现进行的阶段性分析，召开学生座谈会，听取意见，从而进行完整的整合思考，也可以对一个学期、一个学年或一届的教学进行宏观反思。

（4）集体反思和对话法。集体反思指与同事一起观察自己的、同事的教学实践，与他们就实践问题进行对话、讨论，是一种互动式的活动。它注重教师间成功的分享、合作学习和共同提高，有助于建立合作学习的共同体。教师互相观摩彼此的教学，详细记录所看到的情景。大家各自思考，然后共同研讨，重在针对教学中普遍存在的困惑，进行集体反思。每个教师都发表自己的见解，提出解决问题的思路。即使出现认识上的冲突，也是一个智慧碰撞和切磋学习的机会。反思不是“闭门思过”，与外界的沟通与交流也是进行教学反思的重要途径。除了同事之间的集体反思外，还可请教育专家介入，提出有促进性、针对性的建议；也可和理论文献对话，促使教师不断反思，从而获得更新、更全面的认识。

二、“场域支持”的外部策略

1. 构建反思模型

为了给教师在反思理论与反思实践之间搭起桥梁，便于教师理解和实践操作，我们为教师构建了“三环五步”反思模型（见图 3-1）。它巧妙地在反思理论与反思实践之间搭起了桥梁。该模型由三个核心环节和五个关键步骤组成，旨在帮助教师系统地审视和改进教学实践。

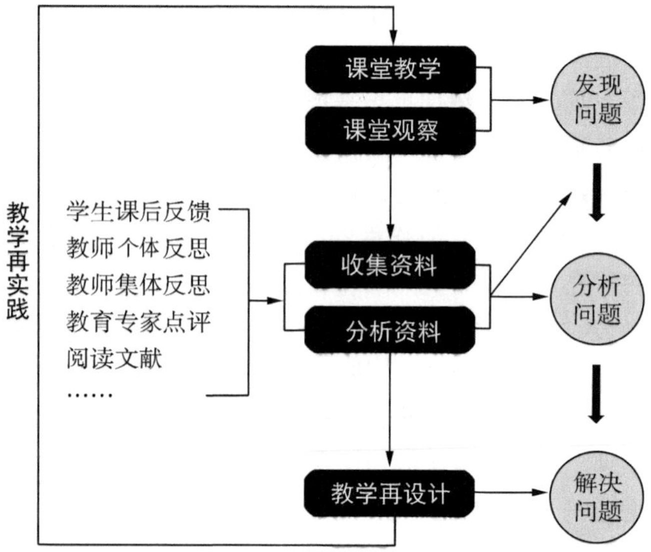

图 3-1　“三环五步”反思模型

（1）具体模型。“三环五步”反思模型，由发现问题、分析问题、解决问题三个环节构成。五个步骤分别是课堂教学、课堂观察、收集资料、分析资料、教学再设计，此为一个反思周期。在教学再设计的基础上，再进行课堂教学实践，又进入一个新的研究轮回。

通过课堂教学、课堂观察去发现问题，并分析教学中存在的主要或典型问题；通过收集资料、分析资料去深入、全面地分析问题。这个过程中，我们的途径和视角是多元的，可以通过学生课后反馈、教师个体反思、教师集体反思、教育专家点评、阅读文献等途径去收集并分析资料，进而分析出问题背后的原因。同时，在此过程中，有时还会发现新的、深层次的、之前没有发现的问题。在此基础上，通过“教学再设计”呈现如何去“解决问题”。

（2）注意事项。“三环五步”反思模型不仅为教师提供了系统的反思框架，还促进了理论与实践的深度融合，是教师专业成长道路上不可或缺的宝贵工具。它适用于行动研究中的深度反思。为了便于指导操作，需明确注意以下几点：

● 形式上呈现的循环性。“三环五步”反思模型在形式上是循环的，全面完整地描述了教学反思的宏观过程，三个环节、五个步骤，逐步推进、环环相扣，在循环往复中，反思质量得以不断提升。

● 实质上蕴含的理论性。行动研究理论是此模型的理论基础之一，无论在哪个环节，教师都要与介入者充分合作，介入者可以是学生、同事、领导、专家等。

● 实施教师需具备一定的反思能力。长期坚持反思，就能提升教师的思维能力、课堂问题诊断能力、教学评价能力等。

2. 构建反思共同体

反思共同体是指为教师教学反思活动搭建的平台，分为校内反思共同体和校外反思共同体。

（1）校内反思共同体。校内教师定期开展教学反思活动的交流会，它可以是师、徒为一组的反思共同体，也可以是同一学科背景下的教师以教研组为单位的反思共同体，还可以是由不同学科背景的教师组成的反思共同体。这些教师会对教学实践产生不同的认识与理解，在一个多元对话的空间里，在不同理念与观点的碰撞中，寻求个体对具体教学实践情境的不同理解，拓宽反思的视角，从而提高教学反思的有效性。

（2）校外反思共同体。仅仅靠校内教师之间的同伴互助这种同层次的横向支持，缺少纵向引领，没有高层次专业研究者的协助与带领，教师常常会停留在同一水平的反复中。因此，与专家进行对话与交流，进而引发对自我的深度思考，更加重要。如对话教育专家、教研员、名师，进行学历提升、研修式培训、教育课题研究等，这些都是直接或间接地与专家对话的方式。

构建反思共同体旨在创新校本教研的模式。通过教师、专家等之间的交流、批判、思考与共鸣，形成一个持续的、多元的“教研共同体”，帮助教师克服独自思考的局限性，使教师的教学反思从“独白”走向“对话”。2021 年度，教科所下乡、下校常规调研中，每到一校都进行“以课例研讨引领教师深度反思”的实践，旨在给学校校本教研提供一个范式。其步骤为：课堂教学—教师即时反思—集体反思—专家点评—教师再次深度反思并撰写成文。同期，课题组核心成员所在的学校及教研组也用此方式进行校本教研。

3. 加强反思理论及技能的培训

通过教师继续教育和区域内的专题教学研讨活动，进行相关培训，提升教师的自身教学反思素养与能力。只有当教师具备完善的知识理论体系时，才能认识到自身教学中问题的关键所在，并能准确分析和探讨这些问题，有效提升教学反思能力。

（1）注重对教师教学反思方法、技能的培训，帮助教师学习和掌握合理的教学反思方法与科学的教学反思技能。

（2）组织教师参加教学反思专题研讨活动，在互相交流教学反思方法、技能与共同分享反思经验的过程中提升教师教学反思素养。

4. **完善评价体系**

（1）教学反思的管理制度。制度的出台，是为了让一切行为有秩序，合乎规范。教学反思管理制度是从行政层面给教师以外部监控、约束及导向，可以增强教师的反思意识，提高教师教学反思的质量。

（2）教学反思的评价制度。通过对教师的教学反思成果进行评价，激发教师进行教学反思的热情，提升教学反思的质量。因此，完善评价体系，显得尤为重要。

- 将教学反思评价纳入日常教学评价范围。用评价制度来确保教师对经历过的教学实践进行反思，并以号召、监督、表扬和奖励的方式，来维持和加强制度的执行力，可以增强他们的反思意识和反思动机。如在进行教师素质评价时，反思意识和反思能力占一定比重；学年或学期结束时，要求教师提交日常的反思记录（如教学日志、反思小组谈话实录、心得体会等）并作为考评教师的一种依据。
- 将教学反思纳入全市教学比赛的项目之一。在一年一度的全市教师课堂教学比赛中，把教学反思纳入比赛项目，由原来单一的课堂教学比赛改为“课堂教学+教学反思”，其中课堂教学占 80 分，教学反思占 20 分，课堂教学结束后，立即就本堂课撰写教学反思，时长 35 分钟。通过比赛，既检验了教师的反思水平，同时也提高了学校及教师对教学反思的重视程度。以赛促思，以赛促提升。
- 将教学反思纳入全市教学视导的督查项目之一。教研机构、督导室、督学责任区等教育管理部门，在督学下校、教学视导及教学常规管理调研中，都将关注教师的教学反思情况，以促进教师教学反思常态化、实效化。
- 进行教学反思专项比赛，并出台教学反思评分标准（见表 3-1）。

表 3-1　教学反思评分标准

教师：________　单位：________________　参赛课题：________________

评分内容	评分标准	权重分	应得分
自我评价	能够准确判断自己教学的优点和不足	20	
反思问题	能利用错题资源反思性地建构课堂；能反思寻找导致教学不足的原因或准确提出本节课目前还存在的困惑	30	
课堂重建	能够反思自己本次教学实践的收获及悟出的道理；对不足之处的改进策略及设想	30	
反思阐述	文理通顺，层次清晰，语言精练，结论明确	20	
最后得分			

三、真问题驱动：深度反思的起点

在教育领域，深度反思是教师专业成长的关键。发现真问题，作为深度反思的起点，对于提升教学质量、促进教师专业发展具有重要意义。本节将深入探讨：真问题的定义与特点；如何发现和提炼真问题；真问题驱动下的教学实践与反思。

1. 真问题的定义与特点

真问题，顾名思义，是那些真实存在、具有探究价值且能够触及教学核心的问题。它们不是表面化的、琐碎的，而是能够引发教师深度思考、探索教学本质的问题。真问题通常具有以下几个特点。

（1）源于教学实践。真问题往往产生于教师的教学过程中，与学生的学习难点、教学策略的有效性紧密相关。

（2）具有探究价值。真问题不是简单的、一目了然的问题，而是需要教师进行深入研究、探索的问题。

（3）触及教学核心。真问题关注教学的本质和核心，能够引发教师对教学理念、教学方法等根本性问题的思考。

2. 如何发现和提炼真问题

发现和提炼真问题是教师进行深度反思的第一步，以下是一些行之有效的方法。

（1）深入观察教学实践。教师要密切关注学生的学习过程，观察他们在学习中的困惑、难点和兴趣点，从中发现真问题。

（2）反思教学经验。回顾自己的教学经历，思考哪些教学策略有效，哪些需要改进，从中提炼出真问题。

（3）与同行交流研讨。教师之间的交流研讨是发现真问题的重要途径。通过分享教学经验、探讨教学难题，教师可以相互启发，发现新的真问题。

3. 真问题驱动下的教学实践与反思

真问题驱动下的教学实践与反思是教师深度反思的核心环节。为了避免宽泛的描述或只提出抽象的建议，下面以一位小学数学教师在讲授“认识负数”时所做的深度教学反思为例，展现该教师尝试提炼出真问题，并进行深度教学反思的基本路径与条件保障。

案例 1

磨课的历程

——以“认识负数”为例

一、问题的提出：如何分析教材

在赛前的磨课环节中，青年教师莫雪莲执教“认识负数”（见图3-2），并在课后研讨中分享了她对该课的思考。

在一至四年级的数学教材里，“数与代数”领域只教了整数的知识，这些整数都是自然数（0和正整数）。本单元教的负数，是过去小学数材里没有的内容，只涉及负整数的初步认识，主要出于两点考虑：第一，负数在日常生活中的应用还是比较广泛的，学生经常有机会在生活中看到负数，让他们学习一些负数的知识，有助于他们理解生活中遇到的负数的具体含义，从而拓宽数学视野；第二，适量地知道一些负数的知识，扩展对整数的认识范围，能更好地理解自然数的意义。

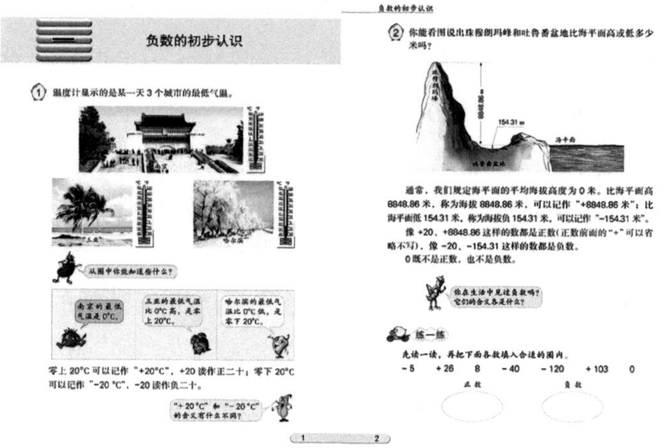
负数的初步认识

负数的初步认识

① 温度计显示的是某一天3个城市的最低气温。

从图中你能知道些什么？

南京的最低气温是0°C。

三亚的最低气温比0°C高，是零上20°C。

哈尔滨的最低气温比0°C低，是零下20°C。

零上20°C可以记作“+20°C”，+20读作正二十；零下20°C可以记作“−20 °C”，−20读作负二十。

“+20°C”和“−20°C”的含义有什么不同？

② 你能看图说出珠穆朗玛峰和吐鲁番盆地比海平面高或低多少米吗？

通常，我们规定海平面的平均海拔高度为0米。比海平面高8848.86米，称为海拔8848.86米，可以记作“+8848.86米”；比海平面低154.31米，称为海拔负154.31米，可以记作“−154.31米”。

像+20、+8848.86这样的数都是正数（正数前面的“+”可以省略不写），像−20、−154.31这样的数都是负数。

0既不是正数，也不是负数。

你在生活中见过负数吗？它们的含义各是什么？

练一练

先读一读，再把下面各数填入合适的圈内。

−5　+26　8　−40　−120　+103　0

正数　负数

1　2

图3-2　“认识负数”的教材

教学环节设计：首次感知负数

【设计意图】联系温度和海拔高度的表示方法，初步教学负数的意义。引导学生联系例题自己体会得出：0既不是正数，也不是负数；正数都大于0，负数都小于0。使学生通过这些知识的掌握，进一步理解负数的意义。

- 用负数表示低于零度的温度，学生首次感知负数。
- 用正数或负数表示海拔高度，丰富对负数的感性认识。
- 初步揭示正数与负数的概念。

本堂课上完后，学生知道了负数的含义，但理解不深入、不透彻，对于“0既不是正数，也不是负数”一知半解。课堂中学生没有思维的碰撞、思维的深度参与。执教教师知道课不精彩，但也不知道该如何去构思，如何激活学生的思维，让学生的认识更深刻，让课堂绽放异彩。

研讨中，我质疑“教材分析我们是否做到位”，教师们一脸诧异，“我们就是这样分析教材的”“还要怎样分析”。于是，我以提问的方式与教师们进行交流：

- 负数的数学本质是什么？
- 教学内容蕴含的数学思想是什么？

抛出这些问题后，教师们才恍然大悟。但是明白了分析的维度不等于能分析清楚，并能在教学中有效落实。这位青年教师三次执教“认识负数”，在教学实践中又不断地内化、改进，比较完整地经历了从关注“现象”到追问“学科本质”与“学科内容教育价值”的全过程。

二、从关注“现象”到追问“本质”的行为表现

问题开启了该青年教师深度教学反思之旅，她的反思过程真正体现出深度反思对其专业发展的重要意义。她不断查阅相关文献、反复试教，再反思、再研讨。归纳起来，该教

师对“认识负数”进行了三次深度反思，真正实现了从只关注教材表面现象到追问数学概念本质、意义与教育价值的全过程。

1. 第一次追问：负数产生的原因、过程是什么？

通过查阅资料、阅读与研讨交流，该青年教师对“负数的产生”做了较为系统的归纳和概括。负数的产生有两种动力：一是现实的需要，二是数学自身发展的需要。

一方面，负数的出现是跟生活实际紧密相关的，人们为了表示并计算现实生活中具有相反意义的量，这是人类实践的需要。当生活中用单一的数概念无法准确地描述两种截然不同的量时，人们自然想到了扩充原有的数的概念以适应新的需要。

另一方面，有资料也表明：负数的产生来源于数学自身发展的需要，为了使数学里的减法运算可以永远实施，以适应解方程的需要，自然产生了负数。在秦汉之际成书的《九章算术》中就给出了正负数的加减法则。在解方程组的消元过程中出现了“不够减”的情形，两个数的相加可得到同一类数，但相减却不一定能得到这个结果。

负数的产生是“数”的数学化过程，也是用数学符号记录现实生活中特定数量的过程。基于如何在课堂中让学生经历、体验这一过程？教师们设计了以下教学环节。

教学环节一：尝试记录、体验负数产生的过程及价值

【设计意图】从生活实例中引入正、负数，让学生经历负数产生的过程及价值。进一步感受符号的简洁性及使用负数的必要性和优越性。

（1）拿出学习卡，用自己喜欢的方式把文字中的数据记录在表格中，关键是让别人一眼就能看明白。

① 昨日，三亚的最低气温是 20 ℃，哈尔滨的最低气温是零下 2 ℃。

② 小明家住在 16 楼，他家的车位在地下 2 楼。

③ 珠穆朗玛峰比海平面高 8848.86 米，某地比海平面低 2 米。

（2）投影展示学生记录的信息，先请他们自己介绍，再在对比中优化方法。

① 纯数字记录：8848.86 米、2 米，不能准确地表达信息。

② 文字记录：三亚 20 ℃、哈尔滨零下 2 ℃，并不简便。

③ 用符号表示：有学生用 ↑16 楼、↓2 楼表示；有学生用+20 ℃、−2 ℃表示。

师：孩子，你能解释一下你的表示方法吗？

（3）认识正负数。

师：这几种方法，你们最喜欢哪种表示方法，为什么？是呀！这个同学真聪明，和咱们数学家想的一样，用符号表示。

师：我们以前在运算中熟悉的加、减号在这儿又有了新的意义，比原数量或者标准多了用“+”表示，带有正号的数，我们都称正数。比原数量或者标准少了的用“−”表示，那么带有负号的数，是负数。那么大家写的这些数字怎么读呢？（带读两个，指名学生读两个）

2. 第二次追问：负数的意义是什么？

教材上负数的定义，“带有负号的数是负数”，描述的是负数的外部特征，并不是它的本质意义。教师们追问：“负数的本质意义是什么？”负数的意义应该与正数结合起来理解，因为负数与正数是具有相反意义的两种量，它们之间其实是一种辩证的关系。相反意义的量不是由教师直接告知的，而是激发学生的思维，结合丰富的生活素材，通过多元表征来理解正数和负数可以表示一组相反意义的量。为了让学生深刻理解负数的意义，教师们设计了以下教学环节。

教学环节二：多元表征，理解负数的意义

【设计意图】学生通过观察图、画图与语言描述相结合，讲述自己对负数的理解，深刻地感知正数、负数是一组相反意义的量。负数在不同的情境中，有不同的意义。我们可以把海平面、一楼地面作为分界线，记为0，低于分界线的量，都可以用负数来表示。

师：生活中负数到底有什么意义呢？接下来我们进一步探究负数。

（1）“−2楼”“−2 ℃”“−2米”，3个“−2”表示的意义相同吗？3个“−2”分别表示什么？

（2）组成四人小组进行讨论。

（3）交流汇报。

3. 第三次追问：0为什么既不是正数，也不是负数？这节课中，0是什么？

第一次教学中，学生对“0既不是正数，也不是负数”的理解不深刻，仅由教师传授，缺乏自主探究。“为什么0既不是正数，也不是负数”，教师们也是一知半解的，大多认为教科书是这样规定的，没想追问缘由。为此教师们又大量地阅读教参、查阅文献，准确地理解了“0是分界点，0是标准量”。该知识点又该如何让学生领悟和理解呢？采取什么样的教学方式让学生明白呢？教师们设计了以下教学环节。

教学环节三：借助数轴，理解数域的扩展

【设计意图】在正负数的学习中，0是它们的分界点。通过呈现“温度计上的0”、“数轴上的0”等数学问题，引导学生理解正、负数的分界点。学生可以体会到，“只有找到分界点‘0’，才能找出正负数”，加深了对0的认识。在数轴上，学生可以非常清晰地看到0左边为负数，右边为正数，0既不是正数也不是负数。正整数、负整数、零共同构成了完整的整数系。由温度计到数轴，正、负数的学习经历着从生活到数学、从具体到抽象的过程，学生在逐层抽象中实现了数学思维的飞跃。

师：老师把刚才的温度计变化一下，大家看看变成了什么？（老师出示温度计变成数轴）

师：看到这个数轴，你有什么发现？（学生自由发言）

（1）0是正数和负数的分界点，不是正数，也不是负数。（老师板书）

（2）越往右，数越大；越往左，数越小。

（3） −1 和 1 到 0 的距离是相等的。

师：除了看到数轴上标出来的数，还能看到什么数？谁上来指指？（老师追问，进行数域的扩展）

教学环节四：对“0”的新认识，明白 0 作为标准是可以变化的

【设计意图】这环节是学生最难理解的，也是他们对于进一步认识负数的生长点。通过生活中实例的探讨与研究，学生体会到了 0 作为标准是可以动态变化的，正数和负数也会随着标准的不同而随之变化。

师：老师这还有一个−2，有谁敢挑战一下吗？医生把我弟弟的身高记为−2 厘米。你觉得可能吗？（请学生说见解）我国 10 岁男孩的平均身高是 140 厘米，我们把平均身高计为 0 厘米，李强+3 厘米，陈大 0 厘米，弟弟−2 厘米，王红−4 厘米，他们的实际身高各是多少厘米？如果要使弟弟的身高变成+2 厘米，弟弟还需再成长多少厘米？

师：为什么弟弟的身高一会儿为正，一会儿又是负呢？

（1） 可见正、负数记录的起点不一定是 0。

（2） 确定标准是关键，标准变化，就会引起正负的变化。

教师们在问题的引领下，完成了释疑、解惑的过程，逐步深入理解教材编写的意图，准确地剖析教材教学内容的数学本质，从而尝试调整教学设计，在过程中再反思，再调整。再次执教时，学生经历了负数产生的过程，体验到符号化、数学化的过程；也深刻理解负数的意义，明白正负数是一组表示相反意义的量，明白 0 作为标准量，是可以变化的；初步了解对立统一、联系发展这些最朴素的哲学思想；课堂教学逐步丰富、深刻，从而达到较好的教学效果。

三、深度教学反思的基本路径与条件保障

由此案例可以看出，教学反思就是教师对教学中出现的问题进行反复思考的过程。深度教学反思的基本路径是：教师面对问题时，不是凭借经验对问题进行主观判断，而是从不同的侧面、站在他人立场、通过事实证据来分析问题产生的原因，并据此制定解决问题的方案，进而实施方案。在实施的过程中也许还会出现新的问题，从而形成一个循环往复的过程。在此过程中，有几个方面对教师的教学反思至关重要。

1. 把握学科本质是一切教学方法的根本

该教师对“负数产生的原因和过程”“负数的意义”有深入的思考和追问，分析教材时就是罗列知识点或再现教材的活动内容，不清楚教材背后的设计意图，认为“教材分析没有什么可说的”，导致在选择教学内容时没有自己的思考，带有一定的盲目性。因此，不论是分析教学内容、研究学生，还是制定教学目标、设计有效学习活动，把握学科的本质和背后的知识脉络体系才是教师深度思考的根本。

2. 依据“真问题”不断地追问是深度教学反思的基本条件

按照杜威的观点，反省思维与一般思维的明显不同之处就在于“反省思维一方面包括

引起思维的怀疑、踌躇、困惑和心智上陷入瓶颈等状态，另一方面还包括通过寻找、搜索和探究等活动求得解决疑难、处理困惑的实际办法”。只有提出引起困惑的、有价值的问题，并经历围绕这一问题不断去求索的过程，才是真正的思维活动。

3. 带着“问题”去进行专业阅读是深度反思的重要方式

阅读专业资料是优秀教师的重要表现，也是达到优秀、卓越水平的重要途径。但有些教师却觉得“读不进去或读不懂专业资料”“读了也没有用处”。由于成人的学习具有功利性和嵌入式特点，不带着问题、不带着明确的目的读书学习，其效果必然大打折扣。例如，选择“认识负数”这一内容，该教师开始没有意识到它的研究空间，“不就是带有负号的数吗？太简单了”。正因如此，该教师第一次的执教非常简单，照着教材上的流程完成教学任务。后来该教师带着前面的真问题阅读了大量的文献及参考资料，逐步完善自己对该知识的认识，并调整了教学设计，才让课堂教学更有感染力，让课堂内容更深刻且富有内涵。

4. 体验到“成功的喜悦”是深度反思的动力源泉

该教师在第一次上交的教学设计是1500字，几次打磨后上交的教学设计最终稿是11000字，整个教学过程思路清楚，主线明确，教材分析透彻，课例反思到位，得到了在场教师们的一致好评。共同参与研究的教师们体验到了“成功的喜悦”，深入地、持续地思考一个问题的“幸福”必定成为今后深度反思的动力和源泉！

这个案例充分展示了真问题驱动下的教学实践与反思的价值和意义。通过发现和提炼真问题，教师能够深入探索教学的本质和核心，不断提升自己的教学水平和反思能力。同时，真问题驱动下的教学实践与反思也能够更好地满足学生的学习需求，提升他们的学习效果。

四、课例式反思：打磨教学艺术的途径

课例式反思是一种深入探究教学实践、不断提炼和优化教学策略的过程。它强调通过对具体教学课例的反复研究、分析和实践，打磨教师的教学艺术，提升教学质量。

1. 课例式反思的定义与价值

课例式反思是一种教学方法上的反思和研究过程，它聚焦于具体的教学课例，通过深入地分析、实践和调整，旨在优化教学策略，提升教学质量。在这个过程中，教师会对自己的教学实践进行深入地思考和回顾，分析教学中的成功之处以及需要改进的地方，进而提炼出更有效的教学策略。课例式反思强调真实问题在教学实践中的价值和意义，鼓励教师通过解决实际问题来不断提升自己的教学艺术。

2. 如何进行课例式反思

（1）选择课例。教师应选择一个具有代表性、能够反映教学问题或教学特色的课例作为反思的对象。这个课例可以是成功的，也可以是存在挑战的，关键是要能够从中学习到东西。

（2）明确反思目标。在开始反思之前，教师应明确自己想要解决的问题或想要提升的

教学方面。设定具体的、可衡量的反思目标，以便在反思过程中有所依据。

（3）回顾教学过程。教师应详细回顾所选课例的教学过程，包括教学目标的设定、教学策略的选择、教学活动的实施等。尽量回忆教学过程中的每一个细节，包括学生的反应、课堂氛围等。

（4）收集数据和信息。教师应收集与所选课例相关的所有数据和信息，包括学生的作业、课堂录像、教学日志等。这些数据和信息将为后续的反思提供有力的支持。

（5）分析教学效果。教师应对所选课例的教学效果进行深入地分析，包括学生的参与度、理解程度、作业质量等。对照预设的教学目标和实际的教学效果，找出差距和不足之处。

（6）识别问题和挑战。在分析教学效果的基础上，教师应识别出教学中存在的问题和挑战。这些问题和挑战可以是教学策略上的、学生管理上的，也可以是教学资源上的。

（7）提炼经验和策略。教师应从所选课例中提炼出成功的教学经验和有效的教学策略。同时，也应总结出需要改进的地方和设定未来的教学策略调整方向。

（8）制订行动计划：根据反思的结果，教师应制订具体的行动计划，包括如何改进教学策略、如何提升学生的参与度等。行动计划应具有可行性和针对性，以确保反思的成果能够转化为实际的教学改进。

（9）实施和跟进。教师应将制订的行动计划付诸实施，并在实施过程中进行持续的跟进和调整。通过不断地实践和调整，教师应不断优化自己的教学策略，提升教学质量。

（10）分享和交流。教师可以将自己的课例式反思成果与同事进行分享和交流。通过分享和交流，教师可以获得他人的意见和建议，进一步丰富和完善自己的教学反思。

总之，进行课例式反思需要教师具备敏锐的观察力、深入的分析能力和持续的改进意识。通过不断地反思和实践，教师可以不断地提升自己的教学艺术，为学生的成长和发展提供更好的支持。

3. 课例式反思的实践案例分享

邵东市青年教师许珏作为湖南省的唯一代表，参加“全国苏教版第六届优质观摩课评比”活动，执教的内容是“含有中括号的整数四则混合运算”，赛前经历过多次磨课，以下记录的是磨课历程及反思。

案例 2

数学学习的过程就是“再创造”的过程

——以“含有中括号的整数四则混合运算”为例

邵东市城区第六完全小学　许　珏

一、课前思考

数学学习应该经历怎样的“过程”？是教师讲解清楚后学生去记忆，还是学生去自学？

又或者是创造机会与问题情境，让学生在一连串的问题中自主地建构对知识的理解？确实，我们很难定义什么是最好的数学教学方法，但对于学生应该经历一个什么样的学习过程则有定论，荷兰著名数学家和教育家弗赖登塔尔说过：“数学学习的过程就是‘再创造’的过程。”小学生已有的知识、经验、方法等方面的储备都是有限的，他们学习数学能实现“再创造”吗？

因此，我以苏教版《数学（四年级上册）》中的“含有中括号的整数四则混合运算”为例，谈谈自己的思考与实践。

二、研磨设计与反思

1. 初次试课：教学设计Ⅰ

教学环节一：游戏导入，建立规则

（1）出示例题，自主学习。根据运算顺序，填上符号。

① 360 ÷ 12 + 6 × 5

先算加法，再算除法，最后算乘法。

② 360 ÷ 12 + 6 × 5

先算乘法，再算加法，最后算除法。

③ 360 ÷ 12 + 6 × 5

先算加法，再算乘法，最后算除法。

（2）师（小结）：当这个算式中已经有了小括号了，再添加括号，就要用到中括号，因此第三小题可以写成360÷[（12+6）×5]。

教学环节二：集体交流，明确规则

（1）教学中括号的正确读写和运算顺序。

（2）出示例题：525÷[（81−56）×3]。

师：你是怎么计算的？（指名同学汇报）

（3）明确运算顺序：在一个算式里既有小括号又有中括号，要先算小括号里面的，再算中括号里面的。

（4）教师对照这道题目的解题过程，强调递等式中一步步脱式的过程和书写的格式要求。

教学环节三：巩固练习，应用规则

完成书本练习十二的第1、3、6题。

教学环节四：回顾全课，总结收获

2. 课后反思：建立符号意识

在正式试教前，我自以为有很清晰的设计思路能更好地帮助大家理解中括号，但我发现在教的过程中却格外吃力，课堂上出现了若干次与学生的“不合拍”，学生说的总不是教师想要的答案，且学生后期参与度越来越低。2011年的“新课程标准”中把发展学生的符号意识作为重要的学习内容，并指出“符号意识主要是指能理解并且运用符号表示数、数量关系和变化规律；知道使用符号可以进行运算和推理，得到的结论具有一般性。建立符号意识有助于学生理解符号的使用是数学表达和进行数学思考的重要形式”。因此，数学课程的一个重要任务就是使学生习得数学符号的意义和能够使用符号解决数学问题以及数学以外问题的能力。发展学生的符号意识，究竟该如何做呢？于是我通过分析教材、查阅文献，从中有了以下几点思考。

（1）创设情境，增强符号意识。在导入教学环节一的第一、二小题时师生互动复习旧知并总结出小括号的作用可以改变运算顺序，教师趁势提出第三小题：360÷12+6×5，如何做到先算加法，再算乘法，最后算除法，目的是引导学生说出中括号。但课后我细细推敲，发现“中括号”的引进并非出于客观实际需要，也不是出于数据运算需要，而是出于教师的设想，莫名其妙地强行要求改变运算顺序，看似是启发提问，其实仍是教师的“一言堂”。这样一来，师生探究的焦点集中在如何设法改变算序，而忽略了为什么改变算序，中括号的特殊性以及为何要改变算序等关键信息没有明示，中括号有别于小括号的独特作用没有得到体现，这样粗线条的教学，只会助长学生添加括号的随意性。

“新课程标准”在第四部分“实施建议”中指出：“教学应从学生实际出发，创设有助于学生自主学习的问题情境。”判断一个问题情境是否创设得好，关键是看问题是否指向于数学知识的本质。于是我对苏教版、人教版、北师大版数学教材的同一内容进行了横向对比（见图3-3）。

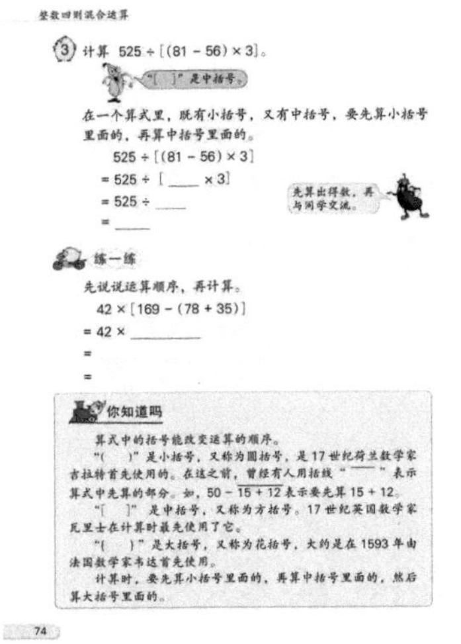
整数四则混合运算

3 计算 525÷[(81－56)×3]。

“[ ]”是中括号。

在一个算式里，既有小括号，又有中括号，要先算小括号里面的，再算中括号里面的。

525÷[(81－56)×3]
=525÷[____×3]
=525÷____
=____

先算出得数，再与同学交流。

练一练

先说说运算顺序，再计算。

42×[169－(78+35)]
=42×________
=
=

你知道吗

算式中的括号能改变运算的顺序。

“( )”是小括号，又称为圆括号，是17世纪荷兰数学家吉拉特首先使用的。在这之前，曾经有人用括线“——”表示算式中先算的部分。如，50－$\overline{15+12}$表示要先算15+12。

“[ ]”是中括号，又称为方括号。17世纪英国数学家瓦里士在计算时最先使用了它。

“{ }”是大括号，又称为花括号，大约是在1593年由法国数学家韦达首先使用。

计算时，要先算小括号里面的，再算中括号里面的，然后算大括号里面的。

74

苏教版

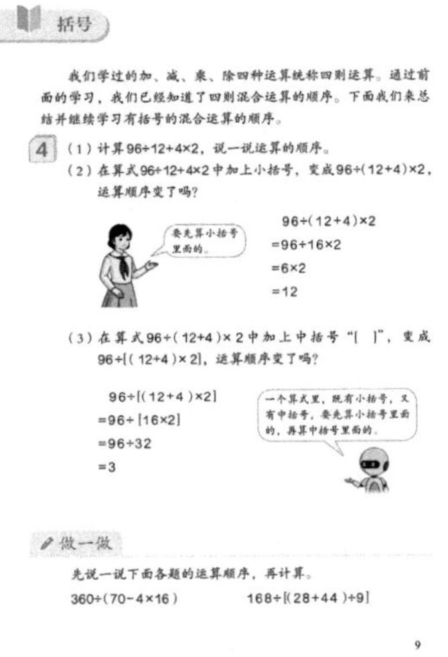
括号

我们学过的加、减、乘、除四种运算统称四则运算。通过前面的学习，我们已经知道了四则混合运算的顺序。下面我们来总结并继续学习有括号的混合运算的顺序。

4 （1）计算96÷12+4×2，说一说运算的顺序。
（2）在算式96÷12+4×2中加上小括号，变成96÷(12+4)×2，运算顺序变了吗？

要先算小括号里面的。

96÷(12+4)×2
=96÷16×2
=6×2
=12

（3）在算式96÷(12+4)×2中加上中括号“[ ]”，变成96÷[(12+4)×2]，运算顺序变了吗？

96÷[(12+4)×2]
=96÷[16×2]
=96÷32
=3

一个算式里，既有小括号，又有中括号，要先算小括号里面的，再算中括号里面的。

做一做

先说一说下面各题的运算顺序，再计算。

360÷(70－4×16)　　168÷[(28+44)÷9]

9

人教版

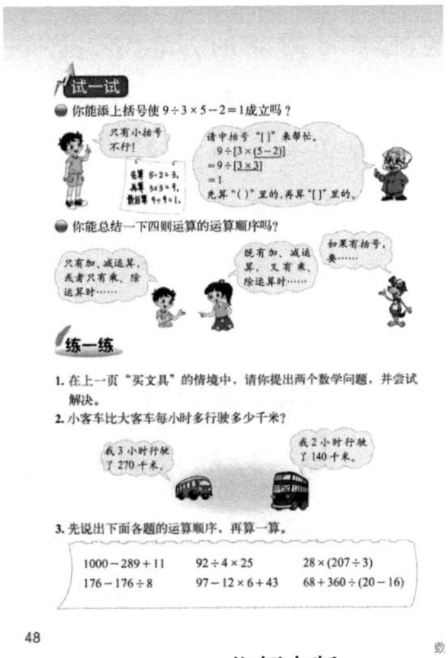
试一试

你能添上括号使9÷3×5－2=1成立吗？

只有小括号不行！

先算 5-2=3，再算 3×3=9，最后算 9÷9=1。

请中括号“[ ]”来帮忙。
9÷[3×(5－2)]
=9÷[3×3]
=1
先算“( )”里的，再算“[ ]”里的。

你能总结一下四则运算的运算顺序吗？

只有加、减运算，或者只有乘、除运算时……

既有加、减运算，又有乘、除运算时……

如果有括号，要……

练一练

1. 在上一页“买文具”的情境中，请你提出两个数学问题，并尝试解决。
2. 小客车比大客车每小时多行驶多少千米？

我3小时行驶了270千米。

我2小时行驶了140千米。

3. 先说出下面各题的运算顺序，再算一算。

1000－289+11	92÷4×25	28×(207÷3)
176－176÷8	97－12×6+43	68+360÷(20－16)

48

北师大版

图3-3　不同版本的数学教材

我发现三个版本虽然编排顺序上略有差异，但都是直接以数字算式为例题进行新课讲解，来揭示纯数学的奥秘。因此能够实现教学目标的情境就是最好的情境。在此，北师大版的例题添加了括号使结果等于1，这给我提供了思路，于是我决定重新调整教学策略，有意识地挖掘并唤醒学生的符号意识，创设添加运算符号使结果等于1的游戏情境，让学生在情境中经历和了解约束运算顺序的“数学符号”的产生过程，甚至自己可以“创造”符号。

（2）经历过程，形成符号意识。在教学环节一里第三小题的练习中，一部分学生基于已有的知识经验写出了下面的算式：360÷((12+6)×5)，但是教师却并没有及时抓住这个课堂上的精彩生成，而是直接忽略，选择了使用中括号的算式进行展示讲授新知。虽然课堂教学是行云流水地完成了，但教师却明显感受到学生对中括号的感悟不深。从生成中我发现我对学生的了解不到位，只关注自身预设，没考虑学生的思维。

课后我反思许久，到底为什么小括号外面加的就应该是中括号？我记得学计算机语言编程时，一层层嵌套的就是小括号。于是我请教了学计算机的朋友，他说因为计算机喜欢简单重复，始终按照不变的规则工作。无论何种括号，作用只是优先。人不像机器那么机械，层层叠叠的小括号很容易会看错看漏、写错写漏，不利于表达交流。据此，我认为中括号的使用只是为了表达得清晰、有层次、方便区分。因此没学中括号时学生如果想到小括号外面加小括号在本质上是对的，甚至可以说是一个很精彩的“创造”。

英国著名数学教育家斯根普在其《数学学习心理学》中指出：“逻辑推理所展现的只不过是数学产品，而不能告诉学习者这些结果是如何一步步被揭开、发展出来的。它只教数学技巧，而不是教数学思考。”由此可见，要教会学生思考数学问题，一定要引导其经历结果是如何得到的过程。在这个过程中，靠教师灌输，学生只会被动接受，因为思维主要是靠启迪，而不是靠传授，越是传授得一清二楚，学习者就越不需要思考；只有给学生自主学习的空间，教学生自主学习的方法，才能使学生学会主动创造。因此我们可以创造问题情境，充分了解学生对使用运算符号、改变运算顺序的想法：有的学生使用两个小括号；有的学生想到使用中括号。在不同想法的对比、交流和碰撞中，为学生进一步认识中括号奠定了基础。同时也让学生初步认识到算式中已经有了小括号，还需要再次改变运算顺序时，使用中括号更加合理。基于第一次教学后的反思，我在第二次教学时作出了以下调整。

三、教学再设计

1. 第一次教学调整：教学设计Ⅱ

教学环节一：创设情境，形成认知冲突

（1）组织数学游戏。不改变数的位置，添上合适的运算符号和括号，使计算结果等于1。先独立思考，试着算一算，然后在组内交流，相互说一说。

18　2　3　6 = 1

（2）组织汇报交流。

教学环节二：感受需要，引出中括号

（1）学生独立计算，教师巡视并请学生上台板演。

方法一：18÷2÷（3+6）= 1

方法二：(18÷2−3) ÷6=1

【设计过程】这时我启发学生还有没有其他的方法。学生通过回头看、找规律，发现了最后一步很关键，由此大胆地猜测后，得到了18÷18=1。我让他们又进行尝试，学生通过运算符号改变运算顺序的想法得以充分地展现，出现了以下两种方法，给听课教师和我带来了惊喜。

方法三：18÷(2×(3+6))

师：你为什么又要在这里加个小括号呢？目的是什么？

方法四：18÷[2×(3+6)]

师：你为什么要用一个这么特别的中括号？你的想法是什么呢？

(2) 师：其实这两个同学的目的都是一样的，只是表述的方式不一样，你们认为哪种更好些？为什么？

教学环节三：总结归纳，完善认知

(1) 师：中括号的作用究竟是什么呢？使用它又有什么好处呢？(集体交流)

(2) 师（小结)：使用中括号，能改变运算顺序。计算时，要把中括号里面的部分看成一个整体，通过优先计算得到一个结果。

教学环节四：合作解答，明确规则

(1) 出示例题：18÷[2×(3+6)]，要求用递等式计算这道题。

(2) 师：你是怎样计算的？(指名汇报)

(3) 明确运算顺序：在一个算式里既有小括号又有中括号，要先算小括号里面的，再算中括号里面的。

(4) 对照这道题目的解题过程，强调递等式中一步步脱式计算的过程和书写的格式。

教学环节五：拓展知识，评价总结

(1) 组织学生阅读教材上的“你知道吗”，安排学生自由交流“从中你知道了什么”。

(2) 师（引导)：谈谈本节课的收获。

2. 课后反思：自主构建，注重过程

教学设计修改后进行了第二次试讲，导入环节比较精彩，学生在交流、辨析、归纳、总结的一系列活动中明白了中括号的作用和意义，中括号应运而生。在讲授教学环节四的例题时，大部分学生都能口头说出算式的正确运算顺序，于是我快速地投影了正确的运算过程并进行了讲解。当学生进行到练习环节时，我发现许多学生完成的效果不太理想，计算格式书写有问题，及胡乱加括号的现象很严重，教学重难点没有得到有效突破。面对学生的种种问题，我开始反思。

(1) 认识“规定”是合理的。数学教学反对硬性灌输，提倡有意义的学习，数学教学的规定也应符合这一点。要让学生认识数学是“讲理”的，数学规定不是随意而为，而是自然合理的。因此教师应挖掘背后合理的因素，让学生更好地理解和接受规定。“剖析错误应从中挖掘出深层的数学思想”，《数学基础知识和基本技能的教学》中有句话给了我启发，于是课后我搜集了学生的典型错误，发现普遍有以下两种错误：

18÷[2×(3+6)]	18÷[2×(3+6)]
=18÷(2×9)	=2×9
=18÷18	=18÷18
=1	=1

【设计意图】这些“错误案例”闪烁着智慧的火花，真实反映出学生构建知识时遇到的障碍，所以教师不应该让学生简单地“一改了之”，而是适时地“放大错误，小题大做一下”，让学生自己比较，更有利于拓展学生的思维，促进多元化的思考。通过讨论，学生自然会选择接受规定的写法，虽然讨论需要占用一定的时间，但是印象一定是会非常深刻的，效果也会优于老师的直接讲授。

（2）拓展延伸，沟通内化。“新课程标准”指出：“在数学课程中，应当注重发展学生的数感、符号意识、空间观念、几何直观、数据分析观念、运算能力、推理能力和模型思想。为了适应时代发展对人才培养的需要，数学课程还要特别注重发展学生的应用意识和创新意识。”由此，我得到启发，教学环节四可否由中括号自然地拓展到大括号，通过有效地提问促进学生的自主性思维呢？

师：在今后的学习中用一个中括号就能解决所有的问题吗？由此你能想到什么？

【设计意图】一问激起千层浪，在交流与引导中，学生能类比迁移地想到“大括号”，并进行认识的概括、深化，联系小括号、中括号、大括号的共同意义和作用，从而形成了认知的整体化、结构化。

3. 第二次教学调整：教学设计Ⅲ

【设计意图】通过多次试教与思考，我认识到中括号是数学中的一种符号，学习和领悟其本质并不难。因此在引领学生学习简单的中括号时，可以让他们积累必要的数学学习经验，丰富数学符号储备，从而为学生快乐地学习、创新性地学习注入源源不竭的动力。具体教学调整如下。

教学环节四：总结归纳，完善认知

（1）师（引导）：既然中括号能改变运算顺序，那现在这道题的运算顺序是怎样的呢？请独立用递等式计算这道题。（预设板演、集体评议并小结。小括号算完了，我们就要把不参与运算的部分照抄下来，然后依次计算）

18÷[2×(3+6)]	18÷[2×(3+6)]	18÷[2×(3+6)]
=2×9	=18÷(2×9)	=18÷(2×9)
=18÷18	=18÷18	=18
=1	=1	=1

（2）师：同学们先标出下列算式的运算顺序，后进行脱式计算，再全班交流，集体订正。

［175-（49 + 26）］×23　　　　525÷［（81-56）×3］

（3）师：回顾解题的过程，你能总结一下含有中括号的四则混合运算题的运算顺序吗？（板书：在一个算式里，既有小括号，又有中括号，要先算小括号里面的，再算中括号里面的）

教学环节五：拓展延伸，激发猜想

（1）迁移类推，培养符号意识。

师（引导）：当小括号不够用时，根据需要我们自主产生了中括号，那在今后的学习中仅仅用一个中括号就能解决所有的问题吗？由此你能想到什么？

师（继续引导）：为什么会想到大括号呢？

师（总结）：咱们班的孩子有敢于联想、敢于创新的精神，真了不起，大家都有当数学家的潜质！

（2）指导阅读“你知道吗？”。

师：其实每一个简单数学符号的背后，都有一段不简单的漫长发展史。（出示课件文本，并播放录音）

师（引导）：通过上面的介绍，你有什么体会？

教学环节六：巩固练习，提升认识

板书：按要求给算式添加括号。

（1）先算乘法，再算加法，最后算除法。

540 ÷ 3 + 6 × 2

师（小结）：简洁永远是数学追求的目标。

（2）先算加法，再算乘法，最后算除法。

540 ÷ 3 + 6 × 2

师（总结）：要根据实际情况，合理地使用中括号。

教学环节七：回顾学习，总结提升

师（引导）：通过这节课的学习，你有什么收获和体会？让你感触最深的是什么？

师（总结）：符号的使用是数学历史的一个突破，它明确了运算的顺序，使计算法则更加完善和人性化。同学们，如果人们没有对算式的思考、对运算顺序的需求，中括号还能被创造出来吗？所以我们要学习前人敢于联想、敢于创新的精神，在尝试中去发现、去创造，这样我们的学习之路才会走得更宽更远！

4. 课后反思：理清顺序，类比迁移

（1）对数学本质的把握是实现“再创造”的核心。“含有中括号的整数四则混合运算”这节课的数学本质是什么？就是任何一个数学符号都不是凭空产生的，都有其缘由，有其必然性和合理性，正是为了规范运算的顺序才产生了新的数学符号：中括号。

因此，教师在设计本节课导入时就创设了要改变运算顺序的问题，让学生经历约束运

算顺序的“符号”的产生过程，即符号化。学生意识到了有了小括号还要再次改变运算顺序：有的学生想到了使用两个小括号；有的学生想到了中括号。

师：请两个同学说说各自的想法，辨析一下哪种表达方式更好。

让学生深刻地意识到当算式中有了小括号，还要再次改变运算顺序时，我们使用中括号更加合理。自然地，通过类比迁移，学生就会“创造”在同一运算中第三次要改变运算顺序时应该用大括号来表示。通过这样的教学，学生既感受到了数学符号产生的必然性，又感受到了数学符号的统一性。

（2）激发学生认知需求是实现“再创造”的保障。构建主义认为：“教学要把学习者原有的知识经验作为新知识的生长点，引导学习者从原有的知识经验中主动构建新的知识经验。”因此，在教学时要找准新知识的生长点，让学生直面问题情境。“已经使用了小括号，还需要再次改变运算顺序时，是添加小括号还是添加中括号呢?”“脱式计算时，小括号里面的算完了，中括号是照抄下来还是改成小括号移下来呢?”引领学生在思辨中形成自己的认知与理解，在数学活动中充分体会到使用中括号的必要性，实现新知识的类比迁移和自主构建。

（3）教学评价语言是实现“再创造”的催化剂。“新课程标准”指出：“评价的目的是全面考察学生的学习状况，激励学生的学习热情，促进学生的全面发展。”我一直重视评价的激励和导向功能，但我对这些方面缺少深入细致的研究，大部分时候还停留在“你真聪明”“你真棒”“你真好”这类空泛、干瘪的定论式语言。通过一次次试教和反思，我发现如果教师能够就学生的回答进行巧妙地点拨，适当地进行总结性的评价，或从他的学习方法、学习态度，以及遵守课堂规则（纪律）等方面进行针对性评价，激励的效果则好得多。比如在教学环节五中，当学生类比迁移得到“当有了中括号还要再次改变运算顺序时，就可以用到大括号了”的结论后，我结合学生学习的过程给予及时的肯定，“咱们班的孩子敢于联想、敢于创新，有这种符号意识，真了不起，大家都有着当数学家的潜质!”并在最后的教学环节七回顾学习，总结提升。

教师不仅要关心学生对数学知识的理解和掌握，还要多留意学生在学习过程中的表现以及学生的学习情感，通过及时评价让学生体验成功的喜悦，激发学生学习数学的兴趣，相信学生在教师的鼓励下学习的自信心也会逐步增强。所以在今后的教学中我也要合理地运用评价语言，不断反思课堂，提升自我的评价思维。

四、参与中体验，反思中成长

教学设计从初稿到终稿再到比赛经历了无数次的调整，我深深地感受到教师的成长离不开不断地反思与实践，只有在具体的教学实践活动中不断地“发现问题—研究问题—解决问题”，教师的专业能力才能得以提升。在一次次的磨课和反思中，我对新理念的把握更加准确，对教材的研究更加深入，对学情的了解更加透彻，同时我的点拨引导能力、临场应变能力、教学创新能力得以提升。只有多思考、多反思，使原始的经验不断地处于被审视、被修正、被强化、被否定等思维加工中，去粗取精，去伪存真，才可生成强大的理性力量，才能成为促进教师专业成长的有力杠杆。

通过这个实践案例，我们可以看到课例式反思在教学实践中的价值和意义。它帮助教师深入探究教学实践，优化教学策略，提升教学效果。同时，课例式反思也是一种打磨教学艺术的有效途径，它可以帮助教师形成独特的教学风格，提升教学魅力。

五、案例式反思：捕捉教学智慧的火花

1. 案例式反思的定义与意义

案例式反思，简而言之，就是教师通过对具体教学案例的深入分析和思考，提炼出其中的教学经验和智慧，进而优化教学策略，提升教学质量的过程。它不仅仅是一种回顾和总结，更是一种积极的、有针对性的教学改进策略。

案例式反思的意义在于，它能够帮助教师从实际教学中发现问题、分析问题，并找到解决问题的有效方法。通过反思，教师可以更加清晰地认识到自己的教学行为和效果，从而不断调整和优化教学策略，提升教学能力。

2. 如何捕捉和选择有价值的案例

要进行案例式反思，首先需要学会捕捉和选择有价值的案例。有价值的案例通常具有以下几个特点：一是代表性，能够反映某一类教学问题或教学现象；二是典型性，具有鲜明的教学特征和教学效果；三是启发性，能够引发教师对教学的深入思考和探索。

在实际教学中，教师可以通过多种途径捕捉和选择案例，如教学日志、学生反馈、同行评价等。关键是要保持敏锐的观察力和判断力，及时发现并记录下那些有价值的教学瞬间。

3. 案例式反思的实践步骤与方法

（1）详细记录案例背景与过程。这包括教学目标的设定、教学策略的选择、教学活动的实施、学生的反应和课堂氛围等。通过详细的记录，教师可以为后续的反思提供丰富的素材和依据。

（2）深入分析案例中的教学行为与效果。教师需要对照预设的教学目标和实际的教学效果，找出差距和不足之处；同时，也要分析自己的教学行为是否得当，是否存在需要改进的地方。这一步的分析需要客观、深入，不能蜻蜓点水或主观臆断。

（3）提炼教学经验与智慧。在深入分析的基础上，教师需要总结出案例中的成功经验和有效策略，并将其提炼为一般性的教学原则或方法；同时，也要反思案例中的不足和教训，以便在未来的教学中避免类似的问题。

（4）案例式反思的成果应用与推广。案例式反思的成果不仅仅是对个人教学能力的提升，还可以应用于分享和推广，促进整个教学团队的共同进步。在应用方面，教师可以将反思成果直接应用于自己的教学实践中，不断优化教学策略，提升教学质量；同时，也可以将反思成果作为教学案例，用于同行之间的交流和学习，共同探讨教学问题，分享教学经验。在推广方面，学校和教育机构可以鼓励教师进行案例式反思，并将优秀的反思成果进行整理和出版，以供更多的教师学习和借鉴；此外，还可以通过举办教学反思研讨会、教学案例比赛等活动，推动案例式反思在教学领域的广泛应用和推广。

4. 案例式反思的实践

案例 3

如何去构思一堂课

——观摩邵阳市小学数学教学竞赛的反思

邵东市城南小学　尹祥鹏

2021 年的邵阳市小学数学竞赛在邵东市昭阳小学举行，我有幸能在现场观摩这次比赛活动，这次比赛让我获益匪浅。各市县 14 位教师的上课，让我看到了各市县团队的风采，从他们身上学到了备课、上课的技能，同时也感受到了各市县之间的差距。这些引起了我的反思：要是我来参加这样一堂竞赛课，我要如何去构思？

一、读教材、教参，弄清楚重点与难点

选好自己要上的课题后，备课之前一定要先阅读教材、教参，把握重点、难点，这也是一堂课最基本的要求。反思本次竞赛的 14 堂课，所有人都做到了把握重点、难点。如：

● 邵东市昭阳小学周满平老师的“三角形的内角和”一课板书的重点：质疑、验证、结论。

● 武冈市实验小学李珂菲老师的“和的奇偶性”一课板书的重点：猜想、验证、结论、总结。

二、寻找突破重点、难点的方法

在教学中用于突破重点、难点的方法很多，有合作探究、任务驱动、学习单等。

1. 合作探究

（1）邵东市昭阳小学周满平老师的“三角形的内角和”一课中小组合作探究的要求：

① 用自己的方法证明三角形的内角和是 180 度。

② 比比看，哪组的办法最多。

（2）邵阳市直资江小学林建国老师的“体积与容积”一课中小组合作探究的要求：

① 体积最大的是（　　）号物体，比较方法是（　　）法。

② 然后比较（　　）号物体和（　　）号物体的体积大小，比较方法是(　　)法。

③ 最后比较（　　）号物体和（　　）号物体的体积大小，比较方法是(　　)法。

④ 按体积从大到小排列的是：(　　) > (　　) > (　　) > (　　) >(　　)。

2. 任务驱动

洞口县山门镇中心小学的张芸老师教学“圆的认识”一课时有以下任务：

（1）自学材料，组内说一说什么是半径、直径。

（2）在刚才你画的圆内，标出它的圆心，画 1 条半径、1 条直径，并写上相应的字母。

3. 学习单

（1）邵阳市北塔区状元小学刘果雨老师教学“和与积的奇偶性”时的学习单：

要求：观察以下算式，你发现了什么？

算式	乘数的特点	积是奇数还是偶数
1×3×5＝	乘数里都是（　　）数	
1×3×5×7＝		
1×3×5×2＝	乘数里有（　　）个偶数	
1×3×5×2×4＝	乘数里有（　　）个偶数	
1×3×5×2×4×6＝	乘数里有（　　）个偶数	
2×4×6＝	乘数里有（　　）个偶数	
2×8×4×2×4×6＝	乘数里有（　　）个偶数	

我发现了：________________________

还能写出几个算式验证：________________________

（2）武冈市实验小学李珂菲老师在教学“和的奇偶性”时的学习单：

要求一：选择自己喜欢的方法，任意选2个非0的自然数，求出它们的和，再看看和是奇数还是偶数。

探究过程	
我的发现	（　　）数＋（　　）数＝（　　）数 （　　）数＋（　　）数＝（　　）数 （　　）数＋（　　）数＝（　　）数

要求二：小组合作，根据前面发现的规律，先填一填，再推想出多个数相加和的奇偶性。

算式	和	算式中奇数的个数	和是奇数还是偶数

三、以学定教，以生为本

“以学定教”的意义主要在于教师眼中有学生，尊重学生、以生为本，真正体现教学是为了学生的整体发展。“定教”就是确定教学的起点不过低或过高，在恰当的起点上选择最优的教学方法，运用高超的教学艺术，让每一个学生达到最优化的发展。这是构思课堂的第三步，也是最后一步，是在前面的基础上再一次升华的课堂教学。

（1）邵东市昭阳小学周满平老师的“三角形的内角和”一课中，学生提出自己的疑问：

① 什么是内角和?

② 三角形的内角在哪里?

③ 内角和只有三角形才有吗?

④ 每个三角形的内角只有三个吗?

⑤ 三角形的内角有多大?

（2）邵东市第二完全小学的王春老师的“分数是怎样产生的”一课中，学生提出自己的疑问：

①“1”为什么就可以作单位了呢?

② 平均分成4份，为什么叫单位“1”?

③“1”为什么要加双引号?

“新课程标准”提出：“要让学生参与特定的教学活动，在具体情境中初步认识对象的特征，获得一些体验。”让学生积累直接经验，不但有助于通过多种活动探究和获取数学知识，更重要的是学生在体验中能够逐步掌握数学学习的一般规律与方法。所以我们要以“新课程标准”的精神为指导，以教材为载体，以构思课堂的“三步”为过程备好课。

综上所述，案例式反思是一种行之有效的教学反思方法，能不断提升教师的教学能力。通过深入分析和思考具体的教学案例，教师可以提炼出其中的教学经验和智慧，进而优化教学策略，提升教学质量；同时，案例式反思的成果还可以应用于分享和推广，促进整个教学团队的共同进步和发展。

第二节　提升学生反思能力的策略与路径

在当今教育改革的浪潮中，学生反思能力的培养已成为教育领域的重要议题。2022 年版“新课程标准”明确提出：“教育应致力于培养学生的自主学习能力、创新思维和批判性思维。”而反思能力正是这些核心素养的重要组成部分。本节将从培养反思意识、养成反思习惯、创设反思情境、提升反思技能、提供个性化指导和反馈这五个方面，深入探讨培养学生反思能力的具体策略与实施路径。

一、培养反思意识

反思意识是指个体对自身认知过程、学习策略、思维方式和情感反应进行有意识地审视和评价的心理倾向，培养学生的反思意识是提升其反思能力的前提和基础。如何营造氛围让学生感受到反思的价值，从而使他们更愿意积极地投入到反思活动中，具体要注意以下几个方面。

（一）营造反思氛围

1. 倡导开放、包容的学习态度

教师在课堂上应积极倡导开放、包容的学习态度，鼓励学生大胆表达个人的见解与困惑，勇于尝试、不惧犯错；同时，教师也应以身作则，展示自己的反思过程，让学生深刻认识到反思不仅是个人学习与成长的重要一环，更是通往深刻理解与创新的必经之路。

2. 提供反思的时间和空间

在课堂上，教师应特意留出时间让学生进行自我反思，为学生提供一个安静的环境，以便他们能够更好地回顾自己的学习历程，审视并调整自己的学习思维和策略。

3. 建立反思的激励机制

教师可以通过表扬、奖励等正向激励方式，鼓励学生积极参与反思活动，让反思超越单纯的学习任务，成为一种受欢迎且被推崇的学习习惯。

实践案例

在某中学的语文课堂上，教师在讲解完一篇课文后，留出 10 分钟的时间让学生进行自我反思。教师引导学生反思的内容：我在这篇课文的学习中遇到了哪些问题？我是如何解决这些问题的？我还有哪些不理解的地方？

通过这样的反思活动，学生不仅回顾了自己的学习过程，还学会了如何审视和评价自己的学习策略。

（二）榜样示范引领

教师作为学生成长道路上的重要引路人，其言行举止对学生具有深远的影响。在增强学生的反思意识方面，教师可以通过自身的反思行为为学生树立榜样。

1. 分享教学反思

教师应定期在课堂上或班会上分享自己的教学反思过程。这不限于教学技巧上的改进，更涉及对学生学习状态、课堂氛围、师生互动等方面的深入思考。通过真实的、具体的案例，教师可以向学生展示反思是如何帮助自己发现问题、解决问题，并不断地提升自己的教学质量。这种开放的态度和方式能够让学生感受到反思的价值，激发他们模仿和学习的动力。

2. 展示学习心得

除了教学反思，教师还可以分享自己的学习心得和成长历程。通过讲述自己在专业成长道路上的挑战与收获，教师可以让学生认识到终身学习的重要性，以及反思在个人成长中的关键作用。这种分享能够激励学生将反思视为一种好的习惯，融入日常学习和生活中。

（三）设计反思性学习任务

反思性学习任务是指那些需要学生进行自我反思和评价的学习任务。通过完成这样的任务，学生可以更加深入地了解自己的思维过程和学习策略，从而增强反思意识。

1. 案例分析任务

教师可以提供一些典型案例，让学生分析其中的问题、解决方案和思维过程。然后，引导学生反思自己的思维过程与案例中的思维过程有何异同，从而发现自己的不足之处。

2. 问题解决任务

教师可以设计一些需要学生进行自我反思的问题解决任务。例如，让学生解决一个复杂的数学问题，并要求他们在解决问题的过程中不断反思自己的思维策略和解题方法是否有效。

3. 项目式学习任务

在项目式学习中，学生可以参与到真实的项目中，通过实践来学习和反思。教师可以引导学生在项目完成后进行反思，总结自己在项目中的得失和经验教训。

实践案例

在某小学的数学课堂上，教师设计了一个“购物问题”的任务，学生需要计算在购买不同商品时需要支付的金额。在完成任务后教师引导学生反思的内容：我在计算过程中遇到了哪些问题？我是如何解决这些问题的？是否还有更好的计算方法？

通过这样的反思活动，学生不仅掌握了计算方法，还学会了如何审视和评价自己的计算策略。

（四）引导学生进行自我提问

自我提问是培养学生反思意识的有效方法。教师可以引导学生在学习过程中不断地向自己提问，如“我为什么这样想”“我这样想对吗”“有没有更好的想法”等。通过自我提问，学生可以更加深入地审视自己的思维过程和学习策略，从而增强反思意识。

二、养成反思习惯

良好的反思习惯是学生反思能力得以持续发展的保障。要帮助学生养成良好的反思习惯，教师需要采取一系列有效的策略。

（一）定期安排反思时间

教师可以定期安排反思时间，让学生有机会对自己的学习进行回顾和总结。例如，每节课结束前留出几分钟时间让学生进行自我反思，或者每周安排一次专门的反思课。通过定期安排反思时间，学生可以逐渐养成定期反思的习惯。

（二）提供反思工具

为了帮助学生更好地进行反思，教师可以提供一些反思工具。例如，学习日志（见表3-2）、思维导图（见图3-4~图3-6）、同伴互评表（见表3-3）等都可以作为学生进行反思的辅助工具。

表3-2　学习日志

日期：__________

学习目标	
学习内容	
一、学习感受与收获	
成功之处	
困难与挑战	
二、反思与调整	
需要改进的地方	
改进措施	
下一步计划	

注：学生每天或每周记录自己的学习日志，详细描述学习目标、学习内容、学习感受及收获。在反思与调整部分，重点分析成功或失败的原因，并提出具体的改进措施和下一步学习计划。

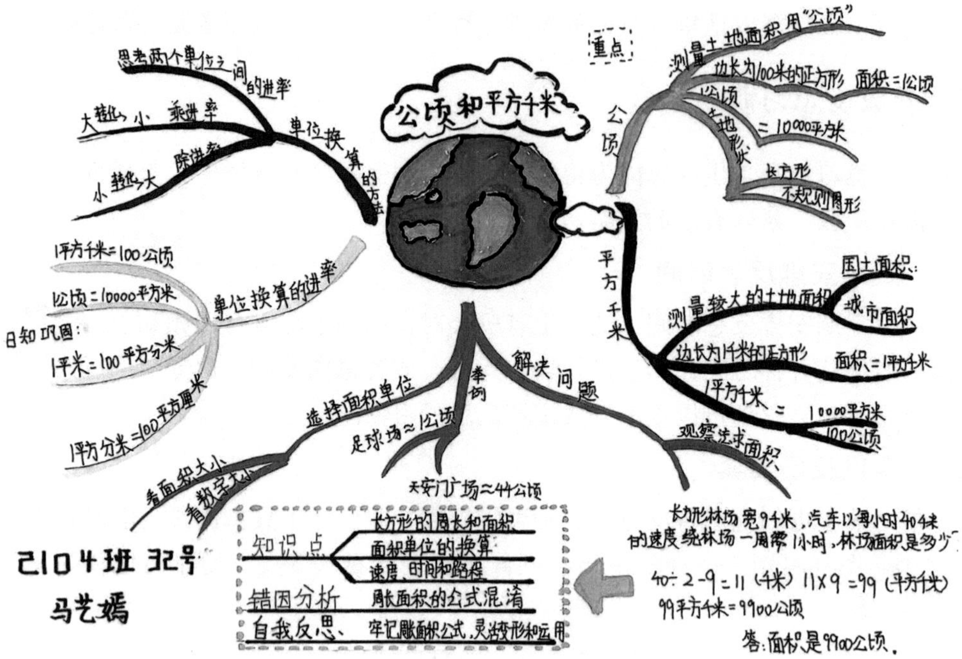

图 3-4 思维导图一:公顷和平方千米

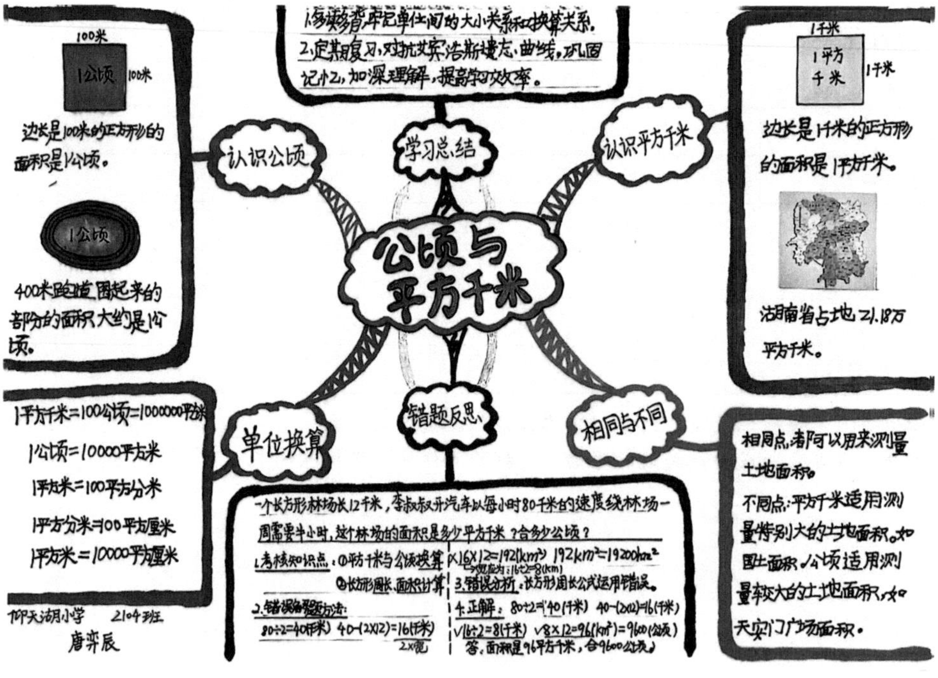

图 3-5 思维导图二:公顷和平方千米

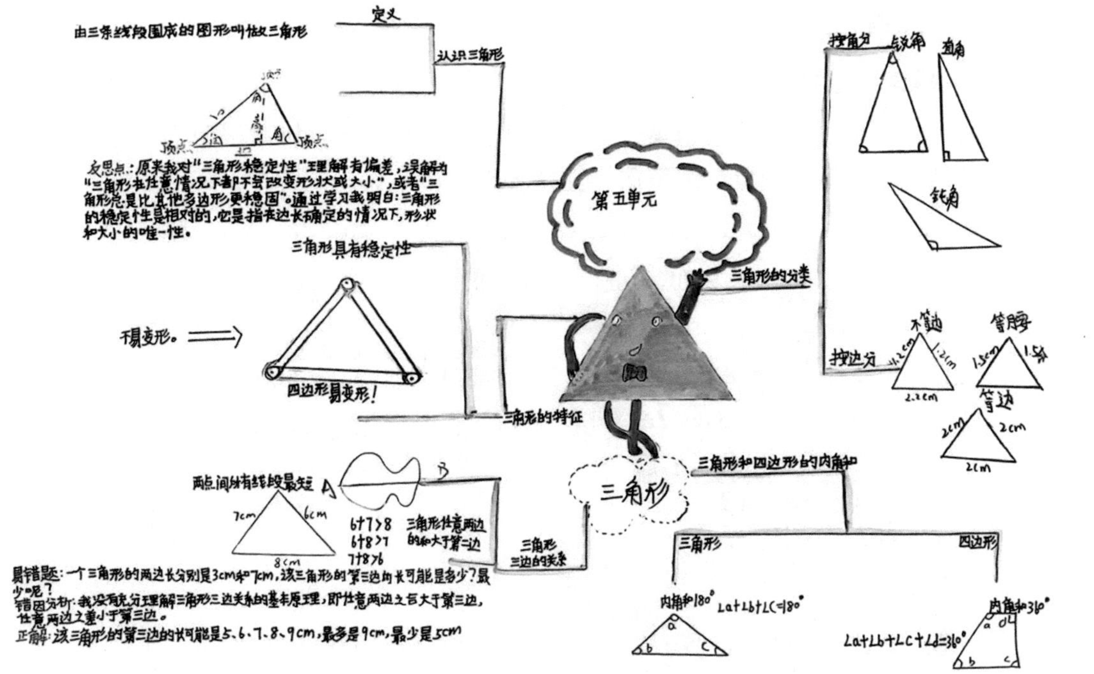

图 3-6　思维导图三：三角形

注：学生可以自制思维导图或者使用思维导图工具（如 XMind、MindManager 等）对所学知识进行结构化梳理。在梳理过程中，针对每个核心概念提出反思点，分析自己的理解程度、记忆方法及与其他知识的关联，也可以在思维导图上加上“注意”“易错点”“易错题”等。最后对整个章节进行总结与反思，评价学习策略的有效性并提出改进建议。

表 3-3　同伴互评表

项目	评价等级	具体表现	改进建议
课前准备	A/B/C		
参与度	A/B/C		
思考深度	A/B/C		
协作能力	A/B/C		
学习成果	A/B/C		

注：在小组合作学习中，学生之间可以使用同伴互评表相互评价，评价项目根据实际情况灵活调整。评价时，学生需根据对方的表现进行等级评定，并具体描述对方的表现，提出改进建议。这种互评方式不仅有助于促进学生之间的相互学习和鼓励，而且还能让学生从他人的视角审视自己的学习过程和成效。

这些反思工具，能够帮助学生更好地掌握反思技巧和方法，提升自己的反思能力。在实际教学过程中，教师应注重培养学生的反思习惯和能力，通过设计多样化的教学活动和评价方式激发学生的反思意识；同时关注个体差异和需求差异，为不同层次的学生提供有针对性的指导和支持。

（三）建立错题资源库

1. 人人都有错题集

鼓励每个学生建立自己的错题集，不仅要记录错误答案、分析错误原因、探索正确解法，还要总结解题规律，避免重蹈覆辙（见图 3-7～图 3-10）。

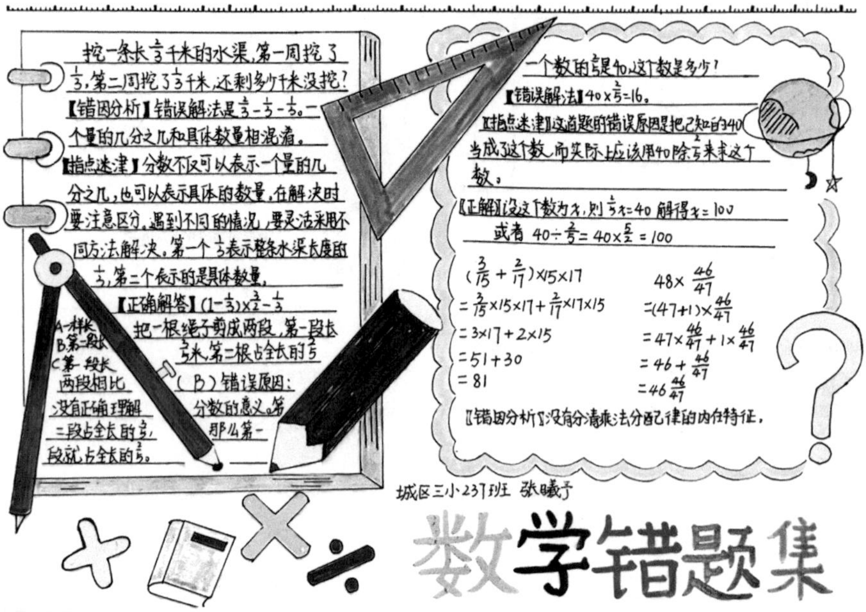

图 3-7　数学错题集（一）

图 3-8　数学错题集（二）

图 3-9　数学错题集（三）

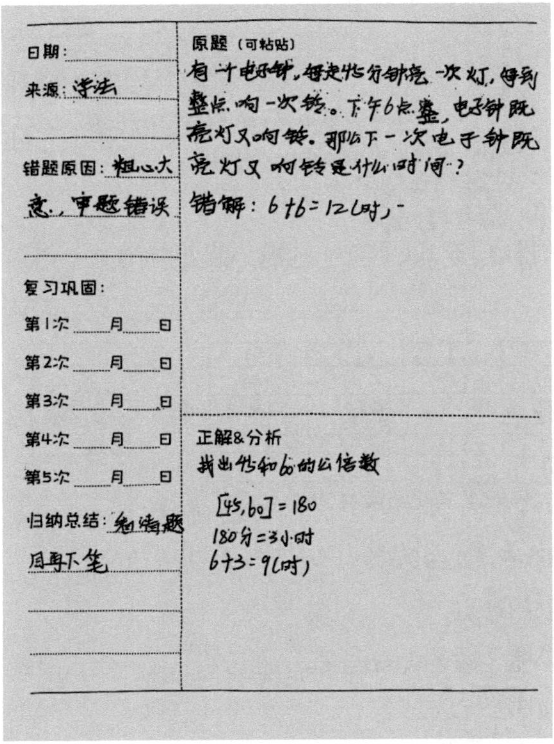

图 3-10　数学错题集（四）

2. **学生编制“易错题卷”**

鼓励班上学有余力的学生编制“易错题卷”，学生以各个教学单元为基础，自主编制该单元的易错题卷，并附上详细的答案解析（见图 3-11～图 3-12）。随后，将这些题目打印出来，作为全班同学的家庭作业。实践证明，这一举措成效显著，因为学生之间更能准确地捕捉到彼此学习中的难点与易错之处。对于学有余力的学生来说，参与这样的活动既有趣，又有价值；同时，这也对其他同学起到了激励作用。面对同学们精心编制的易错题卷，大家自然不甘落后，纷纷暗下决心要缩小差距，未来要更加努力地学习。

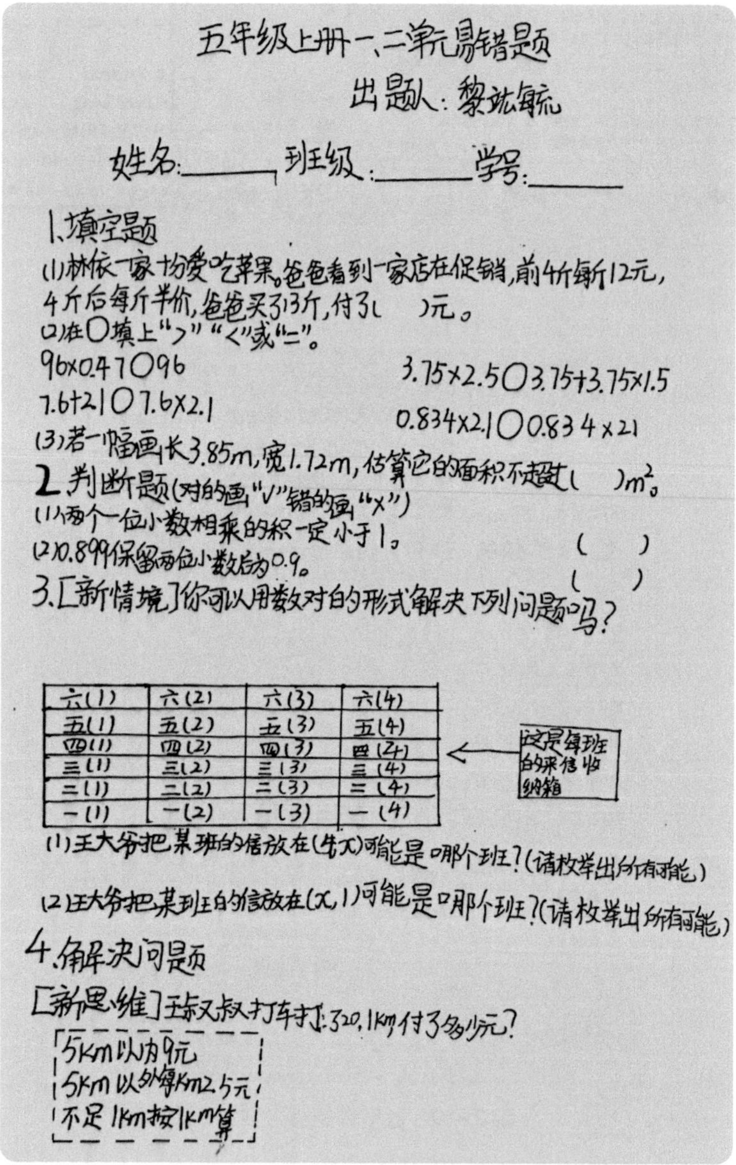
五年级上册一、二单元易错题
出题人：黎竑毓

姓名：______ 班级：______ 学号：______

1、填空题

(1)林依一家均爱吃苹果。爸爸看到一家店在促销，前4斤每斤12元，4斤后每斤半价，爸爸买了13斤，付了(　)元。

(2)在○填上“>”“<”或“=”。

96×0.47○96　　3.75×2.5○3.75+3.75×1.5

7.6+2.1○7.6×2.1　　0.834×2.1○0.834×21

(3)若一幅画长3.85m，宽1.72m，估算它的面积不超过(　)m²。

2.判断题(对的画“√”错的画“×”)

(1)两个一位小数相乘的积一定小于1。(　)

(2)0.899保留两位小数后为0.9。(　)

3.[新情境]你可以用数对的形式解决下列问题吗？

六(1)	六(2)	六(3)	六(4)
五(1)	五(2)	五(3)	五(4)
四(1)	四(2)	四(3)	四(4)
三(1)	三(2)	三(3)	三(4)
二(1)	二(2)	二(3)	二(4)
一(1)	一(2)	一(3)	一(4)

这是每班的来信收纳箱

(1)王大爷把某班的信放在(4,X)可能是哪个班？(请枚举出所有可能)

(2)王大爷把某班的信放在(X,1)可能是哪个班？(请枚举出所有可能)

4.解决问题

[新思维]王叔叔打车打了20.1km付了多少元？

5km以内9元
5km以外每km2.5元
不足1km按1km算

图 3-11　易错题卷

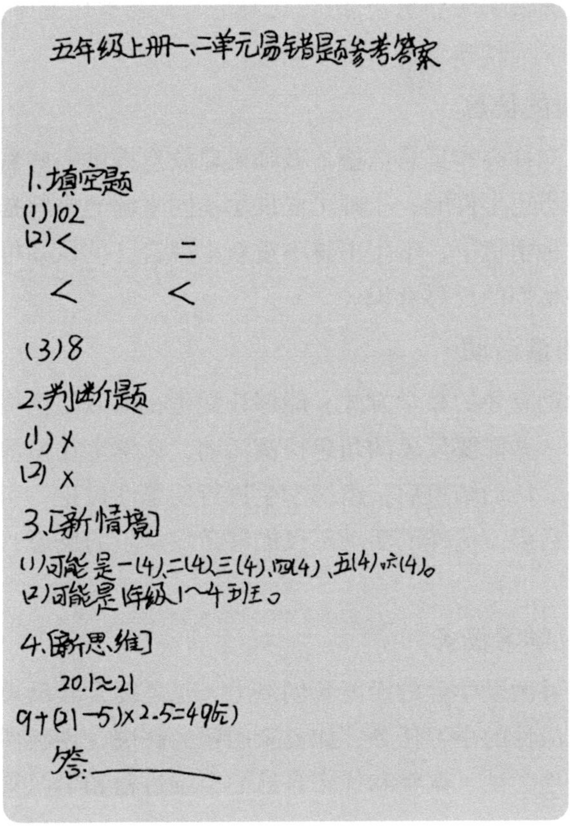
五年级上册一、二单元易错题参考答案

1.填空题

(1)102

(2)< =

< <

(3)8

2.判断题

(1)×

(2)×

3.[新情境]

(1)可能是一(4)、二(4)、三(4)、四(4)、五(4)、六(4)。

(2)可能是1年级1~4班。

4.[新思维]

20.1≈21

9+(21-5)×2.5=49(元)

答:______

图 3-12　易错题参考答案

（四）鼓励同伴互评和小组反思

同伴互评和小组反思是培养学生反思习惯的有效途径。通过同伴互评，学生可以从他人的视角获得反馈和建议，促进自我反思和改进。小组反思则可以让学生在小组内共同回顾学习过程、分享经验和困惑、探讨优化策略，从而增强反思的深度和广度。

三、创设反思情境

为了让学生在实际情境中体验反思的过程和价值，教师可以巧妙地创设情境，激发学生的反思需求。

（一）设计开放性问题

在课堂上，教师可以设计一些开放性问题，鼓励学生从不同角度进行思考和探讨。这些问题往往没有固定的答案，而是要求学生结合自己的经验和知识进行分析和推理。

实践案例

在“圆的周长”的教学中，教师可以提问：“除了公式计算外，你还能想到哪些方法来测量圆的周长？每种方法有哪些优缺点？”这样的问题能够促使学生跳出常规思维框架，进行深入思考和比较，从而培养他们的反思能力。

（二）提供有矛盾的信息

为了引发学生的认知冲突和反思欲望，教师可以故意提供一些看似有矛盾或相互冲突的信息。例如，在介绍历史事件时，教师可以展示不同来源的史料描述，让学生自己去辨别真伪、分析差异。这种情境下，学生不得不重新审视自己的认知框架，对原有观点进行质疑和修正，从而增强他们的反思意识。

（三）组织角色扮演活动

角色扮演是一种生动有趣的教学方式，能够让学生在模拟的情境中体验到不同的角色和情感。教师可以设计一些需要反思的角色扮演活动，让学生在扮演过程中深入理解角色的内心世界和行为选择。活动结束后，组织学生进行反思性讨论，引导他们分析角色行为的合理性和可能产生的后果。这样的活动不仅能够激发学生的反思兴趣，还能培养他们的同理心和批判性思维。

（四）设计挑战性学习任务

挑战性学习任务能够激发学生的潜能和创造力，也是提升其反思能力的有效途径。教师可以设计一些具有挑战性的学习任务，如复杂问题的解决、创新项目的研发等。在这些任务中，学生需要不断地尝试、调整和优化自己的思维过程和学习策略，从而锻炼和提高反思能力。

案例 1

几何图形的面积计算

在小学数学教育中，“几何图形的面积计算”是一个重要的基础知识点。为了提升学生的反思能力，我们可以设计一系列具有挑战性的学习任务，让学生在解决问题的过程中不断探索、反思和调整策略。以下将以“几何图形的面积计算”为例，详细介绍如何设计学习任务。

1. 任务背景与目标

背景：在小学数学四年级阶段，学生开始学习计算各种基本几何图形的面积，如长方形、正方形、三角形、平行四边形和梯形等。掌握这些图形的面积计算公式不仅为后续复杂的几何学习打下基础，还能培养学生的逻辑思维和空间想象能力。

目标：

（1）巩固学生对几何图形面积计算公式的理解和应用；

（2）通过挑战性任务，激发学生的探索欲和创造力；

（3）在任务完成过程中，培养学生的反思能力，使他们在面对复杂问题时能够灵活调整策略，优化解题过程。

2. 任务设计

名称：几何王国的探险家。

情境：学生化身为几何王国的探险家，他们的任务是解决一系列与几何图形面积计算相关的谜题和挑战，最终找到通往宝藏的钥匙。整个探险过程分为四个关卡，每个关卡都设计了不同类型的挑战任务。

（1）关卡一：基础公式应用。

任务描述：探险家们首先会遇到一系列基础的几何图形面积计算题，如计算给定尺寸的长方形、正方形、三角形的面积。题目难度逐渐增加，要求学生准确应用面积计算公式。

反思点：完成任务后，引导学生反思自己在计算过程中的准确性和效率，探索是否存在更简便的解题方法。

（2）关卡二：组合图形面积计算。

任务描述：探险家们进入第二关，面临的是由多个基本几何图形组合而成的复合图形。他们需要识别图形构成并合理分解，然后分别计算各部分面积并求和。

反思点：鼓励学生思考如何将复杂图形分解为简单图形，反思分解过程中的难点和易错点，探讨不同分解策略对解题效率的影响。

（3）关卡三：实际问题解决。

任务描述：此关卡设计了一系列与现实生活紧密相关的面积计算问题，如计算房间墙壁的粉刷面积、花园的铺设面积等。学生需要根据实际情况测量数据，建立合适的图形模型进行计算。

反思点：引导学生反思数据收集和处理过程中的准确性，探讨如何将理论知识应用于实际问题解决中，以及在实际操作中可能遇到的挑战和应对策略。

（4）关卡四：创意设计与面积计算。

任务描述：最后一关，探险家们需要发挥自己的创造力，设计一座由几何图形组成的“梦想家园”，并计算其总面积。学生可以自由组合各种几何图形，创造独特的家园设计。

反思点：鼓励学生分享自己的设计理念和面积计算过程，反思设计过程中如何平衡美观与实用性，以及面积计算中的精确性与灵活性。

3. 任务实施与反思引导

任务分配与团队协作：将学生分成若干小组，每组负责完成一个或多个关卡的任务。鼓励小组成员之间进行合作与交流，学会共同解决问题。

过程监控：教师在任务实施过程中应密切关注学生的解题进度和思路变化，适时给予指导和帮助。鼓励学生尝试多种解题方法，并比较不同方法的优缺点。

反思与总结：每个关卡结束后，组织学生进行小组讨论和总结。引导学生回顾解题过程，反思自己和他人的解题思路、策略选择和问题解决能力。同时，鼓励学生提出改进意见和新的探索方向。

通过“几何王国的探险家”这一挑战性学习任务的设计与实施，学生不仅巩固了几何图形面积计算的知识与技能，更重要的是在解决问题的过程中锻炼了反思能力。未来在教学中，我们可以继续探索更多富有创意和挑战性的学习任务和设计策略，以进一步提升学生的综合素质和创新能力。

四、提升反思技能

提升反思技能，学生可以从批判性思维训练、自我提问技巧、反思日志撰写三个方面着手。

（一）批判性思维训练：深化对问题的审视与质疑能力

批判性思维是反思技能的核心组成部分，它要求学生能够理性分析、客观评价并勇于质疑既有的观点和信息。为了培养学生的批判性思维，教师可以采取以下策略：

1. 案例分析

选取具有代表性和争议性的案例，引导学生进行深度分析。通过小组讨论、角色扮演等形式，学生能从不同角度审视案例，识别隐含假设、逻辑漏洞和证据缺失等问题。例如，在社会科学课程中，可以选取一个社会现象或政策案例，让学生分析其实施效果、影响因素及潜在问题，并鼓励他们提出改进建议。

2. 辩论活动

组织辩论赛或讨论会，围绕一个具有争议性的主题展开。在辩论过程中，学生需要收集资料、整理观点并学会运用逻辑推理和证据支持自己的观点。这种活动不仅能锻炼学生的口头表达能力，还能培养他们在面对不同意见时的理性思考和批判精神。

（二）自我提问技巧：引导自我反思的有效路径

自我提问是引导学生进行自我反思的重要工具。教会学生如何提出有效的问题，可以帮助他们更深入地理解学习过程、识别自身不足并寻求改进方法。以下是一些有效的自我提问技巧。

1. 反思学习过程

鼓励学生在学习过程中不断地向自己提问，如“我是如何得出这个结论的”“我在解决这个问题的过程中遇到了哪些困难”“我利用了哪些资源或方法”等。这些问题有助于学生回顾自己的学习历程，总结经验和教训。

2. 探索多种可能性

引导学生思考，“除了这个答案外，还有没有其他可能的解题方法”“我的观点或解决方案是否存在局限性”。通过这些问题，学生可以拓宽思维视野，学会从不同角度审视问题，增强解决问题的灵活性。

（三）反思日志撰写：文字梳理中的自我提升

反思日志是一种有效的书面反思方式，它要求学生记录自己的学习过程、感受、困惑和收获。通过撰写反思日志（见图 3-13～图 3-14），学生可以系统地梳理自己的学习历程和思考过程，从而提升反思能力。

1. 明确撰写目的

在撰写反思日志之前，教师应引导学生明确撰写目的。例如，可以是总结一周的学习成果、分析某一次课堂讨论的表现、反思某一次的作业完成情况等。明确的目的有助于学生聚焦反思点，避免泛泛而谈。

2. 结构化记录

鼓励学生采用结构化的方式来记录反思日志，包括学习内容的概述、个人感受与体验的描述、遇到的挑战、困惑的剖析、解决问题的方案、改进措施的提出等。这种结构化的记录方式有助于学生系统地梳理思考过程，并发现潜在的问题与可能的改进空间。

3. 定期回顾与分享

教师应定期组织学生回顾自己的反思日志，并分享彼此的经验与感悟。通过相互学习和借鉴他人的反思成果，学生可以不断地拓展自己的视野并提升自己的反思技能。

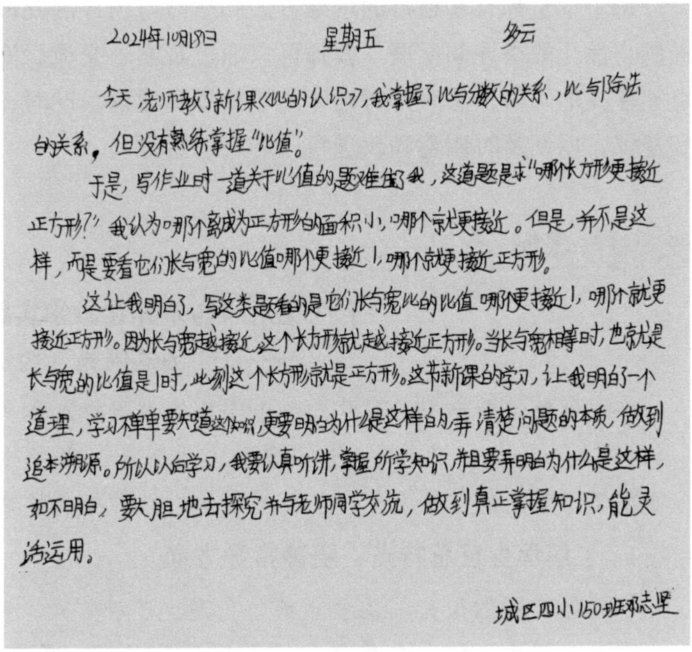
2024年10月18日　星期五　多云

今天，老师教了新课《比的认识》，我掌握了比与分数的关系，比与除法的关系，但没有熟练掌握"比值"。

于是，写作业时一道关于比值的题难住了我，这道题是求"哪个长方形更接近正方形？"我认为哪个离成为正方形的面积小，哪个就更接近。但是，并不是这样，而是要看它们长与宽的比值哪个更接近1，哪个就更接近正方形。

这让我明白了，写这类题看的是它们长与宽比的比值哪个更接近1，哪个就更接近正方形。因为长与宽越接近，这个长方形就越接近正方形。当长与宽相等时，也就是长与宽的比值是1时，此刻这个长方形就是正方形。这节新课的学习，让我明白了一个道理，学习不单单要知道这些知识，更要明白为什么是这样的，弄清楚问题的本质，做到追本溯源。所以以后学习，我要认真听讲，掌握所学知识，并且要弄明白为什么是这样，如不明白，要大胆地去探究并与老师同学交流，做到真正掌握知识，能灵活运用。

城区四小150班邓志坚

图 3-13　反思日志（一）

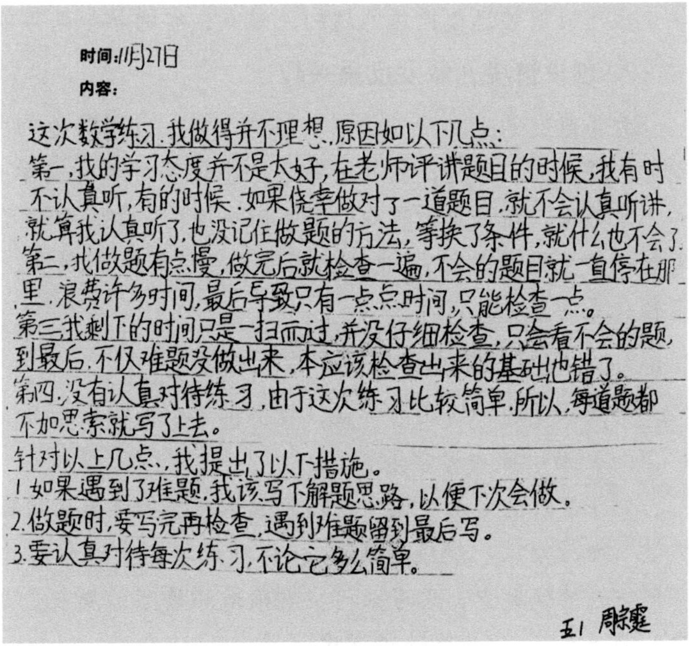
时间：11月27日

内容：

这次数学练习，我做得并不理想，原因如以下几点：

第一，我的学习态度并不是太好，在老师评讲题目的时候，我有时不认真听，有的时候，如果侥幸做对了一道题目，就不会认真听讲，就算我认真听了，也没记住做题的方法，等换了条件，就什么也不会了。

第二，我做题有点慢，做完后就检查一遍，不会的题目就一直停在那里，浪费许多时间，最后导致只有一点点时间，只能检查一点。

第三，我剩下的时间只是一扫而过，并没仔细检查，只会看不会的题，到最后，不仅难题没做出来，本应该检查出来的基础也错了。

第四，没有认真对待练习，由于这次练习比较简单，所以，每道题都不加思索就写了上去。

针对以上几点，我提出了以下措施。

1.如果遇到了难题，我该写下解题思路，以便下次会做。

2.做题时，要写完再检查，遇到难题留到最后写。

3.要认真对待每次练习，不论它多么简单。

五1　周综霆

图 3-14　反思日志（二）

五、提供个性化指导和反馈

每个学生都有其独特的思维方式和学习习惯，因此教师在培养学生的反思能力时需要提供个性化的指导和反馈。教师可以通过观察、交流、测试等方式了解每个学生的反思特点和存在的问题，然后针对性地给予指导和建议。同时，教师还应鼓励学生主动寻求反馈和建议，以便及时调整和改进自己的反思过程。

案例 2

个性化指导与差异化教学实践探索

——以“圆的周长”为例

在小学数学教学中，我深知每个学生的学习特点和反思能力各不相同，特别是在教授“圆的周长”这一知识点时，这种差异尤为明显。在引导学生进行反思性学习时，必须充分了解每个学生的独特之处，从而提供针对性的指导和建议。

1. 了解学生反思特点，明确指导方向

在开始“圆的周长”的教学前，我通过多种方式，如日常观察、作业评析、课堂互动等，深入了解每个学生在数学学习中的反思习惯、思考深度以及他们存在的困惑。我发现：有的学生更喜欢通过动手操作来理解数学概念；有的学生则更依赖于逻辑推理；有的学生反思时能够迅速抓住问题的关键点；有的学生则可能过于纠结于细枝末节。

2. 创设情境，激发反思兴趣

为了激发学生对“圆的周长”的兴趣，并引导他们主动反思，我设计了一系列生动有趣的情境活动。例如，我利用绳子、小球等材料，让学生亲手测量不同直径的圆的周长，并记录数据。在测量过程中，我适时提问：“你们发现了什么规律？为什么圆的周长会随着直径的变化而变化?”这样的问题旨在引导学生观察、思考，并初步形成对圆的周长与直径关系的直观认识。

3. 针对反思特点，提供个性化指导

针对学生的不同反思特点，我提供了个性化的指导。

（1）动手操作型学生。

对于喜欢通过动手操作来理解数学概念的学生，我鼓励他们在测量过程中尝试不同的方法（如滚动法、绕线法等），并详细记录测量过程和结果。在反思环节，引导他们比较不同方法的优缺点，思考如何更准确地测量圆的周长。通过提问：“你认为哪种方法更精确？为什么?”促进学生的深度反思。

（2）逻辑推理型学生。

对于逻辑推理能力较强的学生，我引导他们从测量的数据中寻找规律，尝试推导出圆周长的计算公式。我还提供一些启发性的问题，如“你们注意到圆的周长和直径之间有什么关系吗”“能否用一个数学表达式来表示这种关系”，通过这样的问题，引导学生运用逻辑推理能力来探索圆周长的计算公式。

（3）细节关注型学生。

对于关注细节的学生，我引导他们关注测量过程中的细节问题，如绳子的松紧度、测量的起始点等。在反思环节，让他们分享自己在测量过程中遇到的困难和解决方法，以此促进全班同学的共同学习和进步。

4. 鼓励学生主动寻求反馈，完善反思过程

在教学过程中，我积极营造开放、包容的学习氛围，鼓励学生主动提出问题、分享观点并寻求同伴和教师的反馈。对于学生在反思过程中提出的疑问或困惑，我给予耐心细致的解答，并引导学生从多个角度思考问题。同时，我还可以组织小组讨论或同伴互评活动，让学生在交流中相互学习、相互启发。

为了进一步完善学生的反思过程，我要求学生撰写反思日记或学习心得。在日记中，学生可以记录自己的学习体会、遇到的问题及解决策略等。然后通过阅读学生的反思日记，了解他们的学习进展和反思深度，并据此提供个性化的指导和建议。

5. 案例分析：个性化指导与反馈的实践

（1）学生案例Ⅰ：小明。

小明是一个动手操作能力很强的学生。在“圆的周长”的学习中，他通过滚动法测量了多个圆的周长并记录了数据。在反思环节，他提出了一个问题：“为什么用滚动法测量时，测量的圆的滚动轨迹似乎比用绳子测量的要长一些?”针对这个问题，我引导他思考滚动过程中可能存在的误差来源（如滚动不平稳、绳子松紧度的变化等），并鼓励他尝试用其他测量方法来验证自己的猜想。

（2）学生案例Ⅱ：小红。

小红是一个逻辑推理能力较强的学生。在观察了多组圆的周长和直径的数据后，她尝试用比例关系来表示这两者的关系。在我的引导下，她进一步探索了圆周率 π 的概念，并尝试用 π 来计算圆的周长。在反思过程中，她不仅加深了对圆周长的理解，还学会了如何运用已知条件来推导未知结论。

通过个性化指导和反馈，教师能够针对每个学生的反思特点和存在的问题提供有效的帮助和支持，从而促进学生个体的全面发展。在教育教学实践中，教师应继续关注学生的个体差异和成长需求，不断创新教学方法和手段，为学生的反思性学习和终身发展奠定坚实的基础。

第三节　未来学生反思能力培养的趋势与方向

21 世纪是一个快速变化的时代，培养学生的反思能力不仅是教育的重要目标，更是学生未来成功不可或缺的重要素养。本节对未来学生反思能力培养的趋势与方向有以下几点思考。

一、信息技术与反思能力培养的融合

随着信息技术的飞速发展，数字化工具在教育领域的应用日益广泛，为反思能力的培养提供了新的契机。未来的教育将更加注重信息技术与反思能力培养的融合，通过智能化平台、大数据分析和虚拟现实技术等手段，实现学习过程的即时反馈和个性化指导。

1. 智能反馈系统

利用人工智能技术，开发能够即时分析学生学习行为并提供个性化反馈的系统。这些系统不仅能够记录学生的学习轨迹，还能够根据学生的学习表现提供针对性的建议，引导学生自我反思，优化学习策略。

2. 在线反思社区

建立在线反思社区，鼓励学生分享学习心得、提出疑问并讨论解决方案。这种开放式的交流平台不仅能促进学生之间的交流与合作，还能让学生在比较与借鉴中不断提升自己的反思能力。

二、跨学科整合与反思能力培养

跨学科整合是未来教育的一个重要趋势，也是培养学生综合能力和反思能力的重要途径之一。通过跨学科学习，学生能够跳出单一学科的框架，从更广阔的视角审视问题，从而提升反思的深度和广度。

1. 项目式学习

设计跨学科的项目式学习任务，让学生在解决实际问题的过程中综合运用多学科知识。在项目执行过程中，学生需要不断反思和调整方案，这种实践性的学习方式能够有效促进学生反思能力的培养。

2. 主题式探究

围绕某个主题或问题，组织学生进行跨学科探究。让学生通过查阅资料、实地考察、专家访谈等多种方式收集信息，并在此基础上进行深入分析和反思。这种学习方式不仅能够拓宽学生的知识面，还能够锻炼他们的批判性思维和解决问题的能力。

三、社会文化背景下的反思能力培养

学生的反思能力不仅受个体认知因素的影响，还深受社会文化背景的制约。因此，在未来的教育中，我们应更加关注社会文化背景下反思能力的培养，使学生能够在多元文化的交融中成长为具有全球视野和跨文化交流能力的反思者。

1. 多元文化教育

通过引入多元文化教育内容，让学生了解和尊重不同文化背景下的价值观、信仰和习俗。在这种跨文化的交流中，学生需要不断反思自己的立场和观点，学会从不同角度审视问题。

2. 社会实践与志愿服务

鼓励学生参与社会实践和志愿服务活动，亲身体验和感受社会的多样性和复杂性。在社会实践中，学生需要面对真实的社会问题并尝试解决问题，这一过程不仅能够锻炼他们的实践能力，还能够促进他们对社会的深入了解和反思。

四、终身学习与反思能力培养相结合

在知识爆炸的时代，终身学习已成为现代社会的基本要求。将反思能力培养与终身学习理念相结合，不仅能够帮助学生更好地适应未来社会的发展需求，还能够为他们的个人成长提供持续不竭的动力。

1. 培养自我导向的学习能力

引导学生学会自我规划、自我监控和自我评估。通过不断地自我反思和调整学习策略，学生能够逐渐形成自我导向的学习习惯和能力。

2. 建立学习共同体

构建由师生、家长和社会成员共同参与的学习共同体。在这个共同体中，成员之间相互支持、共同学习并分享反思成果。这种合作性的学习方式不仅能够提升个体的反思能力，还能够促进共同体的整体进步和发展。

总之，未来学生反思能力培养的趋势与方向是多维度的、综合性的。通过信息技术与反思能力培养的融合、跨学科整合与反思能力培养、社会文化背景下的反思能力培养以及终身学习与反思能力培养的结合等多方面的努力与探索，我们有望培养出更多具备深入反思能力和创新思维的高素质人才。

第四章 | 利用错题资源进行反思性教学的实践

第一节 错题资源的价值认知

在“三新”（新课标、新教材、新评价）教育改革的大背景下，课堂教学正经历着深刻的变革。这一变革不仅体现在教学内容与方法的更新上，更体现在教育理念的深刻转变上。个性化教学、全面发展、创新思维与实践能力的培养成为当前教育教学的核心目标。在这一转变过程中，错题资源作为学生学习过程中的必然产物，其价值逐渐得到教育界的广泛认可。错题资源不仅是评估学生学习成效的重要依据，更是促进知识深化、思维拓展和习惯养成的宝贵财富，同时也是反思性学习的起点。

一、错题资源的定义与分类

1. 错题资源的定义

错题资源是指学生在学习过程中出现的错误题目及其背后的原因、解题思路等信息的集合，是学生学习活动的自然产物，蕴含着丰富的教学信息，能够反映学生的学习状态。错题资源的存在是普遍的，无论是优秀学生还是普通学生，在学习过程中都难以完全避免错误的产生。因此，错题资源的开发与利用对于提升教学质量和学生学习效果具有重要意义。

2. 错题资源的分类

根据错误类型的不同，错题资源可分为知识型错误、理解型错误、技能型错误及策略型错误等。知识型错误主要指学生对基本知识点掌握不牢固或记忆混淆导致的错误；理解型错误则是指学生对概念、原理等理解不透彻或存在偏差导致的错误；技能型错误是学生在运用知识解决问题时技能不足或操作不当导致的错误；策略型错误则是指学生在解题过程中策略选择不当或缺乏有效的解题策略导致的错误。每种错误类型都反映了学生在特定学习阶段存在的问题与不足，为教师提供了有针对性的教学干预依据。

二、错题资源的价值分析

1. 诊断功能

错题直接反映了学生的学习难点和盲点，是教师诊断教学效果、调整教学策略的重要依据。通过分析学生的错题，教师可以快速定位学生在哪些知识点或技能上存在困难，从而有针对性地进行补充教学或调整教学方案。这种基于学生实际需求的诊断式教学，能够显著提高教学质量。

2. 反馈功能

通过错题分析，学生能够及时获得学习效果的反馈，明确自身学习中的薄弱环节。这种即时反馈机制对于学生的学习至关重要，它能够帮助学生认识到自己的不足，并激发其改进的动力。同时，错题反馈也是学生自我评估和自我调节的重要依据，有助于培养学生的自主学习能力。

3. 促进反思

错题资源是引发学生深度反思的有效触发点，有助于培养学生的批判性思维和问题解决能力。面对错题，学生需要回顾自己的解题过程，分析错误产生的原因，并尝试找出正确的解题路径。这一过程不仅是对知识的再认识，更是对思维方式的反思和提升。通过不断地反思和修正，学生的思维品质将得到有效提升。

4. 资源再利用

经过整理与加工的错题资源，可以成为个性化学习的重要素材，促进学生知识的巩固与迁移。教师可以根据学生的错题情况，设计针对性的练习题或复习资料，帮助学生巩固薄弱环节。同时，学生也可以利用自己的错题本进行有针对性的复习和自我检测，提高学习效率。此外，错题资源的共享和交流还可以促进班级或学校内部的学习互助氛围，实现资源的最大化利用。

第二节　反思性地学

错题资源不仅是学生学习过程中的挑战，更是促进知识深化、思维拓展和习惯养成的宝贵财富。本节将从唤醒反思意识、培养反思习惯、构建反思模型及探索反思策略四个方面，详细阐述教师如何有效利用错题资源引导学生反思性地学。

一、唤醒反思意识

反思意识，作为反思性学习的基石，其重要性不言而喻。它要求学生从内心深处认识到错题资源的独特价值，将其视为推动学习进步不可或缺的宝贵资源，而非单纯的学习障碍或失败的象征。为有效唤醒学生的反思意识，教师可采取多元化教学策略，以激发其内在动力。

1. 情境引导，情感共鸣

教师可以精心设计教学案例或讲述真实故事，将错题资源融入生动有趣的情境中，让学生在情感上产生共鸣。通过展示错题背后隐藏的知识盲点、思维障碍及解题策略的缺陷，引导学生认识到错题是通往成功的必经之路，每一次的错误都是向正确迈进的坚实步伐。这种情感上的触动能够激发学生的探知欲，为后续的反思活动奠定坚实的基础。

实践案例

“面积与周长”概念辨析中的错题资源与学生的情感共鸣

在苏教版《数学（三年级）》的“面积与周长”单元教学中，学生常常混淆两者的概念，特别是在解决实际问题时容易出错。李老师设计了一次基于生活场景的有创意的教学活动，巧妙地利用错题资源，引发了学生的情感共鸣，加深了他们对“面积”与“周长”这两个关键概念的理解。

生活实例引入：李老师以学生们熟悉的校园花坛为例，讲述了园丁叔叔为了美化环境，需要给花坛围上篱笆并铺上草皮的事情。她提出引导学生思考花坛的面积和周长的问题：“园丁叔叔需要知道哪些信息来购买合适的篱笆和草皮呢?”

错题呈现与情感共鸣：接着，李老师展示了几个学生在练习册上关于面积和周长的错题，这些题目涉及常见的混淆点，如误将周长当作面积来计算。她让学生扮演园丁叔叔的角色，想象如果因为计算错误而购买了错误尺寸的篱笆或草皮，会带来哪些不便和浪费。这样的情境设置让学生立刻产生了情感共鸣，意识到准确理解概念的重要性。

概念辨析与互动讨论：在情感共鸣的基础上，李老师组织学生进行小组讨论，通过对比、画图等方式，深入探讨面积和周长的区别与联系。她鼓励学生分享自己的理解，并用生活中的例子来解释这两个概念，如用书本的封面代表面积，用书本四边的长度代表周长。

错题再练与反思总结：经过讨论后，李老师让学生重新计算之前的错题，并要求他们在解题过程中写下自己的反思和解题思路。她还引导学生总结避免混淆面积和周长的技巧，如明确题目要求、使用适当的单位、画图辅助理解等。

案例分析

通过这次活动，学生们不仅加深了对“面积与周长”这两个概念的理解，更重要的是他们学会了如何以积极的心态去面对和处理学习中的错误。他们意识到每个错误都是一个学习的机会，通过反思和纠正可以不断进步。这种情感上的触动不但激发了学生的学习兴趣和动力，也为他们的数学学习之路奠定了坚实的基础。

2. 价值澄清，观念重塑

在日常教学中，教师应反复强调错题资源的积极意义，帮助学生树立正确的错题观。通过对比分析，教师要让学生明确认识到，正确看待并有效利用错题，不仅能够及时弥补知识漏洞，还能够在反思过程中锻炼思维能力和问题解决能力。这种价值澄清和观念重塑有助于学生在心理上接受并重视错题资源，从而主动投入到反思性学习中去。

二、培养反思习惯

反思习惯的形成是一个长期且持续的过程，它要求学生将反思行为内化为一种稳定的心理倾向和行为模式。为培养学生的反思习惯，教师需要采取一系列有效措施，引导学生逐步建立起利用错题资源进行反思的常态化机制。

1. 建立错题集制度，规范反思行为

错题集作为学生反思性学习的重要载体，其建立与管理至关重要。教师应明确要求学生建立个人错题集，并对错题集的格式、内容、整理方式等提出具体要求。通过定期检查、展示优秀错题集等方式，激励学生认真对待错题整理工作，逐渐养成良好的反思习惯（见第三章第三节）。

2. 深入剖析错题，挖掘反思深度

在整理错题的过程中，教师应引导学生深入剖析每道错题背后的原因和解题思路的偏差。通过引导学生自我提问、同伴互助、教师指导等多种方式，帮助学生全面而深入地理解错题的本质和解决方法。这种深度反思不仅能够帮助学生巩固知识、提升能力，还能够培养其批判性思维和问题解决能力。以下是一个关于小学数学深入剖析错题资源、挖掘反思深度的案例。

案例背景

年级与知识点：小学三年级的“乘法的初步认识与应用”。

学生情况：小华在近期的数学测试中，对乘法应用题的理解和应用存在困难，频繁出现计算错误或思路偏差。

小华在测试中的一道错题：小明有 3 盒铅笔，每盒有 8 支，小明一共有多少支铅笔？

小华的答案：3+8=11（支）。

实践方略

● 自我提问。教师首先引导小华进行自我反思，“在这个问题中，我为什么会用加法而不是乘法呢”，小华可能会意识到自己在理解题目时，没有正确考虑“每盒”和“总数”之间的关系。

● 图示辅助。教师使用图示法，画出 3 个盒子，每个盒子里放 8 支铅笔，直观地展示给小华看，帮助他理解乘法在这里的应用，即“重复加”的概念。

● 同伴讨论。在小组内，小华与同伴小李讨论这道题目。小李分享了自己解决这类问题的方法，强调要先确定“每份的数量”和“份数”，然后再用乘法计算总数。通过同伴的讲解，小华更加明确了乘法的应用场景。

● 教师讲解。教师进一步讲解乘法的基本概念和应用，通过更多的实例练习，帮助小华巩固乘法在解决实际问题中的应用。教师还强调了读题和理解题意的重要性，鼓励小华在做题前多思考，明确题目中的数量关系。

● 深度反思。在教师的引导下，小华对这次错误进行了深度反思。他认识到自己在理解题目时过于草率，没有仔细分析题目中的信息，也没有运用正确的数学方法。同时，他也意识到自己在乘法知识的掌握上还存在不足，需要加强练习。

● 制订学习计划。针对自己的问题，小华制订了具体的学习计划，包括每天完成一定量的乘法练习题，以及定期向老师和同学请教不懂的问题。

案例分析

通过这次深入剖析和反思的过程，小华不仅解决了这道具体的错题，更重要的是，他学会了如何正确地理解和应用乘法知识，提高了自己的数学解题能力。同时，他也培养了良好的学习习惯和反思能力，为未来的数学学习打下了坚实的基础。这个案例再次证明了在整理错题资源时，深入剖析错题、挖掘反思深度的重要性。

3. 搭建交流平台，促进反思共享

错题分享会、小组讨论等交流活动是促进学生反思共享的重要途径。搭建交流平台，能够让学生有机会展示自己的反思成果、交流反思心得、探讨反思策略等。这种互动交流不仅能够拓宽学生的视野和思路，还能够激发其创新思维和合作意识，进一步推动反思习惯的养成。

三、构建“五步四制”反思模型

“五步四制”反思模型是一个具体的实践方法，它将反思性地学的理论转化为可操作的步骤和制度，为学生提供一个系统性的反思框架与保障机制。该模型包含“五步反思流程”，旨在引导学生全面审视学习错误，深入理解错误根源，进而重构知识体系并通过实践巩固。同时，辅以“四项支撑制度”，为反思性学习的顺利实施提供制度保障，确保学生在反思过程中有明确的责任划分、有效的监督机制和翔实的记录管理（见图 4-1）。

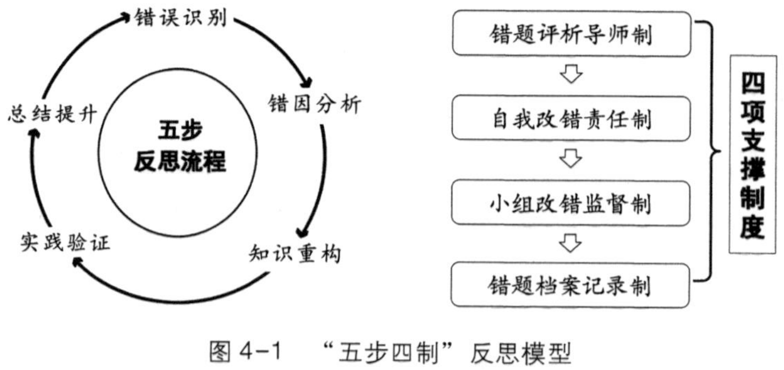

图 4-1 “五步四制”反思模型

1. **五步反思流程**

第一步，错误识别。学生需仔细回顾学习历程，明确薄弱环节或错误所在，主动学习并结合教师引导，通过有效提问促进自我觉察，为反思奠定基础。

第二步，错因分析。针对已界定问题，深入分析成因，引导自主或合作进行错因归类，培养内归因（如理解偏差、注意力不集中）和外归因（如题目表述、环境干扰）能力，拓宽视野，为后续改进提供方向。

第三步，知识重构。基于错因分析，修正和完善原有知识体系，纠正理解偏差，查漏补缺，重整知识结构。

第四步，实践验证。通过针对性练习和实际任务，检验知识重构的有效性，将理论与实践结合，巩固新知，发现潜在问题。

第五步，总结提升。回顾反思各环节，总结经验和教训，思考如何将经验和教训应用于未来的学习，如何避免类似错误，并乐于分享自己的经验和教训。

2. **四项支撑制度**

错题评析导师制：为学生指定经验丰富的导师，可以是教师、学生或家长。深入评析错题，提供个性化指导与建议，帮助学生掌握正确的解题思路。

自我改错责任制：鼓励学生自己承担起改正错题的责任，通过主动查找错误、分析原因并寻求解决方案，培养自主学习能力和自我反思意识。

小组改错监督制：倡导小组合作学习，成员之间互相监督改错过程，共同分享改错经验和方法，形成互助互促的学习氛围。

错题档案记录制：要求学生将错题及改错过程详细记录在错题档案中，供日后复习和反思使用。这一做法有助于巩固记忆，避免重复犯错。

3. **模型特点**

系统性。五步反思流程与四项支撑制度相互关联，形成一个完整的反思与改错体系。

主体性。强调学生的主体作用，鼓励学生主动反思、自我调整与自我提升。

实践性。注重实践检验，鼓励学生将反思结果应用于实践，检验其有效性和可行性。

持续性。要求把反思贯穿整个学习过程，形成持续性地反思与改错的习惯。

四、探索反思策略

反思策略是学生在反思过程中采用的具体方法和技巧。为了帮助学生更好地利用错题资源进行反思，教师需要引导学生探索多种反思策略并灵活运用，以适应不同情境和需求，从而实现从单一方法到多元策略的拓展。

1. **归纳总结法——从个别到普遍的跨越**

归纳总结法是一种通过整理和分析同类错题，找出共性问题和解题规律的有效策略。教师可以指导学生将错题按照知识点、题型或错误类型进行分类，然后逐一进行归纳总结。通过对比不同错题的共性和差异，学生能够更清晰地认识到自己在某一知识点或题型上的薄弱环节，并总结出相应的解题规律和注意事项。这种策略既能够帮助学生提高解题效率，又能够培养其归纳和概括的能力。

2. 类比推理法——从已知到未知的桥梁

类比推理法是一种利用已有知识或经验来推断未知问题的方法。在反思错题时，教师可以引导学生将错题与已掌握的知识进行类比推理，找出知识点之间的联系和差异。例如，对于一道涉及函数性质的错题，学生可以尝试将其与已学过的函数图像、性质等进行类比分析，从而更深入地理解错题的成因和解决方法。这种策略不仅能够帮助学生巩固已学知识，还能够培养其类比推理能力和创新能力。

3. 思维导图法——从散乱到系统的整合

思维导图法是一种利用图形化方式展示知识点、解题思路等信息的有效工具。在反思错题时，教师可以引导学生利用思维导图将错题涉及的知识点、解题思路、错误原因等以图形化的方式呈现出来。通过绘制思维导图，学生能够更直观地看到错题的全貌和内在联系，从而更系统地进行反思和整理。这种策略不仅能够帮助学生更好地理解错题，还能够培养其逻辑思维和结构化思维能力。

4. 自我提问法——从被动到主动的转变

自我提问法是一种通过自我设问来引导反思的方法。在反思错题时，教师可以鼓励学生主动提出问题并尝试解答。例如，学生可以针对错题提出“我为什么会犯这个错误?”“这个错误反映了我在哪些知识点上的不足?”“我应该如何避免类似的错误?”等问题，并通过自我解答来深化对错题的理解和反思。这种策略不仅能够帮助学生主动参与到反思过程中来，还能够培养其自我监控和自我调节能力。

5. 技术辅助法——从传统到现代的融合

随着信息技术的不断发展，越来越多的学习工具和应用程序被引入教育领域。在反思错题时，教师可以引导学生利用这些辅助工具来反思。例如，学生可以使用错题管理软件来整理和分析错题数据；使用在线学习平台来获取更多的解题资源和解题策略；使用智能辅导系统来获取个性化的学习建议和反馈。这些技术工具不仅能够提高反思的效率和效果，还能够为学生的学习提供更多的可能性和更高的便捷性。

学生如何有效利用错题资源进行反思性学习是一个涉及多个方面的复杂过程。通过唤醒反思意识、培养反思习惯、构建反思模型及探索反思策略等步骤的有机结合，学生能够在反思性学习中不断取得进步和成长。同时，教师的有效引导和支持也是学生成功利用错题资源进行反思性学习的关键所在。因此，在教学实践中，教师应注重培养学生的反思意识和反思能力，引导学生充分利用错题资源来推动自己的学习和发展。

第三节　反思性地教

反思性教学作为一种提升教学质量和促进教师专业成长的重要方法，其核心在于通过系统的反思过程，不断优化教学实践。本节深入探讨了反思性教学的“三阶九问”，旨在为教师提供一个清晰、实用的反思框架和流程，帮助他们在教学实践中实现持续改进。本节首先阐述了反思性教学的基本理念，随后详细解析了课前、课中、课后三个阶段的九个反思问题，并结合具体案例探讨如何在实际教学中应用这些反思策略。

一、“三阶九问”反思框架

“三阶九问”的反思框架，我们可以用以下示意图来体现（见图 4-2）。

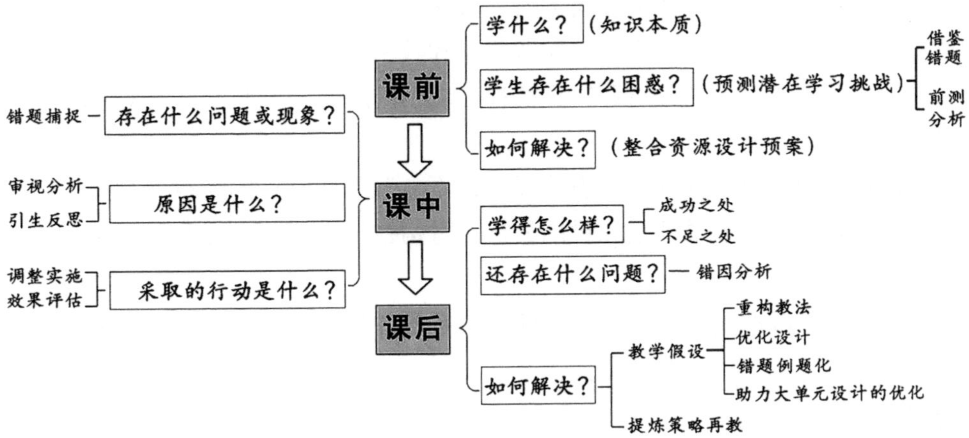

图 4-2　“三阶九问”反思框架

二、“三阶九问”反思的理论依据

1. 双环学习理论

双环学习理论属于组织学习与变革管理领域的核心概念，它强调通过两个递进环节的学习来达到持续改进的目的。第一环是识别和理解问题；第二环是对问题的根源进行反思和改进，以改变和重构现有的系统和流程，防止类似问题的再次发生。

课前阶段：通过前测分析、错题捕捉和审视分析，了解学生的学习困惑和挑战，预测潜在的学习困难，并设计解决方案。这一阶段类似于双环学习中的第一环，即识别和理解问题。

课中阶段：通过审视分析和引导反思，教师调整实施策略，优化教学方法，确保教学效果。这一阶段开始涉及对问题的根源进行反思和改进。

课后阶段：通过效果评估和错因分析，教师重构教学方法，优化设计，并通过错题例题化和策略提炼，助力大单元设计的优化。这一阶段明确地对问题的根源进行反思和改进，以改变和重构现有的教学流程，符合双环学习的第二环。

2. 建构主义学习理论

建构主义学习理论强调以学生为中心，关注学生对知识的主动探索、主动发现和对所学知识意义的主动建构过程，学生通过新知识与已有知识经验的相互作用来建构对事物的理解。

“三阶九问”反思框架强调教师在教学过程中的反思和调整，实质上是不断了解学生和适应学生的过程，从而促进学生更好地建构知识。课前通过错题捕捉和原因审视，课中通过引导反思和调整实施，课后通过效果评估和重构教法，教师不断地调整教学策略，以更好地支持学生的知识建构。

3. 行动研究理论

行动研究理论是一种以实践为导向的研究方法，强调研究者和实践者通过循环的反思与行动过程，解决实际问题，从而提升实践质量和效率。

课前阶段：教师通过前测分析和错题捕捉，识别问题并预测挑战，进行基于实际数据的预案设计。

课中阶段：教师通过审视分析和引导反思，不断调整和改进实际教学过程。

课后阶段：教师通过效果评估和错因分析，重构教学方法，优化设计，从而不断地提升教学质量。

教师通过三个阶段的反思和行动，不断优化自己的教学实践，这与行动研究的核心理念高度一致。

4. 教育目标分类理论

教育目标分类理论是教育心理学和课程设计的核心框架，旨在将学习目标分为不同的层次和类型，从知识、领会、应用，到分析、综合和评价，从而全面指导教学设计和评估方式。

在课前、课中和课后，教师通过不同层次的反思和引导，帮助学生达到不同的学习目标层次。课前确定知识和领会的目标，课中通过应用和分析目标来优化教学，课后通过评价目标来总结和提升。

通过这些理论依据，“三阶九问”反思框架能够帮助教师系统地进行教学前后的反思与改进，从而提升教学效果，形成一个持续改进和优化的教学循环。

三、“三阶九问”反思框架解析

“三阶九问”反思框架，将反思性教学分为课前、课中、课后三个阶段，每个阶段包含三个反思问题。

（一）课前反思

1. 这节课学什么？

在课前反思中，教师首先需要明确本节课的教学内容及其本质。这要求教师对教材进行深入地分析，理解知识的内在联系和逻辑结构，把握教学的重点和难点。同时，教师还应考虑如何将抽象的知识具体化、生动化，以便学生更好地理解和掌握。

2. 学生存在的困惑是什么？

教师基于对学生学情的深刻洞察，预见学习中的难点与易错点，从而为教学设计明确方向。为此，教师可以采取以下措施：

一是借鉴错题资源。收集并整理往届及同届学生的错题，形成丰富的错题库以作教学参考。往届学生的错题资源揭示了学习中的共性难题，而同届教师的即时教研与资源共享则有助于更全面地把握学情、灵活地应对教学挑战。

二是实施前测分析。通过设计有效的教学前测，教师能精准把握学生的现有水平，明确教学的起点与重点。前测完成后，教师应深入分析错题，挖掘学生出错的原因及背后的知识点漏洞，为后续教学调整提供有力支持。在此过程中，教师可以运用数据分析工具对错题资源进行量化分析，以更科学地识别学习难点和易错点。

3. 计划如何解决？

针对学生在学习中可能遇到的问题和挑战，教师需要整合资源设计预案。整合教材、教辅资料、网络资源以及错题等多种教学资源，为学生提供丰富多元的学习材料，帮助其从多个角度深入理解知识点。同时，利用这些资源设计具有挑战性的学习任务和实践活动，以激发学生的学习兴趣和创造力，有效应对潜在的学习挑战。

（二）课中反思

1. 存在什么问题或现象？

在课中反思中，教师需要保持高度的敏感性和灵活性，密切关注教学过程中的问题和现象。这包括学生的反应、课堂氛围、教学进度等多方面。通过实时观察和分析，教师可以及时发现教学中存在的问题和不足，敏锐捕捉学生学习过程中产生的错误资源，识别出共性和个性问题，深入分析错误根源，为精准指导提供依据。

2. 原因是什么？

发现问题后，教师需要深入思考问题的原因。首先要自我反思，分析错题是否源于自己的教学疏漏或表达不清等。如果确定不是教学问题，那么进一步分析学生出错的原因，如概念理解不透彻、解题方法不当、计算错误等。通过分析确定错误的类型和性质，为后续的策略调整提供依据。

如果是学生的问题，那么引导学生对自己的错误进行反思，鼓励他们深入思考错误产生的原因和如何避免类似的错误。可以通过提问、讨论等方式，引导学生积极参与反思过程。

3. **采取的行动是什么？**

针对教学中出现的问题，根据审视分析的结果，教师需要调整自己的教学策略、教学方法、教学内容、教学进度等，以确保更好地满足学生的学习需求。根据错误类型和性质，对学生实施个性化的指导和帮助，并对教学效果进行评估，根据评估结果进一步调整和优化教学策略和方法。

（三）课后反思

1. **学得怎么样？**

课后反思是教师对整个教学过程进行全面回顾和总结的重要环节。教师需要通过作业、测试、课堂表现等多方面来评估学生的学习效果，分析教学中的成功和不足。通过客观评估教学效果，教师可以更加清晰地认识到自己的教学优势和需要改进的地方。

2. **还存在什么问题？**

在课后反思中，教师还需要深入分析教学中存在的问题及其原因。这要求教师对教学过程进行细致入微的剖析，找出问题的根源所在。通过错因分析，教师可以更加准确地把握教学中的薄弱环节，为制定改进措施提供依据。

3. **如何解决？**

针对教学中存在的问题和不足，教师需要提出教学假设并提炼教学策略来实施再教实践，以实现持续改进和提升。

（1）教学假设是指在深入剖析学生错误根源后，教师应构建新的教学设计，涉及教学方法革新、教学内容重组和教学节奏调适等。

重构教学方法：创新与改革传统教学方法，以适应现代教育需求和学生特性，需验证并优化新教学法。

优化教学设计：包括调整教学顺序、增减教学内容、设计针对性练习题等，以提高教学有效性和针对性。

实施错题教学化：将学生错题转化为教学资源，通过系统收集、分析错题，转化为新例题进行讲解与讨论。

助力大单元设计的优化：课后反思应延伸至整个教学单元，教师需以动态视角施教与反思，针对复习时重复犯错现象实施变式训练。深入反思本单元教学设计、重难点把握及练习设计合理性，旨在优化教学方法、调整教学进度或增补内容，并拓展至下一学段及毕业总复习的教学策略规划。

（2）提炼策略再教是指将深入反思所取得的成果，系统地提炼成为具体的、可操作的教学策略，再应用于实际教学中时，通过实践—反思—调整的循环，不断积累教学经验，提升教学水平。

四、“三阶九问”反思框架的应用案例

下面是彭婷婷老师在教授“解决问题的策略：一一列举”一课时，应用“三阶九问”的反思框架进行反思性教学的应用案例。

案例

解决问题的策略：一一列举

邵东市大禾塘街道里安小学　彭婷婷

在本次教学活动中，我专注于教授“一一列举”策略，这是一种基础的数学思维技能，对于培养学生的系统性思考和解决问题能力至关重要，以下是我的教学反思。

课前反思

1. 本课知识本质

（1）知识点的横向对比。我发现关于“解决问题的策略：一一列举”一课，尽管不同版本的教材在呈现方式和难度上有所差异，但核心思想是一致的，即让学生经历用列举的策略解决实际问题的过程，感受列举策略的特点和价值，提升学生思维的条理性和严密性。通过这种对比，我能够更全面地把握知识点，为教学设计提供多元视角。

（2）知识点的纵向分析。一一列举的方法渗透在各年级的数学教材中：二年级的看谁说的算式多，三年级的按要求画长方形，四年级的用数字卡片组成三位数……系统把握列举的策略在小学教材中的安排，让我的教学目标变得更明确，思路更清晰。

2. 学生困惑及挑战

（1）学情前测题：小军有红、黄、蓝3件不同颜色的上衣和蓝、黑2条不同颜色的裤子，一件上衣搭配一条裤子，一共有哪些不同的搭配方法？

（2）调查结果。

总人数	100人			
水平层次	不明白题意	有遗漏	无序列举	有序列举
人数	30人	9人	15人	46人
百分率	30%	9%	15%	46%

（3）统计分析。

① 在生活化问题情境下，只有46%的学生能做到有序列举。

② 有15%的学生能列举出所有的搭配方式，但没有按顺序列举。

③ 有 30% 的学生不能自主读懂题意，分不清什么类型的题目需要用到列举策略；还有 9% 的学生列举时出现了遗漏。

3. 问题对策

（1）“教—学—评”一体化的融合。

教：通过动手操作、自主探索和比较反思，学生能够体验“一一列举”策略的特点和价值，并应用解决问题的策略，从而培养逻辑思维和问题解决能力。

学：学生在应用“一一列举”策略到实际问题时会遇到挑战，尤其是在有序列举、不遗漏等方面可能有点困难。为此，我设计了一系列教学活动，包括小组讨论、同桌讨论、例题分析和实际操作，以促进学生的主动学习和深入理解。同时，我计划将跨学科的元素融入课后作业，如利用美术领域的调色作为应用“一一列举”策略的实践场景，以此加强学生对策略的理解和应用。

评：我设计了与教学内容紧密相关的评估表，对他们提出了期望和目标，也给他们指出了解题的方向和方法，以促进学生的自我反思和同伴学习。评估表不仅关注学生的知识掌握情况，还包括学生在推理意识、数据意识和数感方面的表现，确保评估与“新课程标准”理念保持一致。

（2）设计列举问题。本节课将侧重于“新课程标准”中的推理、应用意识，从生活情境入手，以美化校园环境为主题。

① 导入：购买 20 元的盆栽装扮教室，可以怎样付钱？

② 探究：王大叔打算用 22 根 1 米长的木条围一个花圃来美化校园，怎样围面积最大？

③ 判断：五（二）班遇到的问题，哪个适合用“一一列举”的策略来解决？为什么？

④ 跨学科应用：学校计划绘制一面新的彩绘墙，不过我们目前只剩下三种颜料。我们想得到更多的颜色，可以怎么做呢？你能调出哪些颜色？

课中反思

1. 学生现象

（1）在实施教学设计时，我注意到在导入环节，学生对于使用不同面额纸币支付 20 元的活动中，能够迅速给出解决方案；但在分析解决问题的思路时遇到了困难，有些学生不能直接由“22 根 1 米长的木条”想到“周长是 22 米”，再联想到“长+宽=11 米”。

（2）自主探究时，部分学生认为长 6 米、宽 5 米是一种列举方法；长 7 米、宽 4 米是另一种列举方法，把列举的可能性和列举方式混为一谈了。

（3）尽管评价表对于列举给出了方向，但一些学生在列举时还是出现了遗漏或无序列举的情况。

2. 原因分析

（1）学生在具体数学问题中应用“一一列举”策略时，缺乏对长方形周长和面积公式的深入理解和实际应用经验。学生尚未完全掌握如何将数学概念转化为实际问题，这表明他们在推理意识和数据意识方面需要更多的培养。

（2）学生不明白列举的可能性和列举方式的区别。学生没有形成一定的模型意识与推理能力。

（3）学生默读评价要求时，没能很好地理解评价表每一条的区别的含义，阅读理解能力有待加强。

3. 调整预案

（1）针对现象一，我调整了教学策略，通过图形辅助，把长方形周长平均分成2份的过程，并通过PPT展示给学生看，让学生明白“长+宽=11米”的原理，帮助学生理解周长和面积的关系。

（2）我向学生说明了，画图列举，只能算一种方法，如果还想使用第二种方法，可以列表格、列式或者其他你喜欢的方法。

（3）我选取了两个典型的无序列举和有遗漏列举的学生作品，上传到希沃白板上，让学生分析其中的问题，在问题中进行反思。

课后反思

1. 成功之处

在本次教学活动中，我特别强调了教—学—评一体化的综合性优势，学生理解了每种水平的评价要点，既可作为自己解决问题的目标，也可作为评价他人和自己学习的标准，使点评更加准确、到位，提升了学生评价水平和自我反思能力。我确保了教学目标与“新课程标准”的高度一致性，并巧妙地融入了具体的数学问题以及跨学科案例，以激发学生的学习热情和兴趣，进一步锻炼了学生的实际操作能力和问题解决技巧。通过实施教—学—评一体化，我能够实时监测学生的学习进展，灵活调整教学策略，并提供针对性的指导，有效提升了教学成效。

2. 不足之处

在本节课中，我的随机评价语言尚不够多样化。

3. 解决措施

（1）我要丰富我的评价词汇，以更具体、更具有激励性的方式认可学生的成就和努力，从而进一步增强学生的自信心和学习动力。

（2）我要打磨自己的课堂，让每一个环节都产生实效，都能促进学生思维。

（3）我还要继续丰富自己的知识，向身边的老师学习，向工作室的老师学习，还要向名师大家去学习。阅读华应龙老师的《我这样教数学：华应龙课堂实录》《我就是数学：华应龙教育随笔》等，阅读吴正宪老师的《吴正宪与小学数学》《儿童心中的数学世界——数学日记》等。

第四节 “双轮驱动”的反思性教学模型

在繁忙的40分钟课堂教学里，错题资源如同一面镜子，映射出学生学习过程中的短板与盲点。如何有效利用这些错题资源，引导学生与教师共同开展反思性教学活动，成为一个值得深入探讨的课题。为此，我们精心打造了一套双轮驱动的反思模式，旨在为教师提供一个具体可行的教学框架，同时也为学生的反思性学习提供一条清晰的路径。以下，我们将从理论依据、具体模型、教育价值三个维度来全面阐述这一模型的内涵与操作步骤。

基于上述考虑，我们构建了反思性教学的“双轮驱动反思性教学模型”（见图4-3）。该模型分为学生主体与教师主导两大核心板块，具体解读如下。

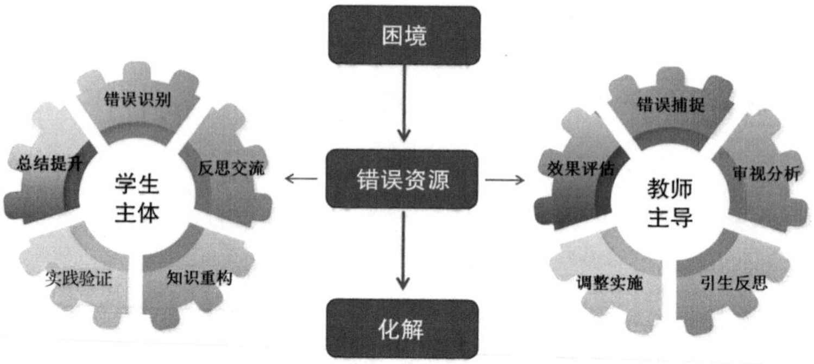

图4-3 双轮驱动反思性教学模型

一、学生主体

错误识别：学生首先需具备敏锐的洞察力，精准识别学习过程中出现的错误，可能是自己的，也可能是学习伙伴的。这些错误资源，正是反思性学习的起点。

反思交流：识别错误后，学生需进行深入的反思与剖析，探究错误产生的根源。鼓励学生、同伴、老师共同进行开放而深入的交流，分享各自在反思过程中的发现和困惑。通过集思广益，学生可以更全面地理解错误，并从不同角度获得解决思路。

知识重构：基于反思和交流的结果，将错误转化为学习的契机，学生对错误涉及的知识点进行系统性重构。针对个人学习状况和错误类型，制定一个具体的纠正与改进的策略。这些策略可以是一道题的解决策略，也包括调整学习方法、进行专项练习、制订复习计划等。

实践验证：学生将制定的纠正与改进策略付诸实践，通过实际解题、应用新知识或调整学习方法等方式，检验策略的有效性。这一步是反思性教学中至关重要的一环，它让学生亲身体验策略的实施过程，从而更深刻地理解错误，并掌握如何有效纠正和避免错误。

总结提升：在实践验证的基础上，学生对整个学习过程进行反思性总结，提炼出对自己最有帮助的学习方法和策略，形成个性化的学习经验。学生应乐于分享自己的经验和教训，帮助其他同学避免类似的错误，促进相互学习与借鉴。总结提升不仅是对当前学习周期的收尾，也是为下一轮反思性学习循环奠定基础。

综上所述，通过错误识别、反思交流、知识重构、实践验证和总结提升五个步骤，学生能从错误资源中深刻反思并重构认知，从而提升学习能力和解题技巧。

二、教师主导

错误捕捉：教师敏锐捕捉学生学习过程中产生的错误资源，识别出共性和个性问题，深入分析错误根源，为精准指导提供依据。

审视分析：教师首先自我反思，分析错题是否源于自己的教学疏漏或表达不清等。如果确定不是教学问题，那么进一步分析学生出错的原因，判断是否是概念理解不透彻、解题方法不当、计算错误等。通过分析确定错误的类型和性质，为后续的策略调整提供依据。

引生反思：引导学生对自己的错误进行反思，鼓励他们深入思考错误产生的原因和如何避免类似的错误。可以通过提问、讨论等方式，引导学生积极参与反思过程。

调整实施：根据审视分析的结果，教师调整自己的教学策略和方法，如调整教学内容、教学方法、教学进度等，以确保更好地满足学生的学习需求。根据错误类型和性质，对学生实施个性化的指导和帮助。可以针对个别学生进行一对一的辅导，或者分组进行指导。

效果评估：对教学效果进行评估，通过评估了解反思性教学的成效，并根据评估结果进一步调整和优化教学策略和方法。

整个模型是“错误—反思—化解”的循环，强调了反思的重要性，无论是学生还是教师，都需要通过反思来识别问题、分析原因并寻找解决方案。最终，通过双方的共同努力，实现困境的化解，提升教学效果，促进学生全面发展。

三、模型的教学价值

双轮驱动的反思模型通过学生主体与教师主导的双重作用，实现了错题资源的有效利用与反思性教学的深度开展。学生在这一过程中，不仅纠正了学习中的错误，更学会了如何反思、如何自我提升；而教师则通过反思性教学，更加准确地把握了学生的学习需求，优化了教学策略，提高了教学质量。这一模型不仅促进了教学相长，更为学生的全面发展奠定了坚实的基础。未来，我们将继续探索和完善这一模型，以期在更多教学场景中发挥其独特价值。

第五章 | 反思性教学的案例赏析

第一节 对新课标的实践与反思

在“新课程”改革的洪流中，“新课标”犹如一盏明灯，照亮了教育教学的变革之路，对课堂教学提出了全新且严格的要求。它强调以学生为中心，聚焦核心素养与综合能力的培养，这无疑对教师的教学理念、方法及评价体系进行了深刻的重塑。

在此背景下，反思性教学如同一股清泉，滋润着教师成长的土壤，成为提升教学质量、促进专业发展的关键途径。反思性教学，不仅是一种高效的教学方法，更是一种积极的教学态度与不懈的追求精神。本节精心挑选了系列教学实践案例，深入剖析一线教师如何在“新课程标准”的引领下，勇于探索课堂教学的改革与创新之路。让我们携手步入这些鲜活生动的案例之中，共同领略反思性教学的独特魅力与深远价值。

一、以核心素养为导向的课堂教学

核心素养，作为学生全面发展不可或缺的关键能力与必备品质，已成为当今教育教学的指南针。它不仅关注学生的知识技能掌握，更强调思维品质、情感态度、价值观念等多方面的培养。在这一背景下，课堂教学不再是单一的知识传授过程，而是转变为一个促进学生全面发展、提升核心素养的多元互动平台。

下面我们聚焦核心素养导向的课堂教学实践，通过具体案例的剖析，展现教师们如何在“三新”背景下，积极探索、勇于创新，将核心素养的培养融入日常教学的每一个环节：如何在课堂上激发学生的思维活力，培养他们的批判性思维和创新能力；如何在教学中渗透人文关怀，塑造学生的健全人格和社会责任感；如何通过跨学科整合，拓宽学生的知识视野，提升他们的综合素养。

案例 1

解决问题的策略
——以“一一列举”为例

课前反思

为了准确把握学生的学习起点，我尝试以课前测试的形式，让学生先行探索一个问题：“王大叔手里头有22根各1米长的木条，他计划用这些木条围成一个长方形的花圃。那么，如何围才能使得花圃的面积最大呢？”我发现大部分学生在解决这一问题时，并未采用预期中“一一列举”的策略，而是直接应用了“两数越接近，其乘积越大”的数学规律。这显然是因为他们在三年级时已经接触过类似的计算题，因此，原有的例题并未能达成预设的教学目标。

鉴于此，我考虑对例题进行创新与调整，改为：“假设你手里头有22根各1米长的木条，你需要用这些木条围成一个面积为20平方米的长方形花圃。而且，这22根木条必须全部用完，且不能折断。请问，你能完成这一任务吗？”通过这样的调整，我期望能够激发学生的探索兴趣，使他们自然而然地产生一一列举的需求，从而更有效地达成教学目标。基于此，我设定了本课的教学目标及重难点。

教学目标：

● 学生在“一境到底”地解决生活问题的过程中，体会使用策略的必要性，通过一系列探究活动，感受“一一列举”的特点和价值，经历策略形成的过程。

● 在解决实际问题的过程中，培养学生思维的条理性和严密性，提升策略意识、推理能力和应用意识。

● 将国内外优秀文化资源融入探究活动中，帮助学生理解数学知识、促进数学思考，引导学生以数学家为榜样，培养学生的数学精神和优秀品质。

教学重点：让学生经历用“一一列举”的策略解决实际问题的过程，感受“一一列举”策略的特点和价值，增强分析问题的条理性和严密性。

教学难点：根据不同实际问题的特点，通过合乎逻辑的思考，不重复、不遗漏地列举出符合要求的各种情况。

课中实录

1. 谈话导入

师：看到课题，你有什么想说的？或有什么疑问？

师：是什么策略？为什么用这个策略？怎么用？

2. 感知需求，初悟策略

围一个长方形花圃

用22根各1米长的木条，围成一个面积20平方米的长方形花圃。如果22根木条全部用完，而且不能折断，能完成这一任务吗？（课前测试作业）

师（引导）：这个问题解决了吗？你是怎么想的？

生：展示代表作，汇报解题思路和方法。（板书：画图、列表、计算）

师：你是怎么想的？给大家说说你的思路。（指定学生）

生A：我围成的是长10米、宽1米的长方形，22根木条刚好用完。（展示作品一，见图5-1）

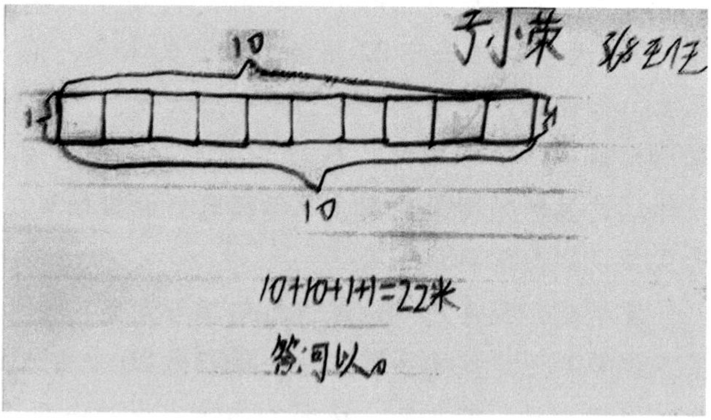

图5-1　展示作品（一）

师：同学们，你们同意A同学的做法吗？A同学，大家不认同你的答案，你需要再反思一下么？

生A：我算的是周长为22米了，木条是用完了，但要围的是面积为20平方米的长方形。按我的方式，面积只有10平方米，我粗心了，审题不准，我再想想。

师：B同学的结论你们认同吗？谁能解读一下他的解题思路。（展示作品二，见图5-2）

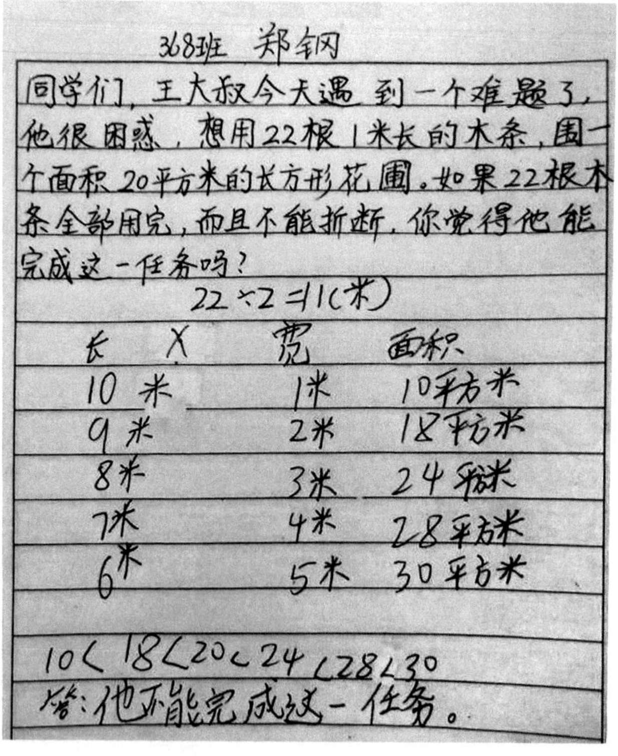

图5-2　展示作品（二）

生C：周长是22米的长方形的长和宽有很多种情况，他是先把这些情况全部写出来，然后算面积各是多少，再进行判断，发现没有符合题目要求的答案。

师：看来C同学同意B同学的结论。和C的结论一样的同学请举手。

师：下面这几个同学的解题思路你能看懂吗？（追问的同时，依次展示四幅作品，见图5-3）

生：我们的思路和他的一样，只是呈现形式略有不同而已，有画图的、有列表的，也有利用数的分解等。

师：这个同学的解题思路你能看懂吗（见图5-4）？请这个同学上台给大家讲解一下。

生D：我从结论入手，要围成面积是20平方米的长方形，长和宽的组合只有3种可能：长5米宽4米；长10米宽2米；长20米宽1米。再计算这三种长方形的周长，分别是18米、24米和42米，不符合题中周长22米的条件。因此，不能围成20平方米的长方形。

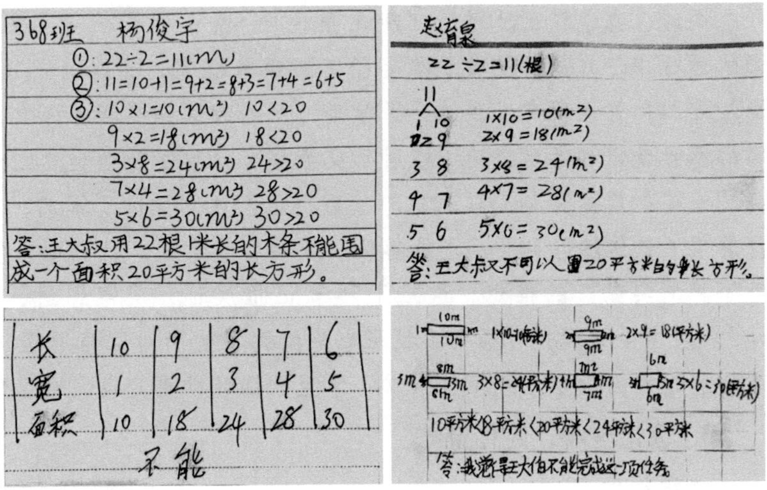

图5-3 四种解题思路

师（引导）：对比这几种方法，他们有什么共同点？

生：都是把可能的情况有序列出来，再判断，并作出选择。（板书：有序）

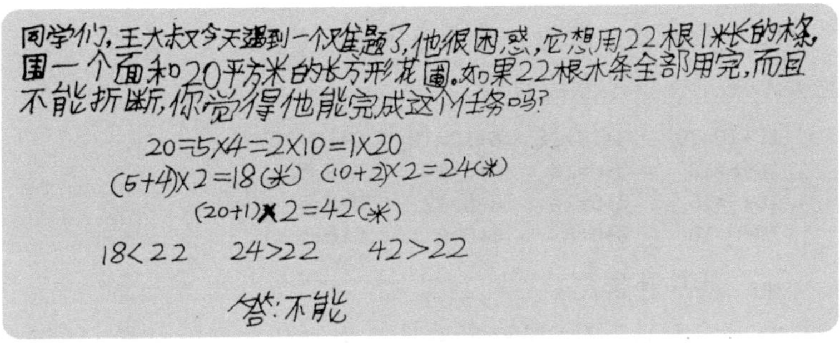

图5-4 解题思路

师：这就是策略，你能给这个策略命个名吗？（板书：一一列举）

师（小结）：回顾刚才解决问题的过程，你有什么体会？围绕“是什么策略”“为什么用这个策略”“怎么用”进行梳理和总结。

师：今天我们用的是一一列举的策略。因为答案有很多种可能，不能一下子作出判断。我们可以从题中的条件或结论入手，把所有的可能都一一列举出来，且需按一定的顺序列举，这样可以避免重复和遗漏。计算后再作出判断和选择，进而解决问题。

师：在以前的学习中，有没有用过此策略？

课中反思

2022年版的“新课程标准”指出，要让学生对数学具有好奇心和求知欲，形成质疑问难、勇于探索的科学精神。在今天的课堂中，我尝试引导学生对数学产生好奇心和求知欲，鼓励他们提出自己的疑惑，以学生的问题驱动教学，真正践行了以学生为本的教育理念。

同时，我也深刻反思了“新课程标准”中，对于数学结果形成过程的重视。在改编例题的过程中，我故意打破了学生已有的经验框架，让他们充分感受到一一列举的必要性。通过安排前置性研究，我给予了学生充足的时间和空间去探索，使他们在实践中获得了丰富的感性认识和活动经验。在展示交流环节，我帮助学生建立了“吃透、吃准有用信息是建构策略的前提”的心理基础。随后，我们共同探讨了算式、列表、画图等多种途径，从计算周长的维度找到了问题的答案。最后，我们又从计算面积的维度反证了“王大叔的任务不可能实现”的推想。这三个环节正推反证，层层递进，形成了一个强大的“思维场”。在学生的探究过程中，我深刻感受到了他们对策略原理的感悟，以及对知识的有效建构。这样的教学方式不仅激发了学生的探究欲望，也促进了他们的全面发展。

3. 深化理解，内化策略

飞镖游戏

（1）只投一次，可能得多少分？

生：10 分、8 分、6 分、0 分，共 4 种情况（见图 5-5）。

（2）投两次，可能合计得多少分？（学生独立尝试，展示学生从无序到有序思考的过程）

10+10=20	8+10=~~18~~	6+10=~~16~~	0+10=~~10~~
10+8=18	8+8=~~16~~	6+8=~~14~~	0+8=~~8~~
10+6=16	8+6=14	6+6=12	0+6=~~6~~
10+0=10	8+0=8	6+0=6	0+0=0

生：共 9 种情况。

师（引导）：解决问题这一类，你有什么经验分享？（板书：分类、不重复、不遗漏）

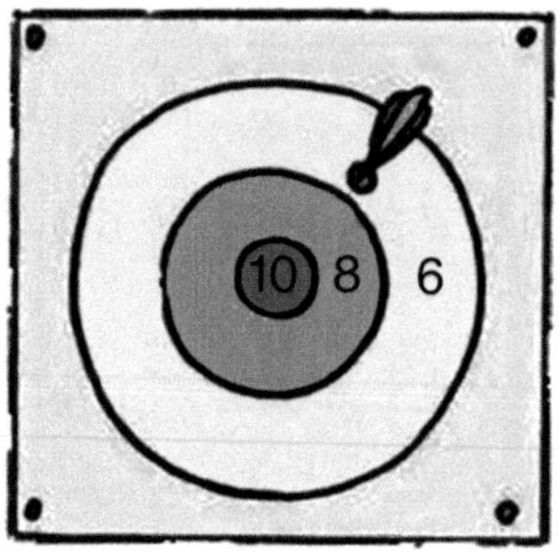

图 5-5　飞镖游戏

4. 探索规律，应用策略

长方形面积的计算

师：用 22 根各 1 米长的木条围长方形，怎样围面积最大？观察长、宽和面积这几组数据，你有什么发现（见图 5-6）？

宽/米	1	2	3	4	5
长/米	10	9	8	7	6
面积/平方米	10	18	24	28	30

图 5-6　长方形面积的几种计算方式

（1）发现一：和都是 11，两个数越接近，乘积就越大。

（2）发现二：周长一定时，长与宽的长度越接近，面积越大。

欧拉家的羊圈改造

欧拉是著名的数学家、物理学家。8 岁时，家里的羊圈小了，父亲准备建造一个新羊圈。目前准备用来建羊圈的篱笆长 100 米，父亲不想再添木料，又想让羊圈的面积最大，这可怎么办呢？

生：直接利用规律解决问题，$100\div2=50$（米），$50\div2=25$（米），$25\times25=625$（平方米），可以改成边长为 25 米的正方形羊圈，面积最大。

师：此题你们怎么不用列举的策略解决了？

生：我们已经总结出规律了，可以直接利用数学规律解题。

师：欧拉在8岁那年为家里解决了这个难题，你们也凭借自己的智慧解决了这一生活中的数学问题，和欧拉一样优秀，老师为你们点赞！

王大步的新任务

王大叔要用12块边长1米的正方形草皮来铺成大块的草坪，怎样铺才能让围篱笆的木条使用量最少呢？

师：你准备怎么做？

生：用列举的策略，把面积是12平方米的大草坪的几种样式都列举出来，求出周长后，再来做比较，并做选择。

5. 全课总结

师（引导）：这节课学习的过程中你有什么收获？遇到了什么难题和困惑，你是怎么解决的？还有什么疑惑吗？

师（总结）：同学们，这节课从看到课题到提出问题，通过几个探究活动我们分析问题、解决问题。在这个过程中，我们体会到了策略的必要性，也通过自己的探究形成了一一列举的策略。通过玩飞镖游戏，我们深化了对一一列举策略的认知，知道了可以先分类，再列举，这样不重复，不遗漏。最后我们应用策略去解决了几个生活中的问题。

同学们，今天你们在课堂中敢提问、勤反思、善倾听、会表达，这都是非常优秀的学习品质。希望你们在今后的学习中能够继续保持和发扬，像数学家欧拉一样，去攀登更高的知识山峰，看不一样的风景，飞得更高，走得更远！

课后反思

把握数学本质，让学习真正发生

在“解决问题的策略——以‘一一列举’为例”这一课的教学中，我深入理解了教学内容的内涵，并结合自己的教学主张及过往的教学经验，致力于实现一种符合我个人教学追求和风格的真实呈现。我的核心目标是把握数学本质，让学生的学习真正发生。以下是我从三个“注重”出发的教学反思。

1. 注重策略原理的建构过程

美国著名数学教育家赫斯强调：“数学教学的核心不在于寻找最佳教学方式，而在于理解数学的本质。”数学知识的本质既体现在客观事物背后的数学规律和知识，也体现在数学知识背后的本质属性。体验和理解策略是学生形成解决问题能力的中心环节，也是基础环节。因此，我让学生充分经历策略的形成过程，在理解上做足功夫。在我的课堂上，一方面，我重视引导学生探索解题策略的思考流程与操作步骤；另一方面，我引导学生逐步把握相关策略的主要含义与基本特征，让学生在应用相关策略解决问题的过程中，获得直观的感受，并初步形成理性认识，从而逐步自主建构策略。为了帮助学生理解“一一列举”的策略原理，我安排学生进行前置性研究，给予他们充足的时间和空间进行探索，以获得充分的感性认识和活动经验。然后，在课堂上对“原生态”错例进行剖析，并加以提炼和升华，帮助学生建立起“吃透、吃准有用信息是建构策略的前提”的心理基础。接着，通过算式、列表、画图等途径，从计算周长的维度找到问题的答案。最后，再从计算面积的维度反证“王大叔的任务不可能实现”的推想。这三大环节正推反证，逐步形成了强大的“思维场”，促进了学生对策略原理的深度理解，并实现对知识的有效建构。

2. 注重数学思想的有机渗透

在进行此内容的教学时，我发现许多教师将教学目标定位为引导学生“如何列举”“如何画图”等具体方法，这导致学生只是为了策略而策略，忽视了“新课程标准”中关于“体会策略的价值”“增强学生使用策略的意识”的教学建议和要求。为了让学生在解决问题的过程中发自内心地想要运用策略来解答，我把练习前置，设计了“飞镖游戏”这一探究活动，让学生深刻感受“一一列举”的价值，从而提高他们使用“一一列举”策略的意识。实际上，解决问题的策略不仅仅对应某一种具体的方法，其背后蕴含着丰富的数学思想方法。例如，画图蕴含数形结合的思想和具体画图的方法；倒推蕴含过程或运算的可逆性思想以及相应的互逆思想；等等。在我看来，方法、策略、思想是三个递进的层次，数学方法上升到一定高度形成策略，数学策略的进一步凝练则形成数学思想，而数学思想是数学学科的核心元素。因此，我的数学课总是追求焕发出无穷张力的“思想味”。在本课中，前两个探究活动让学生对各种可能的情况进行罗列，突出“有序”“一一列举”，并渗透了分类思想；把长宽之和等于11米的算式与相应的图形进行匹配，让学生感受一道算式对应着一种长方形，渗透了对应的思想；对各种可能的算式进行排序后进行对比，得出“一个因数在依次增大，另一个因数在依次减小，而两个因数的和是不变的”结论，渗透了“变与不变”的思想；在第二个活动中，学生回答“把所有的情况都列举出来”后，我引导他们萌发“这些情况有没有重复的呢”，渗透了分析数据意识，进而帮助学生形成初步的逻辑推理、科学归纳的启蒙意识。

3. 注重知识教学的附加价值

我深知每一种策略都具有“战略”思想价值，也就是说，它背后有着更强大的现实意义和运用价值。因此，我倡导学习每一种策略时，都要求不仅仅让学生了解到运用策略能够解决一些典型的问题，还要力求找寻知识的“附加值”，寻找知识的隐性教学功能，带领学生体会那种“登高远眺，一览众山小”的快感。教材中的例题是“王大叔用22根1米长的木条围成一个长方形花圃，怎样围面积最大”，我把它改编成“王大叔想用22根1米长的木条围一个面积20平方米的长方形花圃。如果22根木条要全部用完，而且不能折断，你觉得他能完成这一任务吗”。文字变化不大，但意蕴无穷。稍稍改动，使例题有了较大的“增值”空间，为学生思维的自由驰骋、知识之间的勾连创造了更多的“可能”。三年级学生有经验基础，原本的例题，周长不变，长与宽接近时面积越大，学生没有列举需求，而改编后的例题，学生要一一排除才能说清楚不能实现的理由，这样列举就成为解决问题的不二选择；原本的例题只要在周长维度上实现列举，就能找到面积最大的一种状态，而改编后的例题不仅具有原来的功能，而且还可以从面积的维度来反证列举的各种可能；原本的例题带来的只有“周长确定时，面积在变化”的规律，而改编后的例题除此之外还多了“面积确定时，周长在变化”的规律。在练习阶段，我设计了“欧拉的羊圈”例题，例题的故事性、趣味性和文化性吸引了学生。这样的训练不但使学生在巩固了策略与规律的同时，更深刻地感受数学的价值，同时也增强了学好数学的信心。这样的设计不是奔着理解某个知识点或找到某种解决问题的方法“匆匆而去”的，而是有着更为宏观的学科视野，是为了把握数学的本质，让学习真正发生，发展学生的核心素养。

“教学是一门遗憾的艺术”，本课容量大，如何让学生将新学与已学的策略有效融合，是我需要思考解决的问题。正因为有遗憾，才凸显出开展教研活动的必要性，让我们朝着教研的远方前行！

案例 2

百分数的认识

根据邵东市灵官殿镇第一完全小学刘思怡老师的执教案例改编

课前反思

1. 这节课的知识本质是什么？

本课聚焦于“百分数的认识”，2022 年版的“新课程标准”将百分数从“数与代数”移至“统计与概率”，强调其统计意义。百分数不仅是两个数量倍数关系的表达，更是理解现实世界随机现象的重要工具。教学应融合百分数的数学意义与统计意义，让学生在解决问题中感悟其实际应用。

2. 学生的困惑与挑战是什么？

学生对百分数已有一定生活经验，但理解尚不全面。通过课前测试了解到学生虽能读写百分数，但对百分数的深层含义及其与分数的区别和联系理解不足。因此，教学需关注学生“量的积累”与“概念的内化”，避免机械训练，要引导学生用自己的语言表达对百分数本质的理解。

3. 计划如何解决问题？

（1）数据材料的选择。应贴近学生生活，源自真实统计问题，体现百分数的双重意义；通过具体情境，学生在解决问题中积累感性认识，逐步抽象出百分数的概念。

（2）情境营造与数据需求。营造包含随机性数据的现实情境，激发学生的数据需求，培养数据意识；通过重复测量、抽样等方法，引导学生初步体验数据的随机性与价值，为初中学习奠定基础。

(3) 概念联系与内化。打通分数与百分数的联系，构建知识网络；注重概念形成的内化过程，鼓励学生用自己的语言阐述百分数的意义，深化理解。

综上所述，本节课应围绕百分数的双重意义，结合真实情境，注重数据意识的培养与概念的内化，以期达到最佳教学效果。基于此，我设定了本课的教学目标及重难点。

教学目标：

- 通过具体情境，理解百分数作为两个数量倍数关系的表达方式，掌握百分数的读写，并明确其与分数、比的联系与区别。
- 经历信息收集、交流、比较的过程，初步感受百分数的统计意义，体会数据分析在决策中的重要性，培养数据意识和推理能力。
- 在实际应用中，体验百分数与生活的紧密联系，增强数学应用意识，培养良好的数感和自主探索、合作交流的习惯。

教学重点：理解百分数的意义。

教学难点：掌握百分数与分数的细微区别，培养数感及数据分析能力。

课中实录

1. 基于统计过程，理解百分数的意义

(1) 基于问题，产生收集数据的需求。

师：同学们，这是我们学校篮球社团的训练场景（出示学校篮球社团训练的图片）。瞧，教练正带着球员进行训练呢。最近他们遇到了一个问题，学校准备选拔一些球员去参加定点投篮比赛，应该怎样选呢？怎样才能知道谁定点投篮的水平高呢？

生1：我觉得应该让他们投一定的次数，然后比较谁投中的多。

生2：看看他们的投篮命中率。

师：明白了，解决上面的问题首先要收集数据，并对数据进行比较和分析，让数据说话，是吗？要收集哪些数据呢？

生：需要收集他们的投篮总次数和投中次数。

(2) 基于问题解决，产生用百分数描述数据的需要。

① 讨论比较方法。

师：教练老师收集了今天学校篮球社团球员在投篮训练时的成绩，我们先看这三名同学的数据。（课件出示，见表5-1）

表5-1 投篮命中率表一

编号	投中次数
1号	9
2号	5
3号	6

师：根据上面的数据，你能判断谁定点投篮的水平高吗？

生1：1号。

生 2：只知道投中次数不好比较，因为你不知道他们各投了多少个球。比如，1 号投 100 次才中 9 次，2 号投 5 次就中 5 次，那肯定是 2 号的命中率高。

师：看来，单从投中次数这一个数据去判断是不合理的。那如果单从投篮总次数判断呢？

生：也不合理，要把投篮总次数和投中次数结合起来比较。

师：（课件出示，见表 5-2）现在，能比出谁的投篮水平高吗？怎样比较？（交流后，让学生分别算出球员的投中次数占投篮总次数的几分之几，教师拍照上传）

表 5-2　投篮命中率表二

编号	投中次数	投篮总次数
1 号	9	20
2 号	5	10
3 号	6	15

师：这里，9、5、6 分别表示什么？20、10、15 呢？用投中次数除以投篮总次数得到的分数表示什么？

师：为了更加客观地比较每个球员的投篮水平，我们可以先求出每个球员的投中次数占投篮总次数的几分之几，再比较。（用投中次数除以投篮总次数得到的是一个分数，是投中次数与投篮总次数的比，也表示这两个数量的倍数关系）

② 统一比较标准。

师：怎样比较上面表示每个球员投篮水平的分数大小呢？

生：通分，把分母变成一样的。

师：一起来通分吧！瞧，分母都变成 20 了，好比较了吧！分母相同，也就是分数的单位相同，也就有了统一的比较标准，就容易比较了。

师：教练又收集了 4 号球员的数据。（课件出示，见表 5-3）

师：4 号球员的投篮命中率可以表示成 27/50，现在能很容易地比较出结果了吗？

生：可以把它们都改写成分母是 100 的分数，再比较。

③ 认识百分数。

师：像上面这样表示两个数量的倍数关系，并且分母是 100 的分数，也叫作百分数。百分数一般用“%”表示，写百分数时要先写分子。比如，百分之四十五，要先写“45”，再在它的后面添上百分号。（介绍百分数的读写方法，并在表 5-3 中增加一栏，让学生写上相应的

表 5-3　投篮命中率表三

编号	投中次数	投篮总次数
1 号	9	20
2 号	5	10
3 号	6	15
4 号	27	50

百分数）

师：想一想，2 号球员投中次数占投篮总次数的 50% 表示什么？（指 2 号球员的投篮命中率）

生 1：2 号球员的投中次数占投篮总次数的 50%。

生 2：也就是说，如果他投 100 个球，可以投进 50 个。

师：他有没有真的投 100 个球？他每次投篮，都刚好有一半的球投中吗？比如，投 30 个球，一定会投中 15 个；投 50 个球，一定会投中 25 个，是吗？

生：不是！50% 表示他投篮水平的一般情况，具体到每一次投篮，投中的次数可能会多一些，也可能会少一些。

师：是的。在这里，百分数和我们以前学习的平均数有相似之处，也表示一组数据的集中趋势。只不过，这里是用两个数量的倍数关系来描述整体水平的。通常，我们把投中次数占投篮总次数的百分之几，称作命中率。所以，我们也称百分数为百分比或百分率。

2. 在思辨与交流中感悟数据的随机性

（1）感悟数据的随机性。

师：通过刚才的比较，我们发现在这四个球员中，谁的投篮水平最高？

师：如果让 4 号球员再投 50 次，他的投篮命中率一定是 54% 吗？为什么？

生 1：不一定。他的投篮命中率可能会高一些，也可能会低一些，当然也不排除正好是 54%。

生 2：54% 表示他投篮的总体水平，实际投篮时可能会有变化，但总体的趋势不会有太大变化。如果某一次投篮命中率特别低或特别高，说明他发挥失常或超常，都不是他真实的投篮水平。

师：是的，影响投篮成绩的因素有很多，实际投篮时可能会出现成绩的上下波动。

（2）产生对大数据的需求。

师：既然这样，刚才我们做了那么多的工作，还有什么意义呢？

生 1：我认为有意义，4 号球员既然能在这次训练中获得最好成绩，说明他是有一定实力的，也能代表他的投篮水平。

生 2：如果这次投篮命中率存在一定的偶然性，那就再看看他平时的投篮成绩。

师：有道理。一次投篮数据可能存在偶然性，但如果数据足够多，就能从中看出他真实的投篮水平。（播放视频《大数据时代》，简要介绍生活和生产中通过用数据解决问题的实例，让学生感受大数据对于判断与决策的意义）

课中反思

百分数作为一个统计量，其意义需要紧紧结合数据加以体现。教学中要深度挖掘百分数的本质内涵，引导学生在问题解决的过程中主动经历统一比较标准的过程，感悟百分数在本质上是对两个数量倍数关系的表达。

（1）实际磨课中存在的问题。

① 学生想不到控制统一标准，教师如何引导？学生容易直接根据投篮总次数与投中次数对比未投中次数，忽略比较数据需要统一标准。

② 日常大单元教学的缺失，导致两个数量的倍数关系对学生来说是抽象晦涩的。

③ 如何让学生感觉数据的随机性及数据的力量。

④ 如果学生在现实生活中较少关注到百分数，如何在课堂上体现“生活中的百分数”。

（2）原因是什么？

① 学生容易自己预设条件，如默认“投篮总次数”相等。

② 教师在分数和比的学习时，讲授片面，没有注重大单元教学，学生没理解“一个数是另一个数的几分之几”是表示数量的倍数关系。

③ 学生对于分数和百分数的区别与联系理解不够。

（3）如何调整预案以解决问题？我为此设计了四次比较活动。

① 比较“结合”：通过设置认知冲突，帮助学生在思辨中逐步明晰思考的方向，充分感受把两个量结合起来比较更合理。

② 比较“关系”：引导学生根据投中次数和投篮总次数的数据，主动想到“可以先算出投中次数占投篮总次数的几分之几，再比较”的方法，为进一步探寻用统一的标准进行比较提供事实材料。

③ 比较“标准”：引导学生基于解决问题的需要，主动运用通分的方法，使分数单位变得相同，并在解决问题的过程中感受统一标准的意义与价值。同时，通过巧妙设置数据，引导学生主动发现用百分数表示两个数量的倍数关系更易于理解与应用。

④ 比较百分数的统计意义：以投篮命中率50%为例，引导学生在描述和解释百分数表示的具体意义的过程中，感受百分数也表示一组数据的集中趋势，即投篮命中率50%表示某球员投篮的总体水平，而实际投100个球，投中次数可能比50次多一些，也可能比50次少一些。由此感受百分数的统计意义，形成数据意识。

四次比较活动，层层递进，环环相扣，让百分数的统计意义有梯度、有深度地呈现出来，让学生的核心素养自然地提升、自由地落地生根。对于“生活中的百分数”，我选择使用学生天天要用的校服内侧面料成分标签，既可以让学生感受百分数的无处不在，也能极大提高学生的学习兴趣，主动探寻生活中的百分数。

3. 在交流中感受数学意义和统计意义的融合

（1）说一说。

师：你在生活中还见过哪些百分数？这些百分数分别表示什么？（学生举例，并解释百分数的含义）

师：是的，百分数表示两个数量的倍数关系，在日常生活和生产中有着十分广泛的应用。老师也带来了一些百分数案例，你能说说这些百分数表示的意思吗？它们能给我们带来什么帮助？

（2）看图说百分数。（依次出示四幅图片）

师：先看第一幅图中的信息。天气预报说，今天的降雨概率是60%，今天会降雨吗？

生：不一定。降雨的可能性是60%，说明降雨的可能性较大，但不一定降雨。

师：请同学们再思考一个问题，既然可能会降雨，也可能不降雨，那这个百分数表示了什么呢？

生1：降雨的概率是60%，超过一半了，降雨的可能性较大，出门时最好带上雨伞。

生2：如果降雨概率是30%，小于50%，降雨的可能性较小，出门就不一定要带雨伞。

师：是的，这里的百分数是我们预测这一天会不会降雨的依据。

师：再看第二幅图的信息。

生：这里的70%表示电池的电量还剩70%，是个确定的数据。

师：是的，这里百分数表示的是两个数量的倍数关系，是确定的数据。再看第三幅图。

生1：这个19.2%是一个近似数。

生2：虽然是一个近似数，但它比较准确地描述了中国人口占世界人口的比例。

师：第四幅图中的百分数表示什么呢？

生：这个百分数表示瓶里装的是纯果汁，没有添加其他任何配料。

师：说得都很好！从上面四幅图的百分数例子中，我们发现，百分数既可以表示随机数据，也可以表示确定的数据。

4. 用数据说话，感受根据数据作出判断和决策的过程

师：让我们回到选拔球员参加学校投篮比赛的问题，我们一起来看。（课件出示）

师：教练老师从学校篮球社团中选出4号球员代表六年级去参加比赛。可是4号球员在随后的训练过程中受伤了，需要从候补球员中选一个继续参加比赛，该怎样选呢？要解决这个问题，需要了解哪些信息？

师：这是三名候补球员一周的训练成绩，根据这些数据，你觉得该选谁呢？为什么？（课件出示）

生1：选3号，因为在这一周中3号球员的投篮命中率是稳步上升的。

生2：我认为应该选2号，因为他有时候的投篮命中率特别高，选他去，如果发挥得好，是可以出奇制胜的。

生3：2号的成绩很不稳定，相比之下1号的成绩更稳定，应该选1号。

师：看来，即使有了数据，同学们的判断也不一样。可见，根据数据作出的判断或决策，只有好和不好，没有对错之分。对于上面的问题，如果代表队在场上大比分领先，你会选择谁？

生：1 号，因为 1 号的成绩最稳定。

师：如果比分落后较多，你会选谁呢？

生：2 号，因为 2 号的投篮命中率最高达到过 90%，爆发力强，让他上场搏一搏，还有赢的机会。

师：同样的数据，情况不同，作出的判断和决策也可能不同。为了解决选择谁去参加定点投篮比赛的问题，我们首先收集了篮球社团球员的投篮成绩，并对成绩进行了比较和分析。我们发现单比较一项数据是不合理的，要根据每个球员的投中次数和投篮总次数算出投篮命中率，再比较；在解决问题的过程中，我们又发现，为了便于比较，需要有一个统一的标准，于是想到用百分数来表示这两个数量的倍数关系；此外，我们还从生活中的百分数，了解到百分数既可以表示随机数据，也可以表示确定的数据；最后，我们解决了从候补队员中选择一名球员上场比赛的问题，学会了根据数据进行判断和决策，只有好与不好，没有对错之分。这就是数学的眼光，也是数学的魅力！

课后反思

作为统计量的百分数，承载着发展学生数据意识的重要任务，而感悟数据的随机性则是发展数据意识的重要载体，在本节课展示的情况比较好。百分数教学要引导学生知道百分数是两个数量倍数关系的表达，既可以表达确定数据，也可以表达随机数据。我利用现实问题中的随机数据引入百分数的学习，帮助学生了解百分数的统计意义，了解利用百分数可以认识现实世界中的随机现象，作出判断、制定标准。但是百分数不能仅仅作为一种统计工具，这样容易忽略百分数本身的含义。感受百分数的统计意义要建立在理解百分数数学意义的基础上，故我认为利用现实生活中的确定数据引入百分数更符合知识逻辑顺序。

接着，融入大数据意识，借助短视频《大数据时代》中呈现的事例，一方面感受数据的随机性带来的不确定性；另一方面感受利用大数据获得结论更具可靠性。如此，不同层次的感受正是提升数据意识的有效手段，充分体现数据的价值，也有利于强化学生对知识本质的理解。

虽然学生的日常生活中百分数的例子并不少见，但不少学生并不能确定其所表示的意义，或认为分母是 100 的分数就是百分数。教师可以联系生活实际，让学生主动选择生活中的素材，理解百分数的意义。在此基础上结合百分数、倍数、比、分数的联系，让学生更充分地感受百分数表示一个数是另一个数的百分之几，理解百分数表示的是两个数量之间的关系，引导学生理解大于 100% 的百分数。

最后回归数据意识，在大数据时代，统计的应用价值尤为广泛，在真实问题情境中运用数据分析和解决问题就显得特别重要。在本环节，围绕核心问题“4 号球员受伤了，教练该选择谁上场比赛”设计了两个层次的活动。第一层次是描述数据：通过折线统计图和统计表两种不同的形式呈现统计结果，引导学生从统计的视角展开整体思考，加深对百分数意义的理解，感受统计量对描述数据的价值；第二个层次是分析数据：在学生对数据进行初步分析和判断的基础上，通过巧妙设计问题“如果代表队在场上大比分领先，应该选谁上场”“如果场上比分落后较多，应该选谁上场”，引导学生基于真实的问题情境，展开有效的思考，并作出判断和决策，感受统计推理的特点与价值。这样的过程，不仅获得知识，更是有助于核心能力和素养的形成和发展。

存在的问题及解决策略：

（1）百分数的数学意义这个目标我突破得不是很好，选取的材料之一——命中率不够贴近学生生活，造成了学生理解该百分数意义的困难；学生的知识起点是生活中的百分数，应当在课前让学生收集生活中的百分数，结合生活经验与前知初步理解百分数，带着自己的认知与疑问进入课堂，学习效果可能会更好；还可以利用线段图、动态图演示帮助学生理解百分数其实是倍数关系，直观感受百分数既可以描述部分和整体的关系，也可以描述并列量之间的关系。

（2）学习的主体是学生，在小组合作交流时，人人都应参与到小组学习当中，应尽量避免少数优生“独霸”课堂。需要让每个组员主动积极参与学习过程，针对小组成员的表现及时鼓励评价，有效保证小组学习的实效性。

（3）对学生还是没放开手，在引导学生主动探索新知上还需大胆尝试。教学中，微小的细节就可能决定课堂的效率和质量，打磨细节、关注细节，才能真正提高课堂教学的实效性，提高教学的质量。

案例 3

基于情境与认知冲突的教学
——以“负数的初步认识”为例

根据湖南省邵东市城区第五完全小学赵敏老师的执教案例改编

课前反思

1. 知识本质探析

学生对负数的认识，是从数的绝对性迈向相对性的重要飞跃，它标志着学生开始形成关于负数的概念，理解负数不仅表示数量，还表示一种状态。2022 年版的“新课程标准”明确指出，负数的学习应在具体情境中展开，让学生领会相反意义的量，并能表达负数的实际意义。负数作为“综合与实践”板块的内容，情境的选择对其教学至关重要。

2. 学生的困惑

学生在课前对负数已有一定生活感知，如电梯按钮、微信交易记录、温度计读数等，但这些感知往往停留在表面。对于“负数究竟表示什么”“为何需要负数”“0是正数还是负数”“负数如何比较大小”等问题，学生仍存困惑。这些困惑是教学的起点，也是让学生深化理解的契机。

3. 计划解决策略

（1）调动生活经验，初步感知正负数。为使学生深入理解负数的意义，教师需着重刻画“相反意义的量”。教学不应局限于教材情境，而应贴近学生生活经验。以微信账单为例，贴近学生真实生活，展示生活中的正负数，让学生在具体情境中切身感受正负数的状态表示。

（2）建立标准观念，经历正负数的形成。教学中应有效体验0作为标准与分界点的角色，高于标准的用正数表示，低于标准的用负数表示。借鉴先进教学理念，如俞正强老师的方法，让学生模仿类似“如果（　　）为0，那么（　　）为+，（　　）为-”这样的语句，以画图的方式在具体的事例中找到“0”和“相反”，更能让学生在表达中感受数的相对性。让学生在举例、解释、思辨的过程中，提升数学思维，发展数感。基于以上考虑，我设定了本课的教学目标及重难点。

教学目标：

● 在具体情境中认识负数，感受负数的产生，理解正负数表示相反意义的量，能准确读、写正负数，培养数学符号意识。

● 掌握0的特殊性质，理解数可分为正数、0、负数，体会分类思想，提升数感和逻辑推理能力。

● 感受数学与生活的联系，激发学习兴趣，培养应用数学的意识和能力，解决实际问题。

教学重点：理解正数和负数的意义，学会用正数和负数表示生活中具有相反意义的量。

教学难点：理解“0”既不是正数也不是负数。

课中实录

1. 创设情境，引入新知

① 出示微信账单，感知负数的产生。

② 找出账单中的负数，介绍“-”和读法。

③ 找出账单中的正数，介绍“+”和读法。

④ 观看负数的发展视频。

⑤ 举例交流：生活中的负数。

2. 探究、理解正负数和0的意义

（1）自主探究正负数的意义。

① 提问：正数和负数在具体的情境中分别表示什么意思呢？

② 选择给出的一个例子，写一个正数和负数，用画图的方式表示出这个正数和负数。

③ 请同学分享自己写的正数和负数分别表示什么意思。

④ 介绍标准可以用“0”表示。

（2）合作探究正负数的意义。

① 观察例子，组成4人小组商量有什么相同的地方。

② 在作品中标出“0”和相反的量。

③ 同桌之间相互说明自己画出的例子。

（3）更多情境，学生练习。

① 展示更多生活中的例子。

② 小结：正数和负数可以用来表示相反意义的量。

3. 探究0的意义

① 辩论：0是正数还是负数？

② 感受0的标准变化：（展示图片）这是一栋有地下室的房子，你能看出打“?”的那层是几楼吗？

③ 介绍数轴上正数、负数及0的分布。

④ 观察数轴上数的关系，比较正数、负数和0的大小。

⑤ 小结：0是标准和分界线，负数<0<正数。

课中反思

1. 由于学生认知水平的差异而出现的问题

（1）学生自主创造正数和负数时，大部分学生对画图表示正数和负数存在困难，不知如何下手。原因在于课堂之初学生对于正数和负数还没有一个清晰的表象，仅仅知道在哪里看到过正数和负数，但无法形成具体的表象。

（2）由于学生已有的思维定式，之前接触到的0表示没有，是最小的数，因此对建构“0”是一个标准、分界点的认知存在困难。体现在让学生画图表示正负数时，大部分学生只标注了地平面、海平面作为标准，对“0”的新作用没有体现出来。

（3）在教学的后半程依然有部分学生认为0是正数，只能从表层的是否有正负号来进行判断，这还是源于学生对0的意义没有理解到位，0、正数、负数三者之间的知识架构还不够完整。

（4）试着用负数表示学生的身高。直接用负数的表示方式，学生一致认为不可能，这源于学生无法找到这种表示身高的标准，这个0还没有具象化。

2. 针对学生出现的问题及错因分析，对教学环节进行调整

（1）在自主创造正负数之前，先根据学生分享的生活中看到的负数，出示相应的图片，如两个城市的温度图、房屋楼层的分布图以及海拔高度图，在展示图片的过程中给予讲解，渗透地面、海平面的分界作用，只有给学生一个模仿的源头，才会出现自主创造的可能性。

（2）要理解“0”的新作用，最主要的还是要在画图及具体情境中直观体现“0”是一个分界线和标准，可以让学生看着自己画的正数和负数的图片，再次标出“0”和正负数，这样学生自然而然能发现“0”的作用，从而形成0既不是正数也不是负数的初步感知。

（3）对于0既不是正数也不是负数，在画图和解说正负数表示的意义时，已经有学生形成了0是一个标准的概念，因此在这里可以放手让学生说，增加辩论的环节，让学生充分发表自己的意见，在辩论的过程中明晰0的意义。同时设计练习“一栋有地下室的房子，你能看出打‘？’的那层是几楼吗”，学生马上明白不能确定是几楼，因为没有确定0的位置，然后再分别出示不同位置的0，数形结合，让学生更直观地感受0在其中的作用，深化0既不是正数也不是负数的观念。同时认识到0的位置也不是固定不变的，当0的位置变化时，正、负数也会随之变化。

（4）为了让0这个标准更加具象化，在出示表格数据时可以设置一个身高标记为0的同学，学生就能通过给出的0的概念联想到和这名身高被记为“0”的同学做比较，提供了思考的方向，接着再出示标准身高，得出是以标准身高为标准，记为0，理解身高的表示方法。

3. 课堂总结

① 以前咱们学习了0和正数，今天学习了负数。

② 以前咱们知道0表示没有，还可以表示起点，今天咱们知道了0可以表示分界点。

③ 以前“+”是加号，“-”是减号，现在是正号和负号。

4. 巩固提升，加深对负数特征的认识

用负数表示身高。

5. 作业布置

若以（　　　）为0，则（　　　）为+，（　　　）为-，请你说出负数的含义。

6. 板书设计

负数的初步认识

负数<0<正数

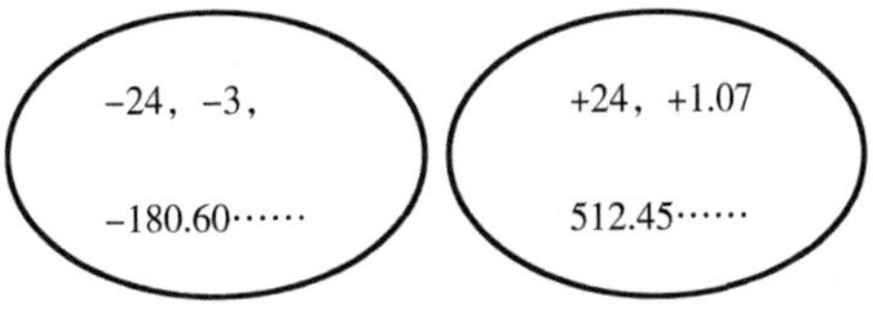

0既不是正数，也不是负数。

正数和负数可用来表示相反意义的量。

支出	收入
零下温度	零上温度
地下层数	地上层数
海平面以下高度	海平面以上高度

课后反思

1. 通过教学实践，课堂整体效果不错

（1）关注显性知识的轻与快。在教学中并不是所有的知识都需要精耕细作，要承认和尊重学生已有的经验，如负数。可以通过相互交流快速整理在生活中学到的、用到的知识，将生活中零散的、无意识的经验条理化、系统化、规范化，融入学生的知识系统。

（2）突出隐性知识的重与缓。对于难点的突破，必须要让学生去“经历”，在经历中体验、体会、体认。因此，本节课设置在熟悉的生活情境中，以提升对数学概念的本质意义的理解。在概念构建的过程中，引导学生充分依靠生活中的情境，展示不同的具有相反意义的量的实例。如“温度”“楼房层数”“海拔高度”“账单”等情境，为学生提供了丰富的素材。同时，通过画图的方式让学生自己经历正负数的产生，有效地提升了学生对正负数概念的理解。

（3）注重渗透数学文化。一节好的数学课给予学生的绝不是单纯的数学知识，适时适度地、自然地引入数学文化，让学生了解数学历史的发展，欣赏数学文化的智慧，这是提升学生数学素养的有效途径。

2. 教学中的问题与思考

（1）关注负数的实际应用。数学来源于生活，也应该应用于生活。本节课对负数的认识来源于生活，却缺乏对负数的生活应用。因此，可以在练习环节结合生活实际设计问题，可以引导学生关注天气预报、银行账户余额等实际情境，理解负数在解决实际问题中的应用。

（2）拓展数轴认知，自主探索数轴的奥秘。本节课数轴的出现是教师展示出来的，虽然有些学生能根据数轴比较负数、正数和0的大小关系，但对于数感较弱的学生而言缺少了对这一知识来源的认知，而且数轴上的奥秘并不是几分钟就能讲完的。因此，在课后可以设计“数轴上的舞蹈”活动，让学生在数轴上标出指定的正数、0和负数，并通过移动数轴上的点来比较数的大小。通过游戏化的方式，激发学生的学习兴趣，加深对数轴表示法的理解。

3. 教师是引导者，学生是主导者

本节课的不足在于对于学生的回答评价有点单一，不够丰富，可以多去积累学习名师的课堂过渡语和评价语，并尝试应用到每一节课中。同时，对学生的引导还存在不足，自己说得过多，没有给学生充分发展的机会，这源于对学生的不信任。事实上，在每一次的课堂中，学生总能给出一些惊喜的回答，所以我们要充分相信学生的潜力。只要教师给予足够的表象知识及适当的引导，学生是能够达到预想的认知水平的。始终记住，教师是引导者，学生才是主导者。

二、单元整体教学构想与实践

我们跳出教学课时，拓宽教学视野，立足系统思维，把教学内容放到整体单元中去全盘考虑，以“分数的意义和性质”为主线，在设计单元整体教学的视角下开展教学，将更好地促进学生对知识的整体感知和结构构建。

案例 1

分数的意义和性质

1. 问题的产生

苏教版《数学（五年级下册）》的“分数的意义和性质”单元，是小学生对数字概念的一次扩展。学生在三年级上、下册已经两次接触了分数，学生初步感知了分数反映部分与整体的关系，会用分数表示一个物体的几分之一和几分之几、一个整体的几分之几，会求一个整体的几分之一或几分之几是多少。本单元再次学习分数的意义，究竟需要了解分数的哪些意义？建构这些不同的分数意义，学生需要通过怎样的途径？

2. 分数意义的界定

关于分数的定义问题，我们研究了大量的文献。张奠宙在2010年第一期《小学教学（数学版）》里提出分数的四种定义：份数定义、商定义、比定义、公理化定义；章勤琼、徐文彬在2016年第3期《课程·教材·教法》中表示，对分数的不同意义的理解可从五个方面进行：份数（部分与整体的关系）、商（数系的扩充）、度量（数轴、整数到分数的过渡）、算子（放缩、分数倍数应用题）、比（等值分数、后续分数运算的基础）；张丹、孙京红在《整体建构分数意义的教学行动研究》中，从比、测量、运算和商这四个方面帮助学生整体建构分数的意义。

分数的意义如此丰富，我们针对学生的学情及教师对教材的理解与把握，决定从四个方面来完成对分数意义的系统认知：比（部分与整体的关系、两个量之间的关系）、度量（分数是分数单位累加的结果）、运算（对分数的认识转化为一个运算的过程）、商（分数转化为除法之后运算的结果，分数也是一个数，可以参与运算）。

3.“分数的意义和性质”教学的整体设计

对分数意义的理解绝不是一节课能完成的，从三年级的初步认知到五年级的系统学习，需要经历一个长期的过程。三年级重点感悟分数部分与整体的关系，从一个物体的几分之一、几分之几中感知数量比，从一个整体的几分之几中感知份数比。五年级主要通过以下几节课去了解分数的意义和性质。

第一节课“分数的意义和性质”，进一步体会部分与整体的关系。通过分数单位的认识，突出分数单位的度量意义。让学生体会分数的本质也是度量出来的，度量就要有标准，标准就是分数单位，方法就是分数单位的累加。

第二课“分数与除法的关系”，从运算和商的角度认识分数，体会分数与除法的关系。认识到分数可以表示运算过程，同时也可以表示运算的结果。

第三课“求一个数是另一个数的几分之几”和第五课“分数的基本性质”，再次加深学生对分数意义“比”的理解。

第四课“真分数与假分数”，加深学生对分数度量意义的理解，从“率”过渡到“量”，度量意义特别重要，假分数、真分数是分数单位累加的结果。

第六课“整理与复习”，设置练习题，让学生感知分数也表示两个量之间的关系，完成分数“比”定义的理解，从部分与整体的关系，到两个量之间的关系。然后让学生系统整理，结构化呈现分数四个方面的意义、六节课的整体设计（见图5-7）。

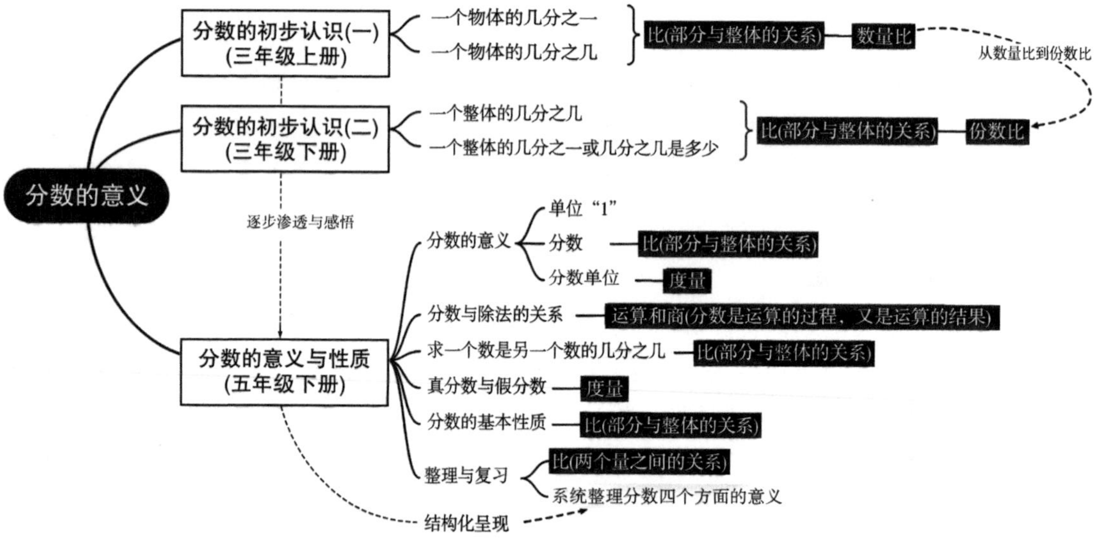

图5-7　“分数的意义”一课的整体设计

4. 本课教学构想

五年级下册的“分数的意义和性质”是一节概念课，是在三年级“分数的初步认识”的基础上将平均分的对象——一个物体、一个计量单位，甚至是一些物体抽象成了“一个整体”进而引出了单位“1”，从而抽象出分数的意义。从整数到分数是数概念的一次重要扩展，是数认识上的一次质的飞跃。分数没有沿袭自然数和小数的十进位制计数系统，因此认识分数对于小学生来说是有些难度的。第二次教分数，教师们很困惑，分数的再认识，要认识什么？如何突破难点？在磨课的过程中，我们重点探讨了两个方面的问题：

（1）两个重要概念如何突破。这节课有两个重要概念需要掌握，单位“1”和分数单位，这也是本节课的教学难点。理解了单位“1”，可以更好地抽象概括出“分数的意义”；认识了分数单位，可以加深对“分数意义”的理解。

① 理解单位“1”的本质。苏教版教材是这么定义单位“1”的：一个物体、一个计

量单位或由许多物体组成的整体，都可以用自然数“1”来表示，通常我们把它叫作单位“1”。这个说法是从表象上说的，一个整体就可以用单位“1”表示，学生不难理解。可为什么叫单位“1”呢？1前面为什么要加单位二字？1为什么要加引号呢？学生提出了一连串的疑问，这些问题都指向单位“1”的本质到底是什么。我们的教学应不仅要知道“是什么”，还要弄清楚“为什么”。考虑到单位“1”概念的高度抽象性及小学生思维的特点，还需要再借助感性材料进一步理解。“把1个圆、2个圆分别用1表示时，4个圆用几表示?”“为什么同样是4个圆，一会用4表示，一会用2表示?”提出这些问题，再对比测量长度与面积需要用到单位，学生在具体情境中感悟到：这个“1”是一个比较的标准，这个标准便是单位，进而理解单位“1”的本质。

② 经历“分数单位”产生的过程。学生在认识数时都离不开计数单位的支撑，分数单位是分数的计数单位，在分数的认识中起着举足轻重的作用，关系到后续分数运算中算理的学习。以往的教学中只是简单介绍一下，然后再说说几个分数的分数单位就结束了，学生对分数单位的印象并不深刻。分数单位怎么来的？课中我们创设“古人测量石块的长度”的情境，让学生经历分数单位的产生，感受分数单位产生的必要性。明确当单位“1”不能表示剩余部分石块的长度时，就要把单位“1”再细分，产生更小的单位，分数单位应运而生。在比较了$\frac{1}{3}$和$\frac{2}{6}$后，学生体会到同样的一段长度，分数单位不一样，分数就不同，由此进一步深化对分数单位的认识。

（2）理解分数有哪些意义。分数的意义非常丰富，包含“比率”“度量”“运算”及“商”的意义。“比率”是指部分与整体的关系和部分与部分的关系；“度量”指的是可以将分数理解为分数单位的累加；“运算”是对分数的认识转化为一个运算的过程；“商”这个方面主要是指分数转化为除法之后的运算结果，分数也是一个数，可以参与运算。当然，对分数意义的理解绝不是一节课能完成的，从三年级的初步感知，领悟分数部分与整体的关系，从一个物体的几分之一、几分之几中感知数量比，从一个整体的几分之几中感知份数比；五年级让学生进一步体会部分与整体的关系，理解分数的本质也是度量出来的，度量就要有标准，标准就是分数单位，方法就是分数单位的累加。学生需要经历一个长期的过程，循序渐进地学习。本节课重点让学生理解前面两个层次分数的意义。分数“运算”及“商”的意义，将在下一课“分数与除法的关系”中去理解。

① 认识分数“部分与整体”的比率意义。学生在三年级开始学习分数，是从部分与整体的关系来认识分数的。新课伊始，让学生“用分数表示图中的涂色部分，并说说每个分数的含义”，就是在激活学生原有的知识经验，感悟分数“部分与整体”的意义。在“拿出一盒笔的$\frac{1}{3}$并猜一猜原来每盒有几支笔”的游戏中，学生能由“部分”推出“整体”，再提出问题“$\frac{1}{3}$对应的数量是2支和3支，看来$\frac{1}{3}$不表示具体的数量，那此时的$\frac{1}{3}$

表示什么呢?”，学生通过思辨得出结论“$\frac{1}{3}$表示部分与整体的关系”，加深了对分数比率意义的理解。

② 认识分数“度量”的意义。

在“古人测量石块的长度”这个具体情境及直观操作中，学生明白：当用一个标准去度量时，如果不能正好量尽，就需产生新的度量标准——分数单位，通过度量次数的累加得到分数。学生体验到了分数产生的实际背景，知道分数是在实际度量和均分中产生的。

借助数轴认数，便于学生理解分数作为一个“数”存在的意义。“整数、小数在数轴上都有其对应的点，分数在数轴上有它对应的点吗”“$\frac{5}{6}$在哪儿”“$\frac{5}{6}$里面有几个$\frac{1}{6}$”“有$\frac{7}{6}$吗？如果有，在哪儿”，通过这些问题，感受到分数是可以“数出来”的，体会数起源于数，分数单位累加得分数，学生从度量的角度理解分数的意义。

在整理归纳环节，有效理解了单位“1”、整数、分数之间的联系，明白单位“1”累加得到整数；把单位“1”平均分得到分数；分数单位累加得到不同的分数。这样就打通了整数、分数之间的联系，发现了数和数之间的内在关系，明白所有的数都是度量的结果，由此加深了对数的理解。

最后的练习环节，通过对比“五年级一班学生中会打乒乓球的占比$\frac{2}{3}$”与“一节课的时间是$\frac{2}{3}$小时”，这两个$\frac{2}{3}$有什么不同，让学生感悟：在不同的情境中，分数表示的意义是不一样的，有时候表示关系，有时候表示具体数量，由此在对比中丰富、深化学生对分数意义的理解。

案例 2

认识分数

课前反思

分数的意义内涵丰富，因此学生对分数意义的理解需要经过一个长期的过程。我们将在整体思维视角下，设计系列教学活动帮助学生整体建构分数的意义，促进学生对知识的整体深度感知，发展学生的核心素养。本节课是在三年级“分数的初步认识”的基础上，再次学习分数的一节课，是学生系统学习分数的起始。本节课引导学生由感性认识上升到理性认识，概括出分数的意义，在不同的情境中加深对分数意义的理解。这部分内容是在学生已经学习了把一个物体（或图形）、几个物体组成的一个整体平均分成若干份，用几分之一、几分之几表示其中的一份或几份的基础上进行的教学。

教学目标：

● 学生能初步理解单位“1”和分数单位的含义，经历分数意义的概括过程，从度量的角度进一步理解分数的意义。

● 学生能在建构分数意义的过程中，进一步提高分析、综合、抽象、概括的能力，发展数学思维。

● 学生在解释实际情境中分数所表示的意义时，进一步体会分数的应用价值，感受分数与生活的联系，增强学习数学的兴趣。

教学重点：认识并理解单位“1”和分数单位，归纳总结分数的意义。

教学难点：理解分数的意义、单位“1”和分数单位。

课中实录

1. 激活旧知，引入概念

（1）用分数表示各图（见图 5-8）中的实体部分。

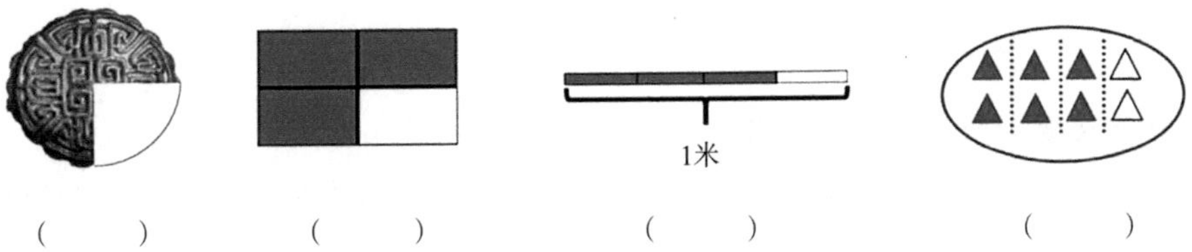

图 5-8 不同的图形

（2）师（引导）：平均分的对象不一样，为什么都用$\frac{3}{4}$表示呢？

（3）师（小结）：一个物体、一个图形、一个计量单位、许多物体组成的一个整体都可以看成一个整体，把一个整体平均分成 4 份，表示其中 3 份的数，就是$\frac{3}{4}$。这样的一个整体，在数学上就叫作单位“1”。

【设计意图】帮助学生找准知识的生长点和连接点，促进学生顺利地进行知识的迁移，既尊重学生的已有知识储备，又在不知不觉中为新知构建架设桥梁。

2. 类比实践，理解概念

（1）认识单位“1”。

① 质疑单位“1”。

师（引导）：看到单位“1”，你的心里有什么疑惑吗？

生 1（预设）：1 的前面为什么要加单位？

生 2（预设）：1 为什么要加双引号？

② 释疑单位“1”，指名学生回答。

师：1 为什么要加上“单位”二字？左图 1 个圆用 1 表示，4 个圆用几表示？右图 2

个圆用 1 表示，4 个圆用几表示？都是 4 个圆，为什么一个用 2 表示，一个用 4 表示（见图 5-9）？

师（小结）：比较的标准不同，4 个圆就要用不同的数表示。1 厘米、1 平方厘米这样的计量单位，就是 1 个比较的标准（见图 5-10）。比较的标准，在数学上称之为单位，1 作为比较的标准，也是单位，所以要在 1 的前面加上“单位”二字。

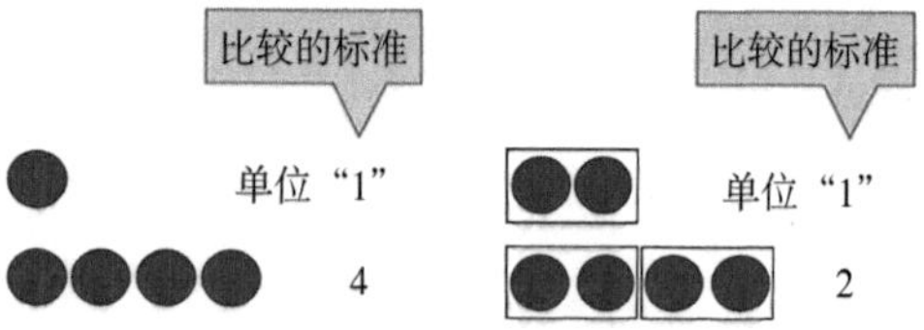

图 5-9　单位“1”（一）

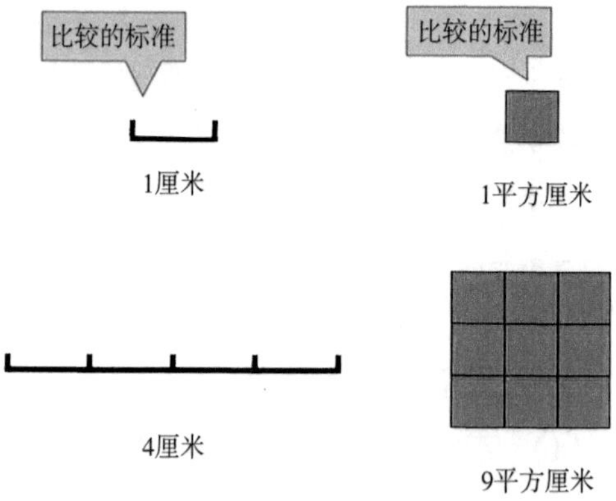

图 5-10　单位“1”（二）

师：1 为什么要加双引号？（指名学生回答）

师（小结）：1 除了表示一个物体，还能表示许多物体组成的一个整体，1 的内涵更加丰富了，所以要给 1 加上双引号。

【设计意图】 **在学生质疑、释疑单位“1”的过程中，领悟单位“1”的含义。**

（2）认识分数的意义。

① 师：认识了单位“1”，请用一句话概括$\frac{3}{4}$的意义。

② 师：说说$\frac{1}{4}$、$\frac{5}{8}$、$\frac{1}{x}$、$\frac{y}{z}$的意义。

③ 概括分数的意义：把单位“1”平均分成若干份，表示这样的一份或几份的数，叫作分数。

【设计意图】 **由具象到半抽象，再到抽象，逐渐概括出分数的意义。**

（3）认识分数单位。

① 由古人测量石块的情景，提出问题：这一小段怎么表示（见图 5-11）？引导学生观察思考，发现这一小段不足一个单位“1”，可以用分数来表示。

② 完成学习单。

要求：a. 分一分，用分数表示这一小段的长度；

b. 和同桌说说你的想法。

图 5-11　古人测量石块

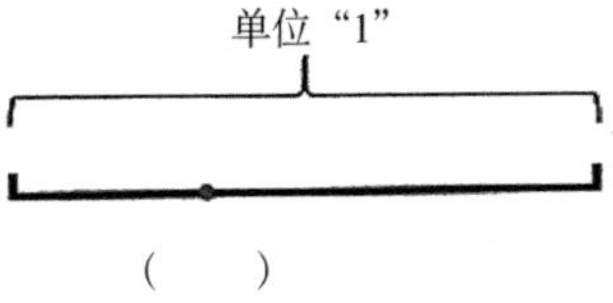

师（预测）：学生会用$\frac{1}{3}$或者$\frac{2}{6}$表示。

师（小结）：这一小段不够一个单位“1”了，单位“1”这个标准太大，要将单位“1”细分。把单位“1”平均分成 3 份，表示这样 1 份的数是$\frac{1}{3}$，$\frac{1}{3}$就是一个更小的标准，也就是分数单位。那么$\frac{2}{6}$的分数单位是什么？对，就是$\frac{1}{6}$。

【设计意图】 让学生在操作中体会分数的“度量”意义，当把单位“1”平均分成几份，产生分数时，需要一个更小的比较标准，即分数单位。

（4）呈现知识结构化。

① 我们知道了石块的长度是比 3 多$\frac{1}{3}$。那整数 3 是怎么来的？分数$\frac{1}{3}$是怎么来的？

师（小结）：把单位“1”累加可以得到整数，单位“1”平均分产生分数，从而需要更小的标准，即分数单位，表示其中 1 份的数就是分数单位。

② 在数轴上标示整数和分数（出示数轴）：0、1、2、$\frac{5}{6}$、$\frac{7}{6}$。

师：$\frac{5}{6}$的分数单位是多少？6 个$\frac{1}{6}$是多少？$\frac{7}{6}$在数轴哪个位置？

【设计意图】 通过单位“1”和分数单位将分数与整数联系起来，构建成完整的知识体系。

3. 巩固应用，深化概念

（1）用分数表示各图（见图 5-12）中的涂色部分，再说说每个分数的分数单位，以及各有几个这样的单位。

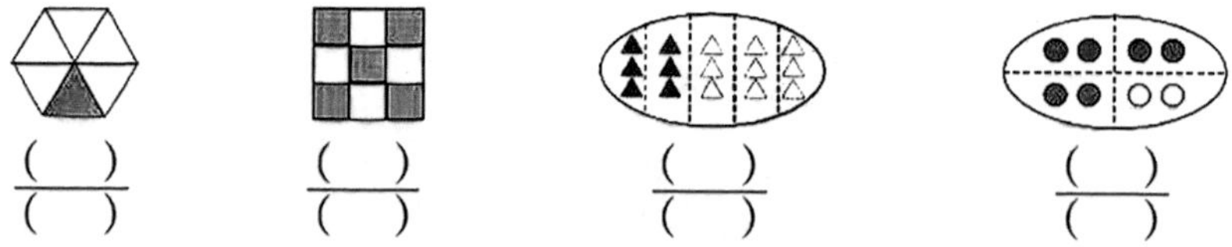

图 5-12　各种涂色图形

（2）请两个学生分别拿出一盒笔的$\frac{1}{3}$，让大家猜一猜，每盒原来各有几支笔（游戏）。

师（小结）：刚才大家都是根据部分推出了整体，而且是根据分数的意义，由部分推出了整体（根据学生汇报的思维过程相机小结）。

师（引导）：都是拿出一盒笔的$\frac{1}{3}$，为什么拿出的笔的数量不一样？

师（小结）：单位“1”对应的分数单位不同，$\frac{1}{3}$对应的数量就不同。在这里$\frac{1}{3}$表示部分与整体的关系。

（3）下列分数表示的含义是什么？五年级一班学生中，会打乒乓球的占$\frac{2}{3}$；一节课的时间是$\frac{2}{3}$小时。这两个$\frac{2}{3}$有什么不同吗？

师（小结）：在不同的情境中，分数表示的意义是不一样的，有时候表示关系，有时候表示具体数量。

【设计意图】 利用有层次、有梯度的练习，学生既巩固了基础知识，又适当提升了层次，让学生明白分数在不同的情境中表示的意义是不一样的，为以后的学习做适当的铺垫和延伸。

（4）课堂总结：今天我们再次认识分数，你对分数有了什么新的认识？

（5）板书设计：把单位“1”平均分成若干份，表示这样的一份或几份的数，叫作分数（见图 5-13）。

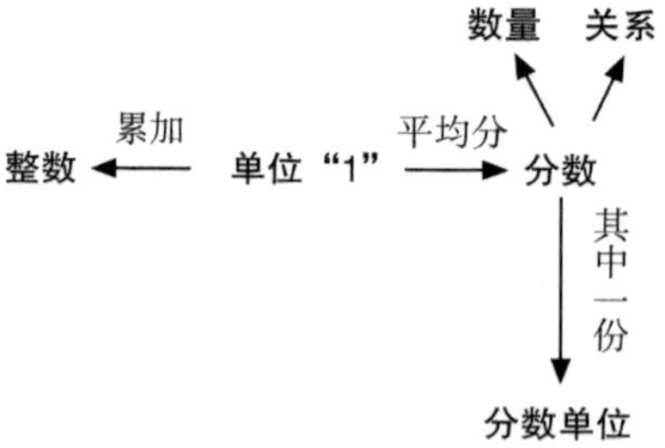

图 5-13　分数的意义

案例 3

如何理解单位“1”

邵东市城区第二完全小学　王　春

1. 发现问题

五年级下册“分数的意义和性质”是学生在三年级学习了“分数的初步认识”的基础上教学的，经过多次试教，我发现学生对单位“1”的理解始终无法突破，只停留在对概念的表层理解，其本质是什么？为什么要加“单位”二字？单位“1”和自然数“1”的区别在哪里？学生并不清楚。

2. 究竟什么是单位“1”

这是学生的困惑，其实也是我的困惑。数学上，为什么我们把这些平均分的对象叫作单位“1”，单位“1”究竟只是一种纯粹的数学规定，还是另有其数学的合理性？带着这些困惑，我认真阅读了《辞典》《小学数学教学基本概念解读》《直击新课程学科教学疑难》等书籍，最终明确了什么是单位“1”，对单位“1”有了全面而清晰的认识。

（1）单位的定义是计算物体数量的标准量。

（2）单位“1”的算术概念，也称整体“1”。目前没有形式化定义，只有广泛存在于分数教学实践中的描叙性定义，即把一个完整的量（比如一段路程、一项工程、一筐苹果、一本书、一段时间等）或一个数（正数）视为一个整体或一个单位，并赋予自然数 1 的特性，将其记为“1”。

（3）单位“1”是一个标准量。如果我们将 3 个梨用“1”表示，那么，同一语境中，6 个梨或 12 个梨，就不可以用“1”表示了。6 个梨包含 2 个这样的“1”，12 个梨就是 4 个这样的“1”。在这个过程中，3 个梨所构成的“1”其实已经成为一个计数或计量的单位，一个标准量，所以称之为单位“1”。

3. 如何帮助学生理解单位“1”

基于上面的理解，我再次修改教学设计，试图从三个方面着手，引导学生领悟单位“1”的含义。

（1）提出一个概念，引导大胆质疑。爱因斯坦说：“提出一个问题往往比解决一个问题更重要。”因为解决一个问题仅仅需要一个数学上的技能，而提出新问题，却是需要学生有创造性的想象力。没有问题的课堂，不会在学生的脑海里留下多少痕迹，更不会激起学生思维的涟漪。所以这一节课，出示单位“1”后，我让学生说出心中的疑惑，他们提出了“为什么要叫单位‘1’”“单位‘1’是什么”这两个问题。学生的这两个问题是改变学生学习方式的支点，它是教学的需要，这一节课学生会主动地在接下来的教学中寻求答案，变“要我学”为“我要学”，充分调动学生的积极性，使学生真正成为学习的主人。

（2）巧用计量单位，理解单位含义。为什么要叫单位“1”？这是许多学生会有疑惑的地方，如果不加以引导，他们没有办法把单位“1”和单位联系起来。回顾之前学习过的计量单位，发现像1厘米、1平方厘米、1千克等一个个计量单位都是标准，标准不同，单位不同。而这节课把1个圆、2个圆、8个圆分别用“1”表示时，4个圆就要用不同的数表示，这个“1”也是一个标准，那作为标准的这个“1”就是一个单位。这其实是新旧知识的迁移，运用已有知识作为桥梁来学习新的知识。教育心理学上说：“如果一种学习对另一种学习起促进作用，即为正迁移。”在这里回顾以前的计量单位对今天单位“1”的认识是一种正迁移。学生的学习是一个非常复杂的心理认知发展过程，要完成这个过程，教师需要找到新旧知识的最佳联系点，让学生能内部消化，引导学生正确的思维方向。

（3）把握学生基础，进行归纳总结。归纳总结，就是对所学过的知识进行思考，挖掘出每个知识点现象后面的本质，找出不同知识点之间的联系和区别，得出一般的结论。三年级学习分数时，学生都能够掌握用分数表示涂色部分的方法，知道$\frac{3}{4}$是把一个月饼、一个半圆、一米、八个三角形平均分成4份，表示其中的3份。今天的学习，需要学生用自己的语言把这些知识再加工，一个月饼其实属于一个物体、一个半圆属于一个图形、一米属于一个计量单位、八个三角形属于许多物体组成的一个整体。归纳完成后，再组织学生总结，一个物体、一个图形、一个计量单位、一个整体其实都可以看作单位“1”。归纳总结是一项重要的能力，既是对知识点的梳理，也是对数学思想、数学方法的总结。要从教学内容和学生实际出发，创设情境，让学生尝试归纳总结，提升深度思考能力和语言组织能力。

4. 效果与困惑

今天再次执教本课，学生基本上能够理解单位“1”的含义，明白为什么要加单位，单位“1”包括四类：一个物体、一个图形、一个计量单位、许多物体组成的一个整体。

这节课也还存在不足的地方，比如说，我的语言不够精练、缺少表扬激励的话语、对生成性问题不够重视等，我希望在我以后的教学中能改进这些问题，积极灵活地应对课堂教学中的生成性问题，改进和提升语言表达能力，将是我下一阶段的目标。

三、以“图形的认识与测量”为例来看大概念建构下的教学

在数学学习中，“度量”作为一条贯穿始终的主线，不仅紧密连接着长度、面积、体积等基础核心概念，更是解锁空间与几何知识宝库的钥匙。从一维线段的精细测量，到二维平面面积的广阔探索，再到三维立体体积的深入剖析，度量概念的逐步深化，不仅锻炼了学生的空间想象能力和逻辑推理能力，更为其数学素养的全面提升铺设了坚实的基础。本小节将以“图形的测量”为起点，深入探讨如何在大概念的宏观框架下，以“度量”为核心，凸显度量的一致性；落实长度单位、面积单位、体积单位度量在教学中的一致性；精心构建大单元教学，旨在激发学生的深度学习热情，助其形成系统而完备的知识结构。

1. 教学内容整体分析

（1）知识节点（见图 5–14）。

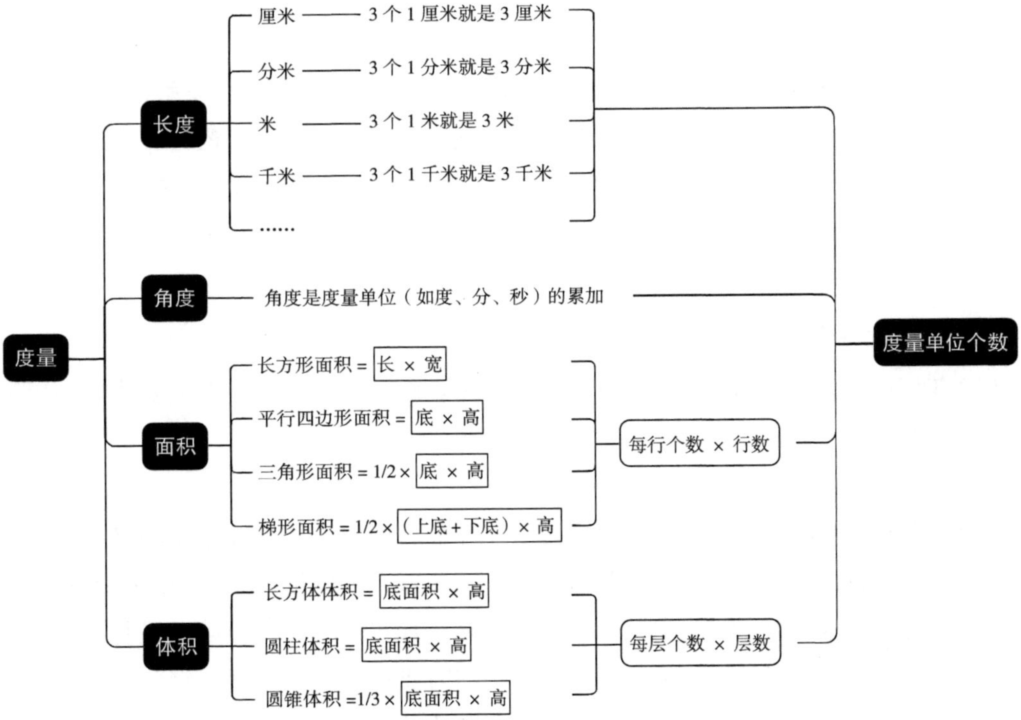

图 5–14　“图形的认识与测量”单元的知识节点

（2）度量概念的内涵与外延拓展。

度量是指对物体大小、形状、位置等属性的精确量化与描述，在几何学的广阔舞台上，它具体展现为对长度、面积、体积以及角的精确测量与计算。首先，从基础的线段、角出发，引入长度的概念，使学生初步理解一维空间的度量方法；随后，通过平面图形的

深入探索，如矩形、三角形、圆形等，学习并掌握面积的计算方法，感受二维空间度量的独特魅力；接着，步入立体图形的奇妙世界，探讨长方体、正方体、圆柱体等的体积计算，体验三维空间度量的复杂性与趣味性；最后，将角的度量巧妙融入其中，让其作为连接一维与多维、直线与曲线的关键纽带，使整个教学内容更加完整、丰富且有层次。这一系列由简入繁、逐步深入的学习过程，不仅要求学生熟练掌握具体的计算方法，更重在培养他们的空间观念、抽象思维能力以及对几何美的敏锐感知。

（3）教学内容的组织与整合优化。

基于度量的大概念，图形测量的教学内容应紧密围绕“从一维到三维，再至角的度量”的递进逻辑进行精心组织与整合。在每个学习阶段，都应强调度量的重要性，同时融入图形的性质、关系及变换等核心内容，构建一个完整、系统的知识网络。

2. 整体设计思路

在大概念构建下，六年级的“图形的认识与测量”大单元主要包括图形的认识、长度单位、角的度量、面积、体积等核心概念，这些知识是学习后续更复杂的空间与几何知识的基础。

（1）注重知识间的联系：单元核心知识彰显了数学知识间的丰富联系，应以“度量”主题为统领，将零散的、碎片化的数学知识建立起整体化、系统化、逻辑化的知识结构。

（2）落实数学核心素养：根据数学的本质，确定核心素养的内容，找准“发力点”，促进思维进阶发展。数学的核心素养包括空间观念、几何直观、推理能力、量感等方面的培养。

3. 单元目标整体设计

2022年版的“新课程标准”对“图形的认识与测量”单元的要求主要体现在以下几个方面：

（1）整体要求。

度量单位的认识与统一：学生需要经历从非标准单位测量到标准单位测量的过程，感受统一度量单位的必要性；理解度量单位的意义，知道度量单位在图形测量中的重要性。

测量技能的培养：学生需要掌握使用测量工具（如尺子、量角器等）进行图形测量的技能；能够选择合适的度量单位进行测量，并根据需要进行单位换算。

量感与推理意识的形成：学生通过图形的测量活动，逐步形成量感，即对事物的可测量属性及大小关系的直观感知；培养推理意识，能够根据测量结果进行简单的推理和判断。

（2）具体要求。

一维测量。学生需要掌握长度的测量方法，能够使用尺子等工具测量线段的长度；理解长度的概念，知道长度是度量单位的累加。

二维测量。学生掌握面积的计算方法，能够使用面积单位测量平面图形的面积；理解面积的概念，知道面积是度量单位的累加；探索并掌握长方形、正方形、平行四边形、三角形、圆等基本图形的面积公式。

三维测量。掌握体积的计算方法，能够使用体积单位测量立体图形的体积；理解体积的概念，知道体积是度量单位的累加；探索并掌握长方体、正方体、圆柱、圆锥等基本图形的体积公式。

角度测量。学生需要掌握使用量角器测量角的方法；理解角度的概念，知道角度是度量单位（如度、分、秒等）的累加。

4. 代表课例

为具体阐释大概念在教学中的落实，我们以“认识厘米”“长方形与正方形面积的计算”“角的度量”“平行四边形的面积”四节课例为代表进行探讨。

案例 1

认识厘米

根据邵东市城区第二完全小学羊鸽老师的执教案例改编

课前反思

课前我深入思考了如何有效地引导学生理解度量的意义，经历认同统一度量单位的过程，以及在这一过程中如何培养他们的核心素养，以下是我对几个关键点的反思与规划：

1. 关于度量意义的认知与统一度量单位的必要性

要让学生真正理解度量的意义，首先需要从他们的生活实际出发，引入具体的测量情境。通过日常生活中的实例，如比较书本的长短、桌子的高度等，学生能直观感受到度量的实用性。接着，我将设计一系列活动，让学生尝试使用不同的标准（如手掌宽度、手指长度等）去测量同一物体，从而引出测量结果不一致的问题。这种不一致将引发学生对需要统一度量单位的讨论，使他们深刻体会到统一度量单位的必要性。

2. 在认识厘米、建立表象与学会测量的过程中培养核心素养

在引入厘米作为度量单位时，我将注重通过多种感官体验帮助学生建立厘米的表象。例如，利用直尺上的刻度，让学生观察、触摸、比较，甚至用身体部位（如指尖到指关节的距离）来感受1厘米的长度；同时，通过大量的实践测量活动，如测量教室里的物品、自己的身体部位等，学生在实际操作中学会使用直尺准确测量长度。在这个过程中，我将引导学生深入思考长度的本质，即长度是物体一维延伸的度量，帮助他们形成清晰的量感和空间观念，这是数学核心素养的重要组成部分。

3. 从认识厘米的过程中理解测量本质与积累学习方法

认识厘米不仅是掌握一个具体的度量单位，更是理解测量本质的过程。我将通过引导学生比较不同物体的长度，讨论测量结果的准确性和可靠性，让他们逐渐明白测量是科学探究的基础，是获取精确信息的重要手段。同时，我将鼓励学生总结自己在测量过程中的经验和教训，提炼出有效的测量方法，如对齐刻度、读数准确等。这些方法的积累不仅有助于他们当前的学习，更为他们将来学习其他度量单位和进行更复杂的测量活动打下坚实的基础。

综上所述，我将在接下来的教学中，注重理论与实践的结合，通过丰富的活动和深入的引导，帮助学生全面理解度量的意义，掌握测量的基本技能，并在这一过程中培养他们的量感、空间观念以及科学探究的学习方法。基于此，我确定了以下教学目标与重难点。

教学目标：

- 通过认识古人计数单位，经历统一长度单位的过程，体验建立统一长度单位的必要性。知道厘米是比较小的长度单位，初步建立 1 厘米的表象，为培养学生量感打下基础。
- 在经历认识厘米、制作厘米尺的过程中，学会用直尺测量长度（限整厘米）。
- 在学习的过程中感受数学的价值，发展数学思维以及初步的空间观念，培养独立思考的习惯，增强对数学学习的兴趣。

教学重点：体会统一长度单位的必要性，建立 1 厘米的长度观念。

教学难点：理解测量长度的本质。

课中实录

1. 情境导入，体验统一长度单位的必要性

（1）播放视频：古人利用一庹、一拃、一个脚长来测量大石头。

① 都是这块石头，为什么量出的结果却不同？

② 如果用古人的方法来量一量大家的课桌长度，你会选哪个工具来量呢？为什么？

③ 学生们用拃测量课桌的长度，出现多个不同答案，引发学生思考为什么测量的结果还是不一样？该怎么办？

（2）引出课题：认识厘米。

2. 多种方式建立 1 厘米的表象

（1）观察 1 厘米：教师引导学生轻轻地捏住蓝色小棒，看看 1 厘米有多长。再把小棒从手中抽出来，手指不动，这样，两手指之间的距离就是 1 厘米。

（2）想象 1 厘米：闭上眼睛想一想 1 厘米有多长。

（3）比画 1 厘米：学生用手快速比画 1 厘米，再用小棒进行调整。

(4) 寻找生活中的1厘米：生活中哪些物体的长度大约是1厘米？比如，食指的宽度、订书钉的长度、田字格的宽度……

3. 探索交流，体验尺子的生成过程

(1) 认识几厘米：教师出示一根木条，让学生先估一估长度，再用尺子量一量木条的长度。

操作要求：用1厘米小棒量一量木条的长度有几个1厘米长；和同桌说一说，你是怎样量的以及量出的结果。

(2) 自主探究。

(3) 汇报展示：没做标记的、做了标记的、标了数字的。

① 体验做标记的好处。思考这些标记是怎么来的，表示什么意思？（学生演示，有了这些标记，我们就可以数出摆了几个1厘米）

② 体验标数字的好处，并明确数字的意义。这根木条上不仅做了标记，还标了一些数字。这个方法好吗？好在哪？（有了数字，我们一眼就看出有几个1厘米，几个1厘米就是几厘米）

师（小结）：现在，它是不是就像一把工具尺？同学们，真了不起，古人用了一千多年才发明的尺子，你们用这么短的时间就创造出来了。

课中反思

课堂中，我设计了通过古人的尺子“量”和学生用拃“量”同一张课桌的活动，旨在让学生在测量、对比、思考中发现测量同一物体长度时，测量标准不同会导致结果不同，从而引出统一测量标准的重要性。然而，课中出现了一个我原本没有预设到的问题。部分学生在用拃量课桌时，由于个人拃的长度差异，得出了截然不同的测量结果。有学生提出：“老师，我觉得我的拃比他的拃准，因为我的拃是我平时量东西用的。”这一生成性问题让我意识到，学生对测量标准的理解还存在个体差异，有些学生并未充分认识到统一测量标准的必要性。

针对这一问题，我立即调整了教学预案。我首先肯定了学生的观察和思考，然后引导学生开展讨论：“如果每个人都用自己的拃作为测量标准，那我们在交流测量结果时会不会产生混乱呢？”通过学生的讨论和反馈，我进一步强调了统一测量标准的重要性，并顺势引入了标准测量工具（如尺子）的使用，让学生亲身体验统一标准带来的便利和准确性。

在帮助学生建立1厘米表象的环节，我设计了观看1厘米、想象1厘米、比画1厘米、验证1厘米、在身边寻找1厘米等体验活动。我发现部分学生在比画1厘米时存在明显的差异，有的学生比画得过长，有的学生则比画得过短。这一现象让我意识到，尽管我设计了多种活动来帮助学生建立1厘米的表象，但学生的个体差异和认知水平仍然影响了他们对1厘米长度的准确理解。为了更好地解决这一问题，我及时调整了教学预案。首先，我展示了标准的1厘米小棒，让学生再次仔细观察并确认其长度；然后，我引导学生用身边的物品（如铅笔、橡皮等）来辅助比画1厘米的长度，通过实际物体的参照来帮助他们准确地建立1厘米的表象；同时，我还增加了小组合作的环节，让学生相互检查、纠正比画1厘米的长度，通过同伴间的互助来进一步提高他们对1厘米长度的认识。

4. 动手操作、使用尺子

（1）认识尺子。尺子上的短线和长线叫作刻度线；刻度0表示测量的起点；厘米的英文缩写为cm。

（2）在直尺上认识1厘米和几厘米。

① 师：你能从尺子上找到1厘米吗？（引导学生发现每相邻两个数之间的长度都是1厘米）

② 师：老师的尺子和你们的尺子上的1厘米一样长吗？（引导学生讨论并验证，明确不同尺子上1厘米的长度一样）

师（小结）：厘米是国际通用的长度单位之一，全世界的1厘米都一样长。

③ 师：除了1厘米，你还能在尺子上找到几厘米？说一说。

（3）师：量一量铅笔有多长？（自主探究，展示交流，引导学生分析错误原因，并说明如何测量）

师（小结）：测量步骤包括三个，放平；对0；读数。

（4）师：断了的尺子还能量吗？怎样量？（学生自主探究，展示交流）

师（小结）：一般情况下我们从0刻度量起，量到几厘米就是几厘米。当尺子不完整时，以任意一个数字为起点，用终点数字减去起点数字，就等于线段长度。

（5）用尺子画出一条5厘米长的线段，在线段上标好长度5厘米。（展示学生作品，指出个别线段没标端点的问题，进行订正）

5. 巩固训练

（1）蜗牛赛跑。森林里正在举办一场运动会，一起来看看这三只蜗牛中的哪只跑得快。

师（小结）：比8厘米长，大概是8厘米；比8厘米短，也大概是8厘米。这两种情况都可以看成大约8厘米。

（2）断尺测量。如果这把尺子断了，刻度也不全，大家如何用它测量长度呢？

6. 归纳总结

（1）师：本节课我们学了些什么？（引导学生回顾这节课“量”的学习过程）

（2）师：如果让你再来测量我们的课桌，你会怎么做？如果测量教室的长度呢？“米”是比“厘米”大的长度单位，它与“厘米”有什么关系？下节课，我们继续学习。

课后反思

1. 教学目标达成情况

本次教学的主要目标是让学生体验统一长度单位的必要性，初步建立1厘米的长度观念，并学会用直尺测量物体的长度（限整厘米）。通过课堂观察和学生的反馈，我发现大部分学生都能够较好地达成这些目标。他们能够用不同的标准去测量同一物体，从而体会到统一度量单位的必要性；通过观察和实践活动，他们也初步建立了1厘米的表象，并学会了用直尺进行简单的测量。

2. 教学过程中的亮点

情境创设有效。在课程开始，我通过播放古人测量大石头的视频，引导学生思考为什么不同的测量标准会得到不同的结果，从而自然地引出统一长度单位的必要性。这种情境创设有效地激发了学生的兴趣和思考。

实践活动丰富。在教学过程中，我设计了多次实践活动，如观察1厘米、想象1厘米、比画1厘米、验证1厘米以及在身边寻找1厘米长的物体等。这些活动不仅帮助学生建立了1厘米的表象，还培养了他们的观察能力和动手能力。

尺子的产生过程体验。在探索交流环节，我让学生用1厘米小棒测量木条的长度，并引导他们逐步在木条上做标记、标数字，最终“创造”出一把简易的尺子。这个过程不仅让学生体验了尺子的产生过程，还培养了他们的创新意识和解决问题的能力。

3. 存在的不足与改进措施

优化时间分配。在教学过程中，我发现部分环节的时间分配不够合理，导致一些活动进行得较为仓促。例如，在巩固训练环节，由于时间紧张，部分学生没有充分展示自己的作品和想法。因此，在未来的教学中，我需要更加合理地安排时间，确保每个环节都能得到充分展开。

提高学生的参与度。虽然大部分学生都能积极参与课堂活动，但仍有个别学生表现出消极态度，参与度不高，这可能与我的教学方法和课堂管理有关。因此，我需要进一步改进教学方法，提高课堂互动性，确保每个学生都能积极参与并融入课堂。

培养学生的估测能力。在教学过程中，我发现学生在估测物体长度时表现出较大的困难。他们往往过于依赖尺子进行测量，而缺乏独立估测的能力。因此，在未来的教学中，我需要加强对学生估测能力的培养，通过更多的实践活动和练习来提高他们的估测准确性和自信心。

4. 总结与展望

通过本次“认识厘米”的教学实践，我深刻体会到了教学设计的重要性和挑战性。在未来的教学中，我将继续探索更加有效的教学方法和策略，努力提高学生的数学素养和综合能力；同时，我也将不断反思和总结自己的教学实践经验，为成为一名更加优秀的数学教师而不懈努力。

案例 2

长方形与正方形面积的计算

根据邵东市城区第五完全小学彭智强老师的执教案例改编

课前反思

1. “长方形与正方形面积的计算”要学什么？

“长方形与正方形面积的计算”这一课内容隶属于图形与几何领域中的图形测量范畴，标志着学生首次涉足图形面积的学习领域。

这一过程不仅是学生从一维空间认知向二维空间认知的重要跨越，也是其空间思维能力发展的关键一步。掌握这一内容，不仅能够有效促进学生空间观念的形成，更为后续学习平行四边形、三角形、梯形等多种多边形以及圆的面积计算奠定了坚实的基础，因此，它被视为面积公式推导教学中不可或缺的关键一课。

在步入本课之前，学生已经具备了一定的长度测量基础，并对面积及面积单位有了初步的认识，这些知识和经验为他们探索长方形和正方形的面积计算公式提供了有力的支撑。长方形面积的核心本质在于度量，具体表现为通过计数面积单位来量化图形的大小。简而言之，一个图形的面积大小直接取决于其所包含的面积单位的数量。

2. 关于“长方形与正方形面积的计算”，学生的真实困惑是什么？

（1）理解长方形面积公式的本质。学生在学习长方形面积公式时，最大的困惑往往集中在对公式“长方形的面积等于长乘以宽”的理解上。这一公式看似简单，但背后蕴含的几何原理和度量逻辑对学生来说却是一个不小的挑战。特别是当面对较大的长方形，无法用面积单位完全摆满时，学生往往难以直观理解面积的计算方法。他们可能会质疑：“为什么长乘以宽就能得到面积？”这种困惑主要来源于学生对面积度量本质的理解不够深入，他们可能还停留在用面积单位直接铺满图形来测量面积的初级阶段，尚未掌握通过乘法运算来间接计算面积的高级方法；此外，学生还可能对长方形面积与长和宽之间的具体关系感到困惑，不清楚为什么长决定了每行面积单位的个数，而宽决定了面积单位的行数。为了帮助学生克服这一困惑，教师需要采用直观的教学方法，如使用小正方形面积单位进行铺摆实验，让学生亲自动手操作，观察不同大小长方形的面积单位铺摆情况，逐步发现长与每行面积单位个数、宽与行数之间的关系；同时，教师还应通过逻辑推理和数学证明，向学生展示长方形面积公式的推导过程，使其从本质上理解公式的合理性和正确性。

（2）从度量到计算的过渡。从使用面积单位直接度量面积到通过计算间接得出面积，是学生在学习过程中需要经历的另一个重要转变。这一转变不仅要求学生掌握新的计算方法，更重要的是要理解度量方法和本质的变化。在使用面积单位直接度量面积时，学生可以通过直观地观察和计数来得出结果；而通过计算间接得出面积时，则需要学生运用抽象的数学符号和运算规则进行操作。这种从具体到抽象、从直观到推理的转变，对学生的思维能力提出了较高的要求。

为了帮助学生顺利实现这一过渡，教师需要在教学过程中逐步引导学生建立度量与计算之间的联系，可以通过设计一系列由易到难的练习题，让学生在不断尝试和实践中逐步掌握计算面积的方法。同时，教师还应注重培养学生的抽象思维和逻辑推理能力，帮助他们理解度量方法的本质和数学运算的规则。

3. 如何凸显度量的一致性？

在执教图形的测量这部分内容时，凸显度量的一致性，特别是长度单位与面积单位度量的一致性，是提升学生对度量本质理解的关键。学生已有的基础是知道长度是在度量计数单位的个数，例如“3个1厘米是3厘米”，这一认知为学生理解面积单位的度量提供了良好的基础。在此基础上，我们可以通过引导学生从具体的度量情境中抽象出度量的本质和通用方法，帮助他们建立更加完整的度量知识体系。鼓励学生尝试用数学符号和运算规则来表达度量过程，以此来凸显度量的一致性。基于以上几点，我确定了以下教学目标及重难点。

教学目标：

● 在具体操作活动中，理解并掌握长方形和正方形的面积计算公式，能解决相关的实际问题。

● 经历探索长方形和正方形面积公式的过程，由用面积单位直接度量过渡到用公式间接计算，感悟数学度量的方法和本质，逐步形成量感、空间观念、几何直观和推理意识。

● 在发现问题、提出问题并解决问题的过程中，培养独立思考、长于质疑、善于反思的理性精神，形成一些解决问题的基本策略。培养学生乐于探究、勇于挑战的科学精神。

教学重点：经历探索长方形和正方形面积公式的过程，理解并掌握长方形和正方形面积计算公式，并能解决相关的实际问题。

教学难点：感悟数学度量的方法和本质。

课中实录

1. 复习导入

（1）复习面积单位。由学生介绍三个面积单位，倾听并补充学生的介绍，小结面积单位的作用。

（2）出示三个不规则图形（见图5-15）。

师：这三个图形可以用哪个面积单位来测量？估一估面积，用面积单位来验证。

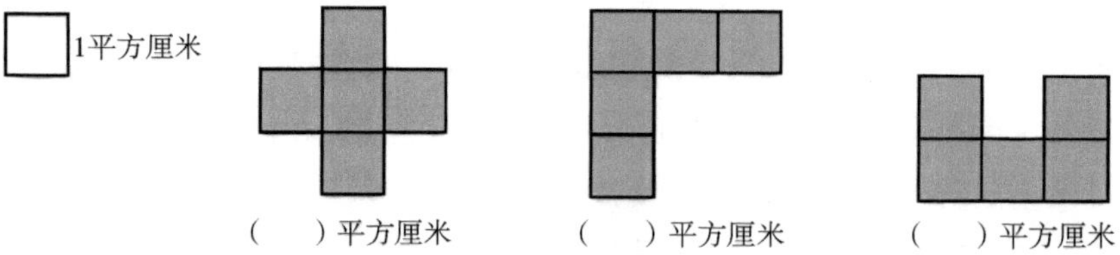

图 5-15　不规则图形

师（小结）：面积单位的个数决定面积的大小。

（3）师：要测量篮球场的面积还能用面积单位来测量吗？有没有更好的办法？（引发学生猜想，引出问题）

（4）师：怎样研究长方形的面积，篮球场那么大能放到我们的课桌上来研究吗？有什么好的办法吗？（引导学生先研究小长方形，体现化大为小的思想）

2. 探究长方形面积公式

（1）摆一摆，求长方形的面积。想一想，怎样摆更简单？（学生独立完成后，集体交流，见图 5-16）

方法一：用小正方形摆满，再数一数有 15 个面积单位。引出长方形的面积就等于面积单位的个数。

方法二：只摆了一行和一列。怎么看出是 15 个面积单位？5 表示什么？3 表示什么？

师（小结）：5 表示每行摆的个数，3 表示摆的行数，不需要摆满，相乘就能算出面积单位的个数。（比一比，择优选出方法二更简便）

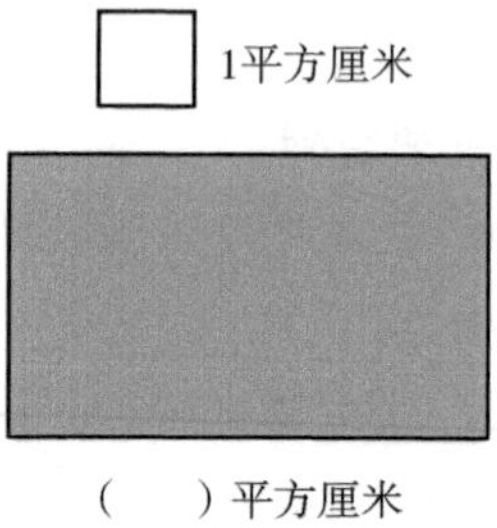

图 5-16　求长方形面积（一）

（2）摆一摆，填一填，想一想（见图 5-17）。

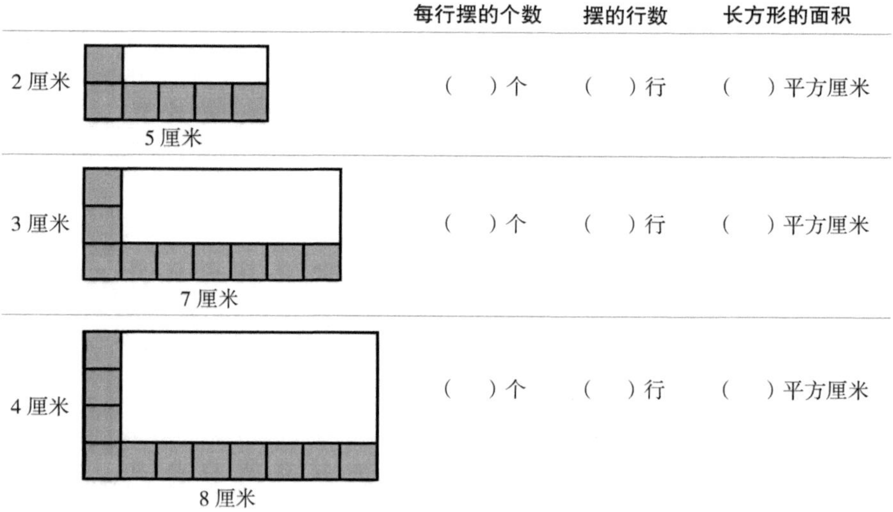

图 5-17　求长方形面积（二）

思考一：如果不摆，你能知道每行摆的个数，要摆几行吗？

思考二：长方形的面积与什么有关？有什么关系？

师（小结）：用多个不同的长方形摆一摆，都推导出“长决定了每行摆的个数，宽决定了摆的行数”这个结论。

（3）师：任意一个长方形都符合这个结论吗？为什么长是几就决定每行摆几个？宽是几就决定摆几行？背后的道理是什么？（学生验证长与每行摆的个数，感受宽与行数之间的关系）

师：以上面这个长方形为例（见图5-18），长是6厘米，就一定能摆出6个1平方厘米的面积单位吗？

师（小结）：因为1平方厘米正方形边长是1厘米，6厘米有6个1厘米，所以能摆6个面积单位，宽同理。学生根据长决定每行个数、宽决定行数的结论，验证之前的猜想，由此可以得出结论长乘以宽的积表示面积单位的个数，就是长方形的面积。（根据学生的汇报，板书公式的推导过程）

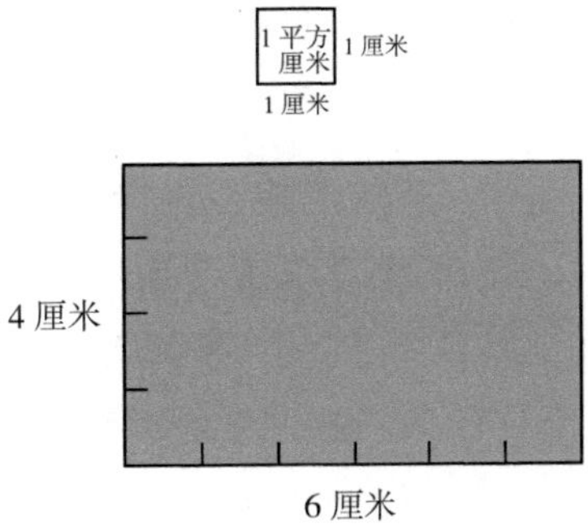

图5-18 求长方形面积（三）

课中反思

（1）学生质疑长方形面积公式的推导过程。

在探究长方形面积公式的环节中，我设计了摆一摆、填一填的活动，引导学生发现长方形的面积与长、宽之间的关系，并推导出长方形面积的计算公式。课堂中，学生通过操作、观察、归纳出“长决定了每行摆的个数，宽决定了摆的行数”的结论。在准备推导出长方形面积公式时，有个学生突然举手提问：“老师，为什么长是几就一定能摆几个1平方厘米的面积单位呢？如果长方形的边不是整数个1厘米怎么办？”这个问题一下子打破了课堂的平静，学生们也开始自主讨论起来。

（2）分析学生为什么这样说？

我意识到学生对公式推导的严谨性有着很高的要求，该学生的思维非常敏锐且富有批判性。他没有仅仅满足于表面的结论，而是深入考虑了公式的本质和适用范围，对长方形的面积计算提出了更为细致和深入的疑问。这不仅是对公式推导过程的一次挑战，更是对归纳法精髓的一次深刻体现，即从特殊到一般，但如何确保这种推导的普遍性和严谨性呢？

（3）怎么办？

我首先肯定了学生的提问，表扬了他对问题的深入思考和勇于质疑的精神；然后，我意识到这是一个非常好的生成性问题，可以借此机会进一步引导学生理解长方形面积公式的本质。为了解答学生的疑问，我临时调整了教学预案。我首先解释了当长方形的边是整数个1厘米时，我们可以直接数出面积单位的个数；当长方形的边不是整数个1厘米时，我们可以通过分割、拼凑等方法，将其转化为整数个1厘米的面积单位进行计算。接着，我通过具体的例子演示了如何操作，让学生更加直观地理解了这一过程。此外，我还借此机会引导学生思考：长方形面积公式的本质是什么？为什么长乘以宽就能得到面积？通过学生讨论后的反馈，我进一步总结并强调了长度和宽度在面积计算中的作用，以及乘法在面积计算中的应用。

通过这次课中反思和调整，我深刻体会到在教学过程中，学生的生成性问题往往能够为我们提供宝贵的教学资源。作为教师，我们需要及时敏锐地捕捉这些生成性问题，并灵活地调整教学预案，以满足学生的个体差异和学习需求；同时，我们也应该鼓励学生勇于质疑、深入思考，培养他们的批判性思维和创新能力。

3. 迁移新知，类推正方形面积公式

（1）计算长方形面积（见图 5-19）。（见苏教版《数学（三年级下册）》第 66 面例题 6）

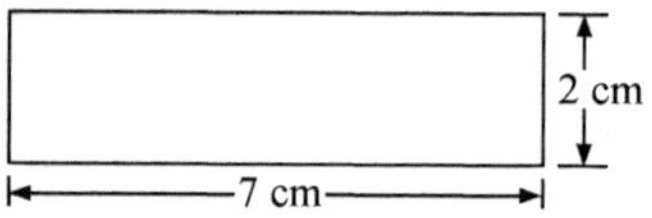

图 5-19　长方形

① 师：长方形的面积是多少平方厘米？你是怎么知道的？

② 师：长方形的面积与什么有关？怎样求长方形的面积？

（2）用公式计算面积的规范书写格式。

（3）解决问题：求学校篮球场（长方形）的面积。（用希沃将学生作业拍照上传，有针对性进行点评）

（4）知识迁移：求篮球场旁边草地（正方形）的面积（见图 5-20）。（组织学生进行交流分享，重点引导学生如何利用长方形面积计算公式推导出正方形的面积计算公式）

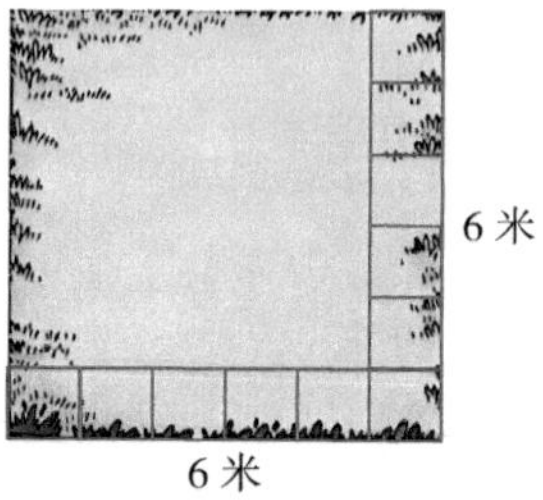

图 5-20　正方形草地

4. 回顾梳理，反思提升

（1）师：长方形和正方形的面积公式是怎样推导出来的？

（2）师：长方形、正方形的面积和前面学过的长度，在计算时，有什么区别和联系吗？在度量长度时（例如，数出 1 厘米的长度单位个数），我们是如何操作的？在度量面积时（例如，数出面积单位的个数），我们又是如何操作的？

师（总结）：非常好，同学们已经发现了它们之间的联系。无论是度量长度还是面积，我们都是在计数度量单位的个数。长度是计量一维空间，即线段的度量单位个数；面积是计量二维空间，即平面图形的度量单位个数。这种计数度量单位的方法，体现了度量的一致性。在数学中，我们用数学符号和运算规则来表达这种度量过程。例如，长度可以用加法或减法来计算，而面积则常常用到乘法，如长方形的面积等于长乘以宽。这些运算规则背后，都隐藏着度量的本质，即计数度量单位的个数。

课后反思

在“长方形与正方形面积的计算”一课教学结束后，我进行了深入的反思，以总结教学过程中的得失，以下是本次课后的教学反思。

1. 关注测量本质，重视公式形成过程

在教学过程中，我始终关注学生对测量本质的理解，重视引导他们经历面积计算公式的形成过程。通过让学生动手摆小正方形，从铺满到部分铺，再到不铺，逐步体验长方形面积与面积单位个数之间的关系。这一过程中，学生不仅直观感受了长方形面积的计算原理，还培养了他们的抽象思维能力；同时，我注重渗透猜想验证的数学思想方法，让学生在操作、观察、比较、分析中，提出并验证“长方形面积等于长×宽”的猜想，从而顺利推导出面积计算公式。

2. 细化长宽与面积单位个数的联系，深化对公式的理解

在帮助学生理解“长度×宽度为什么等于面积”这一难点时，我采取了更为细致的教学策略。首先，我通过具体的实例，如“长 5 厘米的长方形，每行能摆 5 个 1 平方厘米的小正方形；宽 3 厘米，就能摆 3 行”，让学生直观感受长宽与面积单位个数之间的直接联系。接着，我引导学生进一步思考，为什么长几厘米就能摆几个面积单位，宽几厘米就能摆几行，从而深入理解长方形面积的计算原理。此外，我还通过动画演示和小组讨论的方式，让学生从不同角度、不同层面深化对面积公式的理解，确保每个学生都能真正掌握这一核心内容。

3. 注重学生数学核心素养的培养

根据 2022 年版的“新课程标准”的要求，我在教学中注重培养学生的数学核心素养，特别是空间观念、数感、推理能力和模型意识。通过让学生用小正方形铺满、半铺、不铺的过程，不断数小正方形的个数，培养了数感；通过从实物操作到抽象模型建构的过程，培养了学生的推理能力和模型意识；此外，我还通过正向迁移的方式，让学生自主建构正方形面积公式，进一步巩固了他们的知识体系。

4. 强化知识关联，构建度量一致性认识

为了凸显度量的一致性，我在教学中特别注重强化知识间的关联。在引导学生理解长方形和正方形面积的计算方法后，我通过提问和讨论的方式，引导学生回顾之前学过的长度单位度量的知识。通过对比和分析，学生发现长度和面积在度量上的共同之处，即都是累加度量单位的个数。这一发现不仅帮助学生构建了度量概念的统一性的认识，还让他们深刻理解了不同维度度量之间的内在联系。此外，我还通过举例和拓展练习的方式，进一步巩固学生对度量一致性的理解，确保他们能够灵活运用所学知识解决实际问题。

本次“长方形与正方形面积的计算”一课的教学取得了良好的效果，学生不仅掌握了长方形和正方形面积的计算方法，还培养了他们的抽象思维能力、推理能力和模型意识。本节课的不足在于课堂提问还需进行锤炼，评价语言还不够准确、精彩，还需做到简洁明了，提高学生的学习兴趣和激发学生积极思考。

案例 3

角的度量

课前反思

在重新审视“角的度量”的教学时，我们从度量的大概念出发，针对往届学生学习此知识时存在的困惑，进行了深入的课前准备和思考。

1. “角的度量”要学什么？

为了明确“角的度量”的教学目标和内容，我们对人教版、北师版和苏教版三个版本的教材进行了横向比较。不同版本的教材在引入“角的度量”这一概念时各有侧重，但都体现了数学与生活的联系以及度量单位的重要性。北师版教材倾向于从生活情境入手，通过实际问题让学生感受到角的大小与生活的紧密联系，凸显数学的应用价值。人教版和苏教版则更多地从数学问题本身出发，通过不同的方式激发学生的认知冲突，让他们意识到精准描述角的大小的必要性。在统一度量单位的取舍上，各版本教材也有不同的处理方式。一些教材考虑到学生在之前的学习中已经体验到了统一单位的必要性，因此并未在此课中刻意强调。而北师版和苏教版则更加注重通过实践活动让学生感受统一度量单位的重要性。对于读内圈刻度还是读外圈刻度的难点突破，各版本教材都强调通过对比和辨析来帮助学生掌握正确的方法。北师版通过直接呈现学生的困惑并引导思考，苏教版设计有序活动让学生感受刻度关系，人教版则注重自主探索与练习巩固。

综上所述，我们认为“角的度量”一课应让学生初步感悟直观经验的局限性及测量工具的重要性，体会度量角的必要性。同时，通过实践活动，学生经历尝试测量角，并提出困惑的过程，再通过交流、互动等方式掌握正确的量角方法，深化对量角器构造及原理的认识，感悟度量的本质。

2. 关于“角的度量”，学生的真实困惑是什么？

为了更准确地把握学生真实的困惑和学习起点，我们纵向对比了小学阶段关于度量的教学内容，并打通了“角的度量”与前后教学内容之间的联系。通过前测我们发现，学生在面对“角的度量”时仍存在诸多困惑。大部分学生能够正确比较角的大小，但在使用量角器进行精确度量时仍显生疏。部分学生对于量角器的构造和使用方法存在误解，如不知道量角器为何做成半圆形状、为何有两圈刻度等。还有一些学生对于角度的单位“度”缺乏直观认识，无法准确地将角度与生活中的实际物体或现象联系起来。针对这些困惑，我们在设计教学任务时应注重通过直观演示、实践操作和类比推理等方式帮助学生逐步解决问题；同时，关注学生的个性差异和学习需求，提供个性化的指导和帮助。

3. 如何让学生感受到度量的一致性？

度量的一致性是指无论度量什么几何量，其本质都是单位的累积。在“角的度量”教学中，我们如何让学生感受到这种度量的一致性呢？学生前期已经积累了一定的角的度量经验，并明确了角的大小与边的长短无关，而与两条边叉开的大小有关。同时，大多数学生在日常生活中也接触或认识了量角器，并知道了度量角的单位是“度”。然而，学生在使用量角器进行精确度量时仍存在困惑。为了让学生感受到度量的一致性，并掌握正确的量角方法，我们在教学中应注重以下几个方面。

强化单位的累积观念：通过直观演示和类比推理等方式帮助学生建立对“度”这一单位的直观认识和理解。无论度量什么几何量，都需要选择合适的单位并进行累积。

突出量角器的构造原理：引导学生观察量角器的构造和理解其各部分的功能，帮助他们掌握正确的使用方法。同时，解释量角器做成半圆形状以及有两圈刻度的原因，消除学生的困惑。

注重实践操作的训练：设计一系列有针对性的实践活动，引导学生逐步掌握正确的量角方法。注重对学生操作过程的观察和指导，及时发现并纠正学生的错误操作。

建立度量知识的联系：通过类比推理等方式帮助学生建立度量知识之间的联系，理解它们之间的共性和差异。例如，将角度与长度、面积等几何量进行类比，让学生理解它们都是通过单位的累积来描述的。

基于以上三点思考，我们确定了如下教学目标与重难点。

教学目标：

● 使学生理解角度是度量单位“度”的个数累积，掌握正确的量角方法，了解量角器的构造特点。

● 通过观察、操作、思考、交流等活动，培养学生的探索与实践能力，提升空间观念和几何直觉。

● 激发学生对几何学习的兴趣，培养严谨的数学态度和量感，理解度量在几何学习中的重要作用。

教学重点：理解角度是度量单位“度”的累积，掌握量角的方法及要领。

教学难点：正确使用量角器准确量出角的度数，理解度量单位“度”在角的应用中的一致性。

课中实录

1. 复习导入

（1）复习角的概念。

师：角的大小与什么有关呢？

生：角的大小与两边张开的程度有关。

（2）展示两个不同大小的角（见图 5-21），引导学生猜测并比较它们的大小。

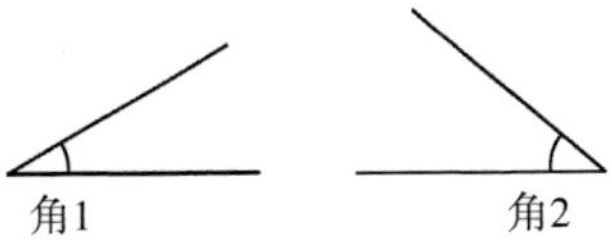

图 5-21　角的大小对比

生 1：估测法。目测加估计，角 2 大。

生 2：重叠法。把两个角剪下来，再重叠在一起就能比较了。

生 3：用活动角比较法。用一个活动角，做出和角 1 一样大的角，再把这个活动角移到角 2 上面去进行比较。

师：刚才同学们想到了很多种办法，有估测法、重叠法、活动角比较法……每种方法都有它的优势和弊端，估测法不精准；重叠法有局限性，课件上的两个角不能剪，这个方法就不可行；活动角比较法，活动角两边有不稳定性，导致比较结果不准确。另外，角的大小差异非常微小，或角的形状复杂，这种方法可能无法准确判断。

（3）想一想，有没有更好的比较角的大小的方法呢？（引导学生思考）

生：用同一个角（固定不动的角），作为比较角 1 和角 2 大小的工具，这样就准确了，因为角的大小不会移动。

师：我懂你的意思，你是想用统一的标准去比，是吗？

2. 探索角的度量方法

（1）用小角度量角的大小。引入 10° 小角作为度量单位，让学生尝试用这些小角来比较和度量角的大小。

师：看，这是一个小角（10° 角），用这样大小一样的小角，可以比出角 1 和角 2 哪个大吗？想试试吗？

师：同学们拿出学具，小组合作，哪个小组的同学愿意到台上来试一试？

师：那摆这些小角的时候要注意些什么呢？

生：顶点重合，一条边重合。

师：这两个角谁大？你们又是怎么看出来的？

生：角 2 比角 1 大，用大小一样的 10° 小角去量角，我们发现角 2 能摆下 4 个小角，角 1 能摆下 3 个小角，通过度量得出角 2 比角 1 大 10°。

师（小结）：角度的大小就是这些小角（度量单位）的个数累积。

（2）构造半圆工具。

① 师：如果要比较的角不像角 1 和角 2 一样，刚好是 10° 小角的倍数时，又该怎么办呢？刚刚我们用小角比，操作起来也不方便。我们能不能想个办法，既保留小角比得精确的优点，又避免操作麻烦的缺点，让这些小角用起来更方便些呢？（引导学生思考）

生 1：把小角拼起来。

师：拼成了一个什么图形呀？

生：半圆。

师：数一数，这个半圆里（见图 5-22）有多少个大小一样的小角呢？（多媒体快数）我们用来拼的小角比较特别，用 18 个这样大小一样的小角正好拼成了一个半圆。现在用这个工具来量会不会方便点呢？

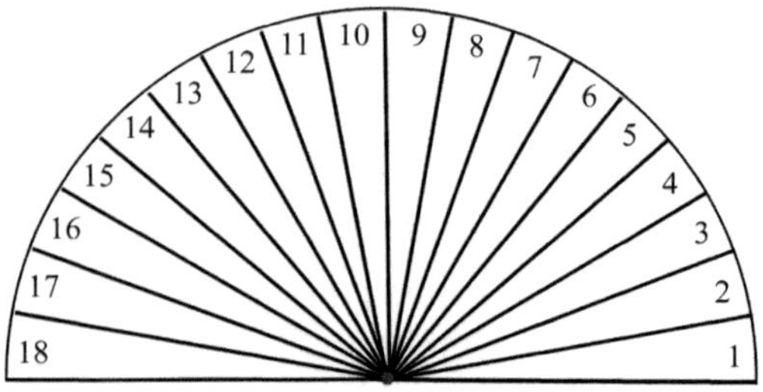

图 5-22　用 18 个小角构成的半圆

② 启发学生将多个10°小角拼成一个半圆工具，讨论其优点和缺点。

师：这儿有一个55°的角（见图5-23），这就是同学们创造的半圆工具，仔细看，这一点叫作中心点，就是这18个小角共同的顶点。谁来试一试？怎么量这个角？

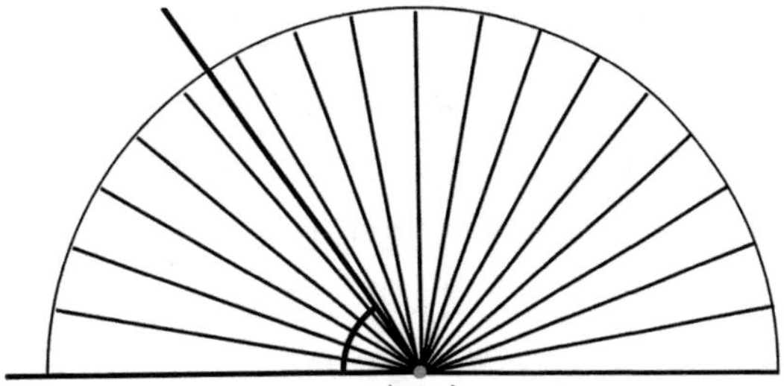

图5-23　用小角来测量55°的角

生：把半圆工具的中心和角的顶点重合，半圆工具的这条边要和角的一条边重合。

师：这个角有多大？（它包含了5个小角多了一点）

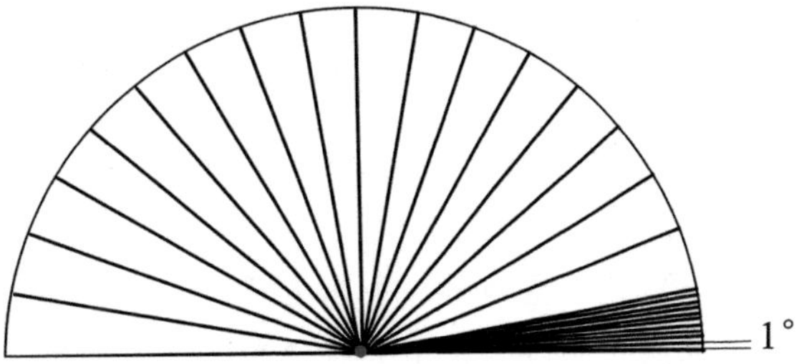

图5-24　分小角

3. 认识量角器

（1）优化量角工具。

① 细分半圆工具。

师：那这多出来的一点点角，不满一个小角，到底是多少呢？小组讨论一下。

生：可以把小角分得更细一点。

② 认识1°的角。

师：多么有创造性的想法啊！同学们，为了更加精确地量出角的大小，我们就把半圆工具里的每一个小角再平均分成10份（见图5-24），变成10个小小角。想一想，整个半圆被平均分成了多少个小小角呢？

师：我们将半圆平均分成了180份，每一份就是1度。“度”是我们计量角的单位，用符号“°”表示。1度我们先写一个1，然后在1的右上角写一个小圆圈（板书）。

师：这个角是1°，整个半圆工具上有多少个1°角啊？（180个）

③ 认识角有几度。

师：你知道这个角有几度吗？（一大格）

生：10°。

师：这个10°的角就是我们拼成半圆工具的每一个小角的大小（课件随机出示不同方向的10°、55°的角），现在我们就用这个工具来量一量，看看它到底有多大。

（2）认识量角器内、外刻度线。

师：刚才角的度数，你们是数出来的，你是怎么数的，比画一下。每一个角我们都要数了以后才知道它的度数，太麻烦了。有没有更好的办法，让大家一眼就能读出一个角的度数呢？

生：给180等份的工具标上刻度。（课件同步标上刻度）

师：刚才我们是从哪里开始数的？开始数起的地方就标上0°（由学生指），这里标几度？（10°）接下来标几？……一直标到180°为止。

师：现在你能一眼就读出这个角的度数了吗？（显示50°的角）这个角呢？（反向显示30°的角）到底是150°还是30°呢？说说你的想法。

生：我们之前是从右边开始数起的，现在我们是从左边开始数。

师：那30°能从这圈刻度上直接读出来吗？如果能一下子就读出来多好，怎么读？

生：反过来再标上一圈刻度。

师：你们同意吗？我们该从哪里开始标起？

生：咱们平时测量长度的尺子启发了我。可以从起点开始标0……

师：你们能借助之前认识的测量工具去类比思考，真是善于学习的孩子。其实，测量角的大小也有工具，即量角器。下面就让我们一起来认识这个新朋友吧！

（3）认识量角器。引出量角器（见图5-25），介绍其构造特点，包括中心点、内圈零刻度线、外圈零刻度线、内圈刻度、外圈刻度等。

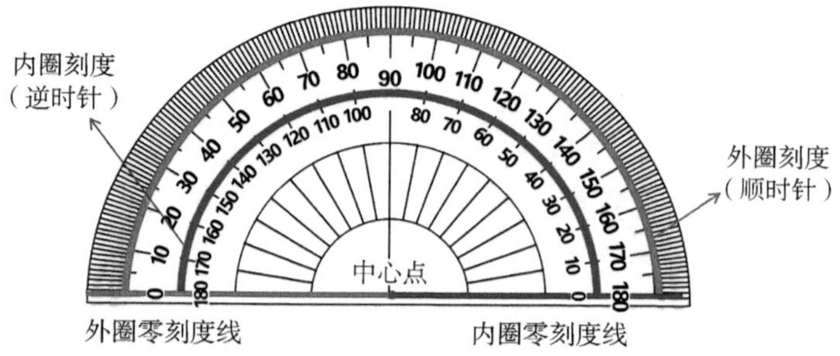

图5-25 量角器

师：量角器是把半圆分成180等分而成的，中间有个交叉点叫作中心点，左边和右边各有一条零度刻度线。量角器有两圈刻度，内圈刻度从右往左依次是0°到180°，外圈刻度从左往右依次是0°至180°，中间还有一条90°的刻度线。大家拿出自己的量角器指一指、认一认、说一说量角器的各个部分。

4. 巩固练习

（1）读角的度数专项练习。展示不同度数的角（见图5-26），让学生使用量角器读出度数，并解释为什么这个角有这么多“度”。

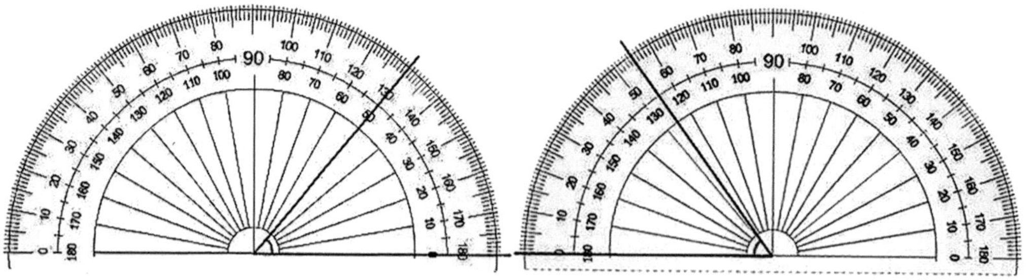

图5-26 不同角度、不同朝向的角

生1：量角器上每一个小刻度代表1°，角度就是这些小刻度的累积。

师（小结）：量角的方法有三点，一是点重合，量角器的中心点与角的顶点重合；二是边重合，量角器的0刻度线与角的一条边重合；三是读度数，观察角的另一条边所指向的量角器上的刻度，这个刻度就是我们要测量的角的度数。

师：内圈和外圈都有刻度，我们该读哪一个呢？

生2：如果角的另一条边位于量角器的内圈刻度上，就读内圈刻度；如果位于外圈刻度上，就读外圈刻度。确保根据角的开口方向选择正确的刻度圈来读取度数。

(2) 独立量角。学生独立使用量角器量出练习纸上不同大小的角的度数，并尝试用“度”的个数来解释这些角的大小。

(3) 量出实物上的角。选取教室内的实物，让学生量出上面一些角的度数，并讨论这些角在实际生活中的应用。

课中反思

(1) 学生利用量角器读刻度时的困惑。在教学过程中，我发现学生在实际使用量角器量角时，对于如何正确读取刻度存在明显的困惑。量角器上同时存在的内圈和外圈刻度，部分学生不清楚应该读取哪一圈的刻度，导致测量结果不准确。

(2) 原因分析。我仔细分析了学生产生这一困惑的原因。一方面，量角器的刻度设计相对复杂，内圈和外圈刻度的存在增加了学生的理解难度；另一方面，我在讲解量角器的使用方法时，可能没有足够强调如何根据角的开口方向选择读取内圈或外圈刻度，导致学生在实际操作时感到迷茫。

(3) 调整教学预案，解决问题。为了解决学生的这一困惑，我及时调整了教学预案。首先，我明确指出了量角器上内圈和外圈刻度的存在，并解释了它们的作用和区别；接着，我通过具体的示例和演示，详细讲解了如何根据角的开口方向选择读取内圈或外圈刻度。读内圈还是外圈数据，取决于角的开口方向与哪一圈的零刻度线对齐。开口向右的角与内圈零刻度线对齐，因此读内圈刻度；开口向左的角与外圈零刻度线对齐，因此读外圈刻度。这样的设计使得量角器能够灵活地测量各种开口方向的角。在实际操作中，我们只需记住“开口向左看外圈，开口向右看内圈”的口诀，就可以方便地使用量角器测量角度了。

5. 总结提升

师：同学们，今天我们又学习了角的什么知识？你有哪些收获呢？

生1：我们今天创造了量角的工具——量角器。通过它，我们认识了量角器的构造特点，明确了“度”是度量角的基本单位，还学会了如何正确使用量角器来量角。

师：很好，那你们能分享一下，怎么想到要创造量角器的吗？

生2：我们觉得角度其实是度量单位“度”的一种累积，就像线段长度可以用尺子来量一样，角的大小也需要一个专门的工具来测量。

生3：三年级学过面积的计算，也是通过面积单位的累积来计算的。

师（小结）：非常棒！我们知道了，角的大小和线段的长短一样，都是度量出来的，都是在数有几个单位。你们已经领悟到度量的本质了。无论是线段的长度、图形的面积还是角的大小，都是通过量化单位来精确描述的。度量在几何学习中很重要，它能帮助我们量化几何形状，找出它们之间的规律和联系；更让大家领略到了度量在几何学习中的一致性和普遍性。希望你们能继续保持这种探索精神，不断发现新的知识和方法。

课后反思

“角的度量”作为小学数学教学中的一个重要内容，对于培养学生的几何直觉和度量意识具有重要意义。经过精心的教学设计与课堂实践，我对这节课的教学过程和效果进行了深入反思，以下是几点主要体会。

1. 教材解读与教学目标的达成

在课前准备阶段，我深入解读了人教版、北师版和苏教版三个不同版本的教材，通过横向比较，我对“角的度量”这一课的教学目标和内容有了更全面的理解。北师版教材注重生活情境的引入；人教版和苏教版则更侧重于数学问题的内在逻辑。结合这些教材的特点，我在教学中既注重了生活情境的应用，又强调了数学逻辑的培养，使得学生能够更好地理解度量单位的重要性和必要性。通过课堂实践，我发现学生对角度作为度量单位“度”的个数累积这一概念有了较为清晰的认识，能够基本掌握量角器的使用方法和量角技巧。大多数学生能够正确使用量角器读出不同角度的度数，并能用“度”的个数来解释角的大小，这表明我在教材解读和教学目标设定上是准确的，教学策略也是有效的。

2. 学生真实的困惑与教学策略的调整

在课前，我通过前测了解到学生在学习“角的度量”前的主要困惑，发现学生对量角器的构造原理、使用方法以及角度单位的直观认识存在不足。针对这些困惑，我在教学中采用了直观演示、实践操作和类比推理等多种教学策略。

例如，在探索角的度量方法时，我引导学生用小角度量角的大小，并通过小组合作的方式让学生亲自动手操作。通过这一过程，学生不仅理解了角度是度量单位“度”的个数累积，还体会到了使用统一度量单位的必要性。接着，我启发学生将多个小角拼成半圆工具，进一步优化了度量方法。这一设计让学生深刻理解了量角器构造的原理，为后续学习量角器的使用打下了坚实的基础。

在认识量角器的教学环节中，我通过细分半圆工具、认识1°角和几度角以及认识内、外刻度线等步骤，逐步引导学生掌握量角器的构造特点和使用方法；同时，我还注重通过类比推理帮助学生建立度量知识之间的联系，如将角度与长度、面积等几何量进行类比，让学生理解它们都是通过单位的累积来描述的。这些教学策略的调整有效解决了学生的困惑，提高了教学效果。

3. 度量一致性与学生几何直觉的培养

度量一致性是指无论度量什么几何量，其本质都是单位的累积。在“角的度量”教学中，我注重强化学生的单位累积观念，通过直观演示和类比推理等方式帮助学生建立对

"度"这一单位的直观认识和理解；同时，我还引导学生观察量角器的构造和理解其各部分的功能，帮助他们掌握正确的使用方法。这些措施有效培养了学生的度量意识，让他们感受到了度量的一致性。

此外，我还注重通过多样化的练习来巩固学生的知识和技能。读角的度数专项练习、独立量角和量实物上的角等活动不仅加深了学生对量角器使用方法和角度度量单位"度"的理解，还培养了他们的实践操作能力和几何直觉。通过这些练习，学生能够更加熟练地使用量角器进行度量，并能够将所学知识应用到实际生活中去。

4. 存在的不足与改进方向

尽管这节课取得了一定的教学效果，但仍存在一些不足之处。例如，在引导学生探索角的度量方法时，我发现部分学生操作较为生硬，缺乏一定的灵活性。这可能是由于我在指导过程中过于注重步骤的规范性而忽视了学生的自主探索和创新思维。因此，在今后的教学中，我将鼓励他们大胆尝试和创新，培养学生的创新思维和解决问题的能力。

另外，在课堂互动方面，我发现部分学生参与课堂讨论的积极性不高，这可能是由于我在设计问题时没有充分考虑到学生的兴趣和认知水平。因此，我将更加注重问题的设计和课堂互动的引导，努力营造一个积极、活跃的课堂氛围，激发学生的学习兴趣和参与度。

总之，"角的度量"这节课让我深刻体会到了教学设计与课堂实践的重要性。通过反思和总结，我将不断完善自己的教学策略和方法，努力提高自己的教学水平，为学生的全面发展贡献自己的力量。

案例 4

平行四边形的面积

根据邵东市城区第六完全小学许珏老师的执教案例改编

课前反思

1. "平行四边形的面积"让学生学什么？

"平行四边形的面积"不仅是"多边形的面积计算"单元的重要一环，更是度量计数单位个数在几何领域中的具体应用。"新课程标准"明确要求，通过本节课的学习，学生应能够运用转化的思想，推导平行四边形的面积公式，并形成空间观念和推理意识。本节课的核心在于让学生理解平行四边形的面积是通过度量单位（如平方厘米）的个数来累加计算的，学生将通过动手操作、合作学习、运用转化思想，探索和掌握平行四边形面积的计算方法，从而深刻体会度量的本质和一致性。

2. 学习"平行四边形的面积"时，学生最困惑的是什么？

此前，学生已经掌握了平行四边形的特征和长方形面积的计算方法，这些都为本节课的学习奠定了坚实的知识基础。但是，小学生的空间想象能力不够丰富，对平行四边形面积计算公式的推导有一定的困难，因此本节课的学习就是让学生充分利用已有的知识，调动他们的多种感官全面参与新知的发生和形成过程，让他们在不断的探索活动中，循序渐进、由浅入深地进行操作与观察，进一步理解平面图形之间的变换关系，发展空间观念。为了更有效地指导教学，我在课前通过前测（见图 5-27），深入了解了学生在学习平行四边形面积时可能面临的真实困惑。

我班学生一共 48 人，通过前测了解到本班学生真实的认知起点：只有 10 个学生想到了用“割补、平移”的方法转化成长方形来计算；有 27 个学生是直接用“底×邻边”来计算，这类学生受了正方形、长方形面积计算公式及平行四边形特征等学习经验的干扰，产生了知识负迁移，他们认为长方形是特殊的平行四边形，平行四边形拉一拉可以变成长方形，因此平行四边形的面积就可以套用长方形面积的计算方法；有 5 个学生是直接用平行四边形的面积公式计算，其中 2 个学生知道为何要这样算，另外 3 个学生是通过其他途径知晓了平行四边形的面积计算法，但没有深入理解长方形的长和宽与平行四边形底和高的关系；有 4 个学生是空着不写或者用周长计算以及计算错误等。

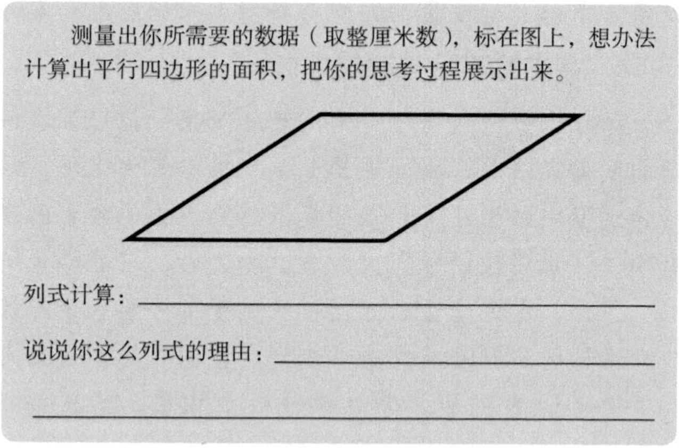

图 5-27　前测单

学生的主要困惑：

（1）对转化思想的运用。虽然学生已经接触过转化思想，但在具体应用到平行四边形面积的计算时，仍感到困难。他们可能不清楚如何将平行四边形转化为已学过的图形（如长方形），以便利用已知的面积公式进行计算。

（2）对公式推导过程的理解。学生在推导平行四边形面积公式的过程中，可能会遇到理解上的障碍。特别是，他们可能不清楚为什么平行四边形的面积等于底乘以高，而不是底乘以邻边。这涉及对图形变换和度量单位累积的深入理解。

（3）对面积的本质理解得不透彻。具体而言，学生需要深入领会以下几点。

度量单位的累积性。无论图形的形状或尺寸如何变化，面积的计算均建立在度量单位的累加基础之上，这是面积计算的核心原则。

面积计算的普适性。这一原则对于所有图形的面积计算均适用，包括平行四边形等复杂图形。学生应明确，即使是形状不规则的图形，其面积也可以通过分割成更小的度量单位来累加计算。

平行四边形面积计算的特殊性。在计算平行四边形的面积时，学生需要理解并应用这一原则。通过将平行四边形转化成长方形，学生可以方便地利用“每行个数×行数”的方法来计算面积，这实质上是对度量单位累加原则的一种具体应用。

综上所述，深入理解面积的本质，对于学生掌握平行四边形等图形的面积计算方法至关重要，因为它直接决定了学生能否有效地度量图形的大小并选择合适的计算方法。针对这些困惑，我将在教学中采取多种策略，如直观演示、动手操作、类比推理等，帮助学生逐步克服这些难点。同时，我将注重培养学生的度量意识，让他们深刻理解面积计算的本质是度量单位个数的累积，从而为他们后续学习其他几何图形的面积计算打下坚实的基础。基于以上思考，我设定了以下教学目标。

教学目标：

- 让学生充分经历推导出平行四边形面积公式的过程，掌握平行四边形的面积计算公式，理解通过将平行四边形转化成长方形，利用“每行个数×行数”的方法来计算面积，这实质上是对度量单位累加原则的一种具体应用。
- 使学生会运用转化法推导平行四边形的面积计算，形成初步的转化思维，习得用已知知识去推导未知图形的面积的数学方法，体会“工具库”在解决问题中的价值。
- 学会用数学的眼光观察生活、思考生活，感受数学学习的乐趣和美，体会数学的应用价值。

课中实录

1. 经验唤醒，孕育新知

师：温故而知新，可以为师矣。我们学过了哪些平面图形？在这些图形中，我们已经学过了哪些图形的面积算法？（学生根据已有知识进行回答，教师根据回答相机板书）

师（小结）：这一个个小问题就构成了一个问题库。（板书：问题库）

师：你还记得这些图形的面积公式是如何推导出来的吗？三年级运用小正方形的个数去铺（见图5-28），从而推导出长方形、正方形的面积算法。明确长方形、正方形面积的计算都是每行个数×行数，其实质就是在求度量单位的个数。（引导学生回忆，板书：工具库、1平方厘米的面积单位卡纸）

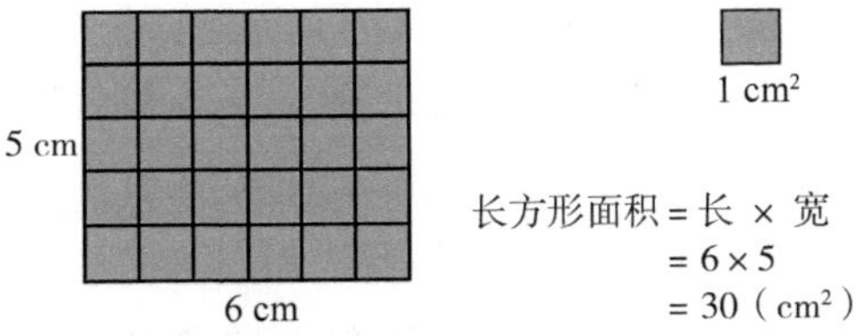

图5-28　长方形的面积公式

2. 自主探究，验证猜想

（1）展示课件，制造冲突，形成猜想。

师：这个长方形框架（见图5-29）的面积是多少平方厘米？拉动长方形框架，将它变成一

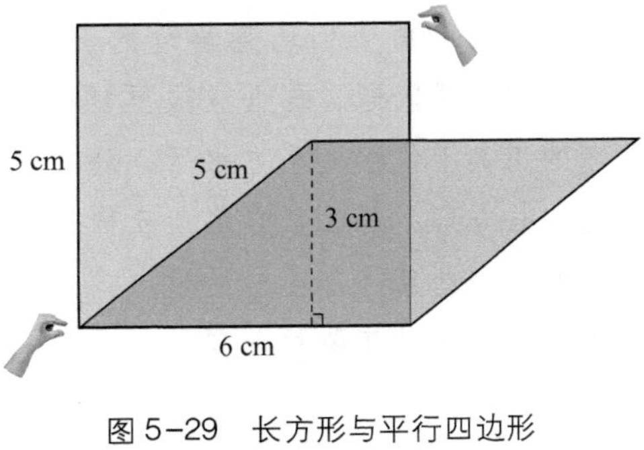

图5-29　长方形与平行四边形

个平行四边形，请你大胆猜想一下，这个平行四边形的面积该怎么计算呢？（追问，并板贴课题）

分享交流：底×高；底×邻边。

（2）活动一：自主探究，验证猜想。

师：同一个平行四边形的面积，怎么会有两种答案呢？你准备怎样验证自己的猜想？

教师组织学生分享交流验证方法，并组织学生自主探究（借助学习单，用你喜欢的方式数一数、画一画、移一移，验证你的猜想；想办法在学习单中清楚地表示出你的思考过程），完成学习单。教师通过巡视，收集典型作品，投影反馈不同的方法。全班集体观察、交流验证方法。

① 投影展示数方格的作品（见图 5-30、图 5-31）。

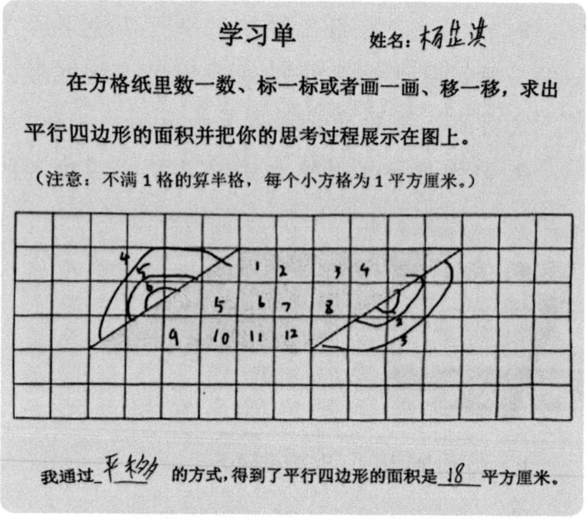

图 5-30　学习单展示（一）

师：他是通过数一数发现整格一共有 12 格，把不足一格的算半格，拼在一起，发现面积是 18 平方厘米。

② 投影展示剪拼的作品。

师：他是把这个三角形这一部分平移到左边去，就能拼成一个长方形，面积也是 18 平方厘米。他给我们提供了一个很好的思路，像这样剪一剪、拼一拼的方法，在数学上我们把它叫作“割补法”。

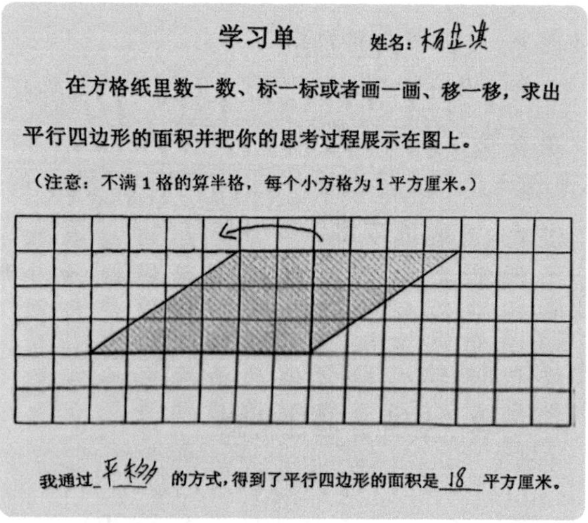

图 5-31　学习单展示（二）

（3）对比优化，初步感受转化。

师：这两种方法你更喜欢哪一种？为什么？（学生独立思考，交流想法）

生：我更喜欢第二种，因为剪拼成我们学过的长方形会使计算变得更加简单。

师（小结）：同学们都很善于观察、思考，遇到困难时，不但知道通过数格子把复杂的问题变得简单，还把没学过的平行四边形割补成我们已经学过的长方形，巧妙地解决了问题。那么在这里解决面积问题的工具不仅仅是小方格了，还有我们学过的长方形，那么长方形也变成了工具库里的一个小工具。（移动板书，将长方形卡片移动到“工具库”里）

3. 合作探究，经历过程

（1）活动二：小组合作，演绎推理。

师（引导）：同学们用不同的方法都得到了相同的结论，证明了底乘以高这个猜想是正确的，可见平行四边形的面积与底和高以及长方形都有着密切的联系。那是不是所有的平行四边形都可以割补成长方形？都可以用“底×高”来计算吗？

展示课件，教师出示活动要求，组织学生小组合作探究，通过教师下发的学具（剪刀，三个形状、大小不同的平行四边形），进行分工合作，动手操作并由组长填写小组探究单（见图5-32），完成后小组交流、讨论三个问题。

（2）沟通方法，寻找共性。

学生通过投影展示、汇报自己剪拼的过程（见图5-33～图5-35）。教师组织学生集体观察、交流、讨论不同的剪拼方法。组织学生上台展示和介绍自己的剪拼过程，并反馈交流。

师：仔细观察，想一想：这样的剪法还会有多少种？为什么？（追问）

1. 小组分工合作

剪一剪、拼一拼，把学具袋中的平行四边形割补成长方形，最后由组长汇总数据，完成小组探究单。

2. 小组交流讨论

（1）割补后的长方形与平行四边形的面积相等吗？

（2）长方形的长和宽与平行四边形的底和高有什么关系？

（3）根据长方形的面积公式，怎样求平行四边形的面积？

图5-32 小组探究单

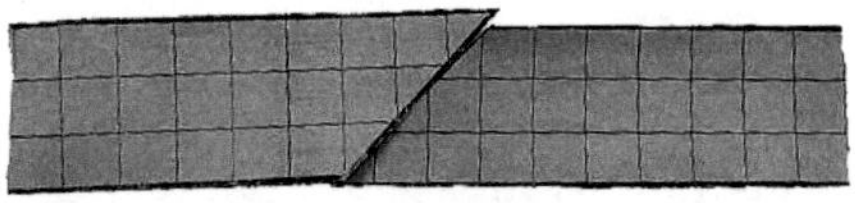

方法一

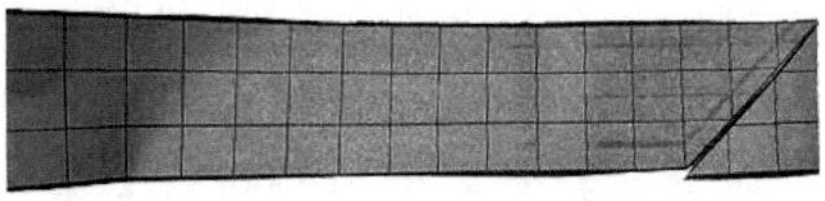

方法二

图5-33 平行四边形的剪拼作品（一）

师（小结）：因为平行四边形有无数条高，所以一个平行四边形会有无数种剪法。

师：我们可以把平行四边形剪拼成正方形来计算吗（见图5-34）？为什么？（引导学生进行辨析交流）

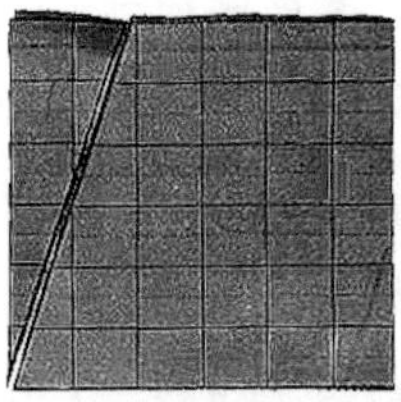

图5-34 平行四边形的剪拼作品（二）

师（小结）：正方形是特殊的长方形，且正方形的面积我们也会计算，那正方形也可以作为我们研究面积问题的一个新工具，我们可以把它移入工具库里。（将正方形卡纸移入到工具库里）

师：老师发现有个同学是这么剪的，她怎么拼，都拼不成长方形，这是为什么呢？（展示剪拼作品，图5-35）为什么要沿着高线剪开？（追问）

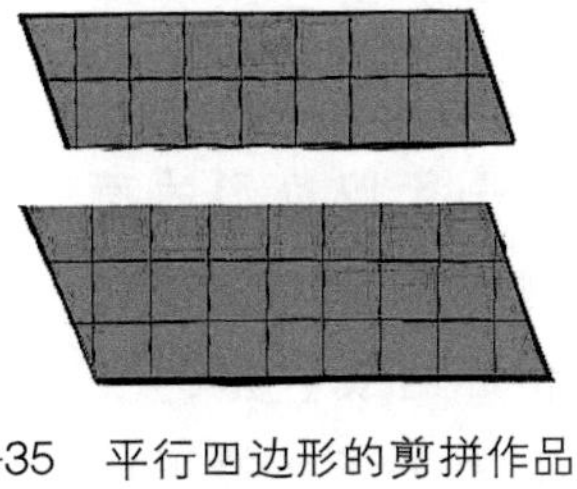

图5-35 平行四边形的剪拼作品（三）

师（小结）：沿着高线剪开，平移后能拼成长方形。

课中反思

① 学生困惑："为什么要沿着高线剪开"。课中发现学生对于"为什么要沿着高线剪开平行四边形"这一步骤存在困惑。当我在演示或引导学生操作将平行四边形沿高线剪开并拼接成长方形时，部分学生显得不解，他们不明白为什么要选择这样的剪切方式，以及这一步骤与推导平行四边形面积公式有何关联。

② 学生产生这一困惑的原因。

缺乏直观理解。学生对于平行四边形的高和底的概念可能还不够清晰，没有直观地认识到高在平行四边形面积计算中的重要性。

操作经验不足。缺乏足够的动手操作经验，没有通过实际操作来感受沿着高线剪开平行四边形后，形状如何变化，以及这种变化如何帮助推导出面积公式。

逻辑思维未形成。还没有形成从具体到抽象的逻辑思维，难以理解为何通过沿着高线剪开并拼接，可以将平行四边形转化为长方形，从而推导出面积公式。

③ 调整了教学预案，解决了困惑。

加强概念教学。引导学生回顾了平行四边形高和底的概念，通过实物演示、图例展示等方式，帮助学生形成直观的认识。同时，强调高在平行四边形面积计算中的关键作用。

增加操作环节。在课堂上增加动手操作环节，让学生自己剪开平行四边形（沿着高线），并尝试拼接成长方形。通过实际操作，学生可以直观感受到剪切方式的选择对于形状变化的影响，以及这种变化如何帮助推导出面积公式。

引导逻辑思维。在操作过程中，引导学生观察、比较剪切前后的形状变化，引导他们思考为什么沿着高线剪开可以拼接成长方形。通过提问、讨论等方式，激发学生的思维活力，帮助他们形成从具体到抽象的逻辑思维。

以上调整有效解决了学生对于"为什么要沿着高线剪开"的困惑，提高他们的直观理解能力和逻辑思维能力，为后续学习其他几何图形的面积计算打下坚实的基础。

（3）建立联系，推导公式。投影展示一个小组探究单（见图5-36），组织学生集体观察表格数据。

小组合作：组内每人任选一个平行四边形，通过剪拼、割补成长方形，由组长填写数据（取整厘米数），完成下表。

图形	平行四边形			剪拼后的长方形		
序号	底/cm	高/cm	面积/cm²	长/cm	宽/cm	面积/cm²
①	16	3	48	16	3	48
②	6	6	36	6	6	36
③	9	5	45	9	5	45

图5-36 小组探究单

师：观察原来的平行四边形和割补后的长方形之间有什么联系？你们组有什么发现？谁来汇报你们组的发现？

生：平行四边形的面积等于转化后长方形的面积，转化后的长方形的长相当于原来平行四边形的底，长方形的宽相当于原来平行四边形的高，由于长方形的面积=长×宽，所以平行四边形的面积=底×高。

师（小结）：通过操作与观察数据，我们发现任意一个平行四边形都可以剪拼成一个与它面积相等的长方形。这里面蕴含了一个重要的数学思想——转化，我们可以把新知转化为旧知，再借助旧知识来解决新问题，从而推导出平行四边形的面积等于底乘以高。（教师相机板书“平行四边形的面积=底×高”）

（4）教师展示动画课件（见图5-37），学习多种不同的转化方法，拓宽学生的思维，体会数学的奇妙。

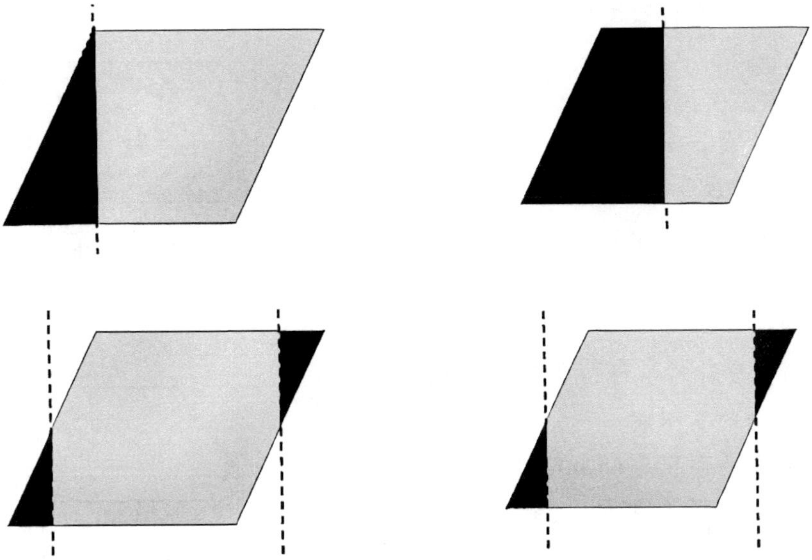

图5-37　平行四边形的不同剪拼尝试

（5）简化表达，感受简洁之美。

师：大道至简，简洁永远是数学追求的目标。如果用字母 S 表示面积，a 表示底，h 表示该底对应的高，那么平行四边形的面积计算公式可以怎么表示（板书 $S=a\times h$）？

（6）几何直观，反思论证。教师借助几何画板的视频（见图5-38），直观展示拉动长方形框架的变化过程。

师：为什么平行四边形的面积不能用“底×邻边”来计算呢？

师：拉动的平行四边形与原来的长方形相比，什么在变？什么是不变的？（学生在观察中独立思考，在“变”与“不变”中找到联系，自由汇报）

师（小结）：当底不变时，平行四边形的面积会随着高的变化而变化。但是在拉动的过程中，周长始终不变。

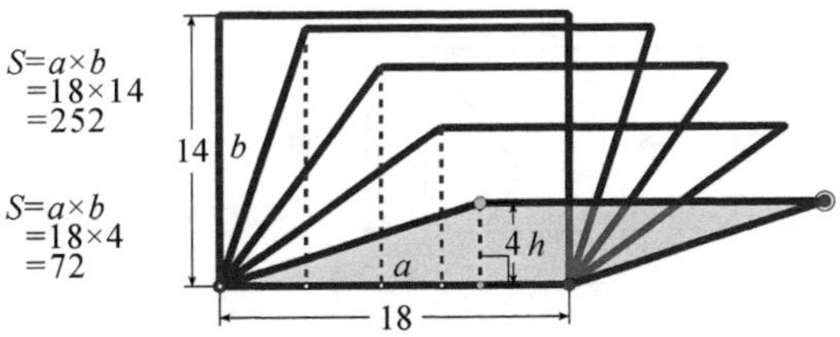

图5-38　平行四边形的面积

4. **巩固内化，拓展延伸**

（1）联系生活，内化公式（见图 5-39）。教师引导学生尝试练习，利用班级优化大师随机抽选一个学生口答算式并说清楚解题思路。

得出算式：$S = a \times h$

$= 3 \times 5$

$= 15\ (m^2)$

师：数学既来源于生活，又应用于生活。其实现实生活中有许多关于平行四边形的面积问题，我们一起去看看吧！

（2）变式练习，活用公式。学生独立思考并尝试解答，完成后汇报交流。

方法一：$6 \times 8 = 48\ (m^2)$

方法二：$12 \times 8 = 96\ (m^2)$

师：哪一种方法才是正确的呢？为什么？（引导学生观察、辨析）

师（小结）：要计算平行四边形的面积，平行四边形的底要和对应的高相乘。

师：已知花圃的面积是 48 m^2，以 12 m 为底，求出底所对应的高（见图 5-40）。（思考交流后做变式练习）

方法：$48 \div 12 = 4\ (m)$

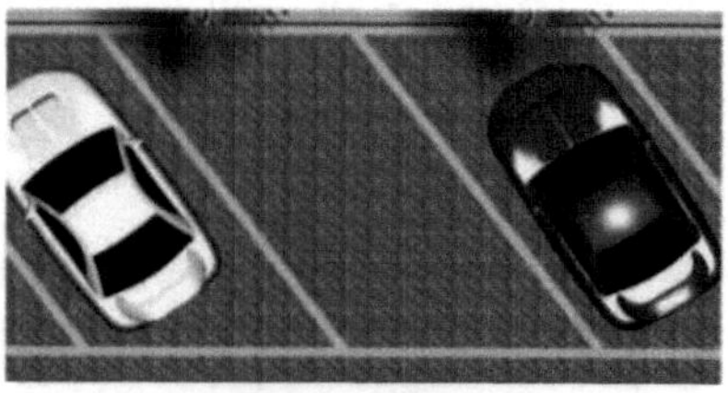

一个平行四边形的停车位，底长3米，高是5米，它的面积是______平方米。

图 5-39 停车位的面积

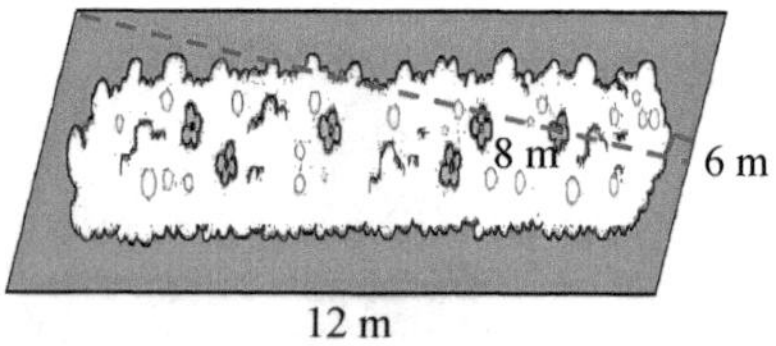

计算：这个平行四边形花圃的面积是_____m²。

图 5-40 花圃的面积

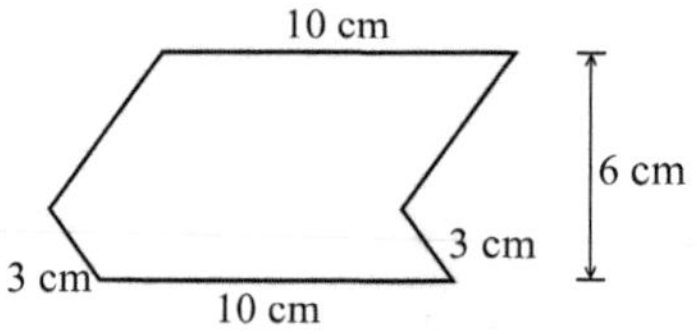

图 5-41 不规则图形的面积

（3）深化理解，拓展公式（见图 5-41）。学生独立计算，完成练习；投影展示学生的多种转化方法（见图 5-42），集体观察、交流。（指名学生分享解题思路和转化过程）

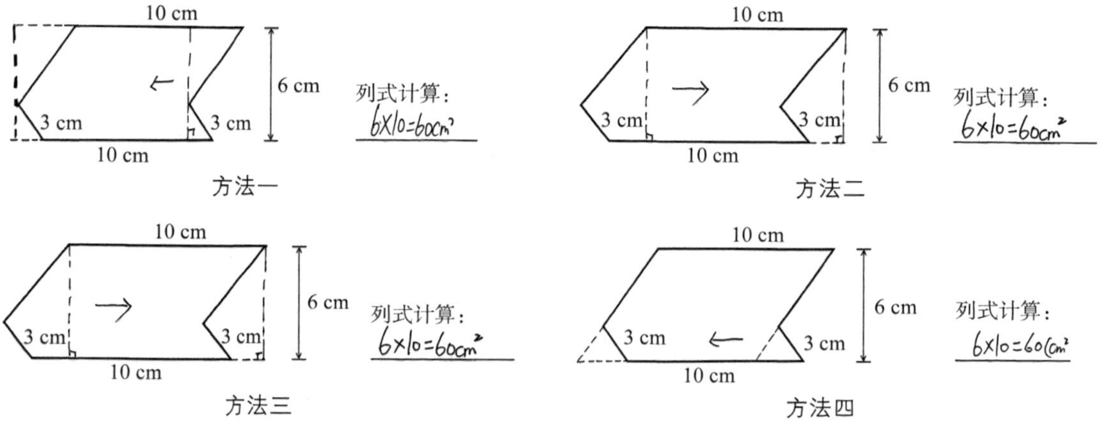

图 5-42 不规则图形的面积计算

师（小结）：我们可以运用知识转化的方法将不规则的图形转化成我们学过的长方形、平行四边形，那么平行四边形它就不再是我们的问题，它反而成为我们解决其他面积问题的一个新工具。工具库里的工具越多，解决问题的方法就越多。（将平行四边形卡纸移动到工具库）

5. 反思总结，整体建构

（1）回顾梳理，提炼方法。

师：回顾探究过程（见图5-43），你有什么收获？

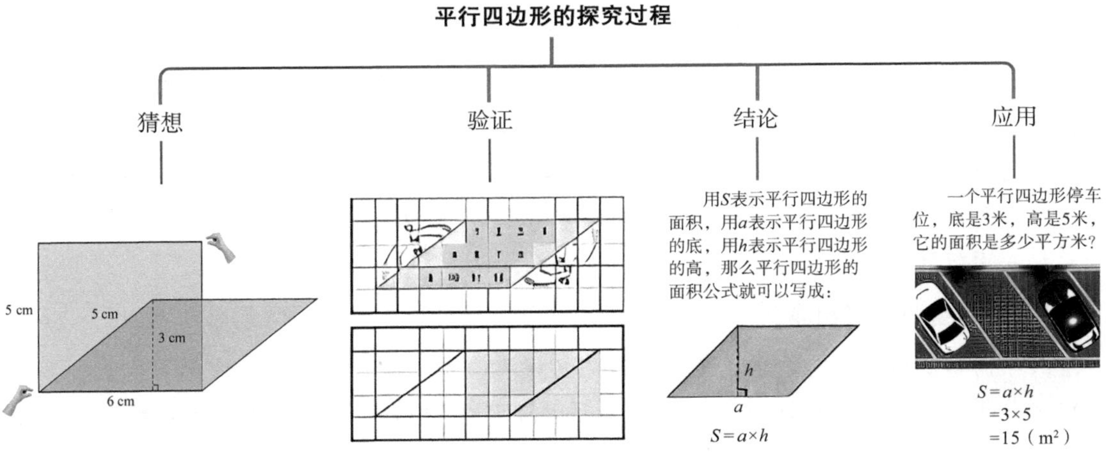

图5-43　平行四边形面积的探究

师（小结）：我们一开始是根据拉动长方形框架变成了平行四边形，提出了猜想；再通过数方格、剪拼等活动将平行四边形转化成了我们学过的长方形来验证了猜想；继而沟通了它们之间的联系，推导出了平行四边形面积的计算方法，并通过几何画板视频进一步深化理解了公式，破除了一开始的错误猜想；最后还应用这些结论解决了一些生活中的实际问题。像这样经历“猜想—验证—结论—应用”的过程，在学习数学上是非常重要的。（板书：猜想—验证—结论—应用）

（2）反思提炼，举一反三。

师：同学们，今天的学习对你们今后研究问题库里的图形面积有何启示？

生1：我们可以运用今天的学习经验，通过“猜想—验证—结论—应用”的方法去研究新图形的面积。

生2：我们可以把将来要研究的问题库里的三角形、梯形等图形，想办法转化为工具库里面我们学过的图形，从而推导出它们的面积公式（板书设计，见图5-44）。

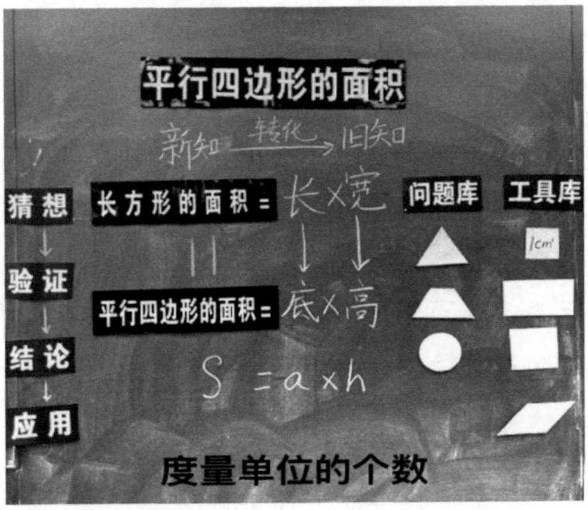

图5-44　板书设计：平行四边形的面积

师：在探索平行四边形面积公式的时候，把平行四边形转化成长方形的目的是什么？

生：平行四边形的面积，其实也是看图形里包含多少个单位。把平行四边形转化成长方形，长方形的面积我们会求，用每行个数×行数，通过转化，把不方便数的图形转化成方便数的图形，进而得出平行四边形的面积。

师：对比长方形、正方形、平行四边形面积的计算，它们有什么共同点？

生：不管算什么图形的面积，都是在算度量单位的个数。

课后反思

长期以来，教师已习惯于依据教材编排实施“点状式”教学，但在本节课的设计中，我们跳脱了“平行四边形的面积”这节课单一知识点的局限，着重于“结构化”教学策略，从更广阔的单元视角出发来规划课堂。在“多边形的面积”的教学过程中，转化被确立为核心思想，整个单元都是围绕将待求图形面积转化为已知图形面积的方法展开。因此，“平行四边形的面积”这节课扮演着“种子课”的角色，起着承上启下的转化本质、构建统一面积计算观念的关键作用。

1. 追本溯源，突出本质

数学的本质结构要求数学教学必须追溯其根源。为了精确把握学生的学习起点，我通过前测分析、数据统计及访谈，深入了解了学情，发现由于长方形面积学习经验的负迁移，多数学生错误地认为平行四边形的面积可能是“底×邻边”。因此，课程一开始，我便通过复习已知平面图形面积的计算方法及推导过程，激活学生的“知识源”，调动其已有的学习经验，同时揭示面积的本质，为新知识的猜测提供了基础平台。

在新知识传授环节，设计了以问题情境为导向的数学课堂，直接面对学生的学习困惑和最近的知识增长点。通过创设拉动长方形框架的直观情境，激发学生的认知冲突，并精心设计教学问题“平行四边形的面积是底×高，还是底×邻边”，将课堂的主动权交给学生，以问题驱动的方式暴露学生的真实思维。在此基础上，提出大问题引导“你打算如何验证你的猜想”，鼓励学生运用已有知识经验进行自主探究和自我建构，回归到基础的“数格子”方法，加深对面积本质的理解，更好地服务于学习目标。这一过程不仅通过“数”让学生感受到度量的一致性，发展了量感，还通过不同“数”法的对比、优化，催生了新方法，即割补法的应用，使学生在从“错误”走向“正确”的过程中，认知更加深刻。在此过程中，我们引导学生深入理解转化的本质，即为了方便计数和计算，将复杂的、未知的问题变成已知的问题，从而得出新图形的面积。通过对比长方形、正方形、平行四边形面积的计算，学生发现它们的共同点在于，无论哪种图形，面积的计算本质上都是度量单位个数的计算。这一发现有助于学生形成统一的面积计算观念，为后续学习更复杂的图形面积计算奠定坚实基础。

2. 联结融通，形成结构

本节课，立足单元教学，致力于帮助学生构建知识体系。在教学过程中，我始终围绕

“猜想—验证—结论—应用”这一主线，坚持使用“剪、移、拼”的操作方法，通过自主探究、小组合作、讨论分享等形式，让学生亲身经历知识的形成过程，运用转化思想感知等积变化的内涵。这样，学生就能将“新知”转化为“旧知”，顺利推导出平行四边形面积的计算公式。在转化过程中，教师从高观点视角出发，将学生的起点定位于实际操作，通过“工具库”和“问题库”之间的转换作为实操抓手，使“转化”思想潜移默化地渗透到每个学生的心中，从而被广泛地应用于三角形、梯形、组合图形乃至圆的面积问题中。

在小结环节，我提问：“今天的学习对你们今后研究问题库里的图形面积有何启示?”学生的精彩回答令人惊喜，如“可以将两个完全一样的三角形拼成工具库里的平行四边形再除以二计算面积”“可以通过割补法将梯形转化为工具库里的长方形”等。尽管初步设想的方法尚需完善，但这种结构化学习方法打破了知识的“隔断墙”，打开了学生的思维，使学生从“学会”平行四边形的面积计算迈向了“会学”所有面积的计算。

3. 课堂中的几个精彩片段

（1）知识网络的构建与核心观点的明确。本次教学的一大亮点在于成功构建了完整的知识网络，并明确了面积计算的核心观点。通过梳理回顾已学的图形及其面积算法，学生不仅巩固了基础知识，还深刻理解了长方形、正方形面积计算的实质——每行个数乘以行数，也就是在求度量单位的个数。这一核心观点的提出，帮助学生深化了对面积计算本质的理解，使他们意识到研究面积是一个从“问题”逐步转化为“工具”的探索过程。这种教学方式启发了学生用全新的视角来探究平行四边形的面积，有效拓宽了他们的思维边界。

（2）认知冲突的构造与学习方法的创新。教学中巧妙地构造了认知冲突，直面学生学习平行四边形面积时的疑惑。通过拉动长方形的情境进行猜想，并结合前测发现学生普遍存在“底×邻边”的错误计算方法，教师巧妙地引导学生“退”到基础的“数格子”方法。在这一过程中，学生通过对比、优化、衍生新的方法，最终发现了割补法的应用。这种从“差错”走向“正确”的过程，使学生的认知更加深刻，学习驱动力也更强。

（3）数学思维的培养与知识间的联系。本次教学注重培养学生的数学思维，通过任务驱动和学具操作，学生在自主探究、小组合作和动手实践中感受“转化”这一数学思想。学生在操作、观察、思考、分享的过程中，思维不断拓展，通过寻找联系，进而推导、概括出平行四边形的面积计算公式。教学最后回到本课开始时的矛盾冲突，借助几何画板深究为什么不能用“底×邻边”计算平行四边形的面积，加强了学生对平行四边形面积及周长的异同理解，达到了深度学习的效果。

（4）练习设计的层次性与整体性的结合。本次教学的练习设计层次性与整体性相结合，由浅入深、分层递进、环环紧扣。“变”与“不变”的辨析，不仅加深了学生对知识深层次的理解，还进一步完善了知识的整体建构与联系。通过一题多练和渗透对应思想，以及计算不规则图形的面积，学生在“工具库”和“问题库”的调换中，无痕地植入了转化意识的种子。这种教学方式不仅让学生学会了平行四边形的面积计算，还为他们后续学习三角形、梯形的面积计算打下了坚实的基础，打通了知识的“隔断墙”。

通过本次教学实践，我深刻体会到深化转化本质、构建统一面积计算观念的重要性。在未来的教学中，我将继续探索和实践结构化教学策略，助力学生构建起既能体现数学学科本质，又能为未来学习提供坚实支撑的结构化数学知识体系，从而促进学生核心素养的全面发展。

第二节　对新教材的实践与反思

“三新”背景下，课堂教学改革正以前所未有的深度和广度推进，为教师们提供了广阔的创新与实践空间。新教材作为教学改革的重要载体，不仅承载着新的教育理念，也要求教师们在实践中不断探索、反思与调整教学策略。本节将聚焦于对新教材的实践与反思，通过具体案例的赏析，探讨如何在“三新”背景下，将反思性教学融入日常教学实践，以促进学生核心素养的全面发展。新教材的实施，对教师而言既是机遇也是挑战。它要求教师不仅要熟悉教材内容，更要深入理解其背后的教育理念和教学目标，将知识传授与能力培养相结合，注重过程性评价与结果性评价的有机统一，在这一过程中，反思性教学显得尤为重要。通过不断反思教学实践，教师们可以及时发现问题、总结经验、调整教学策略，以适应新教材的要求和学生的学习需求。

本节将通过几个典型的教学案例，展示教师们如何在新教材的实施过程中，运用反思性教学的方法，探索高效、互动、个性化的教学模式。这些案例涉及了多种教学策略和方法，旨在为一线教师提供可借鉴的实践经验和启示。通过深入分析这些案例，我们期望能够激发更多教师对反思性教学的关注和思考，共同推动课堂教学改革的深入发展。

一、真问题驱动下的项目式学习

案例

以罐为媒“嫁”黄桃

——STEN 课程开发与实践项目学习设计

根据湖南省跨学科项目设计师专项研修（A504）第八小组的汇报作品改编

课前反思

1. 项目背景

2021 年 8 月，我有幸参与了“国培计划（2021）”湖南省跨学科项目设计师专项研修（A504）。在此期间，我的朋友圈被一股浓厚的黄桃宣传氛围所包围，上至邵东市的宣传部部长，下至乡镇干部及老师，都在为当地盛产的黄桃积极发声。尽管邵东黄桃品质上乘，却因销售渠道未完全打开和保鲜技术的限制，果农面临销售难题，黄桃的经济价值难以得到充分实现。正当我们小组需要构思一个既具实践意义又能展现学习成果的项目时，这个身边的真实问题激发了我们的灵感。我们深刻认识到，项目的真正价值在于解决实际问题，服务于社会，于是，“以罐为媒‘嫁’黄桃”项目应运而生。该项目旨在通过引导学生设计并制作黄桃罐头，不仅能为果农提供一个新的销售渠道，还能延长黄桃的保鲜期，实现其经济价值的最大化。

2. 指导思想与理论依据

本项目以创造性问题的解决能力为导向，以探究活动为载体，强调学生的主体地位。通过小组合作，引导学生亲历“需求—设计—制作—评价”等探究实践过程，获取设计、制作黄桃罐头的经验，培养学生的工程意识、创新思维、科学探究精神、社会责任感以及分析、解决问题的高阶思维能力。

3. 项目目标

“以罐为媒‘嫁’黄桃”项目以真问题为驱动，以核心素养为导向，跨学科的项目式学习，有助于提升学生的综合素养，为未来的学习和生活打下坚实的基础。

知识与技能：掌握黄桃罐头的制作方法和标签设计技巧。

核心素养：培养科学观念，明确健康饮食标准，了解食品保质期延长的方法；培养科学思维，从不同角度分析问题，提出创新解决方案；通过小组讨论和实践操作，掌握食品加工方法；培养合作、分享的科学态度，增强社会责任感。

4. 跨学科整合

本项目涉及科学、数学、语文、美术、综合实践等多个学科，通过跨学科整合，促进学生全面发展。例如，科学学科关注物质溶解和溶液、材料选取与测量；数学学科涉及几何图形测量面积、测量容量、百分比、成本计算；语文学科则通过说明文写作和广告标语创作提升学生的语言表达能力；美术学科则提升学生的审美和创造能力。

课中实录

<table>
<tr><td colspan="2">学科：科学</td><td>项目时长：一星期</td></tr>
<tr><td colspan="2">相关学科：语文、美术、数学、综合实践</td><td>年级：六年级</td></tr>
<tr><td colspan="3">学情分析：六年级的学生已经具备了一定的探究实践能力和社会责任感；他们通过劳动教育、综合实践课程等已经初步掌握了食品加工的基本方法；在数学学科上通过容积、表面积、比例、数据统计等概念与方法的学习具备了一定的量感和数据意识。工程意识、创新思维的培养是本节课的重点，也是难点</td></tr>
<tr><td>核心知识</td><td colspan="2">项目涉及的主要知识点：
数学——几何图形测量面积、测量容量、百分比、成本计算等。
科学——物质溶解和溶液、材料选取与测量、探究加工方法。
工程——定义材料、时间和成本，提出验收标准，成果物化。
语文——说明文写作，广告标语写作。
美术——标签设计，产品设计</td></tr>
</table>

续表

<table>
<tr><td>核心
知识</td><td colspan="2">学科关键能力和核心素养：
科学观念——明确“制作过程卫生是健康饮食的标准”，知道让食物保质期更长需要一定的条件，了解食品标签设计的基本方法；
科学思维——从不同角度分析、思考“怎样帮助果农卖黄桃”这一问题，创造性地提出新颖而有价值的观点和解决问题的方法，并能通过图片、文字等实物阐明自己的创意，培养学生的创新思维；
探究实践——小组讨论设计加工方案、食品标签等，利用工具和材料进行洗净、去皮、去核、沸煮、封装等实践过程，掌握健康黄桃罐头的加工方法，培养学生的探究能力；
态度责任——培养善于合作、乐于分享的科学态度；满足顾客的需求制作黄桃罐头，培养推进生态文明建设和可持续发展的社会责任感</td></tr>
<tr><td rowspan="2">驱动性
问题</td><td colspan="2">本质问题：设计制作黄桃罐头</td></tr>
<tr><td colspan="2">驱动性问题：又是一年黄桃成熟的季节，大量的黄桃上市了，我们邵东产的黄桃更是营养可口。可果农伯伯现在碰到了一个大难题，黄桃太多了，来不及卖，盛夏高温，很容易坏。你有什么好办法加工黄桃，让其保质期比新鲜黄桃更长，产生更大的价值呢？</td></tr>
<tr><td rowspan="3">成果
展示与
评价</td><td>个人成果：完成清洗、去皮、切片、封罐、记录、罐头标签设计等分工任务</td><td>评价的知识和能力：知道黄桃罐头制作的方法、标签设计的要求</td></tr>
<tr><td>团队成果：合作设计并制作6瓶黄桃罐头</td><td>评价的知识和能力：小组成员都顺利完成任务，并能够相互评价交流</td></tr>
<tr><td colspan="2">成果公开方式：网络发布（ ） 成果展（✓） 张贴（ ）</td></tr>
<tr><td>高阶
认知</td><td colspan="2">主要高阶认知策略：问题解决（✓） 决策（ ） 创见（✓） 系统分析（ ）
实验（✓） 调研（ ）</td></tr>
<tr><td>实践与
评价</td><td>涉及的学习实践：探究性实践（✓）
社会性实践（✓） 调控性实践（ ）
审美性实践（ ） 技术性实践（✓）</td><td>评价的学习实践：探究性实践（✓）
社会性实践（✓） 调控性实践（ ）
审美性实践（✓） 技术性实践（ ）</td></tr>
<tr><td>项目
实施
过程</td><td colspan="2">入项准备
1. 探究方式：六人一组，小组分工、合作。
2. 材料准备：新鲜黄桃、蒸煮器具、电子秤、白砂糖、隔热手套、马克笔，小组准备一个盒子，里面放消毒杀菌过的器具（包括手套，空罐头瓶，小刀、果皮刨，一块切板，两张放果皮的白纸，几张纸巾）；每组准备一瓶黄桃罐头成品。
3. 美食助理招募：家长志愿者或学科组成员。
4. 设计子问题：
（1）你有什么办法知道黄桃罐头的材料组成？它们各是多少？
（2）利用现有的工具和材料你能制作出健康、卫生的黄桃罐头吗？
（3）如何设计富有创意而又简洁美观的黄桃罐头标签？
【设计意图】尊重学生的个体差异，进行合理分组，培养学生团队协作的科学态度；助手招募为团队提供必要的项目支撑，构建家校社教育大融合的教育生态；结合真实情境，围绕“工程设计与物化”这一核心概念，设计具有开放性、挑战性和进阶性的问题链，可不断驱动学生持续进行创造性的项目活动探究与实践</td></tr>
</table>

续表

<table>
<tr>
<td>项目
实施
过程</td>
<td>
知识与能力建构
任务一：了解黄桃罐头的材料组成
1. 实物体验，感知特点。
今天，你们都是小小美食家。老师为每个小组都准备了一瓶黄桃罐头，请同学们先观察一下黄桃罐头，想想黄桃罐头是由哪些材料组成的？在美食助理的帮助下开启黄桃罐头，倒入你们面前的一次性塑料杯中（连果肉带汤）。请同学们观察并品尝黄桃罐头，完成观察记录。
黄桃罐头观察记录
<table>
<tr><th>吃起来的感觉</th><th>由什么组成</th><th>评价口感（☆☆☆☆☆）</th></tr>
<tr><td></td><td></td><td></td></tr>
</table>
2. 汇报交流，明确材料。
观察（预设）：黄色的、口感是软的、味道是甜的、液体是浓稠的；由黄桃、水、糖组成。
【设计意图】赋予学生“小小美食家”这一虚拟身份，让团队成员在真实的情境中完成项目研究和挑战。通过观察感知实物的口感、味道、色泽等，猜想黄桃罐头的材料组成，为制作黄桃罐头提供知识支架。

任务二：研究制作黄桃罐头的方法和步骤
1. 科普阅读，确定标准。阅读中国健康网的《黄桃罐头对身体健康的影响》一文。
师：我们今天制作黄桃罐头，你会做一种什么样的罐头？（健康、卫生）
2. 讨论交流，设计方案。
① 你们觉得应该怎么做呢？（引导学生小组讨论）
② 小组反馈。
方案 1（预设）：洗净黄桃，削皮，切果肉，加水，加糖，装罐。
方案 2（预设）：洗净黄桃，削皮，切果肉，煮熟，加糖，带汤倒出到碗里。（要不要沸煮？引导出健康、卫生的考虑）
③ 梳理流程，小结方法：洗净—去皮—切片—加水—加糖—沸煮—装罐。
④ 温馨提示，完善方案：
师：那我们现在确定了步骤，你还有要提醒同学们注意的地方吗？（注意卫生、不能加多糖、注意用刀安全、注意沸煮安全等）
师：安全是前提，食品的健康卫生也同样重要，那怎样做到健康卫生？（注意戴口罩、戴一次性手套清洁果实、装罐设备要消毒等）
师：你们的操作工具，包括手套、刀具等都在这个已经消毒的盒子里面了，每组领一个盒子。（提供工具盒）
⑤ 溶液浓度方法研究：
师：怎么加糖，加多少合适呢？说说你的方法和理由。（引导学生结合“物质在水中的溶解”这一科学概念进行设计与交流）
⑥ 微课指导：怎样洗？洗几遍？怎么去皮？怎样去核？怎么切片？沸煮后放哪里？
【设计意图】在学生原有认知的基础上，利用小组讨论交流的方式，借助百度搜索引擎、微视频等信息技术手段有针对性地引导学生进行黄桃罐头制作的方案设计，提高学生科学探究与实践的能力，培养学生严谨、理性的逻辑思维
</td>
</tr>
</table>

续表

<table>
<tr>
<td>项目实施过程</td>
<td>
探索与形成成果
任务三：制作黄桃罐头
1. 组内分工，启动方案：沸煮这个艰巨的任务就交给各组的项目助理吧！其他步骤就交给你们了。这是你们的任务单（出示任务单），没有问题的话，我们就开始吧！完成目标一的小组就到老师这里领取材料。
2. 有序制作，观察质疑：同学们完成洗净、去皮、切片，放入罐头瓶中，美食助理帮助各团队将待制作的罐头放入蒸锅中，等待蒸煮完成。
制作黄桃罐头的任务单
小组成员：　　　　　　　　　　　　　　　　　　日期：
<table>
<tr><th>目标</th><th>过程</th><th>自评（☆☆☆☆☆）</th></tr>
<tr><td>一、保障安全合理分工</td><td>1. 我们小组能做到安全第一，能在去皮、切片时做到不伤手；
2. 我们是这样分工合作的。（谁负责什么，可以图文结合）________</td><td></td></tr>
<tr><td>二、有序制作并仔细观察</td><td>1. 我们能按计划有顺序地进行制作；
2. 在这个制作的过程中，我的观察发现是：________
____
3. 在观察中，我产生了新的问题是：________
________</td><td></td></tr>
</table>
【设计意图】生生合作或师生合作有序进行操作实践以回应驱动性问题，项目助理协助团队完成蒸煮任务，确保学生在项目实施过程中的安全；对学生进行过程性评价，鼓励学生们分工协作、仔细观察、积极思考；培养学生的安全意识、问题意识和质疑精神。

任务四：设计产品标签
1. 引导学生发现问题。
师：黄桃罐头制作完成了（拿出一个现成的实物罐头），如果要拿去推销给别人，是不是还缺点什么？（问题预设：包装、标签）
2. 讨论交流。
师：怎么设计桃罐的标签呢？
① 认识标签。出示几张果蔬罐头标签图，小组讨论一下，哪些内容是必不可少的？（内容包括：名称、配料、质量、生产日期、保质期、食材比例等）
② 设计标签。如何设计既富有创意又简洁美观的黄桃罐头标签？
师：请每个小组分别设计制作黄桃罐头标签，并贴于本组黄桃罐头外壳上。（必做）
师：朗朗上口的广告标语也可以让标签更有新意，能吸引顾客促进产品销售，尝试为你们组的产品设计一个商标和一句广告标语吧！（鼓励学生挑战设计，选做）
【设计意图】标签的设计与制作是解决“制作黄桃罐头”这一本质问题的升级任务，可以将项目工程设计物化的结果更好地呈现。学生掌握了说明文的阅读和写作技巧，对广告标语的设计还没有专门的指导（《语文（七年级上册）》的“口语交际”有所涉及），因此设置了“必做”和“选做”两项任务，鼓励学生运用跨学科知识解决问题，培养学生的创新意识、艺术表现和审美感知能力
</td>
</tr>
</table>

续表

项目实施过程

评价与建议

1. 味道评价。

师：我们亲手制作的罐头已经制作好了，现在请大家打开罐头，小小美食家将到各组去相互品尝，并进行小组互评。

2. 标签评价。

师：展示自己小组设计的标签，并分别给其他组评分。(出示评价表)

第(　)组黄桃罐头评价表

组别	味道评价		标签评价		评价标准
	果肉软而不烂	汤液甜而不腻	图案有创意	内容吸引人	
第一组					一档　☆☆☆☆☆ 二档　☆☆☆☆ 三档　☆☆☆ (小组互评)
第二组					
第三组					
第四组					
第五组					

3. 各团队根据产品验收活动作出评价，对不足之处提出改进建议。

【设计意图】 作品验收环节，通过小组互评的方式对各团队作品进行评估，发现存在的问题并进行改进，有助于学生形成物质与能量、稳定与变化等跨学科概念。通过实践操作、体验，学生可以在理解学科概念的同时，更好地领会和理解跨学科概念的内涵，培养学生的优化意识。

展示成果

1. 成果展示：各小组向学生、家长和社会进行成果展示和宣讲活动；

2. 智慧售卖：小组成员市场调研合理定价，在校门口以爱心义卖的方式售卖，或尝试通过网络平台推销产品；

3. 成长日记：小组成员写成长日记记录自己的经历和体会，向《株洲日报》投稿。

【设计意图】 通过开展成果展销会，售卖、体验、分享产品等多项活动，鼓励学生创造性地多元表达，培养学生的成本意识、乐于表达的科学态度和支持乡村产业发展的社会责任感。

课中反思

1. 项目改进。

师：回顾项目设计和实施的过程，想一想哪些环节可以改进，理由是什么？(环节：健康、卫生、安全、比例、成本、时间等)

2. 价值优化：统计所得，规划如何用义卖的钱帮扶助学，让我们的项目活动更有价值和意义。

3. 迁移方法：运用项目实施过程中学到的方法和技能，尝试制作其他果蔬罐头。

4. 项目拓展：除了制作罐头，还有哪些方法可以让黄桃的保质期更长？我们可以怎么设计和实施方案？

续表

项目实施过程	【设计意图】通过项目改进、价值优化等方式复盘项目实施过程，发现存在的问题，寻找更好的解决问题的方法；尝试制作其他果蔬罐头，鼓励学生掌握知识迁移的方法，学以致用；驱动性的问题具有开放性、可持续研究的特点，可引导学生深入探究，不断提升学科核心素养
所学资源	1. 苏教版《数学（六年级下册）》中“立体图形的表面积与体积”“百分比”； 2. 人教版《语文（五年级上册）》中第三单元习作“介绍一种物品”； 3. 湘科版《科学（三年级下册）》中“控制溶解”及“技术工程学”的主题单元

课后反思

在本次“以罐为媒‘嫁’黄桃”的项目实践中，作为项目的设计者与实施者，我带领学生们经历了一次从理论到实践、从课堂到生活的全面学习旅程。通过此次项目实践，我深刻体会到了项目式学习在培养学生综合素养方面的巨大潜力，同时也发现了教学过程中的一些不足之处，以下是我的教学反思。

1. 项目设计的反思

（1）问题驱动的实效性：“以罐为媒‘嫁’黄桃”的项目以当地黄桃滞销的真实问题为驱动，成功地激发了学生的学习兴趣和社会责任感。学生们不仅学习了黄桃罐头的制作技能，还深刻体会到了知识服务社会的价值。然而，在项目设计初期，我对问题的挖掘和提炼还不够深入，导致部分学生对问题的紧迫性和重要性认识不足。未来，我将更加注重问题驱动的真实性和紧迫性，确保学生能够深刻体会到项目实践的意义。

（2）跨学科整合的广度与深度：本项目涉及科学、数学、语文、美术、综合实践等多个学科，通过跨学科整合，促进了学生的全面发展。然而，在实践过程中，我发现部分学科之间的融合还不够紧密，尤其是在数学和科学的应用上，学生们有时难以将理论知识与实际操作有效结合。因此，未来我将在项目设计中更加注重跨学科知识的融合与渗透，确保学生能够在实际操作中灵活运用所学知识。

2. 教学过程的反思

（1）学生主体地位的发挥：在项目实践中，我始终坚持以学生为主体的原则，鼓励学生自主探究、合作学习。学生们在小组内分工合作，共同完成了黄桃罐头的制作、标签设计和市场推广等任务。然而，我也发现部分学生在合作过程中缺乏主动性和责任感，导致小组任务进度受阻。未来，我将更加注重培养学生的团队协作能力和责任感，通过明确任务分工、建立小组评价机制等方式，确保每个学生都能积极参与到项目实践中来。

（2）教师指导的有效性：在项目实践过程中，我作为指导者，为学生提供了必要的支持和帮助。然而，我也意识到自己在某些环节的指导还不够到位，尤其是在学生遇到技术难题时，我未能及时提供有效的解决方案。未来，我将更加注重提升自己的专业素养和实践能力，确保能够为学生提供更加精准、有效的指导。

3. 教学评价的反思

（1）评价方式的多样性：在项目实践中，我采用了多种评价方式，包括小组互评、教师评价、自我评价等，全面反映了学生的学习成果和进步。然而，我也发现部分学生在评价过程中存在主观性和片面性，导致评价结果不够客观、公正。未来，我将更加注重评价方式的多样性和科学性，通过引入量化评价指标、加强评价过程的监督和管理等方式，确保评价结果的客观性和公正性。

（2）评价内容的全面性：在评价过程中，我不仅关注了学生的制作成果和市场推广效果，还注重评价学生的合作能力、创新能力、问题解决能力等综合素养。然而，我也意识到自己在评价内容的全面性上还有待提高，尤其是在评价学生的创新思维和问题解决能力时，我缺乏具体的评价标准和指标。未来，我将更加注重评价内容的全面性和科学性，通过制定详细的评价标准和指标，确保自己能够全面、准确地评价学生的学习成果。

4. 教学资源的反思

（1）教学资源的充足性：在项目实践中，我充分利用了学校和社会资源，为学生提供了必要的材料和设备支持。然而，我也发现部分教学资源在某些环节上还不够充足，尤其是在市场推广环节上，我校还不能为学生提供足够的展示平台和销售渠道。未来，我将更加注重教学资源的整合和优化配置，通过加强与企业、社区等机构的合作与交流，为学生提供更加丰富多元的学习资源和平台。

（2）教学资源的更新性：随着时代的发展和社会的进步，教学资源也在不断更新和变化。然而，我也意识到自己在某些环节上未能及时跟上教学资源的更新步伐，导致学生在某些方面的学习需求得不到满足。未来，我将更加注重教学资源的更新性和时代性，通过不断学习新知识、新技能和新方法，确保能够为学生提供最新、最前沿的学习资源和平台。

5. 总结与展望

通过本次“以罐为媒‘嫁’黄桃”项目实践，我深刻体会到了项目式学习在培养学生综合素养方面的巨大潜力。未来，我将继续深化项目式学习的教学改革与实践探索，不断提升自己的专业素养和实践能力，为培养更多具有创新精神和实践能力的高素质人才贡献自己的力量。同时，我也期待与更多同行交流分享教学经验与心得，共同推动项目式学习的发展与进步。

二、新教材使用的课堂实践与反思

案例

抓体验 重思考 感悟数

——以“10 的认识”为例

根据邵东市城区第二完全小学曾英老师的执教案例改编

课前反思

1. 这节课学生要学什么?

本节课聚焦于一年级学生对“10”的深入认识。数作为数学最基础的研究对象，其意义、表示、关系及运用是数学学习的基石。对于一年级入学刚两个多月的学生而言，他们虽已初步掌握了0~9各数的基本含义及读写，但对“10”的理解仍显肤浅。本节课旨在通过丰富的活动设计，引导学生深入理解“10”作为计数单位的意义，感受“10个一是1个十”的计数原理，体验十进位制计数法的初步应用。学生将学会在计数器上表示“10”，理解“10”在数轴上的位置，以及“10”在日常生活中的应用实例，从而构建起对“10”这一重要计数单位的全面认知。

2. 学生可能存在的问题与挑战是什么?

学生在本节课中可能面临两大难点。首先，对计数单位“十”的感悟不够深刻，难以将“10”视为一个独立的计数单位，而不仅仅是9之后的下一个数；其次，对十进位制计数法的体验不足，难以理解数位概念及数字在不同数位上表示的不同数值。这些难点源于学生对“10”的抽象意义理解不足，以及对计数单位转换和数位概念的陌生感。此外，一年级学生的认知水平有限，注意力集中时间较短，如何在有限的时间内有效地突破这些难点，成为本节课教学的关键挑战。

3. 怎么解决这些问题?

为了有效解决上述问题，本节课的教学设计将采取以下策略。首先，通过生动有趣的情境导入，如呈现10个小朋友做游戏的画面，引导学生直观感受“10”的形成，初步理解“10”是9添上1的结果；接着，通过拨珠操作等实践活动，学生亲身体验“10个一是1个十”的计数过程，深刻感悟计数单位“十”的意义；随后，适时引入计数器，让学生在计数器上拨“10”，进一步巩固对十进位制计数法的体验；此外，通过数轴教学，帮助学生明确10以内数的顺序和大小关系，加深对“10”位置的理解；最后，通过主题图提升和课堂总结，梳理本节课的知识点，并通过知识拓展“你知道吗”环节，激发学生对数学史的兴趣，拓宽视野。整个教学过程注重学生的主体参与和体验，通过多样化的教学活动，帮助学生克服难点，提升数学素养。基于此，我确定了以下教学目标及重难点。

教学目标：

● 经历从生活情境中认识 10 的过程，学会 10 的数数、认数、读数、写数，会比较 10 以内数的大小，理解 10 个一是 1 个十。

● 在认识 10 的过程中，初步感悟数位与计数单位的含义，为以后认识更大的数、感悟十进位制计数法积累一些感性经验，形成初步的数感和符号意识。

● 经历从生活中认识 10，再在生活中找到 10 的过程，感受数学与生活的密切联系，激发用数表达的愿望，激发学习数学的兴趣。

教学重点：深刻感悟计数单位“十”的实质。深入理解并熟练掌握计数单位“十”的概念，能够准确运用“十”作为计数的基本单位，进行数的表示和计算。

教学难点：体验计数器的构建过程，领悟十进位制计数法的原理。通过实际操作和观察，体验计数器的产生和发展过程，理解其背后的数学原理，即十进位制计数法，并能够运用这一原理进行数的表示和运算。

课中实录

1. 创设情境，感知 10 的形成

师：周末的时候，小朋友们是不是都喜欢和伙伴们一起出去郊游呢？看，这里有一群小朋友正在公园门口买冰糖葫芦呢。大家仔细观察，奶奶手中的这串冰糖葫芦已经串好了几颗？来，我们一起数一数。（引导学生共同数数）

师：呀，奶奶已经串好了 9 颗，奶奶手里还拿着 1 颗，正准备往上串呢。那么，9 颗再添上 1 颗是多少颗呢？

师：（学生回答后，老师引导）进入公园后，小朋友们玩起了丢手绢的游戏。谁能用最简洁的语言给我们讲一个与数学有关的小故事呢？

师：（学生讲述后，老师引导）很好！那如果用 1 个小方块来代表 1 个小朋友，你能摆出 9 人添上 1 人是 10 人的过程吗？来，动手摆一摆，数一数。

师：（学生操作后分享）真不错！9 添上 1 就是 10。那在数轴上，数字宝宝 10 的家在哪里呢？（引导学生指出 9 的后面）对，因为 9 添上 1 就是 10。所以，10 比前面的数都要大，前面的数比 10 都要小。我们按顺序读一读，再倒着读一读！（老师带领学生朗读）

师：现在我们都认识了 10，那它和我们以往学过的数有什么不一样呢？今天，就让我们一起来深入研究它。

2. 亲身体验，领悟“10 个一是 1 个十”

师：老师给大家带来了一个有趣的故事（简述故事）。故事讲完了，你们有答案了吗？那一颗大石头表示几呢？

师：（学生回答后）古人可真聪明，为了方便计数，他们把 10 颗小的换成 1 颗大的。在生活中，人们也经常把 10 个物品分成一组。比如，奶奶把 10 颗冰糖葫芦穿成了一串，

10 包纸巾装成 1 袋，10 支铅笔捆成 1 捆。你们还见过哪些这样 10 个一组的物品呢？（引导学生思考）

师：（学生分享后）认真观察这些例子，左边和右边有什么相同的地方？又有什么不同的地方呢？（引导学生讨论）

师（小结）：数学和生活实际紧密相连，为了方便计数，我们常常用不同的单位来表示相同的数量。

3. 深入探究，认识计数单位“十”

师：之前我们用小方块摆出了 10 个人，这次我们要数出更浓的数学味。一个小方块就是 1 个一，2 个一……那么，10 里面有几个一呢？我们如何把 10 个一变成一个整体呢？（引导学生思考并讨论）

师：对了，就像这样把 10 个一拼在一起，成为一个整体，就是 1 个十。那么，1 个十里面有几个一呢？

师：（学生回答后）没错，10 个一是 10，1 个十也是 10，所以我们可以说 10 个一就是 1 个十，1 个十就是 10 个一。

4. 动手实践，在计数器上拨“10”

师：除了用小方块表示数，我们还会用数珠来表示数。那么，你会用数珠来表示 10 吗？

师：（展示学生作品，并点评）我们来看看这个小朋友画的。他是用 10 颗珠子表示 10，那一颗珠子表示几呢？

师：（学生回答后）老师还发现了一种非常神奇的方法，他只用了 1 颗珠子。大家觉得可以吗？那他是怎么表示的呢？（引导学生讨论）

师：你们都是小小数学家！数学家们约定，计数器上右边第一位是个位，个位上的一颗珠子表示 1 个一；第二位是十位，十位上的一颗珠子表示 1 个十。

师：现在你们都是数学小天才了，把数学家发明的计数器都创造出来了。来，我们一起拿出计数器，在计数器上拨出“10”。

师：（教师示范，并引导学生操作）先把所有珠子往后拨，找到个位。跟着老师边数边拨：1 个一、2 个一……9 个一，我们再添上 1，就是 10 个一，也就是 10。当个位上要满十的时候，我们可以进一级，把个位上的 9 颗退去，在十位上拨 1 颗。

5. 规范书写，掌握“10”的写法

师：现在我们已经非常深入地了解了 10，那你会写 10 吗？你说我写！（学生口述，教师板书）

师：对，先写“1”，再写 0。那 1 写在什么位置呢？（十位）表示 1 个十。个位上没有数，我们可以不写吗？不行哦，个位上一个也没有，我们就用 0 来占位。

师：现在大家看看，10 和我们之前学过的数有什么不一样呢？（引导学生总结）

课中反思

在多次试教过程中，我深刻体会到了教学实践的复杂性与挑战性，也发现了以下几个关键问题。

1. 关键问题

（1）情境导入的突兀性。单元主题图与例题情境图虽都旨在引出“10”的概念，即“9添上1是10”，但两者内容上的重复导致教学过程显得冗余。在第二次试教后，我尝试删除例题情境图，基于学生对1~9的学习前情，认为他们对“10”概念的产生已有了足够经验。然而，在后续试教中，我发现直接让学生摆小方块表示“9颗添上1颗是几颗”时，学生因思维转换不及时，操作显得突兀且无效。这提示我，情境导入需更自然流畅，才能充分激发学生的操作兴趣。

（2）“10”符号出示的时机。关于“10”符号的出示时机，教材是在认识计数器之后，而最初的教学中我提前出示了“十”，导致教学过程不自然。这既限制了计数器功能的发挥，也使得“10包”成为“一袋”等关键点的呈现方式受限，无法有效辅助教学。因此，需重新考虑“10”符号的出示时机，以便更好地融入教学流程。

（3）“10个一是1个十”体验的深度不足。在试教中，“10个一是1个十”的体验过程较为肤浅。尽管提供了多种实例，如鸡蛋、纸巾、铅笔、火腿肠等，但未能有效引导学生感悟按群计数的优势及“十”作为计数单位的意义。我引导学生“对比左右两边的异同”后，缺乏深入地体验和提炼，导致学生对这一核心概念的理解不够深刻。

（4）计数器引出得仓促。原计划中，“计数器”的出示显得仓促，这源于对学生学情的忽视以及对计数器在这节课中地位的误解。本节课的“课眼”应在于让学生感悟十进位制计数法及数位的产生过程，而非仅仅体验“10个一是1个十”。这种误解导致学生对数位的产生缺乏强烈的体验和感悟。

（5）课堂结构的零散性。除上述问题外，整节课还显得零散，环节衔接不清晰，内容对接勉强。这既源于原教学设计环节过多、知识点分散，也源于缺乏贯穿始终的主线。对于仅30分钟的课堂而言，容量过大导致重点不突出，难点不易突破。

针对上述问题，我对教学设计进行了如下调整与优化。

2. 调整优化

（1）整合情境，深化感受。将单元主题图与例题情境图整合，通过更加自然流畅的情境导入，引导学生感受“10”的形成过程。同时，将原设计中的“数轴上认识10”并入此环节，以丰富学生对“10”概念的理解。

（2）强化体验，深化理解。将原设计中的“理解10个一是1个十”与“认识计数单位十”整合为新的环节，通过更加丰富的实例和深入的引导，学生深刻体验“10个一是1个十”的意义，并感悟按群计数的优势。

（3）创造数位，感悟进位。将计数器的引入作为本节课的“课眼”，引导学生创造数位、感悟进位过程，让他们深刻理解十进位制计数法及数位的产生。同时，将原设计中的“书写并理解10”并入此环节，以巩固学生对“10”符号的书写。

（4）提升总结，贯穿主线。设置课堂提升总结环节，对整节课的知识点进行梳理和回顾，确保学生形成清晰的知识体系。同时，通过贯穿始终的主线，将各个环节紧密联系在一起，使整节课更加紧凑、有序。

3．回归主题，深化理解

师：再来看这幅图，奶奶已经串好了3串冰糖葫芦，是几个十呢？一共是多少颗呢？

师：（学生回答后）没错，10的作用可大了，我们以后还将用它来学习更大的数。希望大家能继续保持对数学的热爱和好奇心！

课后反思

1．成功之处

反复修改教学设计，使整节课的流程与环节更清晰自然，教学更轻松。

（1）两个“情境”的目标更明确。单元主题图的作用是提示进入了新单元的学习；对应了“9添上1是10”的体验；对应“10个一是1个十”的体验；拓展提升“已经穿好了几串？一共是多少颗?”。例题情境图则是为了引出新课。

（2）“10”与“十”的适当取舍。7月份，在邵阳听了专家的解读，当时教材编写组也是把计数器放在体验“10个一是1个十”之后。9月份，开学一发教材，我首先关注的就是“10的认识”，想知道新教材最后是把计数器部分放在哪个环节。出乎意料的是，新教材把它放到了“10”的概念之后，“10”的写法之前。也许，新教材考虑的是“10”这个数的符号表示应该结合计数器上的数位来出示，在没有因计数器而产生“10”这个符号之前，新教材都用“十”来表达。但学生真的不认识“10”这个符号吗？并不是，学生会认、会读，也会写“10”。心理学研究表明，儿童在进入小学前已经发展了相当丰富的、感性的数学知识与技能。学生不明白的是“10”中的“1”为什么要写在计数器“十”的下面，“0”为什么要写在“个”的下面。所以，这节课我就把重点放在了体验“10个一是1个十”上，再来勾连计数器上的“十位”与“个位”。因此，我在课堂上提前出示了“10”这个符号，最后再教写法。

（3）充分体验“10个一是1个十”，有效提炼“10个一是1个十”。从视频中的古人开始，到现在的生活实际，通过课堂中的两个问题“左边和右边有什么相同的地方”“有什么不同的地方”来帮助学生理清其中的思绪，引出“10个一”与“1个十”，适时揭示“数量”与“单位”的概念，让学生充分体验并能理解“数学和生活实际一样，为了方便，常常用不同的单位表示相同的数量”这一说法。

（4）“创造”十位。在上面的论述中，我提到这节课的重点是体验“10个一是1个十”，再来勾连计数器上的“十位”与“个位”。这节课的重点也是定位在“经历10的产生过程，初步感悟十进位制计数法”，那怎么感悟才能让学生终生难忘？正如汉斯·弗赖登塔尔所说："学习数学的唯一正确方法是实现'再创造'，也就是由学生本人把要学习的东西自己去发现或创造出来。"所以，我决定让学生亲历计数器的创造过程，通过学生自己动手画数珠来表示10，由此引发矛盾点。在不同柱子上都画了10颗珠子，或者在同一根柱子上画10颗和1颗，怎么能让别人清楚地知道我们的一颗珠子表示的是1还是10？（引出数位区分的需要，从而引出"个位"与"十位"）

2. 不足之处

（1）对课堂预设的理解不足。在计数器"创造十位"环节还是没有充分激发学生的矛盾冲突。环节太快、引导太强，学生没有因矛盾冲突而充分表达自己的意见和想法，导致学生对计数器的创造过程体验不够深刻。

（2）因"创造十位"环节没有突破落实，导致在书写"10"时，不能回答"1"该写在什么数位上。

（3）课堂流程过快，没有重视学生的主体地位，每个环节中学生的"学"没落到实处，就进入了下一个环节。

这节课的内容对现在的学生来说并不难，所以我们需要注重的是学生的体验与感悟，从而落实"感悟数的概念本质上的一致性，形成数感和符号意识"这一"新课程标准"的理念。再教时，应把课堂的重难点落实到位，步步引导。

第三节　对新评价的实践与反思

评价作为教学过程中的重要环节，对评价体系的改革与创新显得尤为重要。新评价体系的建立，旨在更全面地反映学生的学习成效，促进教师的专业成长，推动教育质量的整体提升。而反思性教学，在新评价体系的构建与实施中扮演着至关重要的角色。通过反思，教师能够更深刻地理解新评价的内涵与要求，将其有效融入日常教学中，实现评价与教学的深度融合。

本节我们通过具体的教学案例，探讨新评价如何促进教师的专业发展，如何激发学生的学习兴趣与潜能，以及如何在实践中不断完善与优化评价体系。同时，我们也期望通过这些案例的分享，带动更多教师对反思性教学与新评价体系的关注与探索，共同推动课堂教学改革的深入发展。

案例

"教—学—评"一致性视域下的教学设计与反思

——以"小数四则运算的再认识"为例

1. 设计理念

华东师范大学课程与教学研究所所长崔允漷指出：评价已经不是教或学之后再来评的

一个环节，教学、学习、评价逐渐被看作是三位一体的关系，教学、学习、评价紧密地绞缠在一起，相互制约、相互影响。为了将核心素养切实融入教学实践，课堂上需将教师的教、学生的学和对学生学习的评价三者有机融合，即实现“教—学—评”的一致性。

2. 教学分析

苏教版《数学（五年级上册）》“小数四则运算的再认识”章节，旨在通过复习进一步巩固学生小数的加减法和乘除法，提高运算能力，并探索四则运算之间的联系与区别，理解计算的本质。学情分析显示，五年级学生已初步掌握小数四则运算的基本方法，但对运算的本质和运算之间的联系理解尚不深入。因此，教学目标应聚焦于巩固运算技能，深化理解运算本质和运算关系。

基于上述分析，制定以下教学目标和评价目标：

教学目标：

- 学生能够准确理解并熟练掌握小数加、减、乘、除的运算法则，并能灵活应用于实际问题的解决。
- 学生能够理解运算过程中的计数单位变化，掌握通过计数单位进行小数四则运算的方法。
- 学生在解决问题的过程中，能够运用推理和类比的方法，深化对运算算理的理解，建立小数加、减、乘、除法之间的联系，体会运算的一致性。
- 培养学生的运算能力、推理意识和模型意识，提升学生的数学素养。

评价目标：

- 准确评价学生是否掌握小数四则运算的运算法则，并能正确应用于实际计算。
- 通过观察学生的解题过程，评价学生对计数单位变化的理解和应用能力。
- 通过学生的解题思路和解题策略，评价其推理和类比能力的发展情况。
- 综合评价学生展现的数学素养，如运算能力、推理意识和模型意识等。

课前反思

1. 这节课的目标如何确定？

“小数四则运算的再认识”是一节复习课，在确定这节课的教学目标时，我参考了2022年版的“新课程标准”的要求，并结合学生的实际情况进行了细化。本节课的目标是让学生不仅准确理解并熟练掌握小数加、减、乘、除的运算法则，还能灵活应用于实际问题的解决；同时，我特别强调了对计数单位的理解与应用，以及对运算一致性的感悟。希望通过这些目标，帮助学生建立起小数四则运算之间的内在联系，深化对运算算理的理解。

在课前，通过对学生课前学习单的反馈（见图5-45），发现学生在小数乘除法的计算上存在较多困惑，如：为什么小数要按整数的方法计算？小数乘法为什么小数点不对齐？为什么加减法要小数点对齐？小数乘小数有时积为什么会变小？这些困惑帮助我确定了教学目标。

学习内容：苏教版《小学数学（五年级上册）》111 页第 6~11 题。

学习目标：进一步巩固小数加减法、小数乘除法的计算方法及算理，提高运算能力；联系已有知识探索小数加、减、乘、除四则运算之间的联系与区别，理解计算的本质，提高推理意识。

课前反思与评价：

1. 我已达成的学习目标是____。

2. 我未能达成的学习目标是______________，我的困惑或问题是____。

课前学习与研究：下面是关于小数四则运算内容的思维导图，你能先计算 111 页第 9 题，再把该知识点相关的内容整理出来吗？

小数四则运算

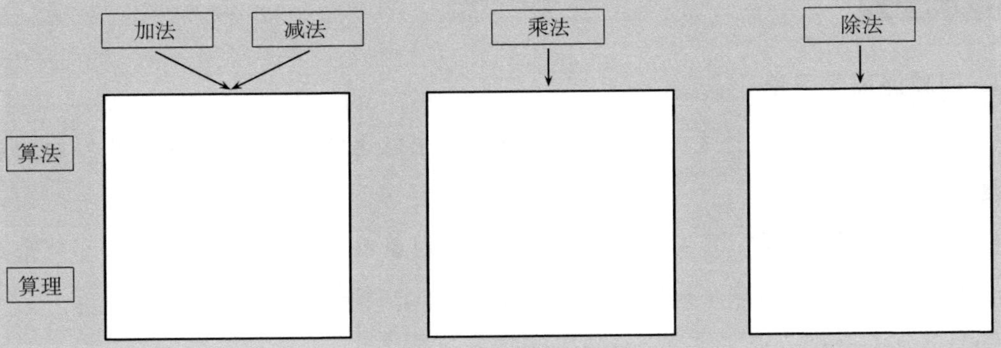

图 5-45　课前学习单

2. 设计什么课堂活动，才能兼具评价的功能？

为了实现教学目标，我设计了一系列兼具评价功能的课堂活动。首先，我通过回顾课前学习单，让学生总结自己已达成和未达成的学习目标，以及存在的困惑或问题，这一活动不仅帮助学生自我评估，也让我能够及时了解学生的学习情况，为后续教学提供有针对性的指导；其次，我设计了易错题讲解环节，通过展示学生作业中的突出问题，并用条形统计图呈现错误率，引导学生进行错因分析、知识重构和实践验证，这一活动不仅帮助学生纠正了错误，还培养了他们的反思能力和问题解决能力；此外，我还设计了探究活动，如计算小数乘法时，为什么要转化为整数乘法进行计算；计算小数除法时，如何处理小数点；也跟“计数单位”相关吗；等等。这些活动让学生在独立计算和讨论中深化对运算算理的理解，我也可通过他们的回答和表现来评价他们的学习成效。

3. 要实现“教—学—评”一致性，如何操作？

为了实现“教—学—评”一致性，我在整个教学过程中都注重了评价与教学目标的紧密结合。首先，根据教学目标设计了相应的评价任务，如通过学生的回答、作业和课堂表现来评价他们是否掌握了小数四则运算的运算法则和对计数单位的理解；其次，在教学过程中及时给予学生反馈，帮助他们了解自己的学习情况，并根据反馈调整教学策略，如在易错题讲解环节，针对学生的错误进行了详细的分析和讲解，并引导他们进行改错和反思，同时鼓励学生之间相互评价，并通过小组合作和讨论来共同解决问题；最后，在课后设计了自我评价与反思环节，让学生对自己的学习情况进行全面的评估和总结，学生不仅能够巩固所学知识，还能够培养自我反思和自我评价的能力。同时，我也可以根据学生的自我评价和反思来调整后续的教学计划和策略，以实现更好的教学效果。

课中实录

1. 回顾课前学习单

（1）全班总结：我已达成的学习目标情况；我未能达成的学习目标是什么？我的困惑或问题是什么？

（2）汇总困惑和问题：小数乘除法为什么要按照整数乘除法的方法计算；小数乘法为什么小数点不对齐；小数乘小数时，积为什么会变小；等等。

（3）检查、对照“课前学习与研究”中的练习情况。

① 小数加、减法。

师（追问）：计算小数加减法时，为什么要把小数点对齐？（学生总结相同计数单位相加减的计算方法）

② 小数乘法。

师：小数乘法是怎样算的？（先转化为整数乘法进行计算，再根据积的变化规律，确定小数点的位置）

师（追问）：积的小数点的位置怎么确定？

③ 小数除法。

师：计算方法是怎样的？（把小数除法转化为除数是整数的除法，再计算，利用商不变的规律）

2. 易错题讲解

（1）展示昨天作业中存在的突出问题，并用条形统计图呈现其错误率（见图 5-46~图 5-48）。

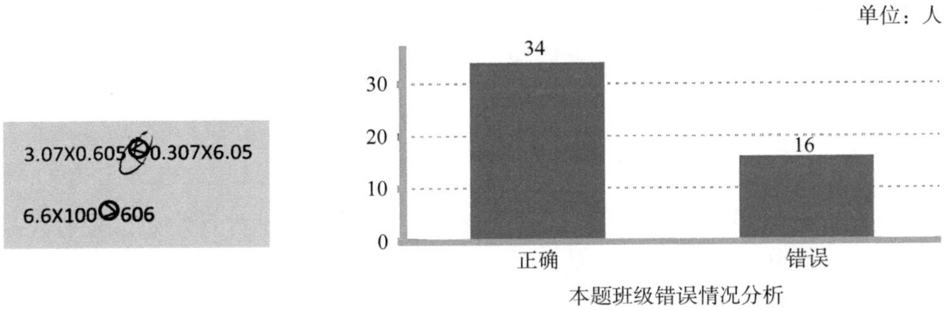

图 5-46　易错题错误率统计（一）

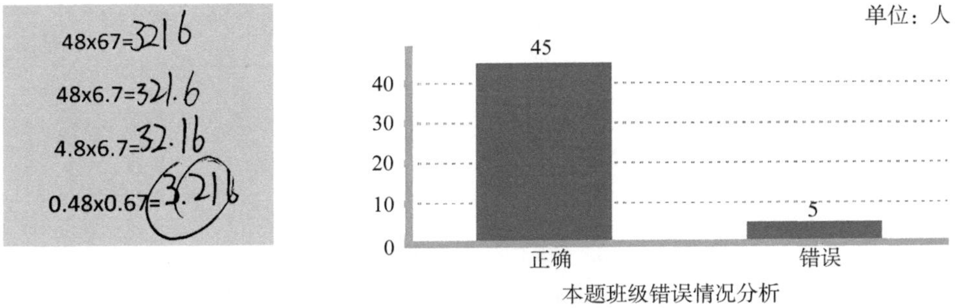

图 5-47　易错题错误率统计（二）

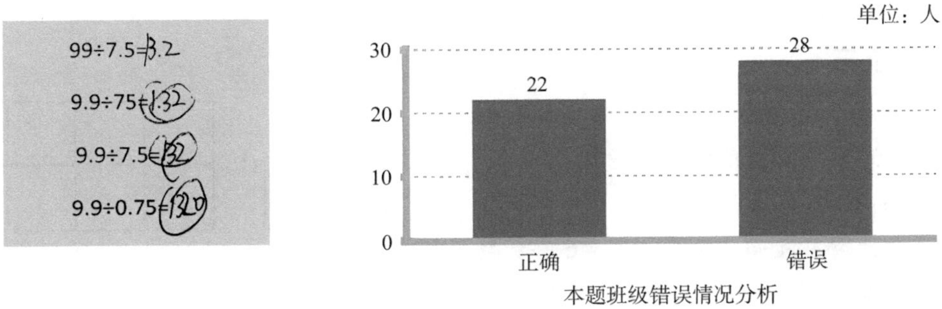

图 5-48　易错题错误率统计（三）

（2）错因分析—知识重构（改错、析理）—实践验证。

① 第一组题，不用计算，只需判断积的小数位数即可。

② 第二组题，根据积的变化规律口算即可，看因数中一共有几位小数，积就有几位小数。

③ 第三组题，根据商的变化规律推理出后面三小题的得数。

（3）小结：计算时，正确处理小数点很关键。

3. 理解数学原理

（1）思考：小数的大小发生变化，为什么是原数的 10、100、1000 倍……或$\frac{1}{10}$、$\frac{1}{100}$、$\frac{1}{1000}$……？

（2）研究：0.006、0.06、0.6、6 这四个数，其计数单位分别是什么？数的大小变化与计数单位有什么关联？

（3）理解：小数点位置的移动是如何按照特定数学规则，即每移动一位小数点对应乘以或除以 10 的幂次，影响小数数值的大小变化？理解其背后的数学原理。

4. 探究活动一

计算小数乘法时，为什么要转化为整数乘法进行计算？如何处理小数点？

1.4 × 0.3 =	14 × 3 =
1.4 ……（　　）个（　　）	14 ……（　　）个（　　）
× 0.3 ……（　　）个（　　）	× 3 ……（　　）个（　　）
0.42 ……（　　）个（　　）	42 ……（　　）个（　　）

生（讨论）：你有什么新发现？（在独立计算的基础上）

师（小结）：计数单位相乘，得到新的计数单位；计数单位的个数和个数相乘，得到新计数单位的个数。

5. 举一反三

师：结合今天的学习，对以下式子你又有什么新的理解？（从计数单位的角度来思考）

（1）$2C+4C=6C$

生：2 个计数单位+4 个计数单位=6 个计数单位。

（2）$2C\times4C=8C^2$

师：结合图理解（见图 5-49），C^2 在哪里？你能用图表示 $8C^2$ 吗？

生：C×C，计数单位相乘得到新的计数单位 C^2；2×4 得计数单位的个数是 8；2C×4C 即 8 个这样的新计数单位。

师：在图 5-49 的基础上，你能想象出 $24C^3$ 吗？你是怎么想的？（图 5-50）

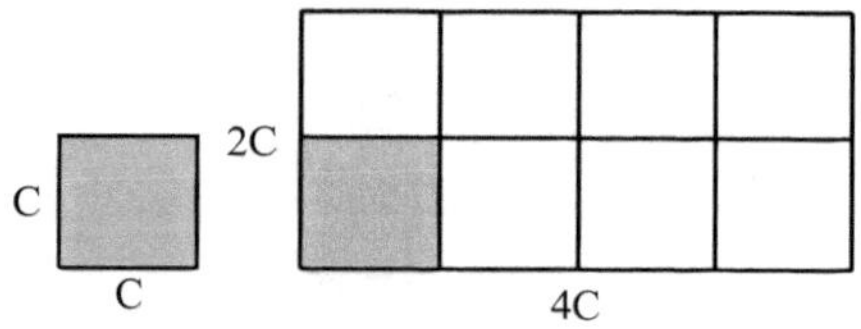

图 5-49

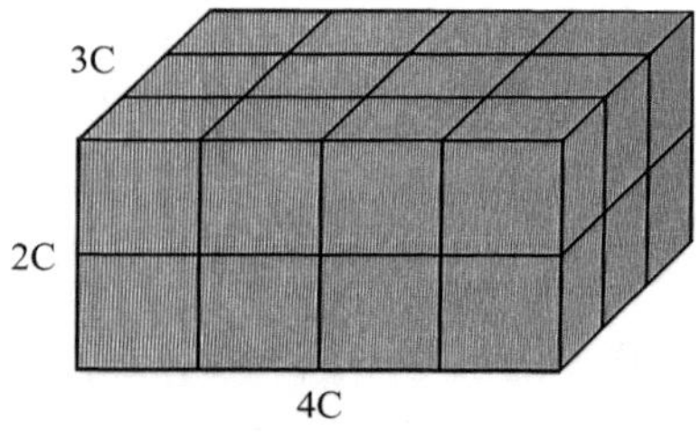

图 5-50

6. **探究活动二**

计算小数除法时，如何处理小数点？这也跟“计数单位”相关吗？例如 0.06÷0.3=0.2。

（1）商的计数单位的个数怎么确定？

① 借助长方形的面积模型，将 0.06 视为长方形的面积，将 0.3 视为长方形的长或宽，根据实际情况而定，此处假设为长。这样，问题就转化为“已知面积和长，求宽是多少”。算式 0.06÷0.3 就是在求“宽有几个这样的计数单位”，即求宽这部分的计数单位，以及有多少个这样的计数单位（见图 5-51）。

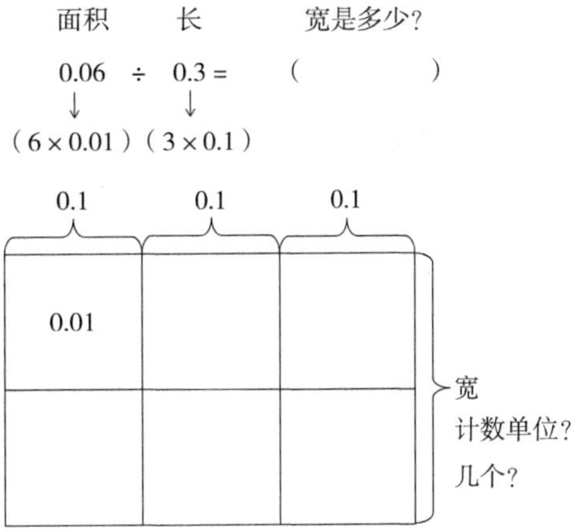

图 5-51

② 确定计数单位的个数（见图 5-52）。

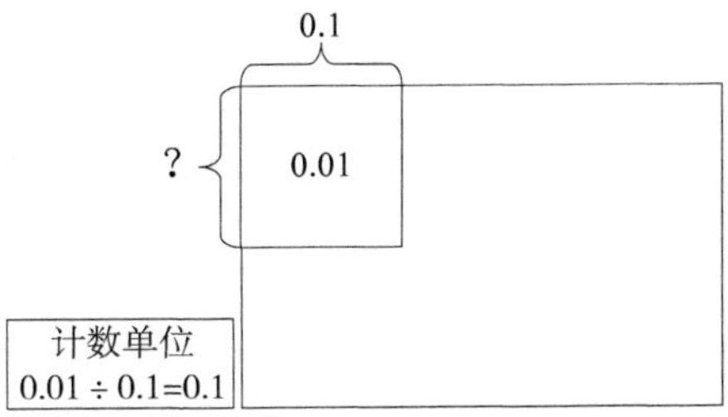

图 5-52

首先，明确面积（0.06）和长（0.3）的计数单位。假设面积的计数单位为 0.01（即 6 个 0.01），长的计数单位为 0.1。由于面积等于长乘以宽，所以宽（即我们要求的商）的计数单位应该是面积的计数单位除以长的计数单位，即 0.01÷0.1=0.1。

接着，确定 0.1 的个数。由于面积有 6 个 0.01，且每行可以放下 3 个 0.01（因为长是 0.3 或 3 个 0.1），所以可以排成 2 行，即宽有 2 个 0.1。

（2）商的计数单位怎么确定？

通过面积计数单位（0.01）除以长计数单位（0.1），我们得出商的计数单位是 0.1。这意味着，商是由若干个 0.1 组成的。

（3）微课讲解，帮助学生进一步理解小数除法计数单位变化的原理。

（4）小结：在小数除法中，商的计数单位是通过被除数的计数单位除以除数的计数单位来确定的。在这个例子中，被除数的计数单位是 0.01，除数的计数单位是 0.1，所以商的计数单位是 0.1；商的数值（即计数单位的个数）则是通过被除数中计数单位的个数除以除数中对应计数单位的个数来确定的（在这个例子中，6 个 0.01 除以 3 个 0.1 等于 2 个 0.1，所以商是 0.2）。小数除法的计算，实际上也是在计算有多少个这样的计数单位。

7. **反思提炼**

师：小数加、减、乘、除四则运算之间的联系与区别是什么？

师（小结）：都是在计算计数单位的个数。

师：由此，你想到了什么？（整数四则运算的计算）

师（小结）：不管是整数还是小数四则运算，其本质都是在计算计数单位的个数。

8. 课后检测

（1）用竖式计算。

21.4×1.75=　　　　89.6÷3.5=　　　　3.38÷0.65=

（2）一个小数的小数点向左移动两位后，得到的数比原数小53.46，原来的数是多少？

9. 自我评价与反思

掌握了小数的加减法、乘除法的计算方法及算理	☆☆☆☆☆
提高了运算速度与准确率	☆☆☆☆☆
能联系已有知识探索出了小数加、减、乘、除四则运算之间的联系与区别	☆☆☆☆☆
理解了运算的本质	☆☆☆☆☆

（1）说一说，通过复习小数四则运算，我的收获与新认识是：____。

（2）说一说，关于小数的四则运算我还存在的困惑与疑问是：____。

（3）板书设计（见图5-53）：

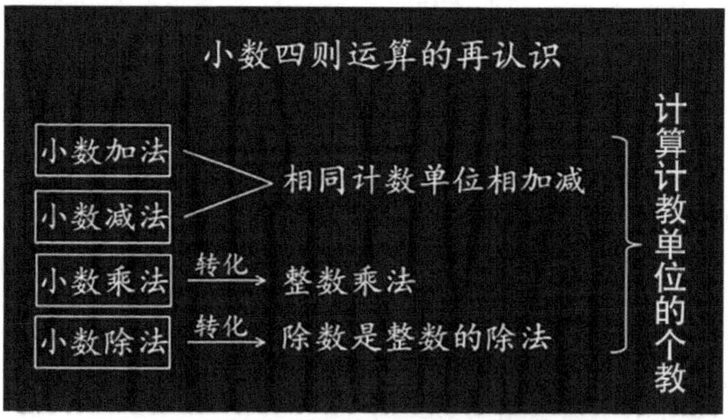

图5-53　板书设计：小数四则运算的再认识

课后反思

通过这堂课的教学，我深刻体会到以下几点。

1. 强化算理理解的重要性

在教学过程中，算理的理解不仅是运算的灵魂，更是学生掌握并灵活运用运算方法解决实际问题的基石。因此，我将引导学生深入理解算理置于教学的核心地位，而非仅仅停留于运算步骤的机械记忆。

首先，通过精心设计的问题链，我能够有效激发学生的探究兴趣，引导他们从“知其然”向“知其所以然”迈进。例如，在小数乘法和除法的讲解中，不仅要展示算法步骤，更要深入挖掘背后的算理，即计数单位的变化与运算规律。这有助于学生理解为何在小数乘法中，需要转化为整数乘法进行计算，并依据积的变化规律确定小数点的位置；在小数除法中，则需将除数转化为整数，再利用商不变的规律求解。

其次，在教学活动中，我巧妙地运用了数形结合的教学策略，将原本抽象的算理知识转化为生动具体、可直观感知的图形语言。引导学生动手绘制和观察图形，不仅能够使复杂的数学运算过程变得直观易懂，还能显著加深他们对算理本质的理解。具体而言，学生借助图形直观地见证了计数单位的合并、拆分、累加与细分等动态变化过程，这一过程不仅仅限于基础的 C 与 C 之间的操作，更扩展到了更高阶的 C^2 乃至 C^3 的层面上。例如，在探讨 $2C\times4C=8C^2$ 时，学生们不仅理解了 C 与 C 相乘，并创造出了新的计数单位 C^2，还通过图形展示了这 8 个 C^2 是如何由原始的两个计数单位 2C 和 4C 相互作用而来。这一过程清晰地展示了计数单位之间如何通过运算形成新的计数单位及其个数。在此基础上，学生们能够自然而然地想象并描绘出更复杂的场景，如 $24C^3$。通过图形想象，学生进一步巩固了对计数单位在运算中变化的深刻认识。如此，数形结合的教学方式，不仅激活了学生的空间想象能力，还极大地提升了他们的问题解决能力和创新思维，真正实现了从“理解算理”到“灵活应用”的跨越。通过这种教学策略，学生们深刻体会到，算理不仅是运算的基石，更是解决实际问题的关键所在，从而认同“算理是运算的灵魂”这一核心观念。

此外，错因分析与知识重构也是强化算理理解的重要环节。通过展示学生作业中的典型错误，引导学生分析错误原因，不仅能帮助他们纠正错误，更能促使他们反思自己的运算过程，从而加深对算理的理解。在这一过程中，教师还可以适时引入类比推理、迁移学习等方法，帮助学生建立小数加、减、乘、除法之间的联系，感悟运算的整体性与一致性。

2. 构建运算一致性的必要性

运算一致性是数学运算的核心思想之一。教师通过构建运算一致性体系，可以帮助学生更好地掌握数学运算的本质和规律。因此，在教学过程中，我注重引导学生建立小数四则运算之间的联系，思考小数四则运算与整数四则运算之间的区别与联系，明白计算的本质都是在计算计数单位的个数，进而感悟运算的一致性。

第四节　教学过程中的心得与体会

案例 1

我们如何管理学生的行为

邵东市黑田铺镇资东书院　张　茜

作为一名入职仅一年的年轻教师，我在一所乡村小学担任小学数学教师。这一年的教学生涯，对我而言，既充满了挑战，也收获了成长。尤其是对学生行为的管理探索与实践，让我深刻体会到了教育工作的复杂性和艺术性。在此，我想通过一段亲身经历，分享我在管理学生行为方面的反思与感悟。

1. 理想与现实的碰撞：初入职场的我

大学时期，我在师范学院接受了系统的教育理论与实践培训，心中怀揣着“爱的教育”的理想，相信只要有足够的耐心和好脾气，就能赢得学生的喜爱与尊重，进而有效地管理课堂。然而，当我真正踏入教室，面对一群活泼好动、个性迥异的小学生时，才发现现实远比想象中复杂。

我记得，当我第一次满怀激情地站在讲台上，面对着一双双好奇而纯真的眼睛开始了我的教学生涯，我以为，只要我用心去爱每一个学生，他们自然会感受到我的善意，并自觉遵守课堂纪律。但随着时间的推移，我逐渐发现，我的“爱的教育”似乎并没有达到预期的效果。一些学生开始试探我的底线，课堂纪律日益松散，这让我陷入了深深的困惑与自我怀疑之中。

2. 探索与尝试：从软弱到严厉的转变

面对课堂管理的困境，我开始反思自己的教育策略。我意识到，或许“爱的教育”并不足以应对所有情况，有时候，适度的严厉也是必要的。于是，我试图转变自己的教学风格，从一个温柔的老师变成一个严厉的管理者。

我制定了严格的课堂规则，并在课堂上严格执行。我提高了嗓门，加强了眼神的交流，甚至在某些情况下，采取了惩罚措施来维护课堂秩序。起初，这些措施确实起到了一定的效果，课堂纪律有所改善。但好景不长，我很快发现，学生们虽然表面上服从了我的管理，但内心却对我产生了抵触情绪，课堂氛围变得紧张而压抑。

3. 重新定位：寻找爱与纪律的平衡点

正当我为如何平衡爱与纪律而苦恼时，我读到了英国知名教育家安德鲁·波拉德等著的《反思性教学》。书中讲到“从长期持教的角度来说，太软弱、太严厉都不可行，最现实有效的策略是不断地传达对学生的最好期望，同时密切关注最坏的可能。”这句话如同一道曙光，照亮了我前行的道路。

我意识到，真正的教育不是简单的爱与严厉的对立，而是要在二者之间找到一个平衡点。我开始尝试以更加温和而坚定的方式管理学生，既不失教师的威严，又能让学生感受到我的关爱与期望。

4. 反思案例：两个特殊孩子的转变

在这个过程中，我遇到了两个让我印象深刻的孩子。

（1）敏感而脆弱的小明。小明是一个性格内向、情绪敏感的孩子。他上课时总是心不在焉，对老师的批评极为敏感，有时甚至会因为一句不经意的责备而情绪失控。经过与班主任的沟通，我了解到小明的家庭背景较为复杂，家人对他的关爱不足，导致他内心缺乏安全感。

面对小明的情况，我放弃了以往的严厉手段，转而采用更加温柔和包容的方式。我主动接近他，用温和的语气与他交流，耐心倾听他的想法和感受。在课堂上，我尽量给予他正面的鼓励和引导，让他在学习中找到自信和成就感。同时，我也与他的家长保持密切沟通，共同为小明营造一个更加温馨和谐的家庭环境。

经过一段时间的努力，小明逐渐敞开了心扉，开始积极参与到课堂活动中来。他的学习成绩也有了明显的提高，更重要的是，他变得更加自信和开朗了。

（2）叛逆而倔强的小刚。与小明截然不同的是，小刚是一个性格叛逆、倔强而好动的孩子。他上课时不仅自己不学习，还经常打扰其他同学，甚至顶撞老师。面对小刚的种种不良行为，我最初也试图用严厉的手段来制止他，但效果并不理想。

在深入了解了小刚的家庭背景和心理状况后，我意识到小刚的行为背后隐藏着深深的自卑和不满。于是，我决定改变策略，采用更加灵活多样的教育方式。我尝试与小刚建立信任关系，通过课后的谈心和交流，了解他的内心世界和真实想法。同时，我也根据他的兴趣和特长，为他量身定制了学习计划和课外活动。

在我的耐心引导下，小刚逐渐认识到自己的错误并开始主动改正。他不再像以前那样叛逆和倔强，而是变得更加积极和向上。他不仅在学习上取得了显著的进步，还在学校的各项活动中展现出了自己的才华和潜力。

5. 总结与反思

通过这两个案例的实践与反思，我深刻体会到，管理学生行为并非一件简单的事情。它需要我们教师具备丰富的教育智慧、深厚的情感底蕴，以及不断学习和探索的精神。在这个过程中，我们需要始终牢记教育的本质和目的，坚持以学生为中心的教育理念，努力为学生营造一个积极、和谐、有序的学习环境。

同时，我也意识到自己在管理学生行为方面还存在许多不足和需要改进的地方。例如，在处理突发事件时，我还需要更加冷静和理智；在与学生沟通时，我还需要更加耐心和细致；在制定和执行规章制度时，我还需要更加科学合理，兼顾学生的个体差异和需求。

6. 深入研究策略与实践

为了更好地管理学生行为，我总结出以下几个关键策略，并在实践中不断完善：

（1）明确的行为规范和奖惩机制。我与学生共同制定了清晰、具体、可行的课堂行为规范，并通过多次讲解和练习，确保每个学生都能理解并记住这些规则。同时，我也设定了相应的奖惩机制，对表现良好的学生给予正面激励，对违反规则的学生进行适度的惩罚和引导。这样既能让学生明确自己的行为标准，又能增强他们的自我约束力。

（2）建立积极的师生关系。我始终认为，良好的师生关系是有效管理学生行为的基础。因此，我努力营造一个充满爱与尊重的课堂氛围，用真诚和耐心去对待每一个学生。我尝试理解他们的需求和感受，尊重他们的个性和差异，关注他们的成长和进步。通过这种方式，我与学生之间建立了深厚的信任和依赖关系，他们在课堂上更加配合和专注。

（3）运用多样化的教育方法。针对不同学生的特点和需求，我采用多样化的教育方法和管理手段。对于表现良好的学生，我给予充分的肯定和鼓励；对于表现一般的学生，我进行及时的引导和帮助；对于表现较差的学生，我则采用更加个性化的教育策略，如一对一辅导、心理咨询等。通过因材施教的方法，我努力让每个学生都能在适合自己的道路上不断进步。

（4）加强家校合作。我深知家庭教育对孩子成长的重要性，因此我始终与家长保持密切联系和良好沟通。我定期向家长反馈学生在校的表现和进步情况，同时也了解学生在家的生活和心理状况。通过与家长的紧密合作，我们共同为学生的成长和发展创造良好的家庭环境和教育条件。这种家校合作的模式不仅增强了教育的针对性和实效性，也让学生感受到了来自学校和家庭的双重关爱和支持。

7. 未来的展望

在未来的教学生涯中，我将继续秉持“爱与纪律并重”的教育理念，不断探索和实践有效的学生行为管理方法。我将不断提升自己的专业素养和教育能力，以更加饱满的热情和更加专业的态度投入到教育工作中去。同时，我也将积极学习和借鉴其他优秀教师的教育经验和教育方法，努力为自己的成长和学生的发展贡献更多的智慧和力量。

我深知，教育是一项漫长而艰巨的事业，需要我们付出巨大的努力和耐心。但我相信，只要我们坚持以学生为本的教育理念，不断创新和改进教育方法和管理手段，就一定能够为学生营造一个更加美好、更加和谐的成长环境。让我们携手努力，共同为孩子们的成长撑起一片蓝天！

案例 2

教学反思让教学设计更科学

湖南省邵东市昭阳小学　周满平

教学设计是教师上好一堂课的关键。作为一个整体的、系统的、动态的、连续的过程，教学设计是教师以教育理论为依托，根据“新课程标准”的要求实施教学方案的过程，它包括教学内容分析、学情分析、目标设计、方法设计、流程设计、板书设计等。教学反思是教师对自身教学实践的监控、诊断和调节的过程，它基于教学设计优化的角度，针对教学设计的各个环节。我就从教学目标、教学内容和教学方法等几个方面谈谈自己的感悟。

1. 对教学目标的反思

教学目标是指课堂教学活动实施的方向和预期达成的结果，是一切课堂教学活动的出发点和归宿，它对课堂教学起着导向性作用，是教学设计的核心。

（1）当前小学数学课堂，教学目标的主要不足。

① 缺乏目标意识，没有分析思考。具体表现为照搬照抄教学参考书或教案中的教学目标，有的教师没有分析和思考教学目标就直接预设教学过程，体现在课堂教学中，没有计划，上到哪算哪。

② 教学目标空泛，缺乏可操作性。具体表现为教学目标大而空，没有具体明确的要求。如有一名教师制定的“鸡兔同笼”教学目标是“使学生会解决鸡兔同笼的问题，感受这类问题中的数学思想，培养学生学习数学的兴趣”，在课堂上却无法合理安排各项教学活动，教学设计生搬硬套。

③ 重视显性目标，忽视隐性目标。具体表现为知识性的目标较为凸显，过程性目标弱化，数学思想、方法、思维、情感态度和价值观及核心素养等隐性目标缺失。如有一名教师制定的“比例的意义”教学目标是“理解和掌握比例的意义，认识比例的各部分的名称，知道比和比例的区别与联系，能根据比例的意义判断两个比能否组成比例”。从中可以看出他制定的知识性目标非常明确具体，而过程性目标，包括数学思想（对应、变与不变）、思维方法（分析、比较、判断、概括）、情感态度、价值观等，都被忽视了，核心素养目标只字未提。

④ 定位不准，随意降低或拔高要求。具体表现为不了解“新课程标准”要求、教材的编排与学生已有的生活经验、知识基础和认识水平不符，随意降低或拔高教学目标。

（2）教学目标优化的途径。

2022 年版“新课程标准”确立了以核心素养为导向的教学目标，提出了课程总目标，详述了各阶段教学要求与目标，体现了教学目标的整体性。

① 重视教学目标作用，树立教学目标优化意识。思想是行动的指南，意识是行动的

先导，教师只有深刻认识教学目标的作用和树立教学目标的优化意识，才会积极、主动、认真地去分析和思考教学目标，形成自己的认识和定位。

② 学习“新课程标准”，钻研教材，理解要求，把握内容。数学“新课程标准”是数学教学的依据，数学教材是教学的蓝本和载体，我们要把握它、理解它。数学“新课程标准”对目标体系做了完整的阐释，包括总目标和学段目标。在课程内容中对学段目标进行了具体化的说明，在评价建议中也对目标评价要求做了阐释，有些还做了具体明确的规定。数学教材是教学内容的具体化，它为教师们提供教学素材、线索和习题等。因此，一定要认真研读和理解“新课程标准”与教材，才能对教学目标进行有效定位，对教学要求进行有效把握，对隐性教学目标如数学思想、思维策略等进行充分挖掘。

③ 了解学生学情实际，准确定位目标要求。教学目标实际上就是以学生为对象制定的教学标准，它是围绕着学生来实施的。虽然“新课程标准”对教学目标进行了定位和说明，但它是对全国学生整体发展水平而言，不同地区、不同学校、不同班级学生的学习水平是不一样的，因此教学目标一定要符合本班学生的实际，才能进行更好的实施。要使教学目标符合本班学生的实际，就要深入了解本班学生已有的学习经验、知识基础和认知水平，制定出最适宜本班学生最近发展区的目标，满足本班学生学习和发展的需要。

2. 对教学内容的反思

教学内容是教学目标得以实现的载体。

（1）当前小学数学课堂，把握教学内容不当的现象。

① 教教材，而不是用教材教。不能根据学情对教材进行重组、扩展、深化。

② 未理解教学的内容，把握数学知识的本质。比如三角形的稳定性，有的教师就停留在物理上的稳定性，即“牢固”，而忽视数学知识的本质，即三角形的三条边确定，它的面积就不会变了。

③ 片面孤立地看教学内容，不注重沟通知识点之间的联系，不注重知识结构化。

（2）准确把握教学内容的途径。

① 多阅读数学理论方面的书籍，提升学科素养。

② 深研教材，吃透“新课程标准”。2022年版数学“新课程标准”提出了教学建议：“整体把握教学内容”“注重教学内容结构化”。一方面要了解数学知识的产生和来源、结构与关联、价值与意义，了解课程内容和教学内容的安排意图；另一方面要强化对数学本质的理解，关注数学概念的现实背景，引导学生从数学概念、原理及法则之间的联系出发，建立起有意义的知识结构。

以苏教版《数学（五年级下册）》的“异分母分数的加减法”为例，这节课的教学侧重点是帮助学生理解异分母分数相加减为什么需要通分。在此之前，教材已经设置了“整数的加减法”和“小数的加减法”两部分内容，在这节课的总结提升环节，我们可以将这三部分内容进行对比深化，利用学生已有的学习经验，即整数相加减需要数位对齐、小数相加减需要小数点对齐，二者的本质是计数单位相同才可以直接相加减，从而帮助学生理解异分母分数相加减需要通分变为同分母分数之后，也就是计数单位相同才可以直接相加减，打通知识点之间的联系，让学生更深入地理解运算的一致性。

3. 对教学方法的反思

教学方法是教师教授教学内容、实现教学目标的重要手段，数学教学方法多种多样，如讲授法、讨论法、演示法和情境教学法等。

（1）反思课堂教学方法失衡现象。

① 数学教学只讲“情境设置”却忽视“去情境”。

② 数学教学只讲“学生主动探究”，却忽视“教师的必要指导”。

③ 数学教学中满足于形式上的合作，却忽视“合作学习”究竟产生了什么样的效果，也忽视个人的独立思考。

④ 数学教学只讲“动手实践”，却忽视“活动的内化”。

（2）正确运用教学方法的原则。

① 选择恰当的教学方法要基于预定的教学目标和教学内容，结合全体学生的实际情况和认知发展规律，选择恰当的教学方法，以达到最佳的教学效果。此外，教学方法的选择与运用还受教学手段、教学环境等因素的制约，这就要求我们要全面、具体、综合地考虑各种相关因素，进行权衡取舍。

② 综合正确运用教学方法。我们要结合教学实施过程和教学效果，综合使用不同的教学方法，分析和回顾每一种教学方法与预期达成度是否有差距，存在的问题及原因分别是什么，以便更有效地运用。例如，我校刘遥老师执教的苏教版《数学（五年级下册）》中的“认识方程”参加了市里的第二届青年教师教学竞赛。这节课通过合理创设情境，天平称水果得出“等式”“不等式”，再到“含有未知数的等式”；接着引导学生给得出的式子分类，渗透分类思想，让学生经历了知识产生的全过程，方程就是在学生的体验与归纳中给出的，培养了学生的模型意识；最后的拓展环节，同一问题可以用不同的方程来解决，不同的问题可以用同一方程来表述，目的是渗透把未知的数量当成已知的条件来思考的思想，这一新的解决问题的方法，才是方程思想，它抓住了知识的本质，让课程拔高升华。如此，合理创设情境激发学生兴趣，跳出情境启发学生思考，层层推进反思的深度，教师才能抓住数学的本质，深化对数学的理解，优化教学设计。

总之，我们在教学反思时要确立以素养为导向的教学目标，要以“结构与关联”的眼光来理解教学内容的价值与意义，要选择恰当的教学方法等多方面来优化教学设计，以更好地发展学生的核心素养。

目录

CONTENTS

教学资源

01

第1章 生产运作管理概述

素质目标：激发学习生产运作理论的兴趣，树立精益求精的精品意识；培养科学决策、高效生产的管理思想。

知识目标：掌握生产运作管理的职能和内容；熟悉生产运作管理演变过程中不同阶段的主要思想；了解信息技术对生产运作管理的影响。

能力目标：能够应用5W1H理论对生产运作管理过程进行分析，帮助企业构建合理的生产运作体系。

引导案例

H公司的生产运作管理优化
——5W1H分析法的应用实践

H公司是一家汽车零部件供应商，主要生产新能源汽车的精密部件，公司产品的市场占有率一直处在行业前列。近年来，由于新能源汽车的订单量激增，原有生产系统也遇到了一些问题：生产线设备故障频发，停机时间增加30%；交货延迟率增长明显；半成品库存积压严重；员工也有懒散懈怠的现象。公司内部高层经过开会讨论后，决定让生产部部长对车间生产运作过程进行分析。

生产部部长带领生产小组组长采用5W1H框架系统性诊断问题，以便提出合理的解决方案。首先，针对设备故障引起停工的问题(what)，管理人员提出为什么(why)设备故障率高导致停机，并提出了设备维护管理建议。其次，管理人员决定明确员工的职责，提出谁(who)负责哪些具体的岗位和流程，谁必须对库存进行优化，并设立“生产协调官”岗位，统筹生产、采购、物流部门。再次，针对生产过程的场地设施，提出在哪里(where)更合适，对设施布局进行优化，将“工艺导向布局”改为“单元化生产布局”，缩短物料搬运距离。最后，针对库存积压问题，管理人员分析何时(when)采购更合适，并针对如何(how)采购提出采用“滚动周计划”模式，引入供应商管理库存模式帮助企业降低库存。

经过一系列的改进，企业的生产效率大幅提升，交货准时率恢复至95%，设备综合效率从65%提升至82%；半成品库存也大幅降低，部门协同和员工绩效也得到有效管理，提升了企业的竞争力。

通过H公司应用5W1H分析法优化生产运作的实践案例可以看出，当企业面临生产系统效率下降、协同能力不足等问题时，系统化的管理方法能够通过“抽丝剥茧”的思维框架实现精准破局。针对what(设备故障引起的停工问题)，案例中管理人员以why(设备故障根源分析)为切入点，以who(权责划分)、where(布局优化)、when(采购时机)、how(执行策略)为实施路径，本质上是对生产时的五大要素——人员、设备、空间、时间、方法的综合优化。这种从表象到本质的深度剖析，恰好印证了生产运作管理的核心价值：通过系统设计与流程再造，实现资源的最优配置与价值流的持续改进。接下来，本章将系统阐述生产运作管理的基本概念及发展历史，揭示现代企业提升核心竞争力的底层密码。

1.1 初识生产运作管理

1.1.1 生产运作管理的概念

一般认为，企业有三大基本管理职能，即生产运作管理、财务管理和市场营销。生产运作管理作为企业的基本职能，与财务管理、市场营销相互影响、相互促进，并对企业的经营目标、经营方针、经营决策产生重要影响，是企业管理的核心。

生产运作管理是指为实现企业的经营目标，企业有效地利用生产资源，对生产运作过程进行组织、计划、控制，以生产和提供满足社会需要、市场需求、生态要求的产品或服务的管理活动的总称。

一般来说，客户对企业生产的产品主要有五个方面的期望：时间 T(time)、质量 Q(quality)、成本 C(cost)、服务 S(service)和环境 E(environment)。时间是指企业能在较短的时间内按照用户的需求交付产品；质量是指客户对产品和服务在性能方面的要求；成本是指顾客对产品和服务在价格和使用成本方面的要求；服务则指产品之外为满足顾客需求而提供的相关服务，如产品售前服务及售后服务；环境保护是指企业所提供的产品要绿色、环保，对用户的身心有益，并符合国家的环保政策和要求。

因此，作为生产运作管理的管理者，应尽可能在有限的资源投入下，通过优化企业制度和流程，优化资源投入，对生产计划、生产场地设施和人力资源进行合理的安排，高效生产出满足客户期望的产品，降低企业生产成本，实现生产运作管理的目标。

1.1.2 生产运作管理的内容

随着时代的发展，企业生产规模不断扩大，产品的生产形式也开始多样化，生产运作管理的内容也在不断地丰富和发展。与此同时，生产运作与企业其他管理职能的边界正逐步淡化，相互渗透、相互影响。一般来说，生产运作管理的内容可以概括为以下五大方面。

1. 明确生产运作的职能战略

生产运作的职能战略应包括以下几个关键方面：生产运作系统的总体规划、企业生产的产品或提供服务的选择、产品开发与设计、生产运作系统的设计，以及生产系统的选址规划。这些内容共同构成了生产运作职能战略的核心框架，对于提升企业的整体运营效率和竞争力至关重要。

2. 构建合理的生产运作组织形式

构建合理的生产与运作组织形式主要是指：第一，对企业生产与运作过程进行分析，明确生产工序和生产流程；第二，研究设备设施布置问题，合理设计场地设施和设备投入，确保生产与运作过程流畅、合理、高效；第三，制定科学、合理的劳动定额，对生产过程中的人力、岗位职责和工作任务进行合理的分配，促使生产过程省力、高效、协同；第四，规划生产与运作管理的制度和体制，优化生产管理制度，建立良好的运作管理机制，促进生产与运作的平稳有序开展。

3. 制定科学的生产与运作计划

制定科学的生产与运作计划需要进行以下工作：首先，认真调查研究，合理分析、预测市场需求；第二，根据市场调研和需求预测结果，合理编制综合生产计划、主生产计划、生产作业计划、物料需求计划和企业资源计划，形成企业的生产纲领。

4. 保障生产运作系统的运转

管理者需要根据计划进行生产作业，对企业产品的生产过程进行控制，对生产与运作现场进行管理和优化，确保生产系统的工序平衡、高效，合理控制企业产出。

5. 提供良好的维护和改进措施

这主要包括因地制宜地积极推行和改进生产方式，应用新技术对生产运作业务流程进行优化再造，研究使用新型智能化的生产设备，从而促进企业精益生产，实现供应链协同运营管理。

1.1.3 生产运作管理应遵循的原则

生产运作管理作为企业基本的管理职能，在企业运营过程中具有关键作用。生产运作管理应遵循的原则是多方面的，也是不断变化和深化的。归纳起来，生产运作管理应遵循以下原则。

1. 市场导向原则

市场导向原则强调企业组织生产经营，必须按市场需要、社会需求来进行。以市场为导向，就是要求企业各级领导、全体职工树立强烈的市场意识、竞争意识，认识到只有通过市场竞争才能体现出企业存在的价值。

生产运作管理要立足于市场、服务于市场客户，这就要求企业利用各种渠道、通过各种形式去了解市场，采用科学方法分析客户对产品的偏好和需求，研究市场容量、市场潜力、服务对象、服务标准、竞争对手等信息，利用自身优势，扬长避短去满足市场客户需求，扩大市场占有率。

在以市场为导向的同时，企业在生产运作中要突出产品研发的重要地位，通过创新满足客户的需求，加紧新产品的开发生产，抢占市场先机。

小故事

星巴克，作为全球咖啡连锁的领军品牌，截至 2024 年已拥有超过 38000 家门店。随着公众绿色环保意识的日益觉醒，星巴克深刻洞察到其核心顾客群体——主要为白领阶层——对环境保护的支持。为此，星巴克积极投身环保事业，以赢得顾客的更深层次认同。在咖啡豆生产环节，星巴克携手多家非营利组织，在墨西哥率先推出了保育咖啡计划，致力于守护中美洲珍贵的雨林带。在这些组织的指导下，墨西哥恰帕斯山区的农民开始采用树荫下栽种咖啡的新方法，摒弃了以往砍伐雨林种植咖啡的传统做法。这一变革不仅有效保护了树冠的完整性，还有效预防了水土流失和污染问题。在经营销售方面，星巴克坚持在环保与成本控制之间找到平衡。其设计的咖啡杯均具备可重复利用或可回收的特性，同时，对自带杯子的顾客提供折扣优惠，以鼓励环保行为。此外，星巴克还大力减少水和能源的使用，多数门店已通过严格认证，成为名副其实的绿色门店。

通过实施绿色生产、绿色经营、绿色销售，星巴克不仅降低了运营成本，也让顾客获益，获得了社会、公众及新闻媒体的赞誉。

点评：星巴克的成功案例充分说明，以客户需求为导向是企业生产运作管理的核心原则。通过精准把握白领顾客对健康和环保的关注，星巴克进行创新和科学管理，实现了收益最大化与绿色运营，为企业的可持续发展奠定了坚实基础。

2. 创新原则

创新是企业的生命线，创新就是要贴近市场，以顾客为导向并超越顾客的需求，敢于不断否定和突破企业的昨天，不断提出生产运作的新的思路；坚持在符合客观规律的基础上大胆改革生产运作的制度、方法、工艺；努力推进技术创新、产品创新、工艺创新和管理创新，以生产和提供更新、更好的产品和服务给用户。

3. 注重经济效益原则

经济效益问题始终是企业关注的核心问题。企业的生产运作必须以效益为导向，在符合市场需求的前提下，充分合理地调配和利用资源，优化资源投入，以最低的劳动消耗和资金投入生产出尽可能多的高质量产品，实现企业利润最大化。为此，企业需要扎扎实实地做好生产的每一项细微工作，对生产的全过程做到精心设计、合理安排、细致操作，同时优化制度，实现投入产出之比和企业经济效益最大化。

4. 科学管理原则

科学管理就是尊重客观规律，积极推行符合现代化大生产的组织、制度和方法。一方面按照科学管理的要求，把企业的生产与运作指挥系统建设好，做到坚强有力、统一协调；另一方面加强规章制度的建设，不断地使企业的各项基础工作迈上新的台阶。

需要注意的是，科学管理应强调安全生产，强调以人为本；同时又要强调节能降耗，应用科学技术规划生产流程。此外，在信息技术高度发达的今天，信息管理是科学管理中的重要一环，对生产管理的影响很大。要构建先进的生产运作管理信息系统，在生产运作过程中灵活运用各种人工智能技术，协调各车间运行机制。

5. 均衡原则

生产运作管理中的均衡原则，是指企业要有计划、按比例地组织生产，消除盲目生产与运作，克服前松后紧等现象。企业要对生产运作过程中的人力、物力、时间等进行认真统筹规划，遵循计划，防止打乱仗、瞎指挥。

生产运作管理是企业管理大系统中的一个子系统，它和其他系统有着密不可分的关联，相互间起到影响、制约作用，因此要强调系统管理、协作配合。对于生产运作系统内部的人员、设施、物料等的投入也要进行均衡分析，促进其协同与均衡。

6. 环保原则

企业的生产运作往往带来资源消耗与环境污染，环保原则要求企业在规划生产时尽可能做到节能减排、优化流程，应用先进的制造设备降低各种消耗。同时，企业需要践行绿色采购、绿色生产、绿色回收的理念，降低对环境的污染。

知识链接

5W1H 分析法

生产运作过程中涉及诸多决策，这些决策和企业的利润紧密相关，管理者可以利用 5W1H 分析法来辅助决策。

5W1H 分析表

why	为什么这项工作是必不可少的？
	为什么这项工作要以这种方式、这种顺序进行？
	为什么这项工作需要制定这些标准？
	为什么完成这项工作需要这些投入？
	为什么这项工作需要这种人员素质？

续表

what	这项工作的目的是什么？
how	如何能更好地完成这项工作？
who	谁做这项工作更合适？
where	在何处开展这项工作更为恰当？
when	何时开展这项工作更为恰当？

管理者在生产运作过程中如果能够对上述一系列问题进行比较准确的决策，企业就可以建立起高效、灵活、准时、清洁的生产系统，实现生产运作科学、有序、顺畅的进行。

1.1.4 生产运作管理者所需的技能

企业要做好生产运作管理，必须有一支高水平的管理人员队伍。管理者的知识、技能和经验对企业产品生产的效率有着直接的影响，也是影响企业效益的关键因素。总体来说，为了完成生产运作管理的任务，生产运作管理者必须具备两方面的技能。

1. 技术技能

技术技能是指企业在生产运作过程中，生产运作管理者必须掌握生产运作的专业知识、专业技术和技能。比如产品生产的工艺知识、物料分析技术等。不懂专业技术的人是无法从事生产运作管理的。

2. 管理技能

单有专业技术知识也不够，生产运作管理者还需要懂得生产运作过程的组织，懂得计划与控制，懂得现代生产运作管理技术。

生产运作管理者要组织工人和技术人员从事生产活动，因此，他们必须具备处理人际关系的能力，要善于与他人合作共事，协调众人的活动，调动他人的工作积极性，激励下属高质量地完成任务。

由此可见，企业对生产运作管理人员的技能要求非常高。要获得这些技能，成为一名优秀的生产运作管理者，需要不断地学习、不断地实践，不断提升自身的技术技能和管理技能，掌握现代化的管理理念和先进技术。

知识链接

生产运作管理者的共性

不同组织生产的产品性能不同，产品结构和生产运作流程也千差万别，生产运作管理者所需掌握的专业技能也差别很大，如汽车生产制造企业和电风扇生产制造企业，它们对管理人员所需掌握的零部件生产技术、生产流程和产品性能等专业知识、技能要求是完全不一样的。然而，生产运作管理者与其他管理人员一样，作为管理者，他们需要协调企业内外部资源来实现企业目标。因此，不同组织的生产运作管理者也具有共性，即他们都通过计划、组织、指挥、协调和控制等管理职能实现组织目标。

(1)计划。计划是指确定在一定时期生产运作的目标，以及达成目标需采取的方法和措施，包括确定所要提供的产品和服务类型，需要多少生产能力，如何选址，设施如何布置，零部件是否自制，等等。

(2)组织。组织工作包括确定生产运作的单位和主体，以确定谁来生产、生产什么产品、如何生产等。

(3)指挥。指挥工作包括分配生产任务、发出指令、提出建议和激励下属等。

(4)协调。协调包括协调生产运作过程中人员、资源和设备的投入，协调企业和供应链上合作伙伴的关系，等等。

(5)控制。生产运作中的控制活动包括质量控制、库存控制、流程控制等。

1.2 生产运作管理的演进

1.2.1 工业革命：机械化生产的奠基

在远古时期，人类就出现了生产活动。伴随着生产活动，就有了生产管理。但是现代意义上的用于销售的产品生产和现代工厂制度的出现则是在工业革命时期。

工业革命之前，产品都是由手工艺人以家庭作坊的方式生产，或者由手工艺人和他们的徒弟在作坊里生产，如我国木工打造家具、泥工师傅建筑房子都是这种方式的典型例子。在手工方式下，没有大规模的组织架构和明确的分工，依靠师傅带领徒弟一起通过手工劳动进行产品的制造。手工作坊式生产存在生产效率低、成本高，以及产品维修困难等诸多缺点。

1776 年，詹姆斯·瓦特（James Watt）改良了蒸汽机，给机器设备带来了能源，从而推动生产进入机械化时期。在工业革命时期，纺纱机、动力织布机等机器设备相继问世，这些发明创造带来了纺织工业的革命。煤和铁的开采，使铁制机器代替了木制机器，生产效率大幅提升。

促使工业革命加快发展的一个关键事件是标准度量制的产生，它大大减少了对个人定制品的需求。标准制的应用使得工厂开始迅猛发展，企业通过标准化产品生产形成规模经济；企业间的产品也可以通过标准度量值进行比较，促进了企业之间的竞争；大量农业人员走入生产车间工作，大幅提升了工业产品的产量。

1.2.2 科学管理理论的形成与应用

相比手工生产，工业革命时期的企业生产方式发生了巨大的变化，但管理理论与实践并未同步获得发展，企业的生产运作迫切需要科学的、切实可行的管理理论和方法进行指导。

1911 年，弗雷德里克·泰勒（Frederick Winslow Taylor）的《科学管理原理》问世，标志着生产运作管理正式步入科学管理的新纪元，他也因此被誉为科学管理之父。泰勒基于对工作方法的深入观测、分析和改进，将管理牢固地建立在科学的基础之上。他致力于研究完成每一项工作的最佳方法，并主张管理部门应负责制定计划、精心挑选和培训工人，通过培训发掘完成每一项工作的最佳实践方法以提升生产效率。

在科学管理的浪潮中，还有众多先驱者为生产运作的科学管理作出了重要贡献。

弗兰克·吉尔布雷斯（Frank Gilbreth），被誉为动作研究之父，他提出的动作经济原理为员工在具体工序中的动作设计、训练提供了有力的理论支撑。

亨利·甘特（Henry Gantt）在 1912 年的研究中，深刻认识到非货币报酬在激励工人方面的价值。他还创造了广泛应用的甘特图，为生产进度的合理安排提供了有效工具。

亨利·福特（Henry Ford）将泰勒的科学管理原理应用于汽车生产，引入移动装配线，通过劳动分工和标准化生产彻底改变了企业生产模式，大幅提升了生产效率。

哈林顿·埃默森（Harrington Emerson）则将泰勒的理念应用于组织结构和生产安排，倡导聘请技术专家来提升组织效率。其利用科学管理原理，成功使处于严重停工状态的圣菲铁路公司恢复正常劳资关系，使该公司每年能省下 150 万美元。

随着科学管理理论的不断发展和广泛应用，企业生产逐渐迈入标准化、科学化的新阶段，工厂生产率实现了大幅提升。然而，科学管理理论在关注工人方面存在不足，未能充分重视工人的内在动机和需求，有时甚至将工人视为机器，期望他们像机器一样工作，这可能导致工人产生抵触情绪，消极怠工，进而影响生产效率。

1.2.3 人本主义导向的兴起

科学管理强调生产运作过程中工作设计的标准化和员工的技能培训，但忽略了人在工作中的重要地位和内在需求。由此，以“人”为中心的理念应运而生。在这一时期，许多心理学家、管理学家开始探究人在生产运作管理中的动机、需求和价值，强调在工作设计中人的重要性，为提高生产运作中人的主观能动性和自主满足感作出了巨大贡献。

1. 梅奥的霍桑实验

1924 年至 1932 年，美国哈佛大学教授乔治 · 梅奥(George Mayo)在美国西部电气公司的霍桑工厂开展了实验研究，这就是著名的“霍桑实验”。他的研究表明，除了工作的设备、工具、环境和技术条件外，工人动机对提高车间的生产率至关重要。

知识链接

霍桑实验

霍桑实验是20世纪20至30年代在美国西部电气公司霍桑工厂进行的一系列管理学实验，由哈佛大学教授梅奥(Elton Mayo)领导。这项研究最初旨在探讨工作环境(如照明、休息时间)对生产效率的影响，但最终揭示了心理和社会因素的关键作用，成为行为科学和现代管理学的里程碑。

1. 照明实验

当时关于生产效率的理论占统治地位的是劳动医学的观点，认为也许影响工人生产效率的是疲劳和单调感等，于是当时的实验假设便是“提高照明度有助于减少疲劳，使生产效率提高”。可是经过两年多实验发现，照明度的改变对生产效率并无影响。具体结果是：当实验组照明度增大时，实验组和控制组都增产；当实验组照明度减弱时，两组依然都增产；直至照明度减至如月光一般、实在看不清时，产量才急剧降下来。这表明物理环境并非唯一影响因素，“被关注感”(即意识到自己是实验对象)可能激发了工人的积极性。这一现象后来被称为“霍桑效应”。

2. 福利实验

福利实验的目的总的来说是查明福利待遇的变换与生产效率的关系。但经过两年多的实验发现，不管福利待遇如何改变(包括工资支付办法的改变、优惠措施的增减、休息时间的增减等)，都不影响产量的持续上升，甚至工人自己对生产效率提高的原因也说不清楚。

后经进一步的分析发现，导致生产效率上升的主要原因如下：

(1)参加实验的光荣感。实验开始时6名参加实验的女工曾被召进部长办公室谈话，她们认为这是莫大的荣誉。这说明被重视的自豪感对人的积极性有明显的促进作用。

(2)成员间良好的相互关系。

3. 访谈计划

研究者在工厂中开始了访谈计划。此计划的最初想法是要工人就管理层的规划和政策、工头的态度以及工作条件等问题作出回答，但这种规定好的访谈计划在进行过程中却大出意料之外，得到了意想不到的效果。工人想就工作提纲以外的事情进行交谈，工人认为重要的事情并不是公司或调查者认为意义重大的那些事。访谈者了解到这一点，及时把访谈计划改为事先不规定内容，每次访谈的平均时间从30分钟延长到1—1.5个小时，多听少说，详细记录工人的不满和意见。访谈计划持续了两年多，其间，工人的产量大幅提高。

工人们长期以来对工厂的各项管理制度和方法存在许多不满，无处发泄，访谈计划的实行恰恰为他们提供了发泄机会。发泄过后，工人们的心情舒畅，士气提高，从而使产量得到提高。

4. 群体实验

实验假设“在实施计件工资制度后，工人为获得更多报酬，将会提高工作效率”。但是实验结果表明，工人生产量普遍维持在中等水平，即被试群体自然形成了非正式群体/非正式组织，群体内部有一定行为规范，成员为维护整体利益(过多则突出自己、过少则影响总产量)而抵御物质诱惑。

霍桑实验颠覆了传统“科学管理”(只关注流程优化)的思维，推动人际关系理论兴起，强调管理中需关注员工社会需求。不过，后续研究也批评其实验设计不够严谨，且过度泛化结论(例如忽视个体差异)。

至今，“霍桑效应”仍被广泛应用于心理学和管理学领域，它提醒我们：人的行为是复杂社会系统中的产物，而非单纯受外部条件驱动。

2. 马斯洛需求层次理论

20 世纪 40 年代，心理学家亚伯拉罕・马斯洛(Abraham Maslow)提出了激励理论，认为人的需求包括生理需求、安全需求、社交需求、尊重需求和自我实现需求五个层次。

生理需求是指维持生存及延续种族的需求，如饿了想吃饭、困了想睡觉等需求就属于生理需求。

安全需求则是指每个人都希望受到保护，免于遭受威胁从而获得安全的需求，如人们希望居住在安定的社会环境中，人们希望免受坏人攻击，等等。

社交需求是指被人接纳、爱护、关注、鼓励及支持等的需求，如人们希望和他人交往成为好朋友、希望参与各种社交活动等。

尊重需求是指获取并维护个人自尊心的一切需求。

自我实现需求则是指个人所有需求或理想全部实现的需求。

马斯洛认为这五个层次的需求由低向高发展，不同的人在不同时期有不同的需求。在企业的生产管理活动中，管理者需要根据员工的具体需求制定有针对性的激励措施，以充分增强每一个员工的积极性，提高生产效率。

3. 麦格雷戈的 X 理论和 Y 理论

20 世纪 50 年代，道格拉斯・麦格雷戈(Douglas McGregor)提出了著名的 X 理论和 Y 理论，它阐述了员工如何看待工作的两个极端态度。X 理论假设一般人的天性好逸恶劳，必须用强迫、控制、指挥和惩罚等手法去管理。在这种观点下，一般人被视为愿意接受他人指导、缺乏自主进取心，并将个人安全、稳定视为首要考虑的个体。X 理论的核心理念在于，通过行使职权来实施指导和控制，以维持组织的运作和秩序。

Y 理论则认为人并非天生厌恶工作，相反，只要给予适当的机会和条件，人们通常会喜爱工作，并渴望充分展现自己的才能。多数人愿意对工作承担责任，积极寻求能够发挥自身能力的机会。Y 理论强调，在生产运作中，应扩大工作范围，尽可能使员工的工作富有意义且充满挑战，从而激发员工的内在动力，使其实现自我激励和自我超越。

随着人本主义导向的日益兴起，人们对于人在生产运作中的核心地位和宝贵价值有了更为深刻的认识。这一理念强调，在生产运作的各个环节中，制度设计应始终以人为中心，注重人性化和个性化，根据不同岗位的特点和需求，采取恰当的激励机制和管理策略。只有真正激发和调动人的积极性、主动性和创造性，才能让生产运作显现出更大的活力，推动企业不断迈向新的高度。

1.2.4 定量方法与决策模型时期

在这一阶段，学者们依据企业生产运作的实际经验和发展需求，创造性地提出了一系列数量分析方法和决策模型。这些工具和方法旨在辅助管理者进行精确的数量分析以科学地做出决策。

质量管理方面，1929 年，贝尔电话实验室的三位学者——道奇(H. F. Dodge)、罗米格(H. G. Romig)和休哈特(W. A. Shewhart)——开创性地提出了抽样和质量控制的统计方法。这些方法被成功地应用于生产过程的质量管理中，使企业能够有效地收集产品质量数据，并基于这些数据进行深入的质量分析。这一创新为改进企业产品质量提供了方法，标志着质量管理领域的一个重大突破。

需求预测方面，第二次世界大战爆发以后，各国为了满足对战争物资的需求，开始研究产品生产中遇到的问题，学者们开始把运筹学中的线性规划、优化理论应用于企业资源规划。线性回归模型、多元回归模型、灰色理论模型等也开始被用于企业的需求预测。

库存管理方面，ABC 库存分类管理法被应用到库存产品的分类，帮助管理者实施重点控制策略。同时，针对库存控制和订货策略，定量订货模型、定期订货模型、最大最小库存控制模型相继被提出，使得企业的库存管理更加精准。

在 20 世纪六七十年代，随着计算机技术的迅猛发展，企业开始利用建模、算法开发以及软件编程来提升生产运作效率。例如，通过计算机技术开发的物料需求计划(MRP)软件，为企业的各个部门提供了全面的物料分析和零部件库存管理解决方案。这些工具有效地完成了生产运作过程中的需求预测、库存控制、生产作业计划编制和项目管理等关键任务，极大地提高了企业生产运作管理的科学性和准确性，为企业的发展带来了革命性的变革。

1.2.5 日本精益生产模式的崛起

第二次世界大战后，日本的制造业快速发展，其产品质量高、成本低，具有极大的市场竞争力。以丰田汽车公司为代表的日本制造企业提出的精益生产模式，是生产运作管理的一次革命，对全世界的制造企业产生了深远的影响。此外，日本制造企业推行全面质量管理，高度关注企业生产过程中的质量控制，强调全过程质量管理和持续改进，极大地提升了他们的生产率和产品质量。

与此同时，日本一些制造企业将准时生产(just in time, JIT)这一理念应用到企业的生产运作中，通过构建“看板系统”创造“拉式”生产模式，推行“零库存”管理，有效减少了库存，消除了浪费，降低了生产运作成本。

日本企业对全面质量管理、准时生产等管理理论的成功应用，以及对精益生产的企业文化的打造，引起了全世界许多企业的兴趣。这些理念得到普遍的重视和推广，促进了世界生产运作管理效率的飞跃。

1.3 信息技术对生产运作管理的影响

随着大数据、云计算、人工智能、物联网等信息技术的应用和发展，企业生产运作管理的模式正在发生巨大的变革。信息技术正在重塑传统生产管理的逻辑，将生产运作管理从“经验驱动”转向“数据驱动”，推动企业向智能化、柔性化、绿色化方向发展。未来，随着人工智能的深化应用，生产管理的边界将进一步扩展至“全价值链智能协同”。信息技术对生产运作管理的影响主要表现为以下几点。

1.3.1 信息技术促进了生产流程优化

目前，大数据、物联网和人工智能技术已深入渗透至生产车间的各个环节。通过运用信息技术，生产任务得以实现智能排程，系统能够根据订单优先级、设备负载以及人员技能等多重因素，灵活动态地调整生产计划。以半导体制造业为例，借助 AI 算法对晶圆加工顺序进行优化，有效缩短了换线时间，提升了生产效率。

与此同时，物联网、传感器、虚拟现实和边缘计算等先进技术的综合应用，为企业实时监测设备运行状态提供了有力支撑。通过整合机器学习算法，企业能够对设备故障进行精准预测，从而大幅减少非计划停机时间，降低维护成本，进一步推动生产过程的智能化和高效化。

1.3.2 信息技术促进了供应链协同

企业借助信息技术的强大力量，能够深入剖析市场趋势、客户行为以及历史销售数据，从而精准把握市场需求脉搏。通过与供应链上的合作伙伴实时共享市场需求信息，企业能够迅速应对市场变化，实现采购和库存的优化管理。

以零售企业为例，通过运用人工智能技术预测区域销量，并将预测结果实时反馈给供应商和客户，企业能够灵活调整仓库补货策略。这种动态调整不仅大幅降低了库存成本，还促进了供应链的协调运营，为企业赢得了更大的市场竞争力。

1.3.3 实现定制化生产

如今，电子商务已深度融入生产领域，企业通过构建先进的管理信息系统，能够精准采集用户数据，实时分析消费者的在线行为及个性化偏好。基于这些深度分析结果，企业能够迅速设计并生产出符合消费者个性化需求的产品，成功实现从消费者到企业生产的定制化生产模式。例如，在服装行业，企业可以借助 3D 扫描技术精准获取客户体型数据，自动生成量身定制的裁剪方案，从而实现服装生产的个性化定制。

与此同时，众多企业已率先应用数字孪生技术，对生产设备、运行工序以及物料投放进行全方位的虚拟仿真。这一创新举措有效推动了柔性制造模式的发展，为企业带来了更强的生产灵活性和更大的市场竞争力。

1.3.4 实现绿色生产与可持续发展

在数字化时代，企业应用人工智能技术能够对生产工序、生产过程、能源消耗模式、次品产生原因等数据进行全面分析，帮助管理者优化设备运行策略，从而降低能耗和浪费，实现企业的绿色生产。例如，钢铁厂利用人工智能技术能够对钢铁冶炼的全过程进行模拟，通过优化高炉参数，降低每吨钢的碳排放量。另外，企业应用信息系统能够记录产品全生命周期数据，促进回收再利用，实现可持续发展。

当今的信息技术日新月异，大数据、人工智能、区块链等信息技术已经融入企业生产，不仅改变了企业的组织结构和业务形态，也对企业的生产运作产生了深远影响。企业必须加大信息技术投入，构建先进的智能化管理信息系统，通过信息技术向精益生产、定制生产、协同生产模式转型，实现创新发展。

本章要点

• 企业有三大基本管理职能，即生产运作管理、财务管理和市场营销。生产运作管理作为企业的基本职能，对企业的经营目标、经营方针、经营决策产生重要影响，是企业管理的核心。

• 客户对企业生产的产品主要有五个方面的期望：时间、质量、成本、服务和环境。

• 生产运作管理应遵循的原则：市场导向原则、创新原则、注重经济效益原则、科学管理原则、均衡原则、环保原则。

• 生产运作管理者的技能：技术技能（掌握生产工艺、设备、物料等方面的专业知识）和管理技能（计划、组织、指挥、协调、控制等）。

• 生产运作管理的演进阶段包括：工业革命阶段（机械化生产取代手工劳动，标准化推动规模化）、科学管理阶段（泰勒提出科学管理原理，福特引入流水线生产）、人本主义阶段（霍桑实验揭示员工动机的重要性）、定量方法阶段（MRP 系统应用）、精益生产阶段（准时生产、全面质量管理、零库存管理）。

• 信息技术正在重塑传统生产管理的逻辑，将生产运作管理从“经验驱动”转向“数据驱动”，推动企业向智能化、柔性化、绿色化方向发展。

思考与练习

参考答案

选择题

1. 生产运作管理的核心目标是(　　)。

A. 最大化企业利润　　B. 有效利用资源并满足客户需求

C. 降低员工劳动强度　　D. 提高市场份额

2. 以下属于“生产系统”的输入要素的是(　　)。

A. 原材料　　B. 产品

C. 售后服务　　D. 市场反馈

3. 流程型生产系统的主要特点是(　　)。

A. 按客户需求定制产品　　B. 生产过程中断频繁

C. 连续、标准化的生产过程　　D. 高灵活性以适应多样化需求

4. 下列不是生产运作管理发展过程中经历的阶段的是(　　)。

A. 科学管理阶段　　B. 人际关系学理论阶段

C. 连续标准化生产阶段　　D. 管理科学阶段

5. 供应链管理的核心目标是(　　)。

A. 最大化单个企业的库存水平

B. 协调上下游企业以提升整体效率

C. 完全依赖外部供应商

D. 减少产品种类以简化流程

简答题

1. 生产与运作管理应遵循哪些原则?
2. 生产与运作管理决策主要有哪些基本问题?
3. 请简述马斯洛需求层次理论的主要思想。
4. 20世纪日本制造企业对生产运作管理的影响有哪些?

案例分析题

佛山欧神诺陶瓷股份有限公司是一家著名的创新型高新技术陶瓷企业。公司在我国陶都佛山和千年瓷都景德镇都拥有现代化建陶生产基地，专业生产经营各种高档建筑陶瓷制品，如轻质砖、玻化砖、釉面墙地砖、哑光砖等。

一般人认为欧神诺是一家陶瓷制品生产企业，但公司希望消费者将欧神诺看作美化人居环境的整体空间解决方案的提供商。公司创始人鲍杰军提出“天下无砖”的理念，他

希望公司卖给消费者的不是一片片的瓷砖，而是由瓷砖组成的一个个完整的美丽的空间。

在互联网浪潮的推动下，公司的运营模式正经历着翻天覆地的变革。销售团队的工作重心已转向吸引高端客户，他们致力于将消费者转化为忠实的用户、热情的粉丝和亲密的朋友，并与设计团队实现了无缝对接。设计团队规模大幅扩张，他们借助互联网和各类即时通信工具，与客户进行深入沟通，精准把握客户的个人喜好和需求，从而打造出独具个性的空间产品。生产环节实现了高度自动化，生产人员数量大幅减少，设计团队与生产团队紧密协作，共同打造高质量的空间产品。此外，产品外包装上直接印有客户位置信息，确保产品能够准确无误地送达客户家中。

根据上述案例，回答以下问题：

你认为欧神诺公司在生产运作管理上的转变是否符合未来陶瓷企业的发展方向？针对信息技术的发展，欧神诺公司应该如何更好地创新发展？

第2章 企业战略与生产运作策略

素质目标：科学分析企业战略与生产运作职能的关系，从企业战略层面构建生产运作职能的策略，培养高效生产的管理素养。

知识目标：掌握企业战略的相关知识，理解企业竞争战略对生产运作管理的影响；了解生产运作的主要策略。

能力目标：能够利用相关指标对生产运作管理的效率进行评价。

引导案例

LM 科技的生产运作策略如何支撑企业战略突围

LM 科技是一家专注于智能家居设备生产的中型企业，过去凭借低成本优势在市场中占据一席之地。然而，随着行业竞争加剧和消费者需求升级，公司面临以下挑战：价格战压力，竞争对手通过规模化生产进一步压低成本；客户需求多样化，消费者对产品功能、外观和交付速度的要求显著提高；产品的技术迭代加速，智能家居设备生产技术更新周期缩短至 6—12 个月。

在此背景下，LM 科技的高层决定调整企业战略，从“成本领先”转向“差异化竞争”，目标是通过创新设计和快速响应市场，打造高端智能家居品牌。在“差异化竞争”的引领下，企业各职能部门需要进行一系列职责调整。生产运作管理作为企业的核心职能，其策略也有了相应的调整，主要包括：第一，构建柔性生产系统，投资模块化生产线，可快速切换产品型号，支持小批量定制化生产。第二，打造供应链协同共享平台，实现原材料库存实时监控，并推行“按需采购”，减少库存成本，同时确保关键零部件供应。第三，实施数字化质量管理，引入 AI 视觉检测系统，将产品缺陷率从 2.5% 降至 0.3%；通过企业资源规划(ERP)系统整合订单、生产和物流信息，提升端到端的透明度，缩短产品的交付期。

在智能家居行业洗牌加速与消费需求迭代的双重压力下，LM 科技的转型突围印证了企业战略与生产运作策略的共生逻辑。当价格战红海吞噬着同质化产品的利润空间，传统以规模效应支撑的成本领先战略，在需求碎片化与技术短周期面前显露出刚性桎梏——标准化生产线难以应对定制化订单，长周期采购无法匹配动态物料需求，人工质检效率低下制约着产品迭代速度。这种战略与能力的错位，恰恰揭示了生产运作系统作为战略实施载体的核心价值。

2.1 企业战略概述

2.1.1 企业战略的内涵

随着科学技术和经济的迅速发展，企业经营管理的内外部环境发生了深刻的变化，企业面临的市场竞争越发激烈。企业要想在激烈的市场竞争中保持生命力，就必须对企业经营的长远目标进行思考和规划，这就是企业战略需要解决的问题。

企业制定合适的战略能够明确长期目标和发展方向，确保所有行动围绕统一目标展开。企业的战略制定、战略实施须建立在认真分析企业内外部环境、政治政策、经济动向、发展趋势的基础上。

企业通过分析市场和竞争对手，制定有效的竞争策略，能够明确目标、合理配置资源、确保关键领域获得足够支持，从而提升其市场地位，实现整体的优化和提高。为了实现企业战略目标，管理人员必须持续监控企业内外部环境变化，对战略计划进行科学评估，识别潜在风险并制定相应的措施，通过长期规划和持续改进，增强企业的适应能力和学习能力，确保企业保持长期竞争力。

知识链接

战略管理

战略管理是指组织为实现长期目标，通过分析内外部环境，对企业的长期发展和生产经营活动进行长远的决策和谋划。战略管理的核心在于确保组织在动态环境中保持竞争优势，实现可持续发展。一般来说，战略管理具有以下特点。

(1)全局性。战略管理关注组织的整体发展方向，是从公司全局考虑，对未来的发展进行全局安排，涉及各个部门和层级。

(2)长期性。战略管理着眼于长期目标，通常规划未来 3~5 年甚至更长时间的发展路径，对企业的长期生产计划和生产运作具有引领作用。

(3)系统性。战略管理是一个系统过程，涵盖环境分析、战略制定、实施和评估等多个环节，各环节相互关联，具有系统关联性。

(4)动态性。企业战略管理的战略目标、战略计划需要根据企业内外部环境的变化及时动态调整，以保持灵活性和动态适应性。

(5)竞争性。战略管理的核心是提升企业的竞争力，确保企业在市场中占据有利位置。

(6)科学性。战略管理依赖科学的分析工具和方法，如 SWOT 分析、PEST 分析等。

2.1.2 企业的竞争战略

竞争战略是企业为在市场中获取竞争优势而制定的长期规划和行动方案，其核心是通过差异化、成本领先或集中化等手段，使企业在竞争中脱颖而出，实现可持续发展。一般来说，有三种基本的竞争战略，分别是成本领先战略、差异化战略和集中化战略。

1. 成本领先战略

成本领先战略是一种通过降低生产和运营成本，以提供比竞争对手更低价格的产品或服务，从而获取市场竞争优势的战略。该战略的核心在于通过成本控制实现价格优势，吸引价格敏感的消费者。

具体来说，基于成本领先战略的企业，具有较大的产品生产规模，通过规模化降低单位成本，同时严格管理原材料、劳动力和运营支出。在生产运作过程中，这类企业往往采用通用的设备和设施，以尽可能提高设备利用率；对物料库存进行严密控制，以尽可能降低库存成本；通过优化流程提高劳动生产率；采用低工资率并降低间接费用。

采取成本领先战略的企业需具备强大的成本管理能力，生产运作管理中的每一个环节都要有成本控制理念，在原材料采购、产品生产、物料配送和市场服务等方面都应该尽可能采取规模化经营，形成企业的低成本优势。

小故事

戴尔是全球知名的计算机制造商，其核心竞争战略是通过成本领先战略在 PC 市场占据优势。在确定了成本领先的竞争战略以后，戴尔采取直销模式绕过传统零售渠道，直接通过电话、网站向客户销售产品，避免了经销商的分成成本和实体店租金。值得一提的是，戴尔实施按订单生产模式，精准响应客户在线定制需求，实现产品组装的个性化与高效化。这种模式几乎实现了“零成品库存”，大幅降低了仓储成本及库存贬值风险，为公司赢得了巨大的成本优势。生产过程中，戴尔采用机器人快速组装标准化部件，大幅降低单位人工成本。此外，戴尔将非核心业务外包，将物流配送外包给专业公司，售后支持外包至第三方服务商，通过业务外包降低投资成本和财务风险。通过这些生产运作措施，戴尔的运营成本比竞争对手低10%～15%，能以更低价格销售同等配置的电脑，并长期成为全球最大的个人电脑生产商。

点评：企业的竞争战略决定企业具体的生产运作策略，戴尔的成本领先战略引领企业的直销模式、规模效应和数字化管理，将传统制造业的“推式供应链”转变为“拉式供应链”，实现成本最小化。

2. 差异化战略

差异化战略是一种企业通过提供独特的产品或服务，与竞争对手形成显著差异，从而吸引特定消费者群体并获取竞争优势的战略。该战略的核心在于通过创新、品牌、设计或服务等方面的独特性，创造更高的客户价值。

差异化战略的关键要素包括产品差异化、品牌差异化、服务质量差异化等。产品差异化就是提供具有独特功能、设计或技术优势的产品，如苹果公司通过创新的设计和生态实现产品差异化。品牌形象差异化就是建立强大的品牌认知和忠诚度，如奢侈品牌通过品牌价值吸引高端消费者。服务质量差异化则是提供卓越的客户服务或个性化体验，如海底捞通过极致的服务体验脱颖而出。总之，企业通过实施差异化战略能够增强客户忠诚度，使竞争对手难以模仿，形成长期竞争优势。

基于差异化竞争战略，企业需具备强大的研发和设计能力，通过研发设计创新实现产品性能差异化。这就需要生产运作管理者深入了解用户的需求和偏好，通过营销和传播塑造独特的品牌形象，同时打造个性化的产品和服务体验，从而提升企业竞争优势。

3. 集中化战略

集中化战略，也称集中一点战略或聚焦战略，是一种通过专注于特定的细分市场、产品线或地理区域，集中资源满足该领域消费者需求的竞争战略。该战略的核心在于通过深度聚焦，在特定领域内建立竞争优势，而不是试图在整个市场中与所有竞争对手展开全面竞争。

实施集中化战略的关键在于企业要对市场进行细分，找准特定的细分市场，如特定年龄群体、特定收入水平、特定地理区域等。在此基础上，企业再针对特定的细分市场进行产品聚焦，提供有针对性的产品和服务。例如，高端宠物食品品牌聚焦高收入的宠物主人，区域餐饮品牌针对区域消费者的口味提供特色餐品。集中化战略的优势就是能够将资源集中于特定领域，能够更高效地满足目标客户需求，并在细分市场中建立竞争壁垒，使竞争对手难以进入。

企业如果实施集中化战略，在具体的运作过程中，首先需要有敏锐的市场洞察力，能够准确识别并理解细分市场的需求，并将资源集中投入特定的目标市场；其次需要具备与目标市场相契合的专业的知识、技术或服务能力，能够快速响应细分市场的变化和需求，从而形成特定细分市场领域的竞争优势。

2.1.3 生产运作职能战略

为实现企业长期发展的目标，企业各职能部门会制定具体的职能战略，为职能部门的具体运营提供指导。这些职能战略包括研究与开发战略、生产运作战略、市场营销战略、财务管理战略、供应链管理战略及人力资源管理战略等。其中，生产运作职能战略在企业的职能战略中处于核心地位，对生产物料的转化和产品生产具有关键影响。

生产运作职能战略是企业为实现总体战略目标，在生产运作领域制定的长期规划和行动方案。生产运作职能战略是企业实施生产运作管理的指导性的纲领文件，其核心是通过优化资源配置提升生产运作效率和产品质量，为市场提供有竞争力的产品，促进企业可持续发展。

生产运作职能战略的内容包括产能规划、生产流程管理、供应链管理、库存管理、质量管理、技术创新、成本控制以及人力资源投入等许多方面。这些内容的制定，为企业建立具体的生产运作策略提供了指导和保障。

2.2 生产运作策略

生产运作策略是在生产运作职能战略的指导下，针对生产运作如何实施而制定的具体策略。它涉及企业生产运作的各个方面，包括产品开发与设计策略、生产运作系统设计策略、供应链管理策略、库存管理策略等。本节仅对生产运作中的产品开发与设计策略、生产运作系统设计策略进行阐述。

2.2.1 产品开发与设计策略

产品的开发与设计在很大的程度上决定着企业产品的性能，因此，这是制定生产运作策略时首先要考虑的问题。企业在对产品进行开发与设计时，应主要考虑三个问题：

做跟随者还是领导者，自己设计还是外包设计，做基础研究还是应用研究。

1. 做跟随者还是领导者

企业在设计产品或服务时，面临一个关键抉择：是成为新技术的领导者，还是选择作为跟随者？这一选择将直接影响企业的战略布局和发展路径。

选择成为引领者，意味着企业需不断追求创新，在研究与开发领域投入大量资源。尽管这一路径风险较高，但回报同样丰厚：企业能够引领行业新潮流，掌握独特技术，从而在激烈的市场竞争中始终保持领先地位。华为便是这一策略的典型代表，通过持续的技术创新，确立了其在全球通信领域的领导地位。

而选择作为跟随者，企业则主要仿制市场上已有的新产品，这种策略花费较少，风险相对较低。然而，跟随者往往难以创造出真正先进的技术。不过，如果跟随者具备敏锐的市场洞察力和强大的改进能力，将他人的技术和产品进行优化升级，也有可能实现“后来居上”的逆袭。

此外，企业还需考虑另一个重要问题：是追求最先进的技术，还是选择适用的技术？最先进的技术无疑能为企业带来显著优势，但相应的投入和风险也较大。而适用的技术虽然不一定最前沿，但却是符合企业当前发展需求、经过实践检验的可靠选择。采用适用的技术，企业可以在控制成本和风险的同时，实现稳步发展。

2. 自己设计还是外包设计

企业在产品开发和设计方面也面临着自行完成或外包的选择。通常而言，涉及独特技术或核心竞争力的环节，企业应坚持自主设计研发，以保持技术领先和竞争优势。然而，如果企业自身缺乏核心技术，且设计研发成本较高，那么采取设计外包策略则是更为明智的选择。通过外包，企业可以借助外部专业力量，降低成本、提高效率，同时集中资源于自身优势领域，实现整体竞争力的提升。

3. 做基础研究还是应用研究

基础研究是对某个领域或某种现象进行研究，其成果转化为具体产品往往需要较长时间，且面临较大的转化风险。然而，一旦这些研究成果成功应用于实践，它们将为企业的发展带来巨大的推动力。应用研究则是基于用户需求，选择具有潜在应用价值的领域进行有针对性的研究。应用研究以其实用性强的特点，更容易转化为现实的生产力，为企业带来直接的经济效益。

2.2.2 生产运作系统设计策略

生产运作系统的设计对生产运作系统的运行有直接的影响，它是生产运作策略的一个重要内容，也是实施企业战略的重要步骤。生产运作系统的设计涵盖四个方面：选址、设施布置、岗位设计以及工作考核。

1. 选址

选址策略是指企业生产设备和设施建在什么地点的问题，对企业的运行效率和效益有着先天性的影响，弄不好就会“铸成大错”。工厂投入运营后，随着生产需求的增长，企业往往需要提高生产能力。此时，扩充现有设施虽经济易行，但常受空间限制而难以施展。此外，部分制造企业在选址时选择租赁厂房，然而租赁的不稳定性及不达标问题的可能性，也为企业带来不确定性。另一种策略是另觅新地建造设施，此方案虽提供了更大的选择余地，但所需资金庞大，且涉及工厂集中或分散布置的复杂考量。

2. 设施布置

设施布置对生产运作的效率有很大影响。设施布置不当，会造成运输路程长、运输路线迂回曲折，不仅浪费了人力、物力，而且延长了生产周期。不同生产类型的设施布置形式不同。

第一种是流水线布置。此布置方式特别适合大批量生产，以高效、连贯的流水线作业为核心，实现产品从原材料到成品的快速转换。

第二种是工艺专业化布置。此布置方式针对多品种小批量生产，一般按功能布局(按工艺布局)。这种布置方式虽具备较高的柔性，能够适应多种生产任务，但物料运送路线较长。

第三种是固定位置布局。固定位置布局将原材料、零部件和人员集中至特定地点，被加工的工件保持不动，而机器设备和工具则根据加工需求灵活配置，使用后及时撤离。此布局适用于大型、复杂的制造任务，如飞机制造和大型电站锅炉的安装，确保了加工的精准性和高效性。

第四种是按生产单元布置。生产单元布置将不同设备集中在一起，形成有限范围内的产品生产单元。在此布局下，机器设备固定不动，工件的移动范围也有限。

3. 岗位设计

岗位设计是制定与每个员工工作有关的活动的正规和非正规说明，不仅涵盖了岗位的内部结构，还深入描绘了员工与同事、顾客之间的互动联系。岗位设计有不同的指导思想。一种是进行细致分工，让每个员工只完成最简单的操作，这样可以提高工作效率，从而提高生产系统的产出，比如流水生产线上的岗位就是这样设计的。这种方式使工作单调乏味，容易遭到工人的反对。另一种则倡导粗略分工，每个员工都从事不同的操作，使工作丰富化。这样可以提高员工的工作兴趣，但在一定程度上牺牲了效率。

在岗位设计时要正确处理人机分工。人是最灵活而富有创造性的，适于完成非例行的工作；而机器则凭借持久的耐力和精准的执行，在程序化工作中展现出无可比拟的优势。理想的岗位设计应致力于打造一个既符合人的能力与需求，又高效运转的工作环境，实现人与机器的和谐共生，从而全面提升生产效率与员工幸福感。

4. 工作考核

对人的工作业绩要进行考核，并将考核结果与报酬挂钩，这样才能激励员工努力工作，不断改进工作方法、发挥创造性、提高工作效率。报酬涉及工资和薪水的数量和发放办法，通常有两种计酬的办法：计时付薪和按贡献付薪。计时付薪就是按小时、天或月付薪，适用于难以量化的工作。按贡献付薪包括计件和承包等办法，适用于能够量化的工作。精心选择与设计报酬系统，对于充分激发核心资源——人才的潜力，具有至关重要的影响。

2.3 生产运作的效率

2.3.1 生产率的内涵

企业管理者的核心职责之一在于高效运用企业资源，以显著提升生产运作的效率与效果。在众多衡量企业生产运作效果的指标中，生产率尤为关键，它精准反映了企业的生产效能。对于单个部门或企业而言，通过生产率来度量生产运作效果，不仅能为管理者提供一定时期内的业绩监控工具，还能助力其对相关业务的绩效进行客观评价，进而精准识别改进领域，制定科学决策。

生产率，作为展现生产效能的核心指标，精准揭示了产出(产品与服务)与投入(劳动、材料、能量及其他资源)之间的比例关系。它是一种相对指标，常呈现为产出与投入的比值，本质上是反映资源的有效利用程度。在生产运作管理领域，生产率不仅是衡量投入与产出的关键指标，更是管理者制定决策时的重要参考依据。

2.3.2 生产率的计算

生产率的计算通常有三种方法：单一生产要素度量法、多生产要素度量法和总生产要素度量法。这三种计算方法得到的结果分别为单要素生产率、多要素生产率和总生产率。

1. 单一生产要素度量法

单一生产要素度量法，是指企业在评估生产率时，将产出与某一特定生产要素的投入量进行比值计算的方法。例如，产出/劳动投入，产出/资本投入，产出/机器投入，产出/能量消耗。

2. 多生产要素度量法

多生产要素度量法，是指企业在评估生产率时，采用企业产出与两种或多种生产要素投入量进行综合比值计算的方法。例如，产出/(劳动+机器)，产出/(机器+能源)，产出/(劳动+机器+能源)。不过，计算多要素生产率时，投入和产出要使用同一度量单位，如成本或价值。

例 2-1

某制造企业拥有 10 名工人和 5 台机器设备，在 2 个小时的高效作业后，成功生产出 200 件合格产品。现需计算该企业的人工单要素生产率、机器单要素生产率，以及综合考虑人工与机器的多要素生产率。

解：人工生产率＝200 件/(10 人×2 小时)＝10 件/时

机器的生产率＝200 件/(5 台×2 小时)＝20 件/时

多要素生产率＝200 件/(10 人×5 台×2 小时)＝2 件/时

3. 总生产要素度量法

总要素度量法是企业在衡量生产率时，将企业总产出与所有生产要素的总投入进行比值计算的方法，即产出/生产过程中的全部投入。

例 2-2

某制造企业在其生产周期内，实现了产品总价值达 10 万元的产出，其间投入了 1 万元人工成本、3 万元材料费用以及 1 万元管理费用，现要求计算该企业的总要素生产率。

解：生产率＝100 000 元/(10 000 元+30 000 元+10 000 元)＝2

在实践中，具体选择哪一种度量法主要视度量的目的而定。如果是为了提高劳动生产率，显然就应采用劳动这一投入来度量。如果为了反映投入要素的总体效率，就可以计算总要素生产率。

2.3.3 影响生产率的因素

企业生产率的高低受多种因素综合影响，其中人力因素、工作系统因素、产品质量因素、技术因素以及管理因素尤为关键。

1. 人力因素

具备优质教育背景、丰富经验的高素质员工，以及稳定的员工队伍，都有利于提高企业的生产率。例如，新入职员工由于经验不足，其生产率通常低于资深员工；频繁的员工流动，如跳槽和离职，也会对生产率造成不利影响。

2. 工作系统因素

合理的生产场地和设施布局以及合理的流程设计，可以显著提升员工操作的便捷性，进而促进生产率的提高。例如，将工具和物料放置于易于取用的位置，可以有效减少操作时间，提高生产效率。此外，工艺的标准化以及先进设备的应用，也可以为生产率的进一步提升提供有力支撑。

3. 产品质量因素

生产过程中，零部件、半成品以及成品的质量水平对生产率具有至关重要的影响。低质量的生产环节可能导致返工、检修频发以及原料浪费，这些因素会造成生产率的大幅下降。

4. 技术因素

技术的革新会大幅提升生产率。如大数据技术、自动化设备、机器人、互联网等新兴技术大幅降低了企业运营成本，普遍促进了生产率提升。

5. 管理因素

与供应商建立稳固的合作关系，能够有效预防零部件短缺；实施严格的安全生产管理制度，有助于减少生产故障；制定合理的激励计划，能够显著提升员工的生产积极性。这些管理因素都会对企业生产率产生深远影响。

此外，还有众多其他因素同样影响着生产率，包括数据资源的质量、设备检修的频率以及环境政策等。因此，企业必须全面深入地分析这些影响因素，优化资源配置，以实现企业收益的最大化。

本章要点

- 企业要想在激烈的市场竞争中保持生命力，就必须对企业经营的长远目标进行思考和规划，这就是企业战略需要解决的问题。
- 企业有三种基本的竞争战略，分别是成本领先战略、差异化战略和集中化战略。成本领先战略通过降低生产和运营成本，提供比竞争对手更低价格的产品或服务，从而获取市场竞争优势；差异化战略通过提供独特的产品或服务，与竞争对手形成显著差异，从而吸引特定消费者群体并获取竞争优势；集中化战略通过专注于特定的细分市场、产品线或地理区域，集中资源满足该领域消费者需求。

● 职能战略的重点是提高企业资源的利用效率，使企业资源的利用效率最大化，可分为研究与开发战略、生产运作战略、营销战略、财务管理战略、供应链管理战略及人力资源管理战略等，其中，生产运作战略处于核心地位。

● 企业在对产品进行开发与设计时，应主要考虑三个问题：做跟随者还是领导者，自己设计还是外包设计，做基础研究还是应用研究。

● 生产运作系统的设计涵盖四个方面：选址、设施布置、岗位设计以及工作考核。

● 生产率是一种相对指标，常呈现为产出与投入的比值，本质上是反映资源的有效利用程度。

● 单要素生产率=产出/特定生产要素投入；多要素生产率=产出/两种或多种生产要素投入；总要素生产率=总产出/所有生产要素总投入。

● 影响生产率的因素主要包括人力因素、工作系统因素、产品质量因素、技术因素、管理因素。

思考与练习

选择题

参考答案

1. 生产运作策略与企业总体战略的关系是(　　)。

A. 生产运作策略独立于企业战略制定

B. 生产运作策略是企业职能战略的核心支撑

C. 企业战略完全由生产部门决定

D. 两者仅通过财务报表相关联

2. 采用成本领先战略的企业，生产运作策略应优先(　　)。

A. 追求规模经济与流程标准化　　B. 投资定制化柔性生产线

C. 延长产品交付周期以降低库存　　D. 增加产品 SKU 数量

3. 集中化战略在生产中的典型体现有(　　)。

A. 服务全品类市场　　B. 为小众市场定制专属供应链

C. 全球分散布局生产基地　　D. 完全依赖外包生产

4. 企业选择外包而非自产的关键考虑因素通常是(　　)。

A. 保留核心技术控制权，防止技术风险

B. 简化财务管理流程，提升企业的利润率和投资回报率

C. 提高员工忠诚度，减少员工流失

D. 聚焦高附加值环节，降低固定投资

5. 企业推行“绿色制造”战略的主要驱动力不包括(　　)。

A. 法规合规压力　　B. 消费者环保意识增强

C. 降低长期运营成本　　D. 增加原材料浪费

6. 模块化设计(modular design)对生产策略的影响是(　　)。

A. 延长产品开发周期　　B. 支持大规模定制与快速换型

C. 提高对单一产品线的依赖性　　D. 增加生产线的复杂性

简答题

1. 请简述生产运作策略与企业战略之间的关系。
2. 生产运作系统的设计策略主要包括哪些方面?
3. 企业在生产运作系统中有哪些具体措施可以帮助其实现成本领先战略?
4. 影响生产率的因素有哪些?

计算题

1. 假设一个制造企业有 20 个工人，他们应用 10 台机器设备在 5 个小时内生产出了 5 000 件合格产品，求人工、机器分别的单要素生产率和多要素生产率。

2. 假设一个制造企业产出产品的价值为 100 万元，投入的人工成本为 20 万元，材料费 10 000 元，管理费 10 000 元，求该产品的多要素生产率。

案例分析题

NX 医疗器械公司(以下简称“NX 公司”)是一家生产微创医疗器械用品的企业，其产品有一半以自有品牌在国内销售，另外一半以经销商的品牌，即采用代工生产(OEM)方式销售到欧美发达国家。

NX 公司的产品可以分为一次性取样钳和支架两大类。患者在进行微创检查时需要使用取样钳，因而医院及经销商会保持一定的库存。作为一次性的检查用品，取样钳产量及销售额都比较高，但利润率较低。支架类产品则主要应用于微创植入手术，医院通常会在患者确定要做手术后要求 NX 公司立刻发货。

尽管 NX 公司在国内市场上首屈一指，但也存在着隐忧。

一方面，由于微创检查及手术刚刚兴起，医生会不断提出新的应用领域及应用方式，为了占领市场，NX 公司必须不断地提供新产品。但在另一方面，由于医疗器械的使用效果与医生的使用习惯相关，习惯老产品的医生依然要求 NX 公司继续提供老产品。这迫使 NX 公司必须提供一千多种产品，以符合不同应用领域以及医院医生的要求。然而，随着产品品种的日益增多，NX 公司在生产运作过程的组织上面临着前所未有的挑战。不同种类的零件和产品在生产线上容易混淆，给生产管理带来极大的困扰。此外，由于产品种类繁多，生产过程中难以准确预判原材料和零部件的充足程度，这无疑增加了生产计划的不确定性，对公司的生产运作效率产生不利影响。

鉴于患者需求的不可预测性以及医疗器械严格的保质期规定，医院通常仅维持极低的取样钳库存水平，一旦需要产品，便期望NX公司能够迅速响应，及时供货。对于支架类产品而言，尽管其利润率相对较高，但受制于市场需求，销量往往有限。因此，医院通常对NX公司提出严格的交货期要求，希望能够在次日即收到货物。满足客户如此紧迫的交货期要求，已成为NX公司生产运作管理中的一项重大挑战。

国外客户也带来了新的问题。为了降低运输成本，利润相对较低的取样钳通常选择海运方式，而欧美经销商往往将单个订单的规模设定为恰好装满一个集装箱。尽管他们为交货预留了较长的周期，但NX公司仍需在严格的时间限制内，完成客户指定的多种产品按量生产、配齐并装箱的任务。面对这样的大批量订单，任何原材料供应商的延迟或生产过程中的质量问题都可能引发严重的连锁反应。NX公司必须同时应对大批量、交货期较长的国外订单和小批量、交货期紧急的国内订单，依据原材料供应和关键设备的使用情况来优化生产安排，这无疑是一项艰巨的任务。不同产品对设备的需求时间各异，而原材料的可用性又随着供应商送货和生产消耗而不断变化。因此，NX公司的生产计划必须具备前瞻性，确保未来订单能够按时完成。

在海外市场，一些新进入的企业以更低的成本生产取样钳，其售价仅相当于NX公司的成本。对国外客户来说，NX公司能够维持其重要甚至唯一取样钳供应商地位的原因除了NX公司的产品质量较好外，还在于NX公司通过了在欧美发达国家销售医疗器械所需要的各种认证。但NX公司了解到，欧美经销商的销售利润很低，如果未来竞争对手的质量提升，并且也获得认证后，欧美经销商很可能会选择其他成本较低的企业。

根据上述案例，回答以下问题：

如果你是NX公司的战略部长，请问你如何确定公司的生产运作职能战略，又应该采取哪些具体的生产运作策略实现企业的生产运作职能战略？

第3章 产品设计

素质目标：激发创新意识，培养产品创新设计思维，树立产品创新与企业经济效益平衡的管理素养。

知识目标：掌握产品设计的具体内容，理解产品设计的原则和考虑因素，掌握产品设计的主要方法。

能力目标：能够应用质量功能屋、卡诺模型进行产品设计和分析。

引导案例

从无人问津到现象级爆款

——小方盒如何用设计思维拯救 ZL 科技的智能家居帝国

ZL 科技是一家专注于智能家居的企业，2021 年推出首款“全屋智控中控屏”，试图抢占高端市场。该产品虽搭载了 AI 语音、多设备兼容等前沿技术，却遭遇惨败：上市首月销量不足 1 000 台，退货率高达 35%。企业管理者开会进行讨论，明确失败的根本原因在于工程师主导的“技术堆砌”思维，忽视了产品设计中的用户体验与设计价值。

于是，企业解雇了原有首席设计官并重新聘任首席设计官。新任首席设计官提出“设计即战略”的理念，并主导产品设计的三大变革：第一，深入用户调研和访谈，深挖用户痛点，从“伪需求”中找到“真共鸣”。第二，基于用户需求采取颠覆性设计策略，将“黑色方盒”改为磁吸模块化圆盘，可拆分贴在冰箱、床头等高频触点，方便使用；同时表面采用电子墨水屏，强光下零反光，功耗降低 80%。第三，简化语音指令，引入情感化设计，美化显示动画。第四，加强设计师、工程师和用户之间的互动，任何功能上线都需通过用户体验评审会的认可。

经过设计优化，第二代产品“小方盒 2.0”上市后大获成功，成为畅销的智能家居产品。

ZL 科技的逆袭案例，生动诠释了产品设计在生产运作管理中的作用。当企业因盲目追求技术参数而陷入“工程师陷阱”时，用户退货率与市场冷遇的困境本质上暴露了传统生产逻辑的致命缺陷——将产品设计视为孤立的技术环节，而非串联用户需求、生产可行性与商业价值的核心枢纽。案例中，新任设计官通过“用户痛点深挖—颠覆性设计重构—跨职能协同验证”的三重变革，不仅重塑了产品的物理形态与交互逻辑，更重构了生产运作体系中设计、研发与市场的动态关系。接下来，本章将深入探讨生产运作视角下的产品设计方法论。

3.1 产品设计概述

3.1.1 产品设计的内容

企业生产运作的本质在于通过精心设计的流程，为顾客提供满意的产品和服务。优秀的产品设计不仅是企业产品受欢迎的前提和基础，更是组织实现目标的加速器。相比之下，那些未能精准满足顾客需求的设计，往往导致企业目标难以实现。失败的产品设计往往是企业产品运营失败的根本原因。以诺基亚手机为例，在互联网浪潮席卷之际，其操作系统的设计未能迎合客户对网络应用的需求，结果在短短几年内，诺基亚手机便失去了用户的青睐，退出了全球市场的竞争舞台。

产品设计活动与企业的战略紧密相关，它不仅是影响企业的运营成本、产品质量好坏、顾客满意程度以及竞争优势状况的主要因素，也与企业内部各职能战略、外部的供应链战略融合在一起，影响未来各职能部门的活动。需要注意的是，产品设计活动受企业战略制约，要为企业战略目标服务。一般来说，产品设计的内容如下。

(1)收集用户数据，深入分析用户的需求，将用户的期望和需求转化为产品和服务要求。

(2)改进现有的产品和服务，或者基于用户需求开发新产品。

(3)制定质量目标和成本目标，为企业产品的改进和研发提供质量、成本等数据支撑。

(4)开发生产样品，对样品的各种性能进行测试并收集数据。

(5)制定新产品的规范，把产品和服务规范转变为生产流程标准和制度。

3.1.2 产品设计的原则

设计一个真正能为企业带来效益的产品并不容易，其关键在于产品设计人员是否能够深入洞察用户需求，真正站在用户的角度进行产品开发。然而，现实中许多技术人员往往习惯于从自身偏好出发，来考量产品的结构、性能和样式，这种偏颇的视角无疑增加了产品与市场需求脱节的风险，从而解释了为何众多新产品在上市后并未能赢得市场的广泛欢迎。

企业的产品设计必须遵守一定原则，主要包括以下几项。

(1)用户导向原则。企业设计的产品必须以用户需求为导向。在产品研发设计过程中，必须致力于更好地满足用户的个性化偏好和实际需要，提升用户的使用体验。

(2)可制造性原则。基于产品生产制造的角度，在设计中要考虑标准化、模块化，以便于高效生产产品。

(3)强稳健性原则。产品的稳健性是指产品面对各种不可控因素时仍旧保持其性能的能力。在设计产品的过程中，需要对各种性能参数进行分析、改进，提高产品的稳健性。

(4)绿色环保原则。为了减少资源消耗，促进可持续发展，产品的设计要充分考虑绿色、环保的要求，尽可能降低对环境的污染和破坏，实现资源的循环利用。

为使企业设计良好的产品，保持长久的竞争力，在产品设计的过程中也需要对产品设计的绩效进行测量和控制，争取取得最大的效益。

小故事

海尔集团是我国著名的家电企业，其产品包括冰箱、空调、洗衣机、电视机、热水器等。从传统的观点来看，海尔是一家典型的制造企业。海尔首席执行官张瑞敏在企业内部提出企业应该从制造向服务转型，张瑞敏认为，用户的需求从本质上讲不是要产品，而是要提高生活品质，并且这种需求日益增长。因此海尔需要提供满足客户这种需求的方案，实现与客户的双赢。

以热水器为例，海尔认为顾客需要的不是热水器产品，而是随时能用到安全、健康和舒适的热水。因此，海尔就应该帮助顾客选择、设计、安装、维护、保养热水器。其“产品”就包括在线设计、上门设计、互动咨询服务以及“量身定做”服务。海尔在中心城市建立体验中心，将以前的促销员提升为热水解决方案咨询员，通过体验、互动，实现与用户的零距离交流，更好地把握顾客的需求，为顾客提供符合他们要求的产品与服务。

点评：产品设计需要以用户需求为导向。随着时代的演进和技术的革新，在设计过程中，企业需深入与客户互动，通过他们的体验反馈来精准捕捉需求，进而实现产品与服务的无缝融合，打造一体化运营模式。

3.2 产品设计需考虑的因素

3.2.1 标准化程度

标准化旨在确保同一种类的产品、服务或流程在不同个体之间实现无差异的一致性。对于制造企业而言，产品设计的首要考量之一便是其标准化程度。标准化服务意味着每一位顾客在每个项目流程中所接受的服务在本质上是一致的，而标准化流程则用于传递统一的服务标准或生产出符合标准的产品。当设计出的产品适用于标准化生产时，企业往往采用大批量生产模式，从而更有利于实现规模经济，提升生产效率和经济效益。

在工业化时代，自动化的机器设备被普遍应用，设计标准化的产品并采取流水线形式进行生产是当今制造企业最主要的模式。这是因为标准化设计的产品有许多优点，具体表现为以下几个方面。

(1)标准化设计显著减少了存货和制造过程中需处理的零件数量，使得零部件的更换与维修更为简便高效。

(2)标准化设计，使得企业的单品品种数量较少，员工生产过程中的操作更简单，从而有效降低了培训成本并缩短了培训时间。

(3)标准化设计的产品更契合重复型生产流水线模式，使得采购、处理及检查程序更加规范化、常规化，提升了生产流程的顺畅度。

(4)产品可实现长期自动化生产，生产效率大幅提升，同时生产运作成本显著降低。以现代汽车企业为例，其零部件生产和整车装配均采用标准化流程，充分展现了规模优势。

然而，标准化并非没有弊端。它可能导致产品多样性降低，难以满足不同客户的个性化需求和偏好，进而削弱市场竞争力。此外，一旦需要调整设计，可能导致高昂的设备设施更换成本。因此，在产品设计过程中，如何平衡生产标准化与最终产品的适度定制化，成为一个需要考虑的重要因素。

知识链接

模块化设计

模块化设计是标准化设计的一种形式，指的是将产品分解为若干个独立的模块，这些模块通过标准的接口迅速、灵活地组合成完整的产品。以台式电脑为例，其主机由主板、芯片、硬盘、内存条、风扇等多个模块构成，这些模块均采用标准化生产，单个模块本身不具备特定功能，但通过不同规格组件的巧妙组合，便能让电脑进行工作。因此，在产品设计过程中，设计师需精心考虑如何通过标准化的接口将各模块高效组装，以体现产品的最佳性能与实现生产的灵活性。

3.2.2 推迟差异化

推迟差异化是一种推迟策略，指的是在生产过程中暂时不将产品完全制造完成，等到明确顾客的偏好或具体要求后，再进行最终的定制加工。这一策略在现实中应用广泛，例如在家具制造行业，企业可以先标准化生产组装家具所需的板材和木块，待接到顾客订单后，再依据顾客指定的颜色和尺寸快速完成上漆和组装工作。这样不仅实现了板块、零部件和半成品的标准化生产，还能确保成品满足不同顾客的个性化需求。同样，在眼镜店中，镜片作为标准化生产的零部件，只有在顾客选定样式并确认订单后，才会进行快速打磨和安装，从而既满足了顾客的个性化需求，又发挥了零部件标准化生产的成本优势。

推迟差异化策略为产品增添了定制特色，有效满足了顾客对产品多样化和快速供货的需求。同时，由于产品的零部件、半成品及大部分成品仍保持标准化，生产商得以继续享受标准化生产带来的效率与成本优势。由此可见，推迟差异化策略能够增强企业的市场竞争力。

3.2.3 可靠性

可靠性设计是指在产品制造过程中，通过一系列设计方法、工艺控制和质量保证措施，确保产品在其生命周期内能够稳定、可靠地实现预定功能。可靠性设计在制造业中尤为重要，因为它直接影响到产品的质量、客户满意度和企业的声誉。

可靠性设计遵循一些基本原则：第一，预防为主，通过设计和工艺控制，预防潜在故障的发生。第二，全过程控制，从设计、制造到使用，全过程实施可靠性管理。第三，用户需求导向，根据用户的使用环境和需求，设计出满足可靠性要求的产品。第四，持续改进，通过反馈和数据分析，特别是利用人工智能技术，预测潜在故障并优化设计，不断提高产品可靠性。

在可靠性设计中，容错设计是产品设计常用的措施。例如，飞行控制系统的冗余设计、严格的环境试验和深入的可靠性分析，都是确保飞机和卫星高可靠性的关键措施。然而，可靠性设计同样需要面对成本挑战，如何在提升可靠性的同时控制成本，找到二者之间的最佳平衡点，成为设计者需要深思的问题。此外，随着产品复杂性的日益增加，可靠性设计面临的难度也随之加大。产品可能需要在各种极端环境下稳定工作，如何确保其在不同环境下的可靠性，也是设计者需要攻克的难题。

3.2.4 稳健性

企业生产的产品，其性能表现往往受到多种条件的影响，其中不乏一些难以控制的因素，如环境温度和湿度、材料变异以及制造误差等。某些产品仅在严格的条件下才能发挥其预设功能，而另一些产品则能在更为宽松的环境下实现设计目标，后者显然具备更强的稳健性。以汽车轮胎为例，汽车可能面临各种高温条件，为了确保使用的稳健性，设计轮胎时需在不同场景及极端温差的环境下进行严格测试，从而提升其适应各类环境的能力。

产品的稳健性设计(robust design)是一种旨在使产品在各种不确定的条件下仍能保持高性能和可靠性的设计方法。该设计理念最早由日本工程师田口玄一提出，现在已经被广泛应用于电子产品、汽车工业、航天航空等多个领域的产品研发设计中。

稳健性设计的核心思想是通过优化设计参数，使产品对制造误差、材料变化、使用环境变化等不可控因素具备更强的抵御能力，确保其在各种使用场景中都能保持稳定的性能表现，从而全面提升产品的质量和可靠性。

3.2.5 产品所处的生命周期

处在不同生命周期的产品，企业对其的投入、市场拓展策略以及用户的接受程度均呈现出显著的差异性。因此，制定产品设计策略时，必须充分考虑产品当前所处的生命周期。

1. 投入期

处于投入期的产品，由于刚被推向市场不久，往往被视为新奇之物。众多潜在顾客可能认为该产品尚未成熟，期待在投入期过后价格会下降。从战略层面而言，企业此时需全面解决产品所有的潜在问题，力争抢占市场先机。因此，投入期产品的设计重心应聚焦于产品本身，持续优化产品性能，提升产品品质，以更高效、更精准地满足用户需求。

2. 成长期

当产品进入成长期后，由于设计的改进，产品会变得更加可靠、成本更低。不过，此时的市场需求还在不断增长，产品性能还存在可以改进的地方，所以产品需要根据客户的需求进一步完善。

3. 成熟期

紧随成长期之后的是成熟期，在这一阶段，产品或服务已臻于成熟，用户数量趋于稳定，不再呈现增长态势。此时，产品设计无须再进行大幅变更。此外，在成熟期，产品生产成本降至最低，生产效率达到巅峰。企业需精准预测市场进入饱和状态的时间节点，为新产品的研发设计提供支撑。

4. 衰退期

随着产品步入衰退期，企业面临的关键决策在于是否终止该产品线，并以新的产品或服务取而代之，或者直接选择退出这一市场。此时，企业需致力于研发设计新的产品，以推动企业持续创新与长远发展。

在产品设计过程中，除了要考虑上述因素，设计人员还必须考虑成本、法规、环境和道德等因素，才能真正设计出符合市场需求、技术潮流的产品。

3.3 产品设计的工具

3.3.1 质量屋

质量屋(the house of quality，HOQ)是一个由若干个矩阵组成的，样子像房屋一样的平面图。企业可以利用 HOQ 来分析客户需求与工程措施间的关系度，经数据分析处理后找出对满足客户需求贡献最大的关键措施，指导设计人员抓住主要矛盾，开展稳健优化设计，从而开发出满足客户需求的产品。

一个产品计划阶段的总体 HOQ 由 6 个矩阵组成，如图 3-1 所示。①左墙，是对客户需求及其权重的描述，表明“做什么”，具体而言，就是列出客户对产品的需求和期望，这通常通过市场调研、访谈等方式收集。②天花板，是对产品设计要求的描述，表明“如何做”。③屋中，是客户需求与设计要求的关系矩阵，即其相关强度，通常用符号表示强弱关系。④屋顶，相关矩阵常用来表示各个设计要求间的相互关系。⑤右墙，是产品市场竞争力评估矩阵，填写本企业产品和竞争对手产品的竞争力。⑥地下室，表示技术竞争力评估矩阵，填写本企业和竞争对手的产品规格、技术难度、目标值和要求权重等。

一般来说，应用质量屋进行产品设计分析时，首先，通过调研、访谈等方式收集顾客对产品的需求和期望，并把顾客的需求在质量屋里详细列出来。然后，将顾客需求转化为可量化的设计要求，并分析顾客需求与设计要求之间的关系，构建关系矩阵。在此基础上，通过对企业自身产品与竞争对手在满足顾客需求方面的各个维度进行竞争性分析，评估设计要求的难度和重要性，确定优先开发的技术特性。最后，为每个技术需求设定具体的目标值，确保产品设计满足顾客需求。

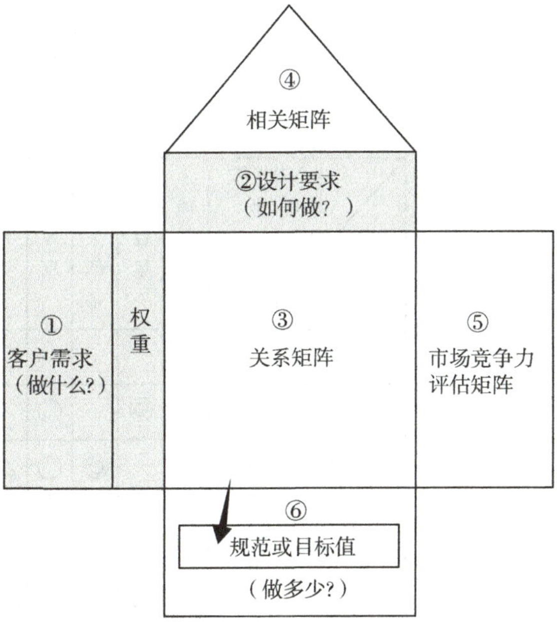

图 3-1　质量屋的组成

知识链接

质量功能展开

质量功能展开(quality function deployment，QFD)是一种将顾客需求转化为产品设计和制造要求的结构化方法，常用于产品开发和质量管理。它通过矩阵图(质量屋)将顾客需求与技术要求对应起来，确保整个流程的每个方面都考虑了顾客的需求，使最终的产品设计满足顾客期望。

下面以手机产品设计为例来说明质量屋的应用，其质量屋如图 3-2 所示。

质量屋中，左墙所列出的是客户对手机产品的需求，包括通信质量、手机续航、摄像、轻薄设计。天花板列出了设计要求，包括无线技术、电池容量、摄像头像素、机身厚度、内存大小和材料硬度。在每个客户需求旁边对应着“对顾客的重要度”的数字(3 代表最重要，2 代表重要，1 代表一般)，可见对客户来说，通信质量、轻薄设计对客户来说最重要。中间的关系矩阵则是客户要求和设计要求之间的相关性，可见，通信质量和无线技术强相关，而与机身厚度弱相关。

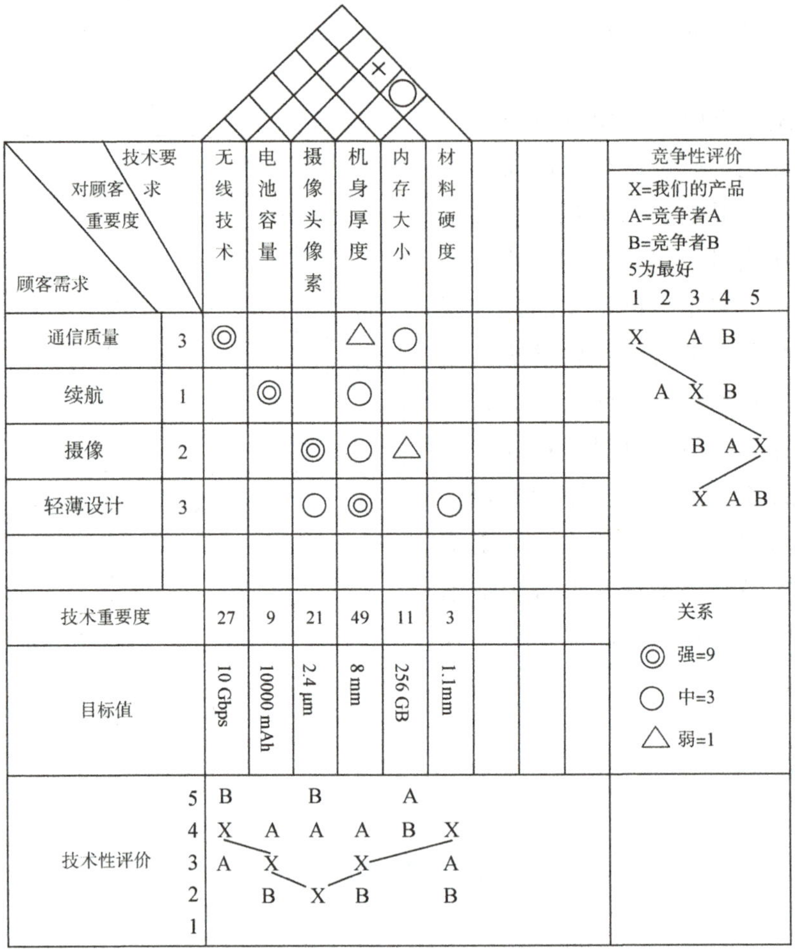

（◎：正相关 ○：负相关 ×：强负相关）

图 3-2 手机设计的质量屋图

质量屋右墙列出了产品的市场竞争力评估，把自己的产品和竞争对手 A、竞争对手 B 进行比较，看看自己的产品在满足顾客需求方面处在什么位置。最上面列出了技术要求之间的关系，比如摄像头像素和材料硬度之间呈负相关。图的最下一行列出了产品的技术性评价，比如针对通信技术这个指标，该公司手机为 4 分，B 的产品比该公司的好，得了 5 分，而 A 的产品比该公司的差，得分低于 4 分。这一行就是依据各个技术指标把该公司的产品和竞争对手的产品进行比较。设计者看到这些技术指标和竞争性评价就可以决定在哪些方面需要尽最大努力去改进产品。

3.3.2 卡诺模型

卡诺模型是由日本的卡诺教授提出的一种产品和服务设计的理论。卡诺模型基于顾客满意的程度将产品设计概念化，该模型定义了三个层次的顾客需求：基本型需求、期望型需求和兴奋型需求，三种需求如图 3-3 所示。

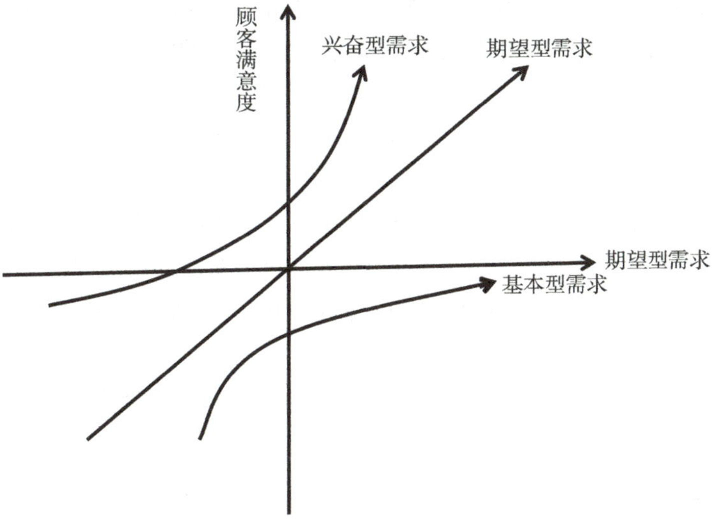

图 3-3 卡诺模型图

1. 基本型需求

基本型需求是顾客认为产品“必须有”的属性或功能。一旦这些“必须有”的属性或功能未能满足顾客预期，顾客便会感到极度不满；然而，即便这些属性或功能完美达标，顾客的满意度也未必会显著提升。例如，手机的基本通话功能便属于此类，它满足的是用户最基础的需求——通话。

2. 期望型需求

期望型需求代表了用户对产品属性或功能的期待，它们虽非“必须”具备，却对用户满意度有着显著影响。在市场调查中，顾客往往更倾向于讨论这类需求。期望型需求在产品中的实现程度越高，顾客的满意度也就随之提升；反之，若这些需求未能得到满足，顾客的不满情绪也会相应增加。例如，手机的外观美观、机身轻薄、电池持久耐用等特性，正是用户的期望型需求，它们的实现程度直接关系到用户的满意程度。

3. 兴奋型需求

兴奋型需求宛如产品中的“彩蛋”，指的是那些能够完全超出顾客预期、带来意外惊喜的产品属性或功能。通常情况下，如果这些“彩蛋”未能实现，顾客并不会感到特别失落；然而，一旦产品成功搭载这些令人兴奋的特性，满足用户的兴奋型需求，顾客的满意度便会瞬间飙升，进而显著提升其对产品的忠诚度。

卡诺模型深刻揭示了产品设计的核心原则：必须清晰界定产品的属性特征，并准确识别其满足的用户需求类型。对于用户的基本型需求，对应的产品功能是不可或缺的，必须确保实现。面对期望型需求，则需深入进行成本-收益分析，着力实现那些收益显著超过成本的产品功能。至于兴奋型需求，其设计往往充满挑战，因为在顾客需求调查中，即使顾客自身也难以明确指出这类需求。这要求企业的研发人员持续进行产品创新，不断给用户惊喜，进而提升用户忠诚度，为企业带来更大的收益。

本章要点

• 产品设计的内容包括收集用户数据、深入分析用户的需求，改进现有的产品和服务，制定质量目标和成本目标，开发生产样品，制定新产品的规范。

• 产品设计必须遵守的原则包括用户导向原则、可制造性原则、强稳健性原则、绿色环保原则。

• 产品设计时，需要考虑标准化程度、推迟差异化、可靠性、稳健性和产品所处的生命周期。

• 推迟差异化指的是在生产过程中暂时不将产品完全制造完成，等到明确顾客的偏好或具体要求后，再进行最终的定制加工。这种策略能够在产品实现标准化的同时，为产品增添定制特色。

• 在进行可靠性设计时，应遵循预防为主、全过程控制、用户需求导向、持续改进四项原则。

• 稳健性设计的核心思想是通过优化设计参数，使产品对制造误差、材料变化、使用环境变化等不可控因素具备更强的抵御能力。

• 产品的生命周期包括投入期、成长期、成熟期和衰退期，不同阶段的产品，企业对其的投入、市场拓展策略以及用户的接受程度均呈现出显著的差异性。

• 质量屋通过矩阵图将顾客需求与技术要求对应起来，确保整个流程的每个方面都考虑了顾客的要求，使最终的产品设计满足顾客期望。

• 卡诺模型定义了三个层次的顾客需求：基本型需求、期望型需求和兴奋型需求。基本型需求必须满足，期望型需求视情况满足，兴奋型需求尽力满足。

思考与练习

参考答案

选择题

1. 产品设计的核心目标是(　　)。

A. 最大化生产成本　　B. 平衡功能、美学与用户体验

C. 使用最昂贵的材料　　D. 模仿竞争对手产品

2. “设计思维”流程中的第一阶段通常是(　　)。

A. 用户需求洞察（共情） B. 原型制作
C. 批量生产 D. 市场推广
3. 模块化设计的主要优势是（ ）。
A. 降低产品维修和升级难度 B. 提高原材料成本
C. 延长设计周期 D. 减少用户自定义选项
4. 某智能手表在设计时加入心率监测功能，这属于（ ）。
A. 核心功能 B. 期望功能
C. 兴奋功能 D. 冗余功能
5. 下面不是卡诺模型的需求的是（ ）。
A. 基本需求 B. 期望需求
C. 兴奋需求 D. 满意需求

简答题

1. 产品设计的原则有哪些？
2. 产品设计应该考虑哪些具体因素？
3. 请阐述应用卡诺模型进行产品设计的核心思想。
4. 应用质量屋进行产品设计时，应包括哪些内容？

案例分析题

QY 科技是一家致力于健康家电领域的初创企业，正筹划推出一款专为年轻家庭设计的智能空气净化器。该产品的目标用户锁定为 25 至 40 岁、居住在一二线城市、重视室内空气质量和儿童健康的父母群体。面对当前市场上竞品同质化严重的情况，QY 科技以“高 CADR 值”和“低噪音”为卖点。在最近一次的客户调查中，QY 科技发现了客户在使用产品过程中的三大痛点：第一，操作界面复杂，多级菜单让老人和儿童难以上手；第二，维护成本居高不下，滤芯更换提示不清晰，且购买渠道混乱不堪；第三，产品缺乏情感温度，冷冰冰的设计难以融入家庭环境。基于这些洞察，企业高层毅然决定聘请专业设计师团队，对产品进行全方位重新设计，力求更精准地满足市场客户的真实需求。

根据上述案例，回答以下问题：

1. 设计人员如果采取质量屋对企业的智能空气净化器进行产品设计，应该如何实施？

2. 为了新设计的产品能够更好地满足客户需求，请问在产品设计过程中，可以采取哪些方法让用户参与进来？

第4章 生产能力规划

素质目标：培养能力规划素养，能够从企业战略层面对企业生产能力进行规划和决策。

知识目标：掌握能力规划的内涵，了解影响能力规划的因素，掌握能力规划的量本利分析方法。

能力目标：能够应用量本利分析法、现值法对能力方案进行评估。

引导案例

动力电池的产能规划如何支撑市场需求

A公司是一家国内领先的新能源汽车动力电池制造商，2022年因新能源汽车市场爆发式增长，企业的订单也大幅增加，传统的磷酸铁锂电池生产线满负荷运转也难以满足客户的需求，高端三元锂电池产能缺口巨大，订单的交付期也不断延长。

董事会讨论决定新建厂房，扩大企业的产能规模。不过，在产能能力规划的过程中，管理层也感受到了诸多风险，比如锂矿原材料价格上涨快，供应不稳定；新能源市场的企业品牌不断涌现，竞争日趋激烈；产品创新的速度快；政策导向也具有很多的不确定性；等等。因此，管理层决定从经济、政策、成本、技术等方面对产能规划进行分析，并结合定量分析模型进行详细的论证，以提出最优的能力规划方案。

该电池制造商的产能困局，生动展现了市场需求爆发与产能刚性约束之间的尖锐矛盾。当新能源汽车行业的“风口”骤然降临，企业既需快速填补高端三元锂电池的产能缺口以抢占市场，又不得不直面锂矿价格波动、技术迭代加速和政策不确定性等多重风险——这一典型场景，恰恰揭示了能力规划的本质命题：如何在动态环境中，通过科学决策将产能转化为可持续的竞争优势。接下来，本章将深入解析生产能力规划的核心逻辑与方法论体系。

4.1 生产能力的定义与类型

4.1.1 生产能力的定义

生产能力是指一个运作单元所能处理任务的最大负荷。运作单元可以是一座工厂、一个部门、一台机器或一个工人，负荷主要是指所生产的有形单元产品数量，如每小时装配自行车的数量或每小时升级的计算机数量。一般来说，生产能力涉及企业的场地、设备和雇员技能。由此可见，生产能力经常是指产出的上限。

能力有诸多类型，能力的测算不仅与企业生产的产品类型以及测算的对象有关，也与企业对能力测算结果的应用有关。如果企业只生产一种产品，其能力可以用这种产品来表示，然而，当企业生产多种产品时，用一种基于产出单位的简单度量是错误的。例如，一家既能生产冰箱又能生产冰柜的家电生产厂，如果两种产品产出率不同，则不能用冰箱或冰柜的产出率来衡量企业的生产能力。

4.1.2 生产能力的类型

一般来说，我们把生产能力分为设计能力和有效能力。

1. 设计能力

设计能力是指企业所设计的一项作业、一个过程或一座设施的最大产出，如企业某条生产流水线一年的设计产出是 20 万吨产品。

2. 有效能力

设计能力是理想情况下最大可能的产出，有效能力则是设计能力在扣除因个人时间占用、机器维修需求以及质量波动等不可避免因素所导致的能力减损后的实际可用部分。由于存在产品组合改变、设备定期维修、生产线平衡浪费等情况，有效能力通常要小于设计能力。

由于机器故障、员工缺勤、材料短缺、产品质量缺陷以及其他生产运作管理人员所不能控制的问题，实际产出通常又要小于有效能力。因此，在企业的生产运作实践中，管理者通常会利用设计能力和有效能力来衡量企业的效率和利用率。效率是指实际产出与有效能力的比值，而利用率是指实际产出与设计能力的比值。

效率=实际产出/有效能力

利用率=实际产出/设计能力

例 4-1

某电子器件制造企业，设计能力为一天生产 5 000 件产品，有效能力为一天生产 4 500 件产品，而每天的实际产出则为 4 000 件产品，求该企业的效率和利用率。

解：效率=实际产出/有效能力=(4 000 件/天)/(4 500 件/天)= 88.88%

利用率=实际产出/设计能力=(4 000 件/天)/(5 000 件/天)= 80%

3. 有效能力的影响因素

从上面的例子可以看出，企业的有效能力决定了实际产出的可能性。在设计能力一定的情况下，提高设备设施利用率的关键是尽可能提高企业的有效能力。因此，在实践中，企业的管理者需要关注影响有效能力的因素。

(1)场地设施因素。在制造企业的车间规划中，场地设施的设计、工作区的布局、光线的充足度、通信的便捷性、空气的流通性以及温度的舒适性等环境因素，对员工的工作效率都具有重要的影响。因此，在场地设施的设计阶段，必须竭力规避不利设计可能带来的负面影响，为员工营造一个高效、舒适的工作环境。

此外，场地的选址策略、设施规模的合理化程度以及场地空间的可扩展性等同样对企业整体的运营效率具有重要影响。一个地理位置优越且具备良好扩展潜力的场地，不仅能够提升企业的生产效能，还能为未来的发展预留充足的空间，助力企业持续稳健地成长。

(2)生产过程因素。产品生产和加工过程、加工质量对企业的生产能力有巨大的影响。当生产流程高度相似且自动化水平较高时，系统的有效生产能力将显著超越生产多种不同产品时的水平。一般说来，产出越一致，产品的加工方法和材料就越有可能实现标准化，进而使得加工过程更易于自动化，最终实现有效能力的最大化。此外，生产过程的质量控制也是影响企业生产能力的关键因素。例如，若产品质量未能达到既定标准，后续的检验和返工环节将不可避免地影响生产效率。

(3)人力因素。企业生产涵盖了一系列复杂的加工活动，这要求员工具备相应的知识、技能和经验。此外，员工的缺勤率、团队成员的稳定性等，也与企业的生产能力密切相关，不容忽视。一个稳定、高效的团队能够确保生产过程的连续性和高质量，从而最大化企业的有效能力。

(4)企业运营因素。在制造企业的生产运作过程中，管理者对设备的安排、对设备使用效率的把控、对生产流程的调整与优化都会影响企业的有效能力和实际产出。与此同时，企业的库存控制策略、延迟交货的频率与程度、与合作伙伴的关系等运营因素也会影响企业的有效能力。比如在企业生产过程中，供应商零配件短缺会造成企业整个生产过程停滞，大幅降低企业的有效能力。

(5)政策、制度因素。企业所在地区的政策、企业内部的制度都会对企业的实际产出产生影响。比如不同地区的劳动法规会影响和制约企业的用工和加班制度，又比如企业内部对雇员的激励政策也会影响员工工作态度和积极性，从而影响企业的有效能力。

(6)其他外部因素。如技术变革、产品创新程度、产品标准等外部因素也会影响企业的有效能力和实际产出。

小故事

某公司专门生产智能手机零部件。2019 年，该产品的市场需求迅速增加，企业的产品供不应求。公司董事会就产能扩展进行讨论，在讨论会上出现了两种不同的意见。

公司副总经理认为，根据目前市场的需求预测，企业产能至少扩大一倍才能抢占市场，实现公司的利润最大化。而公司财务经理则认为，企业的产品需求具有很大不确定性，而且产能扩展也需要重资产投入，融资成本较高，不建议扩大生产能力。两派在讨论会上进行了激烈的争辩，吵得面红耳赤。

点评：该案例体现了现代制造企业生产能力规划的典型矛盾。在市场需求的不确定性与重资产投入的刚性约束下，企业需在满足客户需求、衡量成本约束、评估长期趋势、分析技术变动之中寻求动态平衡。

4.2 生产能力规划的意义

生产能力规划的目标是使企业长期的能力供应水平与预期需求相匹配。由于企业经常要面对需求变化、技术变化、环境变化等诸多挑战，因此需要对其生产能力进行合理的规划。

生产能力规划是生产系统设计的关键战略要素之一，涉及许多影响企业长期发展的决策。对于制造企业来说，生产能力规划主要需要回答三个问题。

(1)需要何种能力？这一问题直接关系到企业战略规划中未来将要生产的产品种类或提供的服务类型。

(2)需要多大能力？这与企业对产品或服务的需求预测有关。

(3)何时需要这种能力？这涉及对企业生产产品或提供服务的时间进行规划。

这些能力规划问题对一个企业的运营与发展具有重要意义，具体如下。

4.2.1 生产能力规划是保障企业正常运作的前提和基础

生产能力规划是保障企业正常运作的前提和基础，因为它通过科学预测市场需求并动态匹配资源供给，确保企业在成本可控的前提下实现供需平衡。这一规划不仅涉及设备、人力和技术的合理配置，还涵盖生产节奏与市场波动的协同，既能避免产能过剩导致的资源浪费，又能防止产能不足引发的交付延迟或客户流失。同时，它为企业战略落地提供支撑，通过弹性设计应对技术迭代或需求变化，确保生产系统在质量、效率和灵活性上的可持续优化，从而维持企业竞争优势并实现长期稳定发展。

4.2.2 生产能力规划影响企业产品生产的数量

生产能力规划对企业产品生产的数量具有决定性影响，直接关系到未来市场需求的满足程度。这一规划从根本上设定了企业的产量上限和产品提供的时间框架，其精准度至关重要。能力规划过高可能导致产品过剩，造成资源浪费和库存积压；而规划过低则可能无法满足市场需求，错失市场机会，进而影响企业收益和品牌形象。例如，在 2023 年年末流感暴发期间，相关疫苗生产企业的供应不足导致了疫苗短缺，这不仅影响了公众健康，也对企业的收入造成了负面影响。

4.2.3 生产能力规划影响企业的运营成本

生产能力通常是生产成本的主要决定因素，其规划直接涉及企业的厂房规模、设备设施等固定资产的投入成本。理想情况下，当生产能力与市场需求完美匹配时，企业的运营成本能够达到最低水平，企业能实现经济效益的最大化。然而，在实际操作中，由于实际需求与预测需求之间往往存在偏差，加之市场需求的波动性，能力和需求常常难以实现精准匹配。因此，企业需要灵活应对，巧妙平衡能力过剩或能力不足所带来的成本变化，以确保在复杂多变的市场环境中保持竞争优势，实现可持续发展。

4.2.4 生产能力规划影响企业的竞争力

生产能力规划对企业竞争力具有深远影响。若公司能力规划过高，可能导致单位产品成本上升，进而丧失价格优势，使企业在激烈的市场竞争中处于不利地位。若能力规划过低，则不仅无法实现规模经济效应，还可能因交货速度受限而影响客户满意度，降低产品的市场占有率，从而削弱企业的整体竞争力。

4.3 生产能力规划的方法

4.3.1 影响生产能力规划的因素

生产能力的规划需要与企业的发展战略相匹配，也需要从产品的需求、技术创新、运营成本以及市场竞争等多个方面进行分析。一般来说，企业在规划生产能力时需要考虑以下因素。

1. 产品需求的增长率和变动率

对于需求稳定、变动率低的产品，企业可通过大规模生产实现规模经济效应，此时能力规划宜更为充裕。相反，若产品需求波动较大，且未来增长率预期较低，则能力规划应相对保守。

2. 不同规模设施建造及运营成本

基于成本分析，不同能力水平的产出下，企业的固定成本、单位产品的可变成本、企业的运营成本都会不一样。因此，企业在规划生产能力时要对各种规模水平下的成本进行综合分析。

3. 技术创新的速度和方向

一般来说，技术创新速度快，需求不确定性大的产品在进行能力规划的时候更倾向于保守规划以降低风险。

4. 竞争对手的行为

企业产品的需求受到竞争对手的影响，竞争对手产品的规模、价格、销售策略都会对企业产品需求产生直接的影响。因此，企业的能力规划还必须考虑竞争对手的行为。

5. 生产要素的可获得性

资本、劳动力、土地等生产要素的可获得性以及获得成本也会影响企业的生产能力规划。各种生产要素获取容易、融资成本低则有利于扩大产能规模，反之，相关要素的获得成本高则可能限制企业的生产规模。

需要说明的是，除了考虑上述一般因素，企业在进行生产能力规划时还需要考虑一些特殊因素，比如生产系统的柔性、产品的生命周期、最优规模经济等。

4.3.2 生产能力规划的步骤

基于对企业产品长期需求、技术变化和市场环境等影响因素的深入分析，企业进行生产能力规划通常遵循以下步骤。

(1) 预测未来需求。这涉及长期和短期等诸多因素，包括长期需求趋势、短期季节性波动、需求增长率等。

(2) 评估现有能力与设施。全面审视企业当前生产能力及设施状况，评估当前企业生产能力与未来需求之间的差距。

(3) 制定可行性方案。基于需求预测，确定多种可满足需求的方案，并对每个方案进行详尽的财务分析和经济评价。

(4) 选择方案。对每个方案的关键性问题进行深入评价，综合考虑各方面因素，选择最为合理的规划方案。

(5)实施与监控。稳步实施方案，同时建立有效的监控和评价机制，确保方案的实施效果与预期目标相符，并及时进行调整优化。

知识链接

自制还是外购?

企业在生产能力规划的过程中，如果能力需求确定了，就需要思考零部件、半成品，甚至产品是由自己生产，还是从其他组织购买(外购)。基于范围经济的考虑，产品专业化分工越发明显，许多企业由于种种原因会选择外购。一般来说，企业选择自制还是外购通常需要考虑以下因素。

(1)产品生产的可用能力。如果企业已有现成的设备、必要的技术和时间，自己生产零部件会更合适。因为相对于外购，自制成本较低。

(2)专业技术。如果企业缺少生产某零部件所必需的专业技术，且技术获取的门槛较高，那么外购可能是一个合理的选择。

(3)质量因素。专门生产某零部件的企业提供的产品往往比自制的质量要高。不过，当企业对零部件有某些特殊的质量要求，或者需要对质量进行更直接的控制时，通常会选择自制。

(4)需求特性。如果产品需求较高而且稳定，那么企业自制更合适。相反，如果需求波动很大或者批量很小，由专业厂商提供产品就更合适，因为它们能够接到不同来源的订单，能形成更大的生产规模，并可承受个别购买者需求波动带来的冲击。

(5)成本。企业是自制零部件还是外购零部件也必须考虑成本因素，要以降低企业总成本为原则进行决策。这里不仅要比较自制或外购零部件的可变成本，也需要考虑投资生产的固定成本。一般来说，如果零部件的需求量不大、需求不稳定、自己投资生产的固定成本高，则应该考虑从外部购买。反之，如果自己生产能大幅降低单位产品的运营成本，则应该选择自制。

(6)风险。企业是自制零部件还是外购零部件还需要考虑风险因素。业务外包可能存在供货中断、交付延迟、信息泄露等风险。在某些情况下，企业可能选择部分自制，而将剩余部分外包给别人，这样既可以保持柔性，又可以减少由于全部外包带来的风险。相反，如果企业决定产品的全部零部件由自己来生产，那么就需要大额的固定资产投资，也有可能因为需求下滑带来投资风险。所以，自制还是外购都需要对各种风险进行衡量。

4.4 生产能力规划方案的评价方法

企业的生产能力规划方案需要从成本、投资回报、环境保护等方面进行评价。下面我们将介绍 3 种主要的评价方法，即本量利分析法、投资回收期法和现值法。

4.4.1 本量利分析法

本量利分析法的核心在于深入分析成本、产量与利润之间的动态关系。该方法旨在通过对不同生产能力产出条件下企业收益进行比较，为企业选择最优生产能力方案提供有力支撑。

本量利分析法是评价能力方案非常实用的工具。运用该分析方法评价能力方案时，首先需要明确给定产品所涉及的固定成本和可变成本。一般来说，固定成本不随产量变动而变动，包括房租、设备成本、管理成本等；可变成本与产量直接相关，主要包括产品的物料成本、燃料成本、工时成本等，这里假定单位产品的可变成本不随产量发生变动。

假设某能力方案的产量为 Q，单位产品的可变成本为 V，单位产品的收入为 R，总收入为 TR，总成本为 TC，总固定成本为 FC，总可变成本为 VC，利润为 P，盈亏平衡产量为 Q_{BEP}。根据前面的假设，我们可以计算出特定能力方案的总收入、总可变成本和总成本：

$$TR = Q \times R$$

$$VC = Q \times V$$

$$TC = FC + VC$$

在能力方案分析的过程中，盈亏平衡点是能力方案决策的重要参考变量。总成本和总收入相等之处叫作盈亏平衡点，盈亏平衡点所对应的产量就是盈亏平衡产量。当产量小于盈亏平衡点时，企业实际上处于亏损状态；产量大于盈亏平衡点时，企业有盈利。

应用本量利分析法对能力方案进行比较时，也可以通过折线图直观地进行分析。下面几个图显示了本量利分析法的基本应用。

图 4-1 显示了总固定成本、总可变成本和总成本之间的关系。从图中可以看出，在一定产量内，总固定成本是一根水平直线，代表其不随产量变化而变化；总可变成本与产量成正比；总成本则是总固定成本和总可变成本之和。

图 4-2 表示总收入随产量成正比。基于图 4-1 和图 4-2，把代表总收入和总成本的两条直线放到一起，就形成了图 4-3。很明显，当总收入大于总成本时，企业有盈利；当总收入小于总成本时，企业亏损。

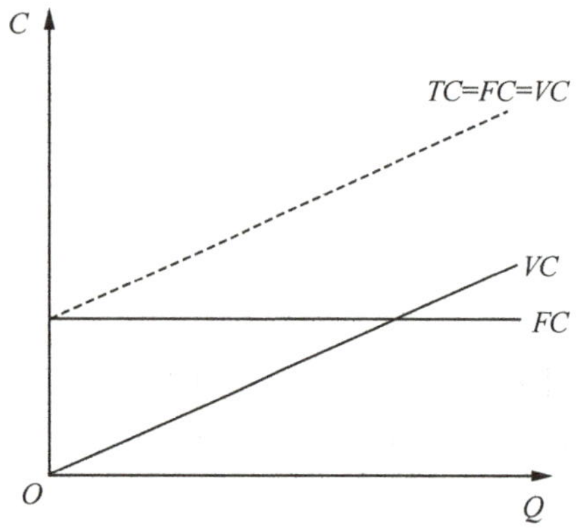

图 4-1　总固定成本、总可变成本和总成本的关系图

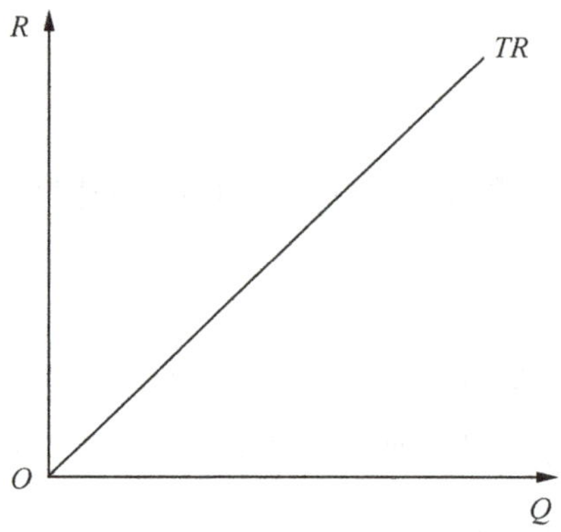

图 4-2　总收入与产量关系图

接下来提出边际收益的概念，边际收益是指增加一单位产品的销售所增加的收益，即最后一单位产品的售出所取得的收益。它可以是正值或负值。边际收益是厂商分析中的重要概念。利润最大化的一个必要条件是边际收益等于边际成本，此时边际利润等于零，达到利润最大化。边际收益可表示为：

$$MR=R-V$$

那么，为获得某一利润 P 所需要的产量为：

$$Q=(P+FC)/(R-V)$$

当总收入与总成本相等，即达到了盈亏平衡点，此时的产量为：

$$Q_{BEP}=FC/(R-V)$$

盈亏平衡点的产量如图 4-3 所示。企业按照盈亏平衡点的产量进行生产，则没有利润也没有亏损。图 4-4 说明了无差异点的概念：在比较两个不同的方案时，两个方案利润相同时的产量称为无差异点，此时，两个方案没有优劣之分。从图 4-4 可以看出，产量低于无差异点时，方案 B 的利润更高；产量高于无差异点时，方案 A 的利润更高。

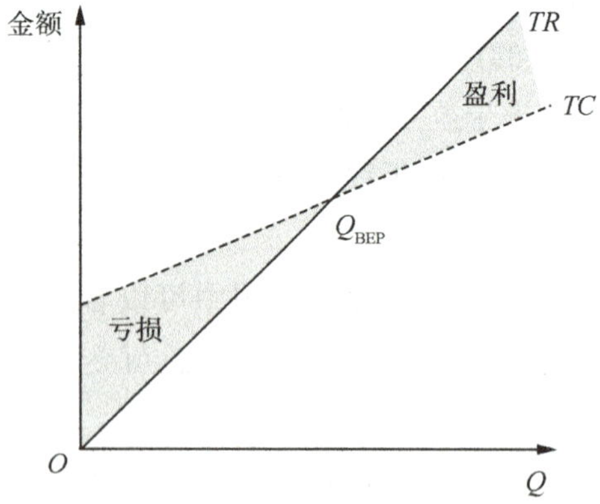

图 4-3　$P=TR-TC$

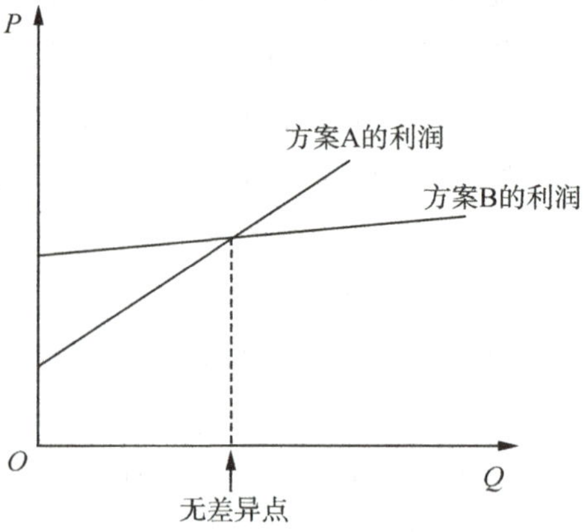

图 4-4　两个方案的无差异点

下面我们通过具体的例题来说明如何应用本量利分析法对能力方案进行评估。

例 4-2

杨老板的企业主要业务是生产和销售月饼，由于市场销量好，杨老板计划增加一条豆沙月饼生产线，其每月租金为 6 000 元，每个豆沙月饼的可变成本为 2 元，每个豆沙月饼售价为 7 元。请计算：

(1) 需要售出多少豆沙月饼才能达到盈亏平衡？

(2) 若每月生产和售出 1 000 个豆沙月饼，企业是盈利还是亏损？

(3) 要实现 4 000 元利润，需要卖出多少个豆沙月饼？

解：根据题意有：$FC=6\,000$，$V=2$，$R=7$。

(1) 盈亏平衡产量为：

$Q_{BEP}=FC/(R-V)=6\,000/(7-2)=1\,200$(个/月)

(2) 当 $Q=1\,000$ 时，利润为：

$P=Q\times(R-V)-FC=1\,000\times(7-2)-6\,000=-1\,000$(元)

可以看出，当每月生产和销售 1 000 个豆沙月饼时，企业处于亏损状态。

(3) 依题意，$P=4\,000$，

由于 $P=TR-TC=Q\times R-FC-Q\times V$

可得：$Q=(4\,000+6\,000)/(7-2)=2\,000$(个)

需要说明的是，应用本量利分析法对产量进行评估时，是假定特定产量方案下单位收入、单位可变成本以及总固定成本保持不变。而在实践中，单位收入、单位可变成本以及总固定成本并不总是不变的。另外，本量利分析法还要求划分出总固定成本和总可变成本，而有时候这是很难做到的。所以，就需要一些财务方法，如投资回收期法和现值法，来对能力方案进行评估。

4.4.2 投资回收期法

投资回收期法是一种根据回收原始投资额所需时间的长短来进行投资决策的方法。投资回收期法作为一种粗略估算方法，主要关注一项投资收回其初始成本所需要的时间。假设一个生产制造企业投资一个产品，项目的初始成本为 50 000 元，每年净现金流为 10 000元，则其投资回收期为 5 年。

投资回收期法简单易用，但它的缺点就是忽视了时间价值，而且没有考虑回收期以后的收益，故更适合短期项目。在评价能力方案时，投资回收期法多作为一种辅助方法。

4.4.3 现值法

现值法是一种用于评估未来现金流的财务分析工具，通过将未来的现金流折现到当前价值，以考虑货币的时间价值和风险因素。现值法在金融和企业管理等领域中的应用广泛，能够帮助决策者做出更合理的投资决策。

现值法的核心在于将未来的现金流折现到当前价值，通常通过以下公式来进行现值计算：

$$PV=FV/(1+r)^n$$

其中，PV 表示现值，FV 表示未来收益，r 表示折现率，n 表示时间间隔(年)。一般来说，用现值法对能力进行评估时，净现值大于 0 则说明该项目具有投资可行性。如果要对不同的投资方案进行比较，净现值大的方案相对更优。

例 4-3

某制造公司为适应客户的需要，用 10 万元投资一个新零部件生产项目。在实际经营的过程中，第一年扣除各种费用后的纯利润为 0.1 万元，第二年扣除各种费用后的纯利润为 0.2 万元，2 年后该项目整体以 11 万元被卖出，求该项目的净现值。(假设一年期银行的存款利率为 5%)

解：各年收益的现值和为

$$0.1/(1+0.05)+0.2\times1/(1+0.05)^2+11\times1/(1+0.05)^2=10.254(\text{万元})$$

净现值为收益现值总额减投资现值，即

$$10.2536-10=0.254(\text{万元})$$

本章要点

- 生产能力是指一个运作单元所能处理任务的最大负荷，经常是指产出的上限。
- 生产能力一般可分为设计能力和有效能力，设计能力是理想情况下最大可能的产出；有效能力则是设计能力在扣除各种不可避免因素所导致的能力减损后的实际可用部分。
- 管理者通常会利用设计能力和有效能力来衡量企业的效率和利用率，效率是指实际产出与有效能力的比值，利用率是指实际产出与设计能力的比值。
- 生产能力规划的目标是使企业长期的能力供应水平与预期需求相匹配。对于制造企业来说，生产能力规划主要需要回答三个问题：需要何种能力？需要多大能力？何时需要这种能力？
- 一般来说，企业在规划生产能力时需要考虑的因素有：产品需求的增长率和变动率、不同规模设施建造及运营成本、技术创新的速度和方向、竞争对手的行为和生产要素的可获得性。

● 在进行生产能力规划时，企业一般遵循以下步骤：①预测未来需求。②评估现有能力与设施。③制定可行性方案。④选择方案。⑤实施与监控。

● 本量利分析法聚焦于成本、利润和产量之间的关系。本量利分析法的目的是估计不同运行条件下公司能取得的收益。

● 投资回收期法是一种根据回收原始投资额所需时间的长短来进行投资决策的方法。在评价生产能力方案时一般作为辅助方法。

● 现值法是一种用于评估未来现金流的财务分析工具。一般来说，用现值法对能力进行评估时，净现值大于 0 则说明该项目具有投资可行性。

思考与练习

参考答案

选择题

1. 生产能力规划的核心目标是(　　)。

A. 最大化设备数量　　B. 平衡长期产能与市场需求

C. 降低原材料成本　　D. 提高员工福利

2. “设计产能”与“有效产能”的区别在于(　　)。

A. 设计产能包含设备维护时间

B. 有效产能扣除设备故障、换型等损失

C. 设计产能由市场需求决定

D. 有效产能是理论最大值

3. 短期产能调整的常见方法是(　　)。

A. 新建工厂　　B. 增加员工加班

C. 购买新设备　　D. 并购竞争对手

4. 计算产能利用率时，分母应为(　　)。

A. 设计能力　　B. 市场需求

C. 实际产出　　D. 有效产能

5. 规模经济效应可能导致(　　)。

A. 单位成本随产能增加而上升　　B. 单位成本随产能增加而下降

C. 市场需求急剧萎缩　　D. 员工效率持续降低

6. 下面不是产能规划的方法的是(　　)。

A. 本量利分析法　　B. 现值法

C. 投资回收期法　　D. 风险分析法

简答题

1. 企业的生产能力规划包括哪些步骤？
2. 企业在选择外购或自制时，通常需要考虑哪些因素？
3. 企业如何提升有效能力？

计算题

生产果冻食品的老板计划增加一条果冻生产线，其每月租金为8000元，每千克果冻的可变成本为10元，每千克果冻售价为50元，请计算：

(1)要达到盈亏平衡需要售出多少千克果冻？

(2)若每月生产和售出500千克果冻，该老板是盈利还是亏损？

(3)要实现每月8000元的利润，该老板每月需要卖出多少千克果冻？

案例分析题

2023年初，智能穿戴设备市场爆发式增长，CG电子作为一家中型蓝牙耳机代工企业，其头部客户的月均需求量从80万副突然激增至220万副，且要求3个月内实现稳定交付。

生产总监李总在周例会上展示出数据："目前我们4条SMT贴片线每月极限产能120万副，注塑车间瓶颈工序良率只有82%，仓库堆了价值3 000万元的芯片库存，但缺的却是微型电池仓模具……"

市场部的反馈更令人焦虑：竞争对手已开始抢订日本高速贴片机，若无法满足交付要求，客户威胁要将70%订单转移至越南工厂。

管理层连夜召开战略会议，决定对公司的产能进行重新规划，主要措施有：第一，短期投入150万元改造费将老厂区闲置的2条功能手机生产线改造为耳机装配线，45天可投产。第二，调整中期采购策略，紧急采购2台二手德国贴片机，价格比新机低40%。第三，与本地职业技校签订"共享技工"协议，在旺季借用200名预备技师实行三班倒。第四，调整库存策略，将通用元器件的安全库存时间从15天提升至25天，但需要客户提供30%的预付款。

6个月后，CG电子不仅稳住了核心客户，还将平均交货周期从28天压缩至19天。但李总在庆功会上提醒团队："这次产能规划暴露出我们对需求预测的敏感度不足。"

根据上述案例，回答以下问题：

CG电子的产能规划短期需要考虑哪些因素？需要采取哪些客户合作模式以降低生产能力扩张风险？

05

第5章 流程选择与设施布置

素质目标：激发优化生产管理系统的兴趣，培养流程规划和设施布置的能力；增强对“中国式现代化生产体系”的理论自信。

知识目标：掌握企业生产流程的基本类型和主要设施布置的类型，理解生产线平衡的基本原理和方法，熟悉设施布置的主要影响因素。

能力目标：能够对具体的生产线进行平衡分析，学会应用相关方法对工艺部门进行合理布局。

引导案例

从“迷宫工厂”到世界灯塔

——优化的设施布局帮助 ZH 重工产能翻倍

ZH 重工是全球港口机械制造龙头企业，占据全球岸桥起重机 70% 的市场份额。2021 年，为承接东南亚港口升级的超级订单，其上海临港生产基地面临严峻挑战。第一，“产能天花板”难破，月均交付 8 台岸桥已达极限，但新订单要求提升至 16 台/月。第二，生产乱象丛生，物流迂回严重，钢板从切割到焊接需横跨 1.2 千米，日均步数超 2 万的工人抱怨工厂比码头还大。第三，空间浪费，30% 区域堆满半成品，遇紧急订单时腾挪设备需 4 小时。第四，车间存在安全隐患，因叉车与自动导引运输车(AGV)路线交叉，2020 年曾发生 3 起碰撞事故。

许多客户考察生产现场后直言：“你们的工厂像失控的乐高积木，怎么保证交付质量?”2022 年台风“梅花”袭击上海，车间局部进水导致激光切割机停机 48 小时。由于物料分散存放，抢修后仍有 32% 的工序处于等待状态，当月交付量腰斩，需要赔付巨额违约金。公司董事长在复盘会上怒吼：“我们的工厂布局，比台风更可怕!”

于是，企业对生产车间进行设施重构，设施布置遵循流程导向、空间立体化、模块化预留、人机共生的理念。首先，利用数字孪生技术模拟不同的布局方案，量化评估效率。其次，将传统直线流水线改为六边形蜂巢单元，每个单元集成切割、焊接、喷涂设备，实现全流程封闭生产，单元间通过地下磁轨 AGV 联通，物流距离缩短 78%。最后，搭建双层钢结构平台，将质检、仓储移至空中，释放地面 30% 面积，应用智能设备实时读取路径指令，规避动态障碍物。

经过一系列设施布局的优化，企业产能爆发式提升，月交付能力翻倍；物流成本降低 52%，年节省运费超 8 000 万元；安全事故归零，连续 500 天无重大事故记录。

案例中，企业从产能、成本、安全的多重失控到逆袭为“世界灯塔工厂”，本质上是一场空间逻辑重构革命。ZH 重工的案例表明，设施布局绝非简单的设备摆放游戏，而是融合技术理性与人性关怀的复杂决策。通过这一案例，我们将理解：优秀的设施布置，既是生产效能的“加速器”，更是企业抵御风险、兑现战略承诺的“隐形护城河”。

5.1 流程类型与选择

5.1.1 流程及其类型

流程是生产运作管理中重要的概念之一。就其本质来讲，生产运作就是把原材料变成产品和服务的过程，是将投入转换为产出的加工过程。在产品生产和服务的过程中，从原材料到半成品，再到成品，要经过一系列加工环节，即经过一系列流程。在经过流程的各个环节后，产品和服务不断实现价值升值。同时，每个流程环节也在不断地消耗人力、物力和财力。对流程进行规划、分析和改进是生产运作管理的核心内容。

在生产制造企业中，有五种基本的流程类型：单件小批量、批量生产、大量生产(流水线)、连续性生产和项目。

1. 单件小批量

当产品或服务差异较大且产量较低时，企业会选择单件小批量的生产形式。单件小批量的加工是间歇性的，工作包括许多小的作业，每项作业都有不同的加工要求。拥有高柔性的设备和技术熟练的工人是单件小批量的特征。单件小批量生产通常应用于规模相对小的运营中，如工具模具车间，它每次生产不同的工具。单件小批量服务的例子是兽医诊所，那里能够给许多动物诊治。

2. 批量生产

批量生产是指企业按预先确定的批次、数量组织生产，每个批次生产相同或类似产品，完成后再切换到下一批次(可能更换产品型号或规格)。其核心特点是分批次、间歇性生产。批量生产常用于产品或服务品种适中、产量规模中等的情形。批量生产所需设备的柔性没有单件小批量那么高，对工人技术水平的要求也没有单件小批量那么高，因为作业差异性较低。批量生产的例子有杂志印刷品生产、烘焙食品店成批地制作面包等。

3. 大量生产（流水线）

当企业提供的产品或服务要求的产量较大且标准化程度较高时，常采用大量生产、重复性加工。标准化的产出意味着设备具有较低柔性，工人的技术一般不高。这种生产形式的特征是工人或机器设备在同一工作中心采取重复的劳动模式(生产线)，如汽车、电子产品等都是通过这样的生产形式生产的。

大量生产的优势是重复劳动生产效率高、生产的产品数量大，以及工人的熟练程度高、错误率低，能确保产品质量的稳定性。大量生产是现代企业生产产品最主要的形式。

4. 连续性生产

连续性生产常用于生产高度标准化、产量大的产品。其中，物料在整个过程中持续不断地流动，没有明显的中断或停顿。连续性生产流程的主要特点是：高度标准化、高度自动化、产量极大、产出没有变化，不要求设备具有柔性。如化工、石油炼制、钢铁冶炼等企业就常采取连续性生产。

连续性生产流程的优点包括：①高效，由于流程的连续性，能够显著提高生产效率。②低成本，通过自动化和规模化生产，降低单位产品的成本。③一致性，标准化操作确保产品质量的一致性。

5. 项目

项目常用于在一定期限内完成一系列特定目标的非常规性工作，如上演一个剧目、制作动画、开发一种新产品或服务、出版书籍、建水闸、建桥梁等。项目对设备柔性和工人技术的要求具有差异，不同的项目要求不同。

5.1.2 流程选择

流程选择作为决定组织产品生产或服务提供方式的关键环节，对能力规划、设备设施布置以及工作系统设计均具有深远的影响。首先，流程选择与能力规划紧密相连，在制定能力规划时，必须针对特定能力需求，前瞻性地确定未来应采取何种生产方式以实现产品生产。换言之，流程的选择必须与能力规划及系统设计相契合，确保生产方式的适宜性。其次，流程选择与设备设施布置相互影响，在流程选择中，需充分考虑生产装配线设备的设计方案及工作场地的合理布局。设备设施布置的合理程度直接关乎生产过程中的价值转换效率，进而影响流程活动的整体效能。此外，流程选择与工作系统设计亦相互关联，共同作用于企业生产过程中的投入与产出，影响着企业的生产效率和经济效益。

一般来说，企业生产运作的流程选择需要考虑 3 个主要问题。

(1)生产运作系统需要生产的品种数。

(2)设备的柔性化程度。

(3)预期的产量水平。

以上 3 个问题涉及企业的战略规划，也影响企业长期的运营计划，直接决定如何进行流程选择。表 5-1 概括了 5 种基本的流程类型的优缺点。管理者应基于企业服务的种类、产能规模、产品的特征、成本要求等，选择合适的流程类型组织生产以降低企业生产运作成本，提升企业竞争优势。

表 5-1　五种基本流程类型的优缺点

	单件小批量	批量生产	大量生产	连续性生产	项目
适用情况	定制的产品或服务	半标准化的产品或服务	标准化的产品或服务	高度标准化的产品或服务	一定期限内完成特定任务
优点	能处理差异很大的工作	富于柔性	单位成本低、产量高、有效率	效率极高、产量极高	灵活性强
缺点	效率低、单位成本高、计划和进度安排复杂	单位成本一般，进度安排复杂性一般	柔性低、停工成本很高	高刚性、缺少变化、改变成本高、停工成本极高	成本较高、生产时间较长

5.2 设施布置

5.2.1 设施布置的目标

设施布置是指对企业的产品生产加工中心、设备以及各业务部门进行场地安排，以确保生产运作系统中的工作运行顺畅。设施布置对企业的生产运作尤为重要，它不仅影响企业场地、资金和人力的投入，也对生产效率有着直接的影响。设施布置不合理会导致场地拥挤、物料搬运困难、运输路线迂回曲折、人员移动浪费等诸多问题。

一般来说，设施布置的基本目标是便于工作，使物料和信息顺畅地通过生产运作系统。具体来说，设施布置的目标主要有以下几项。

(1)减少加工过程中的错误，降低事故发生的概率，提升产品和服务的质量。

(2)规划设备设施的摆放和空间位置，提升空间利用率。

(3)消除工人的无效移动和物料的不必要搬运，减少人员移动浪费和搬运成本。

(4)优化设施作业流程，缩短生产和顾客等待时间。

（5）平衡设备设施加工时间，避免出现瓶颈作业，实现安全生产。

在实践中，设施布置有产品原则布置、工艺原则布置和固定位置布置三种基本类型。产品原则布置最适合于重复加工，工艺原则布置适合于间歇加工，固定位置布置则适合于项目。

5.2.2 产品原则布置

产品原则布置就是以产品或提供的服务为对象，依据生产或服务的具体要求，精心组织相应的生产设备与设施，构建起流畅的连续生产体系的布局方式。这种高度组织化的生产加工系统，通常被形象地称为生产流水线或产品装配线，如汽车制造企业的汽车装配线、电视机装配线等就是典型的流水线。

产品原则布置旨在使大量物料、零部件和产品顺利且迅速地通过生产加工系统，对于标准化极高的产品或服务，常采用这种布置。

在产品原则布置中，生产系统专注于一种或少数几种高度相似的加工对象，每一对象均遵循统一的加工顺序。工作被细分为一系列标准化的作业环节，由专门的人员和设备执行。基于此，产品原则布置通常采用固定路线高效运输物料和产品，例如，在生产系统中广泛应用传送带来实现物料的流转。这样安排的结果就形成了如图 5-1 所示的一条流水线。

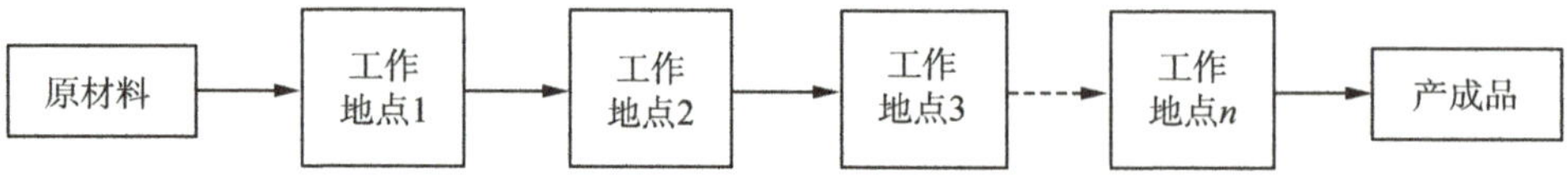

图 5-1　产品生产流水线

产品原则布置的优点如下。

（1）产量高，场地、人力和设备的利用率高。

（2）劳动专门化减少了培训费用和时间，工人的熟练程度高，使得监督难度降低，监督跨度加大。

（3）由于各加工对象都按照相同的加工顺序进行加工，物料自动化运输程度高，单位物料运输费用低。

（4）工艺路线选择及进度安排都在系统的初步设计中被确定下来，采购、生产安排和库存控制都相当程序化。

当然，产品原则布置也存在一些缺点，如产品原则布置使得工作紧密地连在一起，从而导致有时因一台设备出故障或一些工人缺席而引起整个生产线的停工，这就使得预防性维修、定期检查和更换旧的或故障率高的零件成为必不可少的任务。另外，重复加工也可能使得工作单调乏味，降低员工的生产积极性。

5.2.3 工艺原则布置

当企业面临多品种生产的挑战，每种产品拥有各自独特的工艺路线时，传统的流水线作业模式便显得力不从心。此时，企业需转向以加工工艺内容为依据来构建生产流程，即采取工艺原则布置的策略进行产品生产。这种布置方式灵活适应多种工艺需求，确保了生产过程的有序与高效。图 5-2 展示了工艺原则布置的一种设施布置形式。

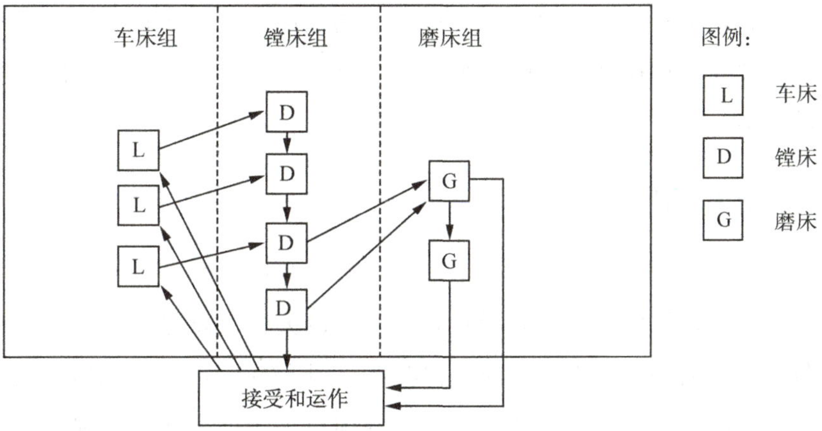

图 5-2　工艺原则布置图

工艺原则布置中设备与人力按工艺内容组织成一个生产单位，每一个生产单位只完成相同或相似工艺内容的加工任务。在图 5-2 所示的例子中有三个生产单位，即车床组、镗床组和磨床组。每个生产单位完成相同或者相似的加工作业，加工作业的多样性要求频繁地调整设备，物料在各个生产单位流转，造成工作流的不连续性，即所谓的间歇加工。

由于不同的产品有不同的加工路线，它们流经的生产单位取决于产品本身的工艺过程，因而也称为工艺专业化形式。这种形式适用于多品种、中小批量的产品生产。在制造车间的布局中，工艺原则布置的一个典型例子便是机工车间。这种车间包括专门负责清洗、抛光、打磨等工作的部门。物件根据特定的顺序成批进入这些部门进行加工，因此即便是不同产品，也有可能共享相同的加工工艺。

相比产品原则布置，工艺原则布置具有以下优点。

(1) 生产加工系统能满足多样化的工艺要求，能生产不同类别的产品。

(2) 工艺原则布置中，设备是按类型而非按加工顺序摆放的，所以个别设备出了故障或个别工人缺勤对整个生产系统的影响较小。

(3)相同工艺的通用设备一般没有产品原则布置中使用的专用设备昂贵，维护比较简单。此外，设备的相似性还减少了在备用件上的投资。

(4)产品多是成批加工的，上下工序之间的相互依赖性远远没有产品原则布置中那样强，因此工艺原则布置可采用个人激励制以激发员工积极性。

当然，工艺原则布置在具备诸多优势的同时，也存在一些不可忽视的缺点。为了适应多样化的工艺要求，企业不得不频繁进行工艺路线的选择，这无疑增加了操作的复杂性。此外，物料运输效率低下也是其显著问题之一。工艺原则布置还使得生产进度的安排变得复杂多变，设备利用率相对较低，难以达到最优水平。同时，与产品原则布置相比，工艺原则布置在库存控制和采购管理方面也显得更为复杂，给企业的生产运作管理带来了额外的挑战。

5.2.4 固定位置布置

在固定位置布置中，加工对象保持不动，工人、材料和设备按需要向这个工作区靠拢。固定位置布置常常被用于大型建设项目，如建设大楼、修建河堤大坝等，在这些情况下，固定位置布置的关键是工人、物料和设备要到达“产品”的所在地。同时，固定位置布置也常常用于拍电影、组织音乐会，在这些项目中，每一项任务都没有重复，所有的工序或作业环节都按一定秩序依次进行，有些工序可以并行作业，有些工序又必须顺序作业。

5.3 产品原则布置的设计

在产品原则布置中，企业生产产品的装配线由许多基本作业组成，每项基本作业完成的时间长短不一。有些基本作业操作较为复杂，可能需要十几分钟才能完成；而有些作业时间则相对较短，可能只需要几秒钟就可以完成。由于这些不同作业的存在，对每一名工人只分派一个作业是不切实际的。

下面通过一个简单的例子来进行说明。在图 5-3 所示的工作流程中，有 4 个基本的作业，完成这 4 个基本作业的时间分别为 1.1 分钟、2.3 分钟、1.7 分钟、1.8 分钟。如果每个作业分配一个员工，可以看出，每 2.3 分钟就可以生产出一个产品。但是在 2.3

分钟之内，作业 1 只需要 1.1 分钟就可以完成，会有 1.2 分钟的空闲时间。同样，作业 3、作业 4 也会有闲置时间。这种现象就会导致：第一，浪费时间资源，浪费人力资源；第二，闲忙不均，引起矛盾；第三，设备利用率下降。

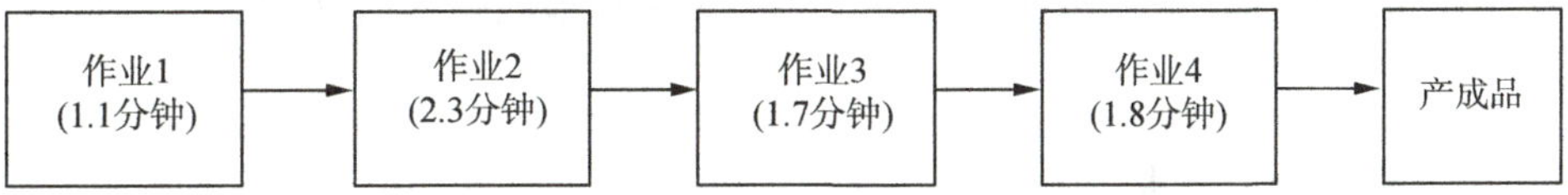

图 5-3 作业流程图示例

为了解决这些问题，必须对装配线上的工序作业进行新的组合分析，重新组织工作地。通常的做法是，将基本作业分成可控制的“作业包”并分配给各个工作地，每一工作地由一两个工人操作。

决定如何将作业分配到工作地的过程被称为生产线平衡。生产线平衡的目标是确保分到各工作地的作业所需要的完成时间大致相等，使得生产线上的闲置时间最少，从而提高工人和设备的利用率。

小故事

某家具厂生产一种仿古的旧式桌子，整个生产过程均由手工制作完成，其中包括准备、装配、抛光与包装四个步骤。该生产小组有四人，其中老王是班组长，除了需要监管该生产小组的整个生产过程，还需要负责完成其中的抛光工序；赵、陈、李三位师傅分别负责准备、装配与包装工序。尽管安排四人分别做不同的工序，但是其实每位都能单独完成桌子的整个制作过程。老王偶尔也安排某张桌子由某个人独立完成，这样做可以发现谁能够以最少的时间完成整个制作过程。李师傅制作一张桌子所花的时间最长。老赵对目前分派的准备工作很不满意，因为这使得他每天要花大部分时间用于等待，他向老王提出能否将他更换岗位，做装配工作，对于装配他相对擅长一些。老王也在思考怎样安排他们四人的工作能够提高效率。他还必须预估一些意外的人员变化所带来的影响，比如员工请假的情况。因此，老王需要思考对小组的工作怎么安排比较合理。

点评：小组的工作安排需要考虑不同员工的工作效率以及各种特殊情况，只有这样才能更好地对生产线进行平衡。

5.3.1 生产线平衡的方法

生产线平衡就是要以适当的方式将装配线上若干个相邻工序合并成一个大的“作业包”，把作业包分配到各个工作地去完成，使每个工作地的作业时间相等或者接近。具体步骤如下。

第一步，确定装配流水线节拍。

第二步，计算装配线上需要的最少工作地数。

第三步，组织工作地，并向工作地分配基本作业。

第四步，计算系统的效率。

1. 确定装配流水线节拍

节拍就是指装配流水线上连续产出两件相同产品的时间间隔。节拍确定了一条生产线在一定时间内的产量，如果节拍是 2 分钟，就意味着该生产线将每 2 分钟完成一个产品。那么如何确定节拍呢?

首先，装配流水线上的基本作业确定了节拍的可能范围。例如，图 5-3 所示的作业中可能最小的节拍等于最长的基本作业时间(2.3 分钟)，可能最大的节拍等于各作业时间之和(1.1+2.3+1.7+1.8=6.9 分钟)。也就是说，如果利用 4 个工作地，该节拍即是可能最小的节拍。如果所有的作业都在一个工作地上完成，此时节拍就是可能最大的节拍。

一般来说，节拍是由预期产出率决定的。也就是说，预期产出率确定后，就可计算出节拍。计算节拍的公式为：

$$CT=OT/D$$

式中，CT 为节拍，OT 为每日运作时间，D 为预期产出率。

假定一条生产线每天运转 8 小时(480 分钟)，预期产出率是每天 240 个单位，则可计算出节拍为 2 分钟。

2. 计算装配线上需要的最少工作地数

需要的最少工作地数取决于预期产出率和把基本作业分配到工作地的情况。我们可用下面的公式求出工作地数的理论最小值：

$$N_{min}=\sum t/CT$$

式中 N_{min} 为工作地数的理论最少值，$\sum t$ 为各作业时间之和，CT 为节拍。

以图 5-3 所示的作业为例，假设预期产出为 480 个单位，节拍为 2 分钟，那么，达到这一目标需要的最少工作地为：

$$N_{min} = \sum t/CT = 6.9/2 = 3.45(\text{个})$$

因为工作地的数量应该为整数，所以必须要取大于 3.45 的最小整数 4。因此，实际上所需的工作地数为 4 个或超过 4 个。

3. 组织工作地，向工作地分配基本作业

向工作地分配作业时，需要遵循以下原则。

(1)保证各工序之间的先后顺序。

(2)每个工作地点分配到的作业时间之和不能大于节拍。

(3)每个工作地点的工作时间应尽可能接近或等于节拍。

(4)使工作地数目尽量少。

其中，一个非常有效的工具是作业先后顺序图，如图 5-4 所示。

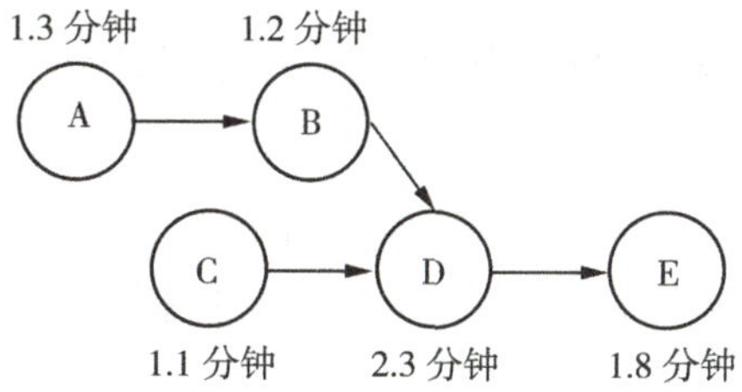

图 5-4　作业先后顺序图

先后顺序图代表的顺序是从左至右，起始作业在左边，最后的作业在右边。图 5-4 中，作业 A 最先开始，作业 B 开始的前提是作业 A 已经完成，而要开始作业 D，则必须在作业 B 和作业 C 都完成之后。

目前用于生产线平衡的启发式方法有很多，最常见的方法是先分配后续作业数最多的作业或者是先分配位置权数最大的作业。一个作业的位置权数等于该作业及其所有后续作业的时间总和。

4. 计算生产系统的效率

对于生产系统的效率，可按下列公式计算：

效率 = 100% − 闲置时间百分比

闲置时间百分比 = 每节拍内的闲置时间/(实际工作地数×节拍)×100%

例 5-1

假设某制造企业的一条装配生产线有 7 个基本作业，各作业的先后顺序和作业时间如表 5-2 所示。

表 5-2　某制造企业装配生产线作业情况表

作业	紧后作业	作业时间(分)	作业	紧后作业	作业时间(分)
A	B	0.3	F	G	0.7
B	E	0.4	G	结束	0.4
C	D	0.6			
D	F	0.5			
E	F	0.4			

请根据表中的数据完成下列问题。

(1)画作业先后顺序图。

(2)假定一天工作 300 分钟，计算一天要达到产量为 200 个单位的节拍。

(3)计算最少需要的工作地数。

(4)利用下列原则将作业分配到各工作地：先分配后续作业数最多的作业，如果后续作业数一样，则先分配所需时间长的作业。

(5)计算该系统的效率。

解：(1)根据表 5-2 可知，A 和 C 不是任何作业的紧后作业，因此，作业顺序图应从这两个作业开始。再根据表 5-2 的说明，该制造企业装配生产线的作业顺序图如图 5-5 所示。

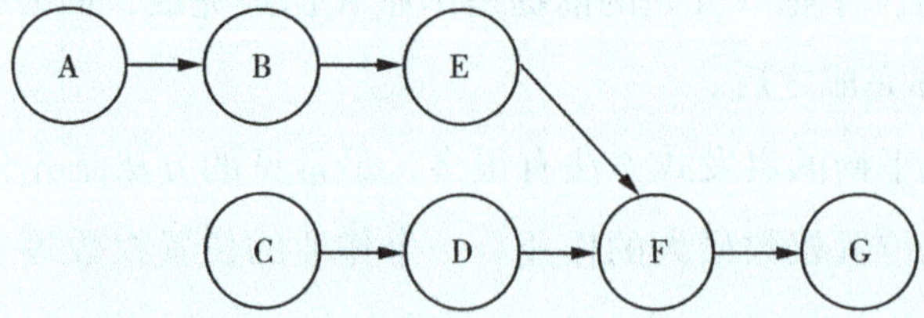

图 5-5　某制造企业装配生产线的作业先后顺序图

(2)由题意，可知：

$$CT = OT/D = 300/200 = 1.5(\text{分钟})$$

所以节拍为 1.5 分钟。

(3)根据表 5-2，可知各生产作业时间之和为：

$$0.3+0.4+0.6+0.5+0.4+0.7+0.4=3.3(分钟)$$

$$N_{min}=\sum t/CT=3.3/1.5=2.2$$

所以至少需要3个工作地。

(4)从工作地1开始，按下列程序分配作业：先根据作业顺序图确定哪些是够资格分配的作业，接着从中找出与该工作地时间相适合的作业。一旦一个作业被分配，就不再考虑，然后计算该工作地的剩余时间。当一个工作地的剩余时间不够再分配作业时，就开始分配下一个工作地。这样直到所有的作业都完成分配。具体的作业分配过程如表5-3所示。

表5-3 作业分配表

工作地	剩余时间	够资格分配的作业	分配作业(作业时间)	分配后的剩余时间	闲置时间
1	1.5	A，C	A(0.3)	1.2	
	1.2	C，B	C(0.6)	0.6	
	0.6	B，D	B(0.4)	0.2	
	0.2				0.2
2	1.5	D，E	D(0.5)	0.7	
	1.0	E	E(0.4)	0.6	
	0.6				0.6
3	1.5	F	F(0.7)	0.8	
	0.8	G	G(0.4)	0.4	
	0.4				0.4

现以表5-3中的工作地1为例说明工作分配的过程。对于工作地1，最先够资格分配的是作业A和作业C，根据分配原则，作业A的后续作业多，所以先分配作业A，作业A分配完后，工作地1的剩余时间变成了1.2分钟；然后该工作地够资格分配的作业为作业B和作业C，两个作业的后续作业数一样多，但是作业C的作业时间长，所以先分配作业C，分配完后该工作地的剩余时间变成了0.6分钟；接下来够资格分配的作业为作业B和作业D，因为作业B的后续作业多，所以先分配作业B，分配完后工作地1的剩余时间变为0.2分钟。此时，够资格分配的作业为作业D和作业E，但是它们所需时间都大于0.2，所以需要分配到工作地2。那么工作地1的闲置时间为0.2分钟。最终分配结果可用图5-6表示。

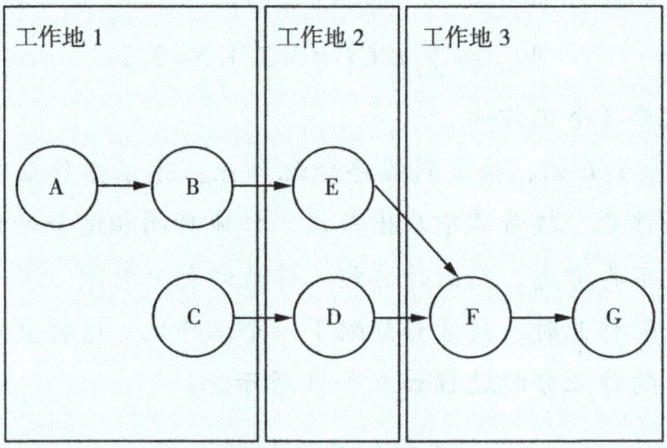

图 5-6　工作地的作业安排

(5)计算该系统的效率。

效率=100%-闲置时间百分比

闲置时间百分比=每节拍内的闲置时间/(实际工作地数×节拍)×100%

因此本例生产系统的效率为:

效率=100%-1.2/(3×1.5)×100%=73.4%

5.3.2 生产线平衡需要考虑的其他因素

上面的例子说明了生产线平衡的基本理念，但内容十分简单，只考虑了基本作业的先后顺序、时间约束和节拍。在大多数现实情况下，部门和作业的数量要比这多得多，生产线平衡问题极其复杂，需要考虑其他的许多因素。

1. 作业“打包”的可行性

某些作业因相互干扰或性质不相容，无法置于同一工作地，例如零部件清洗与上油漆作业，二者性质迥异，不宜共存。此外，空间限制亦是一大考量因素，有些时候受工序的空间限制，多个作业可能无法共享同一工作空间。

2. 生产设备的特殊性

生产设备的特殊性亦对作业“打包”构成制约。专业生产设备往往具有特定功能和使用环境要求，如烘干机所在的工作场地，因其高温和存在潜在火花风险，不宜与打磨工序毗邻，以防火灾。

3. 基本作业时间与生产效率的平衡

基本作业对时间的要求各异，其中部分关键“瓶颈作业”直接制约着生产效率。简单地将基本作业“打包”可能导致生产流程不畅，进而大幅降低整体生产效率。

4. 启发式解决方案

作业分组方式繁多，逐一分析所有可能性显然不切实际。面对这一复杂性，启发式方法提供了有效的解决途径。然而，如何运用启发式解决方案获得最佳的作业分组方式，仍需经过深入且复杂的分析，以确保分组方案的优化和实用。

5. 人力因素

制定平衡生产线的可行计划时，人力因素不容忽视。不同工作地人员的疲劳程度、厌倦情绪、专业技能水平以及缺勤率等，均会对生产线平衡产生显著影响。

5.4 工艺原则布置的设计

5.4.1 工艺原则布置的影响因素

工艺原则布置设计的主要问题是如何安排好工作部门的相对位置。工作部门的布置需要考虑多个方面，比如部门的业务类型、部门业务之间的关系、物料搬运、噪声等。一些部门由于业务关系紧密，位置接近更好；而有些部门的业务对其他部门有干扰，则需要相距远一些。例如，秘书办公室和总经理办公室距离近些较好，而产生噪声的打磨车间和秘书办公室就应该尽可能距离远些。同时，工艺原则布置设计也会受到许多外部因素影响，如入口位置、装货点、电梯与环境噪声等。

一般来讲，工艺原则布置的设计需要考虑以下信息。

(1)需要安排的工作部门或工作中心的规模、场地要求以及容纳这些工作部门的建筑情况。

(2)部门之间的业务紧密程度。

(3)部门之间的距离、物料需求量及单位距离物料运输费用。

(4)部门之间业务需特别考虑的事项，如必须相互接近或必须隔开。

(5)在现有建筑内关键设施的位置、进出点以及载货处等。

工艺原则布置的设计没有固定的原则，不同的企业有不同的要求，需要从有效生产能力大小、企业的预期运营情况、部门业务趋势等综合考虑，以找出比较满意的布置方案。

5.4.2 密切程度赋值法的使用方法

密切程度赋值法的核心在于根据企业各部门之间活动关系的密切程度而布置其位置。该方法将企业各部门之间活动关系的密切程度划分为A、E、I、O、U、X六个等级，这六个等级的含义如表5-4所示。

表5-4 密切程度赋值法中字母的含义

等级	密切程度	等级	密切程度
A	绝对重要	O	一般
E	特别重要	U	不重要
I	重要	X	不予考虑

有时候会根据需要，对相关密切程度进行打分。影响部门之间关系密切程度的因素主要有：第一，是否使用同样的设备或设施；第二，是否具有同样的员工；第三，生产流的连续性；第四，交流的难易程度；第五，完成工作的相似程度。

根据部门之间活动关系的密切程度将所有部门一一确定出相互关系，并应用网格图对各部门的关系进行表示。如图5-7所示为某企业6个部门之间的关系。

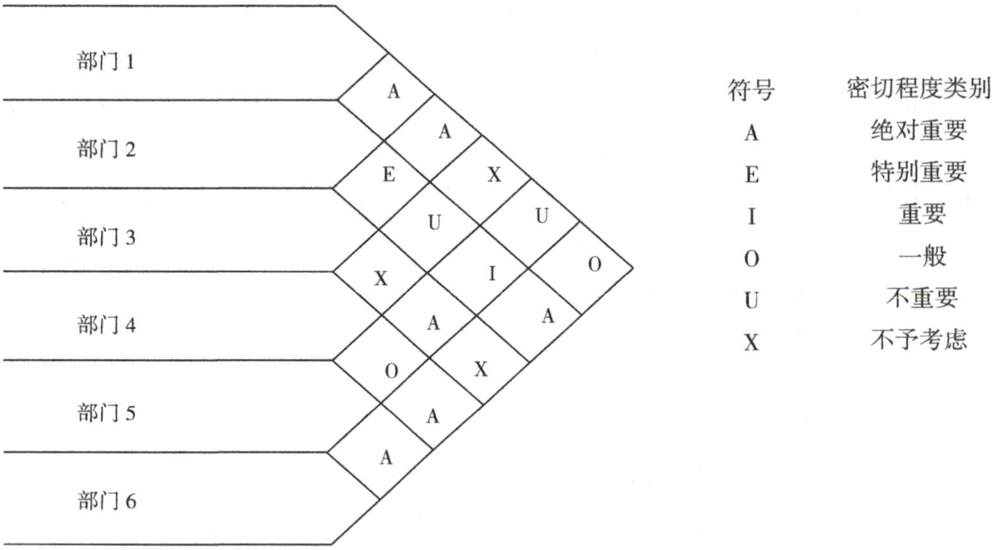

图5-7 某企业6个部门关系网格图

从图5-7可以看出，部门1和部门2之间的关系为A，即绝对重要；部门2和部门3之间的关系为E，即特别重要；部门1和部门4的关系为X，即不予考虑。可见，通过网格图可以清晰地展示相关部门的业务关系密切程度。

下面我们通过具体的例子来说明如何利用密切程度赋值法进行位置布置。

例 5-2

把图 5-7 中的 6 个部门分布到 2×3 的 6 个位置中，要求利用启发式方法，先分配关键的两个部门。

解：关键的两个部门是指关系密切程度为 A 和 X 的两部门。

第一步，列出关系密切程度(只考虑 A 和 X)：

A：1—2　1—3　2—6　3—5　4—6　5—6

X：1—4　3—6　3—4

第二步，根据列表编制主联系簇，如图 5-8 所示。原则是从关系 A 出现最多的部门开始，如本例的部门 6 出现 3 次，故首先确定部门 6，然后将与部门 6 的关系密切程度为 A 的部门与部门 6 联系在一起。

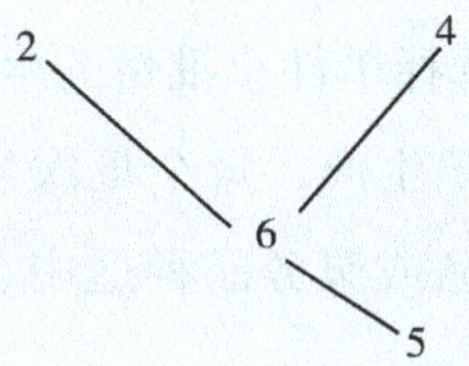

图 5-8　第二步(主联系簇)

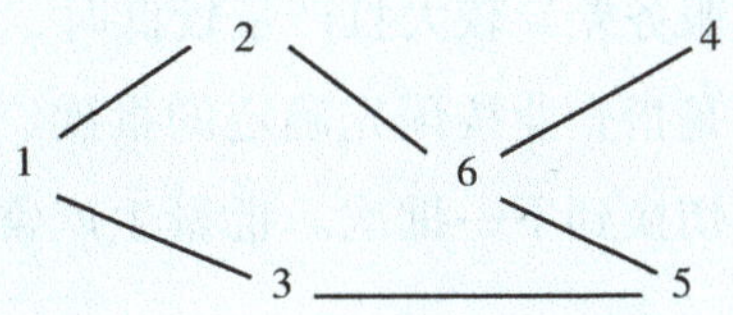

图 5-9　第三步(子联系簇)

第三步，考虑其他关系密切程度为 A 的部门，能加在主联系簇上的就尽量加上，否则画出分离的子联系簇。本例中，所有的部门都能加到主联系簇上，如图 5-9 所示。

第四步，同理，画出密切程度为 X 的联系簇，如图 5-10 所示。

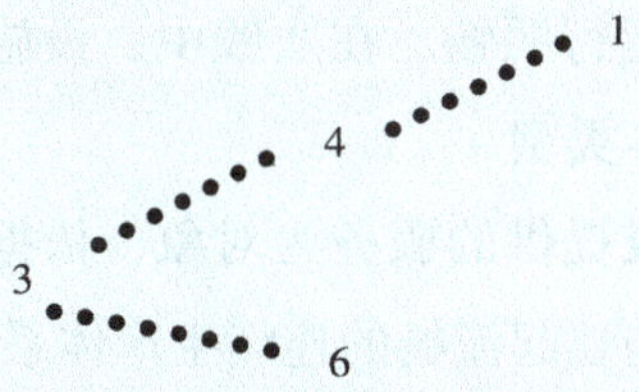

图 5-10　第四步(密切程度为 X 的联系簇)

第五步，密切程度为 A 的部门刚好也满足了密切程度为 X 的部门不能接近的要求。根据联系簇图和可供使用的区域，安置所有部门，结果如图 5-11 所示。

1	2	6
3	5	4

图 5-11　各部门的位置关系

应用密切程度赋值法的优点在于可以通过数值直接反映对象间的关系强度，便于理解和比较；同时，确定部门密切程度时考虑了多个目标。其局限就是使用该方法时，赋值标准可能受主观判断影响，主观因素缺乏准确性、不可靠，导致结果偏差。而且对象或关系较多时，赋值过程可能变得复杂且耗时。

本章要点

- 在产品生产和服务的过程中，从原材料到半成品，再到成品，要经过一系列加工环节，即经过一系列流程。
- 在生产制造企业中，有五种基本的流程类型：单件小批量、批量生产、大量生产（流水线）、连续性生产和项目。
- 当产品或服务差异较大且产量较低时，企业会选择单件小批量的生产形式。
- 批量生产是指企业按预先确定的批次、数量组织生产，每个批次生产相同或类似产品，完成后再切换到下一批次。批量生产常用于产品或服务品种适中、产量规模中等的情形。
- 当企业提供的产品或服务要求的产量较大且标准化程度较高时，常采用大量生产、重复性加工。
- 连续性生产常用于生产高度标准化、产量大的产品。
- 项目常用于在一定期限内完成一系列特定目标的非常规性工作。
- 设施布置是指对企业的产品生产加工中心、设备以及各业务部门进行场地安排，以确保生产运作系统中的工作运行顺畅。在实践中，设施布置有产品原则布置、工艺原则布置和固定位置布置三种基本类型。
- 产品原则布置是以产品或提供的服务为对象，依据生产或服务的具体要求，精心组织相应的生产设备与设施，构建起流畅的连续生产体系的布局方式。
- 工艺原则布置是指以加工工艺内容为依据来构建生产流程。
- 在固定位置布置中，加工对象保持不动，工人、材料和设备按需要向这个工作区靠拢。
- 生产线平衡是指以适当的方式将装配线上若干个相邻工序合并成一个大的“作业包”，再把作业包分配到各个工作地去完成，使每个工作地的作业时间相等或者接近。
- 密切程度赋值法的核心在于根据企业各部门之间活动关系的密切程度而布置其位置。

思考与练习

参考答案

选择题

1. 设施布置的基本类型不包括(　　)。

A. 工艺原则布置

B. 产品原则布置

C. 固定位置布置

D. 随机散布布置

2. 工艺原则布置的主要特点是(　　)。

A. 设备按产品生产顺序排列

B. 同类设备集中，适应多品种生产

C. 物料移动路径固定

D. 适用于大规模标准化生产

3. 生产线平衡的关键是(　　)。

A. 使各工位作业时间接近

B. 增加设备数量

C. 统一员工工资水平

D. 减少质检环节

4. 设施布置方案评估的常用指标是(　　)。

A. 物料搬运成本、空间利用率、灵活性

B. 员工年龄分布、品牌知名度

C. 广告投放量、社交媒体关注数

D. 股东分红比例、股价波动

简答题

1. 简述批量生产方式的优点和缺点。

2. 简述工艺原则布置的设计需要考虑哪些因素。

计算题

下表是一个企业生产车间的工序情况，请根据表中的数据完成下列的题目：

作业	紧后作业	作业时间(分)	作业	紧后作业	作业时间(分)
A	B	0.5	F	G	0.6
B	E	0.2	G	结束	0.4
C	D	0.5			
D	F	0.4			
E	F	0.5			

(1)画出作业的先后顺序图。

(2)假定一天工作300分钟，计算一天要达到产量为150个单位的节拍。

(3)求出最少需要的工作地数。

(4)利用下列原则，将作业分配到各工作地：先分配后续作业数最多的作业；如果出现多个作业一样的情况，则先分配所需时间最长的作业。

(5)计算系统的效率。

案例分析题

早期的汽车生产采用包干方式，即整个汽车的生产方式是以两个到三个工人为一组，从零件制造到销售订单都是由一组工人负责到底。这种生产组织形式与当时社会上常见的手工作坊是一致的。但由于汽车的生产过程非常复杂，工人工作熟练程度低，生产效率低下，一个工厂每天只能生产几辆车。生产过程中的工人工作时间及设备工作时间的浪费使汽车生产成本和价格都很高。

1908年，福特汽车公司推出了T型车，大受市场欢迎，因此福特公司必须提高生产效率以满足市场需求。创始人亨利·福特开始对工作进行分工，工人只负责生产一定的零部件。1913年，经过不断的摸索，福特公司开始采用装配流水线——等待装配的汽车逐个在输送带上不断前进，每个工人只需要装配固定的几个零件。工人熟练之后生产效率大大提高。

福特认真地研究了各个工作岗位的劳动分工问题及对工人的素质要求。T型车共8000多道工序：949道工序需要强壮、灵活、身体各方面都非常好的成年男子；3338道工序需要身体状况一般的男工；剩下工序可由女工或年纪轻的入厂新职工承担，其中，50道工序可由没有腿的残疾人来完成，2637道工序可由只有一条腿的残疾人来完成，2道工序可由没有手的人完成，715道工序可由只有一只手的人完成，10道工序可由失明的人完成。福特公司甚至有意地雇用残疾人以降低工资成本。

福特公司的汽车装配流水线不仅提高了生产效率，而且大幅度降低了生产成本。福特公司将T型车的价格从850美元降到260美元，使得此前一直买不起汽车的人都能负担得起了。而福特汽车公司年产量可以达到几十万辆，能有效地满足顾客的需求。

尽管汽车不是亨利·福特发明的，但他让汽车从手工作坊时代走进大工业时代。流水线生产方式很快传播到其他汽车公司和其他工业行业，成为大量生产的主要组织形式，也成为现代工业的象征。

根据上述案例，回答以下问题：

福特汽车制造企业采取流水线大量生产模式有哪些优势？什么样的产品生产适合采取大量生产模式？

06

第6章 选址规划与分析

素质目标：构建系统的决策思维，科学分析选址决策的战略意义和效果，树立可持续发展理念，在选址分析中主动评估环境影响、社会责任与长期效益。

知识目标：了解企业选址决策中的成本类型，熟悉企业选址决策考虑的主要因素，掌握企业选址决策的主要方法。

能力目标：能够应用选址决策方法对具体企业的选址方案进行合理评价。

引导案例

向东还是向西？
——YS 电气千亿工厂的选址决策

YS 电气是一家行业头部的新能源汽车动力电池制造商，市场占有率位居全球前十。近年来，为满足欧洲车企订单的爆发式增长，YS 电气计划新建一座年产能 120 GWh 的超级工厂，总投资超 200 亿元。

不过，超级工厂的选址在企业内部争议不下，在考虑成本、政策与风险等因素之后，管理层筛选出三大候选地：财务部长主张在越南建厂，拥有关税红利、人力成本优势，可让净利率提升 4 个百分点；生产部长力挺在国内宜宾建厂，供应链优势明显，产业集群环境完善；战略部长押注匈牙利——靠近市场才能对抗行业巨头。

三个候选选址方案各有优劣，公司董事会表示需要进一步进行情景模拟、因素分析和量化评估，对三种方案进行详细论证，以避免企业长期投资的失败。

YS 电气的超级工厂选址争议，集中暴露了全球化背景下企业选址的复杂权衡——越南的低成本、宜宾的供应链优势、匈牙利的市场贴近性，三者各有优劣却难以兼得。这一困境直指选址规划的核心命题：如何在成本、效率与战略目标间找到最优解？案例中，财务、生产、战略三部门的立场冲突，本质是短期利润、运营稳定性与长期竞争力的博弈。董事会要求通过量化评估化解争议，正凸显了科学选址的关键：将“政策红利”“地缘风险”等模糊因素转化为可分析的决策参数，用系统工具替代直觉判断。

6.1 选址决策的意义与一般程序

6.1.1 选址决策的意义

一般来说，企业的选址决策与企业的竞争战略密切相关。例如，采取成本领先战略的企业在做出选址决策时，往往会倾向于选择那些劳动力或原料价格相对低廉的地区，以此作为降低生产成本、增强竞争优势的重要手段。企业的选址决策对企业的生产运作具有重要意义，主要表现为以下几个方面。

1. 选址决策直接影响企业的运营成本

企业的选址会影响到厂房租金、劳动力工资水平、物流运输成本、税收成本等费用，合理的选址能显著降低这些成本。

2. 选址决策影响企业的市场竞争力

一般来说，企业靠近目标市场有助于更好地了解客户需求，提升服务响应速度。因此，合理的选址有助于企业占据有利位置，扩大市场份额。

3. 选址决策影响供应链效率

一般来说，企业选址若靠近供应商可缩短交货时间，降低库存成本，保持企业生产稳定性。同时，企业的选址会影响合作伙伴之间的物流效率，如选址靠近交通枢纽或港口可加快货物运输，提升供应链效率。

4. 选址决策影响企业的人力资源策略

不同区域在劳动力数量和素质方面存在显著差异，这一因素对企业选址决策至关重要。企业能否吸引到所需的高素质人才，在很大程度上取决于其选址的合理程度。特别是在技术密集型行业，人才的重要性更为凸显。此外，便利的交通和生活设施也是企业选址时不可忽视的因素。这些条件不仅有助于提升员工的工作便利性，还能显著提高员工的满意度和留存率。

5. 企业选址决策影响企业的技术与创新策略

一般来说，靠近技术中心或研发机构有助于获取最新技术和创新资源，拥有比较好的创新环境，在创新活跃的地区可促进企业创新能力的提升。

6. 企业选址关系到企业未来潜力

企业在选址时，应前瞻性地考虑未来扩展的需求，确保拥有充足的空间和资源以支撑企业的持续发展。

6.1.2 选址的一般程序

企业的选址决策是一个复杂的过程，涉及多个步骤，取决于其规模和运作范围，现对企业选址的一般程序进行阐述。

1. 明确选址目标，契合战略方向

首先，企业需明确选址的核心目标，这是选址决策的出发点和归宿。无论是降低成本、接近市场、获取资源，还是靠近供应商生产基地，选址目标都应与企业的整体战略目标紧密相连，确保选址决策符合企业的长远发展需求。

2. 收集数据，初步筛选

企业应广泛收集目标市场的需求、竞争状况、客户分布等关键数据，同时评估各候选地在劳动力、原材料、能源、交通、通信等方面的情况。基于这些数据，进行初步评估，筛选出几个最具潜力的候选地点。

3. 详细论证，全面评估候选方案

在初步筛选后，企业应对筛选出的候选地点进行深入详细的论证和评估。这一阶段的工作有成本分析，全面评估各候选地的运营成本，如土地、劳动力、物流、税收等；风险分析，即评估各候选地的自然灾害、政治风险、市场风险等；政策评估，即了解各候选地的政府政策、税收优惠、法规环境等。通过这些分析，为企业提供全面的决策依据。

4. 定量分析

根据企业战略目标，为各评估指标分配权重。建立评分模型，对各候选地进行综合评分。使用决策矩阵工具，比较各候选地的优劣。

5. 选址方案比较与选择

组织相关部门进行讨论，听取各方意见，并将选址方案提交管理层审批，最终确定地点。

通过上述科学系统的决策程序，可以选择出最优的地点，为企业长期的生产运作提供有利的发展条件。

6.2 企业选址需考虑的因素

一般来说，影响企业选址的因素主要包括原材料的位置、市场的位置、劳动力因素、能源因素、厂址条件等。

6.2.1 原材料的位置

在一些企业中，原材料成本在产品总成本中占据较大比重，因此，这些企业迫切希望能够以合理的价格获取优质原材料，同时尽可能减少原料耗损。为了实现这一目标，企业在选址时会优先考虑接近原材料或材料产地。以下情况的企业在选址时尤其应该注重贴近原材料产地(供应地)。

(1)原材料笨重且价格低廉的企业，在选址时会尽可能靠近原材料产地，如砖瓦厂、水泥厂、玻璃厂、木材厂等。

(2)产品容易变质，必须及时进行加工的生产企业，如水果加工企业、蔬菜罐头生产企业等。

(3)原料笨重，产品由原料中的一小部分提炼而成，提炼原材料后再运输产品能大幅降低成本，如钢铁冶炼企业、造纸企业。

6.2.2 市场的位置

为了更好地服务顾客，同时考虑顾客到达的便利性、快速响应顾客需求以及降低运营成本等多重因素，一些企业在选址时会优先考虑位于客户所在地的中心位置。这样的战略布局能够确保企业更紧密地贴近消费市场，从而更好地满足顾客需求。一般来说，以下情况的企业在选址时应该着重考虑接近消费市场。

(1)对于制造企业而言，为了精准对接特定市场的产品需求并有效降低运营成本，它们更倾向于选择在消费者密集的区域市场建立生产基地。以海尔为例，为深入拓展美国市场，其在美国选址建厂，这一举措不仅及时满足了美国消费者的多元化需求，还显著降低了关税和运输成本，实现了双赢。同样，日本丰田在我国建立生产基地，也是基于对我国汽车产品庞大需求、低廉人工成本、税收优惠政策等多重有利因素的深入考量，从而做出的战略决策。

(2)对于零售企业，如大型商场、百货超市等而言，在选址策略上，它们始终将顾客到达的便利性置于首位。它们精心挑选市场位置，力求最大程度地吸引客流，提升顾客购物体验，进而巩固和拓展其市场地位。

(3)与零售企业相似，服务型企业如银行等在选址时同样高度关注顾客到达的便利性。它们倾向于选择靠近消费者市场的位置，以便于顾客快速、便捷地获取服务，从而提升服务质量和顾客满意度。

(4)为了降低物流运输成本并提高分销效率，批发分销企业、仓储物流企业在选址时往往会优先考虑接近市场中心的位置。这样的选址策略有助于缩短运输距离、减少运输时间，进而降低整体运营成本，提升市场竞争力。

6.2.3 劳动力因素

对于劳动密集型企业而言，人工费用在产品成本中占据着举足轻重的地位。因此，在选址过程中，劳动力的成本成为一个不可忽视的关键因素。选择在劳动力资源丰富且工资相对低廉的地区设厂，无疑能够有效降低人工成本，提升企业的盈利能力。正因如此，我们不难发现，一些发达国家的公司纷纷将目光投向发展中国家，在那里设立生产基地，降低生产过程中的人工成本正是其背后的重要动因之一。

然而，随着现代科学技术的迅猛发展，先进制造企业对员工的知识和技能要求也日趋严格。只有那些受过良好教育、具备高超技能的员工，才能胜任日益复杂的工作任务。在这样的背景下，企业对专门技术员工的需求量大幅增加，人工成本在制造成本中的比例也随之上升。员工的技术水平和业务能力直接关系到产品的质量和产量，因此在选址时，企业不得不对劳动力因素进行深入考量。

此外，员工的价值观、出勤率以及工作态度等软性因素也可能因地域而异，这些因素同样会对企业的运营产生深远影响。因此，在选址过程中，企业还需要综合考虑这些潜在的劳动力因素，以确保选址决策的全面性和准确性。

6.2.4 能源因素

对于那些耗能巨大的生产企业而言，能源(如煤、油、天然气)是其尤为迫切的需求，它们如同企业的生命线，不可或缺。没有这些关键的能源供应，企业便无法正常运转，生产活动也将陷入停滞。

正因如此，能源的可获得性以及相应的成本成为这些企业在选址时首要考虑的因素。以钢铁、炼铝和火力发电厂为例，它们的厂址选择必须精心规划，尽量靠近能源的供应地。

6.2.5 厂址条件

建厂地点的地势、地质条件以及土地成本，是企业建设投资决策中必须考量的因素。平坦的地势为建厂提供了天然的便利，不仅施工难度相对较低，而且造价也更为经济。

相比之下，在丘陵或山区建厂，则需面对更为复杂的施工环境和更高的造价挑战。此外，地质条件的稳定性同样至关重要。面对滑坡、流沙或地面下沉等潜在风险，企业必须采取必要的防范措施，而这些措施无疑会增加投资成本。

土地成本作为另一大影响因素，其地域差异显著。城市中心的地价高昂，城郊地区的土地成本相对较低，而农村地区的地价则更为经济。然而，农村地区虽地价低廉，但可能面临更高的运输成本。这种地域性的成本差异，使得企业在选址时需进行细致的成本效益分析。以一些对土地面积需求大的制造企业为例，它们从深圳等一线城市搬迁至内地县市，土地成本往往是其重要的考量因素之一。

6.2.6 其他因素

区域选址的其他因素包括政治因素、社会因素和自然因素等。政治因素包括政治局面是否稳定、法制是否健全、税负是否公平等。政治局面稳定是发展经济的前提条件，在一个动荡不安的国家投资建厂会冒极大风险。

小故事

2012 年，富士康在郑州园区投资人民币 110 亿元，用工 10.7 万人，实现年产值 360 亿元人民币。如此巨大的投资项目，在国内多个城市争相拉拢的情况下，富士康为何最后选择了郑州？

相关人士分析到，除了河南省政府给予的各种政策优惠外，人力资源优势是吸引富士康到郑州投资的重要因素。河南省是中国劳务输出第一大省。富士康在大陆地区的 80 万员工中，河南籍员工占五分之一。河南省丰富的人力资源及较低的人力成本，对于劳动密集型的手机组装生产来说，是极为重要的优势。在资源富集的地方建设工厂，也就是富士康必然的选择。

据 2017 年 5 月 10 日媒体消息，富士康有意在印度马哈拉施特拉邦买下 1200 公顷土地，投资 100 亿美元建新制造厂用于生产苹果手机，并计划在 2020 年之前在印度建设 10~12 座工厂，招聘超过 100 万员工。但印度劳动力素质不均，苹果产品良品率低，卫生管理问题频发，影响了富士康的产品出口及企业成本。

于是，2024 年 7 月，富士康又与郑州市政府签订战略合作协议，在郑州投资 10 亿元建设新事业总部大楼，重新建设生产基地。

点评：制造企业选址需要考虑诸多因素，完善的供应链、高素质的人力资源、较低的土地和人力成本、先进的物流能力、稳定的政治环境都是选址的主要考虑因素。

投资建厂要考虑的社会因素包括居民的生活习惯、文化教育水平、宗教信仰和生活水平。另外，气候条件、水资源状况等也是企业选址时需要考虑的因素。如英国的曼彻斯特之所以是世界著名的纺织业区，温度及湿度合适是一个主要原因。

6.3 全球性选址

为了开辟海外新市场，在全球范围内整合资源并实现全球化运营，一些企业可能在海外进行投资建厂。

6.3.1 全球性选址的原因

出于对市场需求、成本节约、政策支持、融资便利等因素的考量，许多企业可能会在全球范围内进行选址，以降低企业的运营成本，实现利润最大化。具体而言，企业进行全球性选址的原因如下。

1. 更好地满足当地市场需求

当公司迈向海外，拓展其产品市场的版图时，选择在当地建厂成为一种战略性的布局。这一举措不仅能够确保产品更贴近当地消费者的需求，还能显著提升服务水平和市场响应速度。以印度、东南亚、非洲等新兴市场为例，这些地区凭借庞大的人口红利和强劲的经济增长潜力，已然成为海外企业争相布局的热土。通过在当地建厂，企业能够更加灵活地调整生产策略，满足当地市场的多样化需求。同样，我国部分企业如新能源汽车制造企业在欧洲的选址决策，也是基于更好地满足欧洲消费者需求的考量。

2. 节约成本

在全球化竞争日益激烈的今天，企业在选址时不得不综合考虑多种成本因素，以实现成本优化和利润最大化。其中，产品的运输成本、劳动力成本、原材料成本以及税收等，成为许多企业进行海外选址的重要考量。以耐克、苹果等知名企业为例，它们纷纷将目光投向劳动力成本较低的东南亚、南亚地区国家，如越南、印度等，进行生产布局。这样的选址策略不仅能够显著降低生产成本，提升企业的盈利能力，还能充分利用当地的原材料资源和税收优惠政策，进一步优化成本结构。

3. 金融激励与政策支持

众多国家为吸引海外企业投资，纷纷推出了一系列金融、税收等激励政策。企业为获取这些金融支持、享受税收优惠，以及避免货币兑换带来的不利影响，往往会选择在海外建厂。例如，美国政府通过实施一系列税收减免、土地成本优惠和信贷支持政策，成功吸引了日产汽车公司在密西西比州建立大型装配工厂。

4. 其他原因

除了上述因素外，供应链效率、原材料产地距离、物料中转便利性等也是制造企业进行海外选址的重要考量。例如，中国东莞凭借其成熟的玩具制造业集群，吸引了众多相关外国企业前来投资建厂。这种集群效应不仅提升了供应链效率，还为企业提供了丰富的合作机会和广阔的资源共享平台。

6.3.2 全球性选址的风险

企业进行全球性选址也会面临海外政策限制、法律和文化冲突等诸多风险。因此，企业在踏上海外投资之旅时，必须进行全面、深入的风险考量，以确保投资的稳健与成功。以下是海外投资中需特别关注的主要风险维度。

1. 政治风险

海外国家的政治动荡、政权更迭以及体制差异等因素，如同潜藏的暗流，可能引发政府将海外企业国有化并接管的极端情况。此类风险直接威胁到海外投资企业的财产安全，使其面临不可预见的损失。

2. 经济风险

地区经济的波动，如通货膨胀或通货紧缩，以及一些国家实施的高税收零部件进口政策等，均构成经济风险。这些风险因素直接影响企业的投资收益，增加经营的不确定性。

3. 法律风险

法律环境的稳定性对海外投资至关重要。然而，一些国家的法律和法规变动频繁，如同一把悬在企业头上的达摩克利斯之剑，可能对企业的投资和运营造成巨大冲击，带来难以预估的法律风险。

4. 文化冲突风险

文化差异、员工价值观的分歧，如同隐形的壁垒，可能导致制造企业的生产效率下降、投资收益率降低。

5. 其他风险

除了上述风险外，一些不发达国家和地区存在的劳动力技能不足、技术水平较低等问题，可能成为企业技术创新和整合新技术的障碍。同时，恐怖主义等全球性挑战也是企业进行在全球性选址时必须纳入考量的重要因素。

6.4 选址方案的评估

6.4.1 本量利选址分析法

本量利选址分析，作为一种从经济层面深度剖析备选地点的对比方法，旨在为企业的选址决策提供有力支撑。该方法通过比较不同备选地址的固定成本与可变成本，进而分析在不同产量水平下各备选地点的成本构成与利润状况，从而帮助企业做出最优选址决策。

在实施本量利选址分析时，企业可以依托具体的产量、成本和利润等核心数据，进行严谨的定量计算，确保分析结果的准确性与可靠性。此外，该方法还善于借助图表等可视化工具，直观展现不同选址方案的优劣对比，使决策过程更加清晰、明确。应用本量利分析法进行选址分析主要包括以下步骤。

（1）确定每一备选地点的固定成本和可变成本。

（2）在同一张图表上绘出不同地点选址方案的总成本线。

（3）确定在某一预期的产量水平上，哪一地点的总成本最少或者哪一地点的利润最高。

需要说明的是，本量利选址分析方法也可以用来进行多个选址方案的比较，但该方法建立在以下假设的基础上：①企业的产出在一定范围时，固定成本不变。②可变成本与企业的产出呈线性关系。③企业只生产一种产品。

下面通过具体的例题来说明本量利选址分析的应用。

例 6-1

表 6-1 列出了 4 个可能成为工厂所在地的固定成本和可变成本。

表 6-1　每个候选地的固定成本和可变成本

地址	每年的固定成本/元	生产每单位的可变成本/元
A	250 000	11
B	100 000	30
C	150 000	20
D	200 000	35

假设每年产量为10000件，根据表6-1的数据，可以计算出每个候选地点的总成本：

$$TC=FC+V\times Q$$

计算结果如表6-2所示：

表6-2　特定产量下每个候选地的固定成本和可变成本

地址	固定成本/元	可变成本/元	总成本/元
A	250 000	110 000	360 000
B	100 000	300 000	400 000
C	150 000	200 000	350 000
D	200 000	350 000	550 000

根据表6-1和表6-2的数据，我们可以用画图形的方式对各候选地点的总成本进行表示，具体的步骤为：

第一步，在一张图上画出各候选地的总成本线。

第二步，找出使每个备选地点产出最优的区间，在该区间总成本最低。

第三步，如果企业有预期的年产量，可根据总成本线选择出成本最低的方案。

最终的各候选地总成本图如图6-1所示。

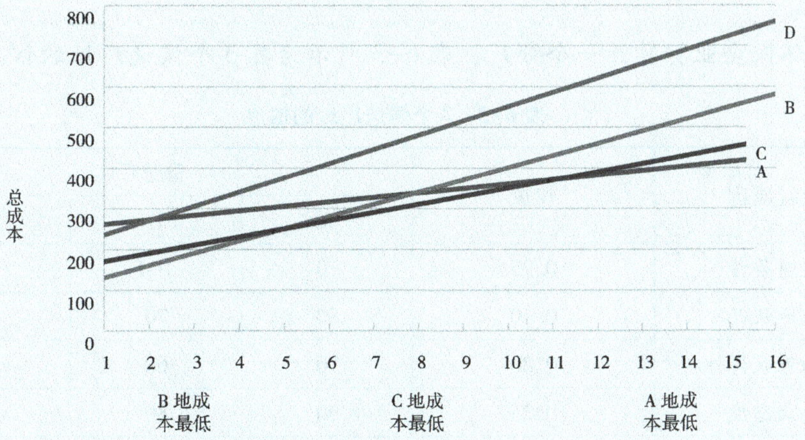

图6-1　各候选地的总成本

6.4.2 因素评分法

本量利选址分析法只是从经济上对方案进行比较。事实上，企业选址涉及多方面因素，而且有些因素是无形的、难以量化的。为了更全面地评估备选地址，因素评分法应运而生。该方法致力于全面分析影响选址的各类重要因素，通过构建科学的评分体系，对备选地址的相关因素进行细致打分，并计算综合得分。最终，综合得分最高的方案将成为企业地址的最优选择。因素评分法的独特之处在于，它允许决策者将个人意愿与大量信息有效融入决策过程，从而实现主观判断与客观分析的有机结合。

需要注意的是，由于不同的因素对选址决策的重要程度不同，需要对不同的因素分配不同的权重。因素评分法一般有以下几个步骤。

(1)选择影响选址的有关因素，如市场位置、能源可获得性、劳动力供应情况、运输条件等。

(2)赋予每个因素一个权重，以显示它与所有其他因素相比的相对重要性。各因素权重总和一般是 1。

(3)给每一备选地点的相关因素进行打分，并为这些因素的分数确定统一的数值范围，如 0-100。

(4)把每一因素的得分与其权重相乘，再把各因素乘积值相加就得到了备选地点的综合得分。

(5)选择综合得分最高的地点。

下面我们通过具体的例子来说明如何应用因素评分法进行选址。

例 6-2

某环保企业打算开一个分厂，表 6-3 所示为其 3 个候选厂址的信息。

表 6-3　3 个候选厂址的信息

选址原因	权重	备选厂		
		A	B	C
交通条件	0.25	70	100	80
土地状况	0.10	80	70	70
资源可获得性	0.20	70	60	60
公众态度	0.25	90	80	65
扩展潜力	0.20	90	90	70

假设 A、B、C 这 3 个候选厂址的经济因素相当，根据表 6-3 的评分信息，现对 5 个难以量化的因素进行进一步比较。这 5 个因素对选址的重要性不同，表 6-3 中的权重列表示各种因素的重要程度。通过专家评估，对每个因素进行打分，得出第 3~5 列中的分数。应用因素分析法，可以计算 3 个候选厂址的综合得分。经计算，地点 A 的总得分为 80，地点 B 的总得分为 82，地点 C 的总得分为 69.25。可见，地点 B 的得分最高，该方案为三个方案中最优的方案。

在实践中，厂址的选择需要综合考虑多种因素，其中某些因素具有至关重要的影响，例如冶炼企业对水源的特定要求，若水源条件无法满足企业设定的最低标准，则该地点将无法作为建厂之选。基于此，一些企业在运用因素评分法进行选址评估时，会依据自身需求对关键评价指标设定最低值。一旦某方案的相应指标低于这一值，该方案将被直接淘汰。

6.5.3 重心法

重心法是一种帮助企业选择销售中心地址的方法，旨在助力企业精准定位分销中心，以实现运输成本最低化或运输时间最小化。以制造企业为例，在选址规划销售中心时，它们会综合考虑众多销售客户的地理位置，力求将销售成本降至最低。在这一过程中，销售成本被巧妙地视为距离与运输数量的线性函数，而运输至每个目的地的商品数量则被假设为固定不变。通过这样的模型构建，企业能够更加科学、高效地做出选址决策，优化整体供应链布局。

使用重心法时，需要利用地图显示目的地的位置，地图必须精确并且满足比例尺，然后将一个坐标系重叠在地图上来确定各点的相应位置。这个坐标系的原点位置及其刻度并不重要。坐标系一旦确定，就能确定每个目的地的坐标点。利用重心法进行选址有以下三个步骤。

(1) 画出显示目的地的地图。

(2) 在地图上加上坐标系。

(3) 求出重心。

如果运往各地商品的数量是一样的，重心的坐标为：

$$G_x = \sum X_i / n$$

$$G_y = \sum Y_i / n$$

式中，X_i 是目的地 i 在 x 轴的坐标值，Y_i 是目的地 i 在 y 轴的坐标值，n 为目的地数量。

如果运往各地商品的数量不一样，必须以运往各地的商品数量作为权重，用加权平均法来求重心。此时重心的坐标可用下面的公式求得：

$$G_x = \sum X_i Q_i / \sum Q_i$$

$$G_y = \sum Y_i Q_i / \sum Q_i$$

式中，Q_i 是运往各个目的地的商品数量。

下面我们通过具体的例子来说明如何利用重心法进行选址。

例 6-3

假定一个企业需要把商品销售给 D1、D2、D3、D4 四个客户，四个客户的位置关系如图 6-2 所示。

(1) 如果销售到四个客户的商品数量一致，请计算重心坐标。

(2) 如果销售到 D1、D2、D3、D4 四个客户的商品数量分别为 100、200、400、300 件，请计算重心坐标。

解：首先用地图描述四个客户的位置，并加上坐标系，如图 6-2 所示。

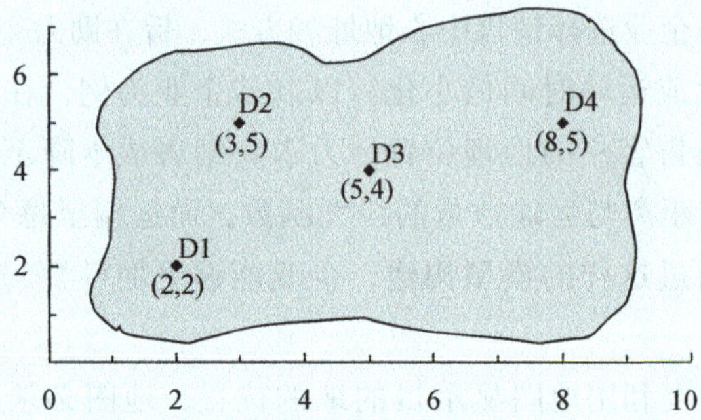

图 6-2　各目的地的坐标值

(1) 如果销售到四个客户的商品数量一致，则重心的位置为：

$$G_x = \sum X_i / n = (2+3+5+8)/4 = 4.5$$

$$G_y = \sum Y_i / n = (2+5+4+5)/4 = 4$$

此时重心的坐标为(4.5，4)。

(2) 如果销售到 D1、D2、D3、D4 四个客户的商品数量分别为 100、200、400、300，则重心的位置为：

$$G_x = \sum X_i Q_i / \sum Q_i = (2*100+3*200+5*400+8*300)/1000 = 5.2$$

$$G_y = \sum Y_i Q_i / \sum Q_i = (2*100+5*200+4*400+5*300)/1000 = 4.3$$

此时重心的坐标为(5.2，4.3)。

本章要点

- 选址决策的意义在于：①选址决策直接影响企业的运营成本；②选址决策影响企业的市场竞争力；③选址决策影响供应链效率；④选址决策影响企业的人力资源策略；⑤企业选址决策影响企业的技术与创新策略；⑥企业选址关系到企业未来潜力。
- 选址的一般程序：①明确选址目标，契合战略方向；②收集数据，初步筛选；③详细论证，全面评估候选方案；④定量分析；⑤选址方案比较与选择。
- 企业选址时应需要考虑的因素包括：①原材料的位置；②市场的位置；③劳动力因素；④能源因素；⑤厂址条件；⑥其他因素。
- 原材料成本在产品总成本中占据较大比重的企业在选址时会更加注意原材料的位置。
- 为了更好地服务顾客，同时考虑顾客到达的便利性、快速响应顾客需求以及降低运营成本等多重因素，一些企业在选址时会优先考虑市场位置。
- 对于劳动密集型企业而言，劳动力成本是其选址时重点考虑的因素。
- 对于那些耗能巨大的生产企业而言，能源的可获得性以及相应的成本成为这些企业在选址时首要考虑的因素。
- 建厂地点的地势、地质条件以及土地成本，是企业建设投资决策中必须考量的因素。
- 选址方案的评估方法主要有本量利选址分析法、因素评分法和重心法。本量利选址分析法主要从经济层面剖析备选地点；因素评分法考虑了各种因素，因而更加全面；重心法则主要关注企业与客户的地理距离。

思考与练习

选择题

参考答案

1. 企业选址决策中，以下通常属于“经济因素”的是(　　)。

A. 当地气候条件　　B. 政府税收优惠政策

C. 员工宗教信仰　　D. 社区文化氛围

2. 零售企业选址时最关注的要素是(　　)。

A. 人流量与客户消费能力　　B. 接近原材料供应商

C. 低廉的土地成本　　D. 工业用水供应

3. 进行全球性选址时，跨国公司更可能优先考虑(　　)。

A. 东道国政治稳定性　　B. 当地传统节日数量

C. 员工通勤距离　　D. 办公楼装修风格

4. 使用“因素评分法”选址时，以下步骤正确的是(　　)。

A. 随机分配权重并计算总分　　B. 仅考虑定性因素(如企业形象)

C. 量化各因素权重后进行综合评分　　D. 忽略成本数据以简化流程

5. 制造企业选择靠近港口布局，主要是为了降低哪种成本(　　)。

A. 劳动力成本　　B. 原材料进口运输成本

C. 广告营销成本　　D. 员工培训成本

6. 以下属于选址中的“基础设施”因素的是(　　)。

A. 当地人均 GDP　　B. 社区教育水平

C. 竞争对手数量　　D. 高速公路与电网覆盖

7. 某企业通过“本量利分析”选址，主要比较的是(　　)。

A. 各选址点的总成本与预期收入关系　　B. 员工满意度调查结果

C. 当地人口年龄分布　　D. 建筑物历史价值

8. 某科技公司选择在高校附近设立研发中心，主要利用的是(　　)。

A. 廉价土地资源　　B. 产学研合作与人才供给

C. 宽松税收政策　　D. 低物流成本和人口消费的规模

案例分析题

亚洲某知名汽车制造商2015年计划在北美建设首个电动汽车超级工厂，旨在规避贸易壁垒并抢占美国新能源市场。经过半年的选址评估，最终选定美国中部某农业州，获得州政府承诺的18亿美元税收减免。

企业当时选址在美国中西部农业州的关键依据有：第一，政策优惠，M 州提供全美最高额补贴，相当于工厂总投资的30%。第二，土地成本低，工业用地价格仅为其他州的1/5。第三，州长保证“特快审批通道”，环境评估周期可从常规的24个月压缩至6个月。第四，物流交通便利，距五大湖区港口仅322千米。

然而，该制造商在生产期间发现当地焊接技工密度仅为汽车产业需求的12%，80%的潜在应聘者需要6个月以上的培训才能上岗。同时，工会要求时薪从承诺的23美元强行提升至32美元。在供应链方面，电池原料运输成本超出预期，并且冬季暴风雪经常导致陆运瘫痪。另外，运营的隐性成本高，因选址靠近国家湿地保护区，企业被迫承担了4.7亿美元的生态补偿，同时还要交付2.3亿美元的电网升级费用。雪上加霜的是，由于文化冲突，当地社区抵制工厂在夜间进行生产。

公司在2018年投产，实际产能仅为设计值的18%，单位成本超出中国工厂47%；2019年第三季度因持续亏损关闭2条生产线，裁员1200人；2021年审计报告累计亏损达29亿美元，相当于前期补贴总额的160%。2023年公司将工厂转型为电池回收中心，原规划产能永久废弃。

根据上述案例，回答以下问题：

该汽车制造商在北美的选址方案为什么会失败？企业进行国外选址时需要对哪些因素进行仔细分析？

07

第7章 生产运作计划体系

素质目标：形成企业生产运作计划体系的系统思维，科学预测企业人力、物料、设备、资金等生产要素需求，能根据企业内外部环境制定科学合理的生产运作计划。

知识目标：了解企业生产运作计划体系的构成，熟悉企业制造资源计划、企业资源计划的主要模块，掌握主生产计划和物料需求计划的制定过程和制定方法。

能力目标：能够根据企业的具体情况制定主生产计划和物料需求计划。

引导案例

物料需求计划：助力 MH 家电生产的能手

MH 家电是一家专注于小家电制造的企业，主打产品为智能电饭煲、智能风扇、智能空调等智能家电产品。公司有上百家零部件供应商，零部件的采购、库存、生产用料安排是一项复杂的工程。2023 年第四季度，公司面临以下挑战：销售部门预测“双十一”期间订单量将增加 5 倍，仓库积压了 3500 个有瑕疵内胆的零部件，生产部门也频繁出现配件短缺导致停工的情况。这些问题都导致了企业的生产率下降，产品满足不了市场需求。

为了解决上述问题，公司生产部、采购部、仓储部经过协同开会，决定应用物料需求计划软件对相关部门的需求进行精准分析；同时公司和供应商、客户建立起信息共享系统，实现供需信息共享，建立基于物料需求计划的供应商、制造企业和零售商三级联动机制，促进企业生产的平稳有序。

MH 家电在“双十一”前遭遇的困境暴露出传统生产计划的缺陷：人工经验无法精准协调销售预测、采购执行与库存管理。案例中，企业通过物料需求计划，联动供应商、制造商与零售商，建立协同机制，正是生产计划体系优化的典型实践。通过数据打通“需求—供应—执行”链条，企业实现了从“救火式应对”到“系统性管控”的跨越。

科学的计划体系是企业应对市场波动的“导航仪”——它不解决单一问题，而是着眼于全局效率。

7.1 生产运作计划概述

为了有效地进行产品生产，促进企业生产与运作系统高效、优质、低成本的运行，企业要制定生产运作相关计划，确定在计划期内的总体工作目标。一般来说，企业的生产运作计划可以分为长期计划、中期计划、短期计划三种类型，如图 7-1 所示。

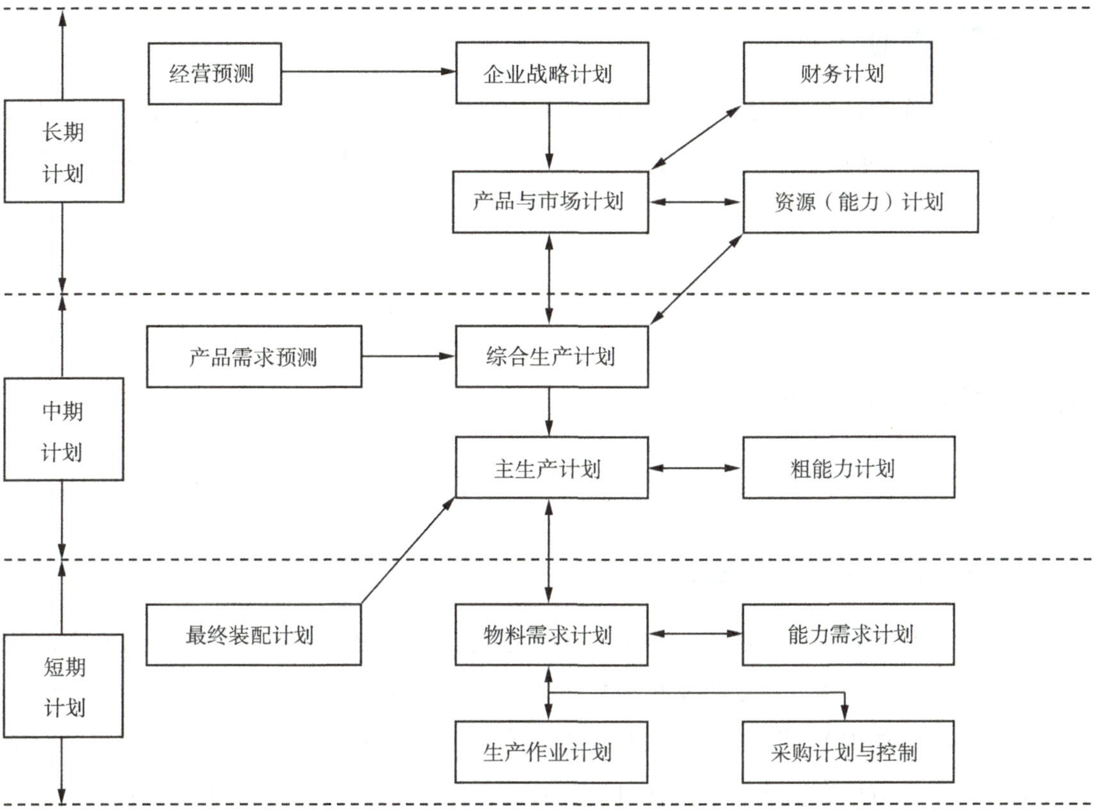

图 7-1 企业计划体系的组成

7.1.1 长期计划

长期计划，作为企业战略蓝图的核心组成部分，旨在深远规划企业的未来发展轨迹，紧密关联着企业产品与服务的战略选择。它涵盖了企业针对特定市场推出何种产品的决策，以及设施能力和规模、选址策略、设备投资规划与设施资源投入等。长期计划包括战略计划、产品与市场计划、财务计划、资源能力计划等，它体现了企业未来的发展目标和实现路径。

7.1.2 中期计划

中期计划的计划期一般在一年左右，它是企业长期计划和短期计划的纽带。它承上启下，对企业计划期内资源调配、员工配置、产出规划、分包策略、产成品库存管理以及交货安排等方面进行规划和部署。中期计划主要包括综合生产计划、主生产计划等，它既确保了长期计划的逐步落地与实施，也为短期计划的编制与执行提供了坚实的基础和明确的指导。

7.1.3 短期计划

短期计划作为具体执行层面的规划，其周期较短，通常涵盖月度及以下的时间尺度，甚至细化至天、小时、分钟等更为精确的时间单位。此类计划包括物料需求计划、生产作业计划等。

7.2 综合生产计划

7.2.1 综合生产计划概述

综合生产计划是生产进度安排和生产控制系统制定的出发点，涉及对投入要素的预测和需求管理。综合生产计划所反映的并非某几个生产岗位或某一条生产线的生产活动，也并非产品生产的细节问题以及一些具体的机器设备、人力和其他生产资源的使用安排问题，而是从宏观层面勾勒出企业在计划期内应实现的产品品种、质量、产量、产值及出产期等关键生产运作指标。同时，它在时间维度上对产品出产进度进行周密规划，确保生产活动与市场需求同步。

综合计划聚焦一组相似的产品或服务，有些情况下甚至是整个产品线或服务线。以一家生产电视机的公司为例，其计划人员并非孤立地规划 40 英寸、46 英寸或 55 英寸等特定型号电视的生产方案。相反，他们采取的是一种宏观视角，将不同型号的电视机归类整合，视作一个统一的产品整体来进行统筹规划。正因如此，此类计划被称为综合计划。

一般来说，综合计划要与预算过程相联结。大多数企业的综合计划制定是以企业的财务需求为基础的。综合计划对一个企业来说至关重要，因为它会影响供应成本、设备利用率、员工规模和顾客满意度等，合理的综合计划有助于整个供应链流动的顺畅性。与此同时，为了适应企业内外部的变化，在综合计划中加入一些柔性内容非常重要。

7.2.2 综合生产计划表的制定

综合计划始于对中期总需求的预测，随后则是为满足这一需求而设定的全面计划，涵盖产出、员工配置以及成品水平等多个方面。一般来说，综合计划通常包括未来 12~18 个月内的计划投入和产出。

1. 综合生产计划的输入

有效的综合计划需要提供许多重要的信息。首先，计划人员必须要弄清楚计划期内的可利用资源，包括劳动力、设备等。其次，综合计划的输入需要对预期需求进行分析，提供劳动力变化、库存变化、转包合同、延迟交货等信息。最后，综合计划的输入涉及成本信息，如计划人员需要对库存持有成本、聘用解雇人员成本、加班成本、转包合同等成本信息进行分析。

2. 综合生产计划的输出

合理的综合计划有利于帮助企业保持合理的生产水平并降低成本，促进企业的平稳运营。一般来说，综合生产计划的输出应该包括计划期的各种成本信息，如库存水平、转包、员工聘用、延迟交货等。计划人员通过对不同情况下的输出进行比较分析，有利于帮助企业选择合适的综合生产计划。典型的综合生产计划如表 7-1 所示。

表 7-1　综合生产计划表

输入	输出
资源： 劳动力 设备设施（生产率）	计划总成本
需求预测： 劳动力的趋势、政策 转包合同 加班状况 库存水平 延迟交货	计划库存水平 成品 聘用 转包合同 延迟交货
成本： 库存持有成本 待发货成本 聘用、解雇 加班 库存变化 转包合同	

为了让综合生产计划更好地适应企业需求，综合生产计划每隔一段时间就要更新一次，通常是每个月更新，这些更新要考虑预测的其他变化，以为企业提供优化的综合生产计划。所谓优化的综合生产计划，一般具备以下三个特征：

第一，有利于充分利用销售机会，满足市场需求。

第二，有利于充分利用盈利机会，并实现生产成本最低化。

第三，有利于充分利用生产资源，最大限度地减少生产资源的闲置和浪费。下面我们通过具体的例子来说明企业如何制定综合计划。

例 7-1

一个公司生产几种不同型号的铁皮柜，计划人员正在制定一个历时 6 期的综合计划。他们预测从第 1 到第 6 期分别生产 200、200、300、400、500、200 个(总计 1800 个)铁皮柜。在正常时间，生产 1 个铁皮柜的成本为 2 元，在加班时间生产 1 个铁皮柜的成本为 3 元，依靠转包生产铁皮柜的话，每个成本为 6 元。库存成本是每期每个铁皮柜 1 元，延迟交货成本为每期每个铁皮柜 5 元。

他们现在想做一个综合计划，该计划提倡在正常时间内保持稳定的产出率，主要依赖库存对抗需求的波动，并且允许延迟交货。他们打算在第一期持有零库存，并利用上述信息计算出成本。假定正常情况下的稳定产出率是每期生产 300 个铁皮柜(即 1800/6=300)。计划中的期末库存为 0，共有 15 名工人，每名工人每期可以加工 20 个铁皮柜。

解：

不考虑加班、转包的综合计划表如表 7-2 所示。

表 7-2　综合计划表(不考虑加班、转包)

	1 期	2 期	3 期	4 期	5 期	6 期	总计
预测/个	200	200	300	400	500	200	1800
产出/个							
正常时间	300	300	300	300	300	300	1800
加班时间	—	—	—	—	—	—	—
转包时间	—	—	—	—	—	—	—
产出-预测/个	100	100	0	-100	-200	100	0
库存/个							

续表

	1期	2期	3期	4期	5期	6期	总计
期初	0	100	200	200	100	0	
期末	100	200	200	100	0	0	
平均	50	150	200	150	50	0	600
延迟交货	0	0	0	0	100	0	100
产出/个							
成本/元							
正常时间	600	600	600	600	600	600	3600
加班时间	—	—	—	—	—	—	—
转包合同	—	—	—	—	—	—	—
库存成本	50	150	200	150	50	0	600
延迟交货成本	0	0	0	0	500	0	500
小计/元	650	750	800	750	1150	600	4700

表7-2中，正常情况下的总产出恰好等于预期总需求，即1800个铁皮柜。期末库存等于期初库存加上预测值。平均库存则是当期期初库存和当期期末库存的平均值。如果库存不足，则延迟交货量等于短缺量。

成本的计算方法为：每期正常情况下的成本为300×2(元)/个，即600元。每期的库存成本是平均库存×1(元)/个，每期的延迟交货成本是延迟交货量×5(元)/个。因此，上述计划总成本为4700元。

在实践中，管理者制定综合计划可能需要考虑不同情境下的方案。例如，管理者认为公司员工人力成本较高，可以减少员工的聘请数量，通过加班的方式来弥补产出不足。假设公司雇用14个工人，正常的产出是每期280，加班工作的最大产出则是每期40个铁皮柜。则可以重新制作一个综合计划，具体的综合计划如表7-3所示。

表7-3 综合计划表(不考虑转包)

	1期	2期	3期	4期	5期	6期	总计
预测/个	200	200	300	400	500	200	1800
产出/个							

续表

	1 期	2 期	3 期	4 期	5 期	6 期	总计
正常时间	280	280	280	280	280	280	1680
加班时间	0	0	40	40	40	0	120
转包时间	—	—	—	—	—	—	—
产出-预测/个	80	80	20	-80	-180	80	0
库存/个							
期初	0	80	160	180	100	0	
期末	80	160	180	100	0	0	
平均	40	120	170	140	50	0	520
延迟交货	0	0	0	0	80	0	80
成本/元							
正常时间	560	560	560	560	560	560	3360
加班时间	0	0	120	120	120	0	360
转包合同	—	—	—	—	—	—	—
库存成本	40	120	170	140	50	0	520
延迟交货成本	0	0	0	0	400	0	400
小计/元	600	680	850	820	1130	560	4640

表 7-3 的综合计划中，为弥补 120 个铁皮柜产出的不足，综合计划务必把加班工作量列入计划。这里把加班安排在整个计划的中期阶段，即第 3 期、第 4 期和第 5 期，因为这三期是需求最大的阶段。加班时间早会增加库存持有成本，而安排晚了又会增加延迟交货成本。

从表 7-3 的综合计划可以看出，该计划的总成本是 4640 元，比表 7-2 的综合计划少了 60 元。

因此，在实践中管理者需要考虑企业的各种情境，对不同情况下的综合计划进行比较，以帮助企业找到合适的方案。

7.3 主生产计划

7.3.1 主生产计划概述

为把生产计划转换成有意义的生产单位，必须把综合生产计划以能够被生产或提供的实际产品或服务为单位进行分解。比如一个新能源汽车制造企业列了一个综合计划，要在 6 月生产 400 台汽车，7 月生产 600 台汽车，8 月生产 800 台汽车。这家新能源汽车制造企业可以生产新能源大卡车、新能源大客车和新能源小车，尽管这些新能源汽车也许都装有部分相同的部件，涉及一些类似的或相同的构造和装配过程，但每一种汽车在材料、部件上都会有所区别。因此，要在 3 个月中生产的 400、600 和 800 台汽车总数必须在购买相关材料和部件、列出生产运作时间表和规划库存需求之前，转换成每种新能源汽车的具体数目。将综合生产计划分解后，结果就是主生产计划（master production schedule，MPS）。图 7-2 显示了由综合生产计划分解成主生产计划的过程。

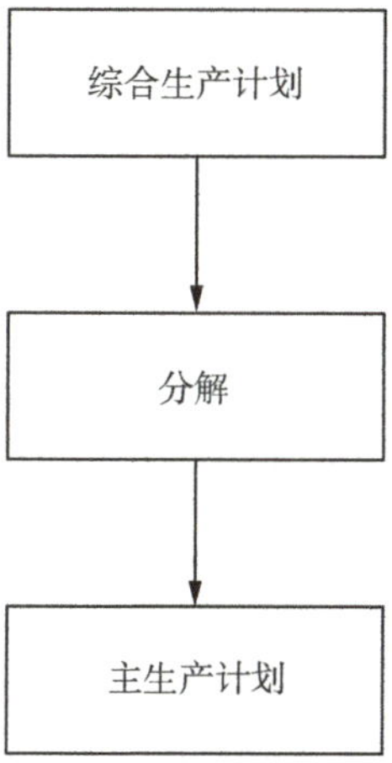

6月	7月	8月
400	600	800

月计划产出	6月	7月	8月
新能源卡车	100	100	200
新能源客车	100	200	200
新能源小车	200	300	400

图 7-2　综合生产计划分解成主生产计划

由此可见，主生产计划表示企业在一定时期内一种具体产品的生产数量和时间安排。主生产计划显示个别产品而不是整个产品组的计划产出以及生产安排。同时，主生产计划也包含了重要的营销和生产信息，清楚地展示了订单何时列入生产计划和已经完成的订单何时发运等信息。

主生产计划是企业生产计划和控制的核心，是企业生产运营决策的关键。在企业的生产运作中具有重要作用，表现为：第一，主生产计划是生产部门评估生产能力需求的基础，驱动企业的物料需求和采购；第二，主生产计划是营销部门向顾客做出有效交货承诺的依据，为企业的市场营销和订单交付提供了数据支撑；第三，主生产计划关系到企业库存分析和库存优化管理，有利于企业保持合理的库存水平并满足客户的产品需求。

7.3.2 主生产计划的制定过程

主生产计划的制定首先需要明确它的输入。一般来说，主生产计划的输入主要包括期初库存、需求预测和顾客订单。

(1)期初库存：来自上一期的实际持有库存量。

(2)需求预测：计划期间内市场需求预测。

(3)顾客订单：已经对顾客做出交付承诺的产品数量。

说明：其他因素也需要考虑，包括人力资源部门的雇用和解雇员工、库存的限制条件、产品是否易腐等。

图 7-3 所示为主生产计划的制定过程。

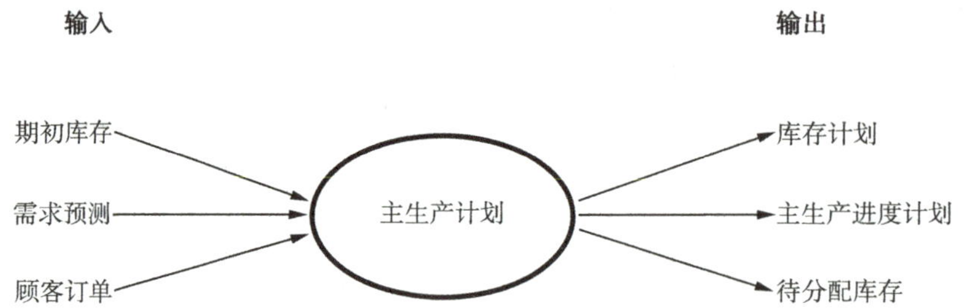

图 7-3　主生产计划的制定过程

从图 7-3 可以看出，主生产计划的输出主要包括库存计划、主生产进度计划和待分配库存。

下面我们通过具体的案例来说明主生产计划的制定过程。

例 7-2

一家生产发动机的企业想做一个1、2月份的主生产计划。营销部门预测的需求是1月120台，2月160台。它们被均匀地分配到了每个月的四周中：1月每周30台，2月每周40台，如表7-4所示。

表 7-4 发动机的周需求预测

月	1月				2月			
周	1	2	3	4	5	6	7	8
需求预测/台	30	30	30	30	40	40	40	40

现在，假设已有64台发动机的库存(即期初库存为64台)，已承诺和必须执行的顾客订单和需求如表7-5所示。

表 7-5 需求预测、顾客订单和期初库存的八周时间安排

期初库存：64台	1月				2月			
	1	2	3	4	5	6	7	8
需求预测/台	30	30	30	30	40	40	40	40
顾客订单/台（已提交）	33	20	10	4	2			

表7-5包括主生产计划制定过程中的三种主要输入要素：期初库存、需求预测和顾客订单。在这些信息的基础上，我们开始计算主生产计划。

第一步，计算计划持有库存。

在本案例中，计划持有库存需要一周计算一次，直到它降为特定数值以下。此例的特定数值为0，因此，我们可以一直计算到计划持有库存为负值。

计划持有库存=来自上周的库存-本周需求

本周需求为预测值和顾客订单两者中的较大者。

第一周，计划持有库存等于期初库存减去预测值和顾客订单量这两者中的较大者。由于顾客订单量(33)大于预测值(30)，我们就选用顾客订单数。因此，第一周的计划持有库存量为：

第一周计划持有库存量=64-33=31(台)

前三周(即直到计划持有库存数值为负值时)的计划持有库存如表7-6所示。

表 7-6　前三周的计划持有库存

期初库存：64 台	1月				2月			
	1	2	3	4	5	6	7	8
需求预测/台	30	30	30	30	40	40	40	40
顾客订单/台（已提交）	33	20	10	4	2			
计划持有库存/台	31	1	−29					

第二步，添加主生产计划。

当计划持有库存变为负值时，就表明需要进行生产以补充库存了。因此，一个负的计划持有库存值意味着对生产计划的需求。

假设我们用 70 作为生产批量大小，也就是指无论什么时候，一旦需要生产，就生产 70 台发动机。因此，第三周的计划持有库存表示需要生产 70 台发动机，以满足 29 台的预期不足并为未来的顾客需求留下 41 台（70−29=41）。

这些计算将在整个计划期间持续下去，每当计划持有库存出现负值时，便会立即将另一批生产 70 台发动机的任务添加至进度表。其结果如表 7-7 所示。

表 7-7　将预期持有库存和主生产计划添加到主进度计划

期初库存为：64 台	1月				2月			
	1	2	3	4	5	6	7	8
需求预测/台	30	30	30	30	40	40	40	40
顾客订单/台（已提交）	33	20	10	4	2			
计划持有库存/台	31	1	41	11	41	1	31	61
主生产计划/台			70		70		70	70

第三步，计算待分配库存。

计算待分配库存是为了明确在未来的特定的时期内，企业可以承诺的新需求。这里我们用期初库存减去每一次主生产计划加入主生产进度计划之前的顾客订单总数来进行计算。

比如，第一周的顾客订单为33台，第二周的顾客订单为20台，合计为53台。因此，在第一周待分配的库存量就是期初库存的64台发动机，加上主生产进度计划量(此时为0)，再减去53。即第一周的待分配库存为：

$$64+0-(33+20)=11(台)$$

这些待分配库存是未授权的，可以在第一周也可以在第二周交付，还可以一部分在第一周交付，另一部分在第二周交付。

在除第一周以外的其他时间，期初库存退出计算过程。同时，可将顾客已经提交的订单量作为预见量。那么待分配库存就是主生产计划量减去顾客提交的订单量。因此，第三周、第四周时总的顾客提交的订单量为14，则第三周待分配的库存为：

$$70-14=56(台)$$

第五周顾客订单量为2，则待分配库存量为：

$$70-2=68(台)$$

在第七和第八周，没有顾客订单，此时所有的主生产进度计划量都可用于承诺新订单，因此待分配库存只在第一、三、五、七、八周出现。将待分配库存添加到主进度的结果如表7-8所示。

表7-8 将待分配库存量添加到主生产进度计划

期初库存为：64台	6月				7月			
	1	2	3	4	5	6	7	8
需求预测/台	30	30	30	30	40	40	40	40
顾客订单/台（已提交）	33	20	10	4	2			
计划持有库存/台	31	1	41	11	41	1	31	61
主生产计划/台			70		70		70	70
待分配库存/台（未授权）	11		56		68		70	70

上面计算出来各期的待分配库存，实际上反映出企业在这些时期里可以承诺的新需求。当然，在实践中，如果有新的额外订单被预订，就需要重新计算顾客订单，待分配库存量也会随之更新。

7.4 物料需求计划

7.4.1 物料需求计划概述

物料需求计划(material requirements planning，MRP)是一种基于需求的计划方法，旨在确保生产过程中所需的原材料、零部件和其他资源能够在正确的时间，以正确的数量到位。20 世纪 60 年代中期，美国 IBM 公司的约瑟夫·奥列基(Joseph Orlicky)博士首先提出物料需求计划。他把企业生产中涉及的所有产品、零部件、原材料等，在逻辑上统一视为物料，把企业生产中需要的各种物料分为独立需求和相关需求。独立需求是指其需求量和需求时间由企业外部的需求(如客户订单、市场预测、促销展示等)决定的那部分物料需求；而相关需求是指根据物料之间的结构组成关系，由独立需求的物料产生的需求，如半成品、零部件、原材料等。

早期的 MRP 是基于物料库存计划管理的生产管理系统，其目标在于确保围绕生产的产品，能够在恰当的时间、适宜的地点，按照既定的数量获取真正所需的物料。通过按照各种物料真正需要的时间来确定订货与生产日期，以避免造成库存积压。

MRP 的基本原理是在已经知道主生产计划的条件下，根据产品结构或产品物料清单(bill of material，BOM)、制造工艺流程、产品交货期以及库存状态等信息，由计算机编制出各个时间段物料的生产及采购计划。物料需求计划的处理逻辑如图 7-4 所示。

MRP 是生产管理领域的一次重大飞跃，它以物料为中心的组织生产模式体现了为顾客服务、按需定产的宗旨，借助计算机系统实现了对物料采购、生产进度安排和库存的控制。它遵循以最终产品的主生产计划推导出所需相关物料(原材料、零部件等)的需求量和需求时间；同时，它根据各相关物料的需求时间和生产(订货)周期确定该物料开始生产(订货)的时间。

初期的 MRP 没有考虑生产企业现有生产能力和采购条件约束，虽计算出了物料需求的时间，却可能由于设备、原料或工时等原因使物料无法生产，因此被称为基本 MRP 或开环式 MRP。在后来，采购计划、生产能力计划、车间作业计划等被纳入 MRP，逐步形成闭环 MRP。

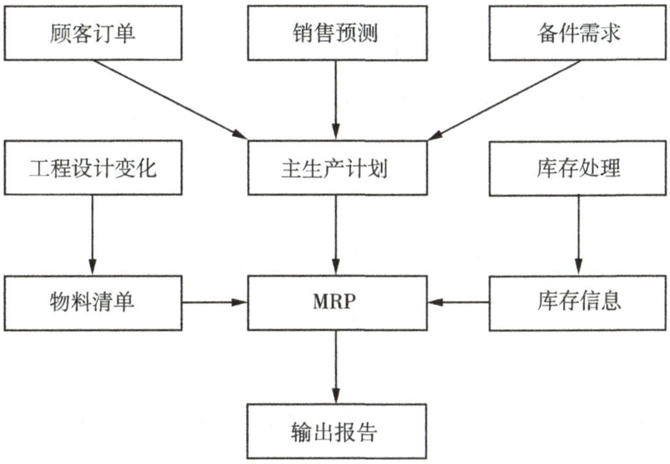

图 7-4 物料需求计划(MRP)处理逻辑图

小故事

泰迪熊工厂的厂长老张最近很头疼，他们生产的“会唱歌的智能泰迪熊”突然爆红，订单量翻了 3 倍，但生产线却卡住了。原来，小熊的“核心零件”音乐芯片总是不够用，导致工厂每天只能干瞪眼等材料。

新来的实习生小美发现了问题：“张厂长，咱们的采购部是按‘上周用了多少芯片，这周就订多少’来下单的，但订单暴增后，这种手动计算根本跟不上！”她翻出一叠皱巴巴的表格，“而且，芯片供应商的交货周期是 2 周，但我们连 1 周的库存都没留！”突然，小美眼睛一亮：“我在学校学过 MRP 系统！它能根据订单、库存和生产周期自动计算需求！”她连夜用 Excel 做了个简化版 MRP 模型：输入未来 3 个月的订单量，结合现有库存、芯片生产周期，系统立刻算出下周必须下单 5000 片芯片。

老张半信半疑地照做了。结果第二周，芯片准时到货，生产线流畅运转。然而，新问题又来了：泰迪熊的“蝴蝶结布料”突然缺货了！小美一查 MRP 记录，发现系统早预警过布料需求，但采购部大叔老王把邮件提醒当垃圾广告删了……

“MRP 再好，人也得配合啊！”小美哭笑不得，拉着老王在系统里设置了“自动电话提醒”。从此，工厂的物料到货时间精准得像瑞士钟表。

点评：MRP 根据实际订单和市场预测自动计算需求，而非凭经验“猜”。同时，运用 MRP 需要人机协作才能达到准确、高效。

7.4.2 物料需求计划的输入信息

MRP 制定的主要依据是主生产计划、物料清单和库存信息三个部分，他们是 MRP 制定时的主要输入信息。

1. 主生产计划

主生产计划明确指出了需要生产的最终产品种类、具体的需求数量以及各产品的需求时间。关于主生产计划在本章 7.3 中已有详细介绍，这里不再赘述。

2. 物料清单

物料清单是一个列表，包含每个生产单元所需的所有产品部件、组件、零件与原材料等。因此，每件产品都有自己的物料清单。

物料清单又称产品结构树，它反映了产品的组成结构层次及每一层次下组成部分本身的需求量，主生产计划确定之后，根据物料清单可清楚确定产品各种组成部分的需求量。下面我们通过具体的例子来说明物料清单的应用。

例 7-3

假设 1 个最终产品 X 由 2 个 B 组件和 1 个 C 组件组成，每个 B 组件由 3 个 D 组件和 1 个 E 组件组成，每个 D 组件又由 4 个 E 组件构成，每个 C 组件又由 2 个 E 组件和 2 个 F 组件组成。根据以上描述，则可构建图 7-5 所示的产品结构树。请利用图 7-5 中的信息完成以下任务：

(1) 计算组装 1 个 X 产品需要 B、C、D、E、F 的数量。

(2) 假设库存中有 4 个 B 组件，10 个 C 组件，8 个 D 组件，2 个 E 组件，若需要组装 10 个 X 产品，求需要采购的各种组件的数量。

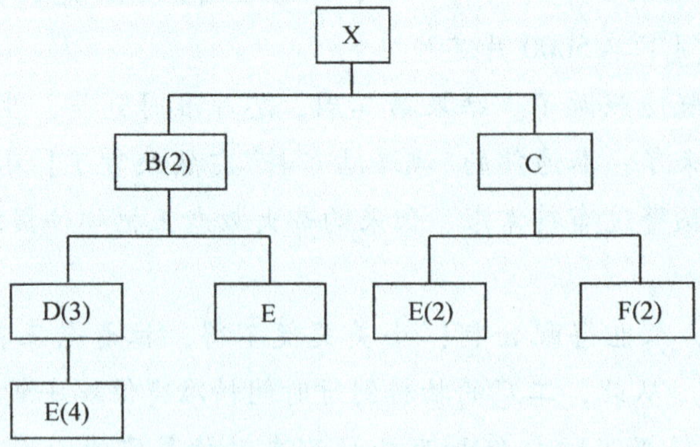

图 7-5 产品结构树

解：

(1)根据产品结构树的数量关系，可知组装1个X产品需要的组件数量为B组件2个、C组件1个、D组件6个、E组件28个、F组件2个。

(2)根据产品结构树和库存的信息，组装10个X产品还需要采购多少个D、E、F组件：

D组件：$(10\times2-4)\times3-8=40$(个)；

E组件：$40\times4+16-2=174$(个)；

F组件：0(个)。

3. 库存信息

库存信息又称库存状态文件，它记载产品及所有组成部分的库存状况，也是MRP处理的主要输入信息。与物料清单一样，库存信息也必须准确。如果库存信息不准确，就会影响零部件的采购和生产的连续性。

一般来说，在某一特定时期里，某产品的总需求就是不考虑持有库存量时，某产品在各时期的期望总需求。而净需求就是各时期的实际需要数量，它是总需求减去各时期的可用库存。可以用公式表示：

$$净需求=总需求-可用库存$$

净需求是MRP制作过程中需要考虑的核心变量，产品的净需求是决定该产品是否需要生产或采购的重要依据。

7.4.3 物料需求计划的制定

在MRP的制定过程中，首先以主生产计划为蓝图，详细列出最终产品的需求清单。随后，结合零部件和原材料的物料清单，充分考虑生产提前期(lead time，LT)的影响，逐一确定各阶段的具体需求，进而精准计算出装配过程中每个时期对物料的需求量。以下将通过具体案例，进一步阐述MRP的制定过程。

例 7-4

一个制造文具柜的企业收到两份文具柜订单：一份要100个文具柜，另一份要150个文具柜。在当前时间进度安排中，100个文具柜的订单应于第4周开始时运送，150个文具柜的订单将于第8周开始时运送。每个文具柜包括4根铁条和2个铁框架。铁条部分是工厂自制的，制作过程耗时1周。铁框架需要订购，生产提前期是2周。组装文具柜需要1周。第1周(即初始时)的预期到货数量是70个铁条。为使送货满足如下条件，求解计划订单下达的订货规模与订货时间：

(1)配套订货(即订货批量等于净需求)。

(2)订货批量为320个铁框架与70根铁条的生产批量订货。

解：

(1)①制定主进度计划。

依题意，可以知道第四周需要交付100个产品，第8周需要交付150个产品，具体的主进度计划如表7-9所示。

表 7-9 主进度计划表

周数	1	2	3	4	5	6	7	8
数量				100				150

②制作产品结构树。

依题意，一个文具柜需要2个铁框架，4根铁条，因此，产品结构树如图7-6所示。

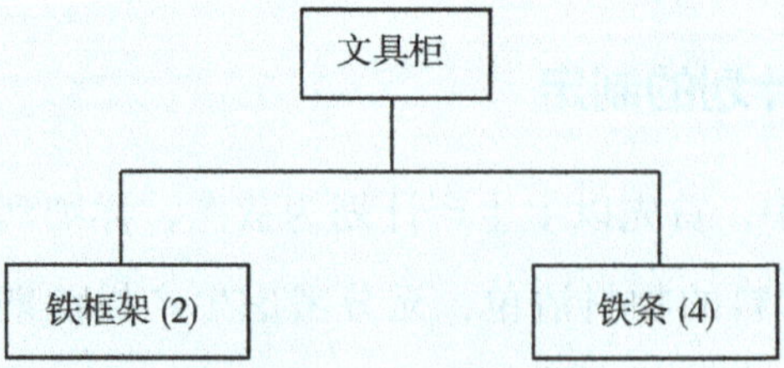

图 7-6 产品结构树

③利用主进度计划，求解文具柜总需求，然后再计算净需求。假设在配套订货条件下，求解满足主进度计划的时间安排的计划订单入库与计划订单下达数量，结果如图7-7所示。

周数	期初库存	1	2	3	4	5	6	7	8
数量					100				150

	周数	期初库存	1	2	3	4	5	6	7	8
文具柜：LT=1周	总需求					100				150
	预期到货									
	预期库存									
	净需求					100				150
	计划订单入库					100				150
	计划订单下达				100				150	

V

乘2 乘2

	周数	期初库存	1	2	3	4	5	6	7	8
铁框架：LT=2周	总需求				200				300	
	预期到货									
	预期库存									
	净需求				200				300	
	计划订单入库				200				300	
	计划订单下达		200				300			

乘4 乘4

	周数	期初库存	1	2	3	4	5	6	7	8
铁条：LT=1周	总需求				400				600	
	预期到货		70							
	预期库存		70	70	70					
	净需求				330				600	
	计划订单入库				330				600	
	计划订单下达			330				600		

图 7-7 配套订货下的 MRP 时间进度安排

主进度计划显示需要运送100个文具柜，在第4周开始时没有期初库存，因此净需求也是100个。于是，第4周的计划接受数量为100个文具柜。由于装配文具柜耗时1周，这就意味着计划订单下达应在第3周开始时。同样，150个文具柜必须在第7周组装，这样才能在第8周运送出去。

在第3周开始时，100个文具柜的计划订单下达，指的是那时必须得到200个铁框架(总需求)。因为没有预期持有量，净需求就是第3周开始时的200个铁框架，以及200个铁框架的计划订单入库。交货周期为2周，意味着厂商必须在第1周开始时订购200个铁框架。同样，第7周时150个文具柜的计划订单下达产生第7周300个铁框架的总需求与净需求，以及当时的计划订单入库。8周的交货周期表示厂商必须在第5周开始时订购铁框架。

第3周开始时，100个文具柜的计划订单已下达，意味着生成了400根铁条的总需求。然而，由于预期库存为70根铁条，净需求即为400−70=330根。这意味着第3周开始时的计划接受量为330根。制作过程历时1周，因此制作必须在第2周开始(计划订单下达)时进行。同样，第7周150个文具柜的计划订单下达产生的总需求是600根铁条。由于铁条没有预期库存，净需求也是600根，因此计划订单入库是600根铁条。此外，1周的交货周期意味着600根铁条的制作应安排在第6周开始时。

(2)在进货批量订货的条件下，唯一不同点就是计划接受数量超过净需求的可能性，超过部分记为下一期计划库存。如图7-8所示，铁框架的订货批量是320个，第3周的净需求是200个，因此超过量为320−200=120个，成为下一周的计划库存量。类似地，铁框架净需求180个比订货批量320个少了140个，超过量变为第8周计划库存量。铁条的计算也是如此，第3周与第7周计划接受量的超过部分加到了第4周和第8周。注意，订货批量必须是批量规模的倍数：第3周是5乘以70个，第7周是9乘以70个。

图 7-8 订货批量下的 MRP 时间进度安排

周数	期初库存	1	2	3	4	5	6	7	8
数量					100				150

	周数	期初库存	1	2	3	4	5	6	7	8
文具柜：LT=1周	总需求					100				150
	预期到货									
	预期库存									
	净需求					100				150
	计划订单入库					100				150
	计划订单下达				100				150	

V

乘2　乘2

	周数	期初库存	1	2	3	4	5	6	7	8
铁框架：LT=2周	总需求				200				300	
	预期到货					120				
	预期库存					120	120	120	120	140
	净需求				200				180	
	计划订单入库				320				320	
	计划订单下达		320				320			

乘4　乘4

	周数	期初库存	1	2	3	4	5	6	7	8
铁条：LT=1周	总需求				400				600	
	预期到货		70							
	预期库存		70	70	70	20	20	20	20	50
	净需求				330				580	
	计划订单入库				350				630	
	计划订单下达			350				630		

图 7-8 订货批量下的 MRP 时间进度安排

7.4.4 物料需求计划的输出

物料需求计划的输出报告包括主报告和辅助报告。主报告是用于库存和生产控制的最普遍、最主要的报告，辅助报告又称二次报告，主要是预测未来需求、指明库存物料和严重偏差物料的报告。

上文说明了物料需求计划制定的一般过程，这只是基本的物料需求计划，它以库存控制为中心。随着生产技术的发展，在实际应用中也产生了闭环 MRP，闭环 MRP 如图 7-9 所示。

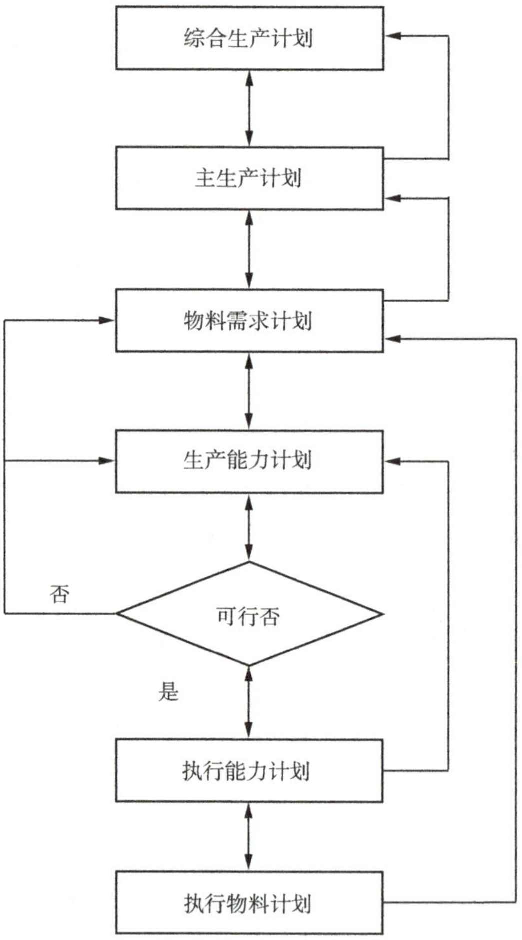

图 7-9　闭环 MRP

闭环 MRP 与 MRP 的区别是：第一，把生产能力需求计划、车间作业计划、采购计划纳入 MRP，形成一个闭环系统；第二，在执行中必须有车间、供应商、计划人员、采购人员的信息反馈，以实现计划的调整和平衡（计划—实施—评价—反馈—计划）。闭环 MRP 使 MRP 真正成为有效的作业计划运行系统，更具有实际应用性。

7.5 制造资源计划与企业资源计划

7.5.1 制造资源计划

20世纪70年代，美国著名生产管理专家奥利弗·怀特(Oliver Wight)在美国首次提出将货币信息纳入MRP，并冠以“制造资源计划(manufacturing resource planning)”的名称。为了与传统MRP相区别，又体现其是MRP的继续和发展，它被称为“MRPⅡ”。

制造资源计划是一种集成的生产管理方法，旨在通过有效的资源规划和管理，优化制造过程。MRP Ⅱ系统不仅包括MRP，还扩展到了生产调度、库存管理、财务会计等模块。

制造资源计划中的制造资源，主要包括人工、物料、设备、能源、资金、空间和时间，而这些资源以信息的形式加以表示，通过信息的有效集成，对企业内的各种资源进行合理调配和充分利用，以最大化生产能力。

1. 制造资源计划的特点

制造资源计划是一个完整的企业计划与控制系统，它尽可能地涵盖了企业生产中的各种因素。一般来说，制造资源计划的特点主要如下。

(1)一贯性和可行性。它是计划主导型生产作业管理模式，计划从宏观到微观，从大到小，始终围绕企业经营战略目标展开。以一个计划为指导原则，企业各职能部门集中制定生产计划，执行计划前进行生产能力平衡，使计划连贯、有效、可行。

(2)数据的共享性。制造资源计划是全企业执行的信息系统，会将生产经营活动中的各种信息通过系统传递到企业各个部门，从而实现数据资源的信息共享。

(3)动态的应变性。制造资源计划是一个闭环系统，要求管理人员根据传递来的信息的变化，迅速做出反应以适应变化的需求。

(4)模拟的预见性。在制造资源计划上能解决“如果怎样将会怎样”的预见性问题，在可预见的时间期限内，能够展现有可能发生的事情，以做出防范。

(5)物流和资金流的统一性。制造资源计划包含生产子系统、销售子系统、财务子系统等，因此能较好地将物流、资金流统一起来，更好地体现企业整体运作状况，为保证企业正确运营提供坚实基础。

2. 制造资源计划的结构

制造资源计划是由企业生产运作相关的业务活动组成，它是一个多层次、多模块的集成系统，它通过整合企业内部的各项资源和信息流，实现生产计划和控制的最优化。制造资源计划的结构如图 7-10 所示。

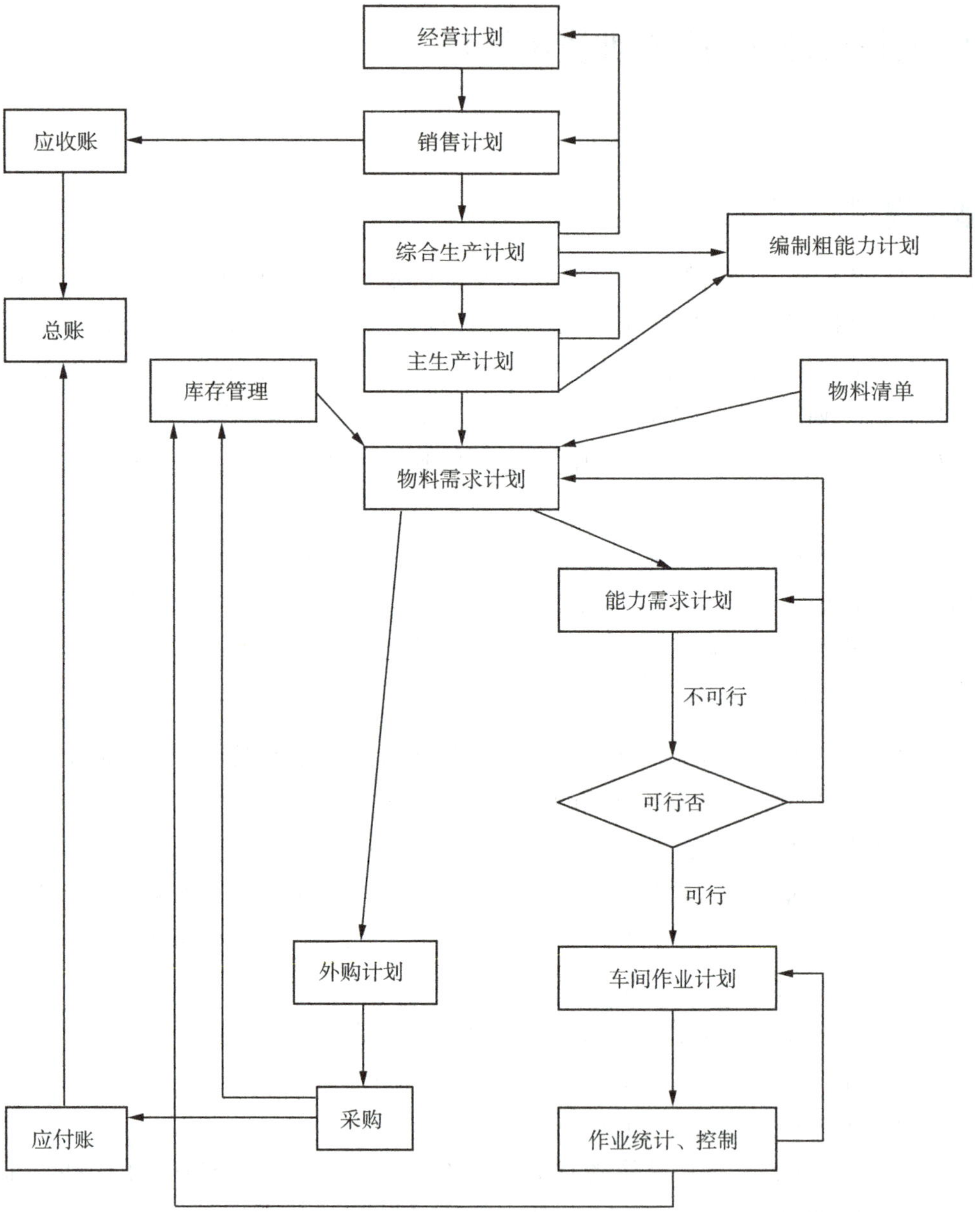

图 7-10　制造资源计划的结构

根据图 7-10 可以看出，MRP Ⅱ系统的结构主要由以下模块组成。

(1)主生产计划。主生产计划是 MRP Ⅱ系统的核心，它确定了每个生产周期内最终产品的生产数量和时间表。主生产计划基于销售预测、客户订单和库存水平来制定。

(2)物料需求计划。物料需求计划模块根据主生产计划、库存状况和物料清单来计算所需的原材料和组件的数量及到货时间，确保生产活动能够顺利进行。

(3)能力需求计划。能力需求计划模块评估生产计划对生产能力的需求，包括机器和劳动力的可用性等，以确保生产计划的可执行性。

(4)车间作业控制。车间作业控制模块负责监控生产现场的活动，包括工单的发放、生产进度跟踪和现场调度等。

(5)库存管理。库存管理模块跟踪原材料、在制品和成品的库存水平，确保库存数据的准确性，以支持 MRP 的计算。

(6)采购管理。采购管理模块处理与供应商的交互，包括采购订单的生成、供应商交货跟踪和采购成本控制。

(7)账务管理。账务管理模块对总账、应收账款、应付账款进行管理，监控企业生产运作过程中的各种生产成本，包括直接材料成本、直接人工成本和制造费用，以支持成本控制、预算编制和财务分析。

(8)经营和销售。经营和销售模块的功能包括协调销售预测、生产计划和库存策略，以实现供需平衡。

可以看出，制造资源系统相关模块相互联系、相互支撑，并通过制造资源计划信息系统实现各部门的信息共享，实现物料需求分析、采购、库存、生产制造、车间作业等业务活动的协同管理。

7.5.2 企业资源计划

企业资源计划(enterprise resource planning，ERP)是当今制造业中先进的生产管理模式之一，它是制造资源计划的进一步发展，它的应用已远远超越制造业。企业资源计划是以信息技术为基础，通过整合企业内部物流、资金流、信息流及外部市场资源，实现企业资源全面集成管理的管理思想与系统平台。

企业资源计划是一种集成的管理软件系统，它通过一套统一的应用程序帮助企业管理和自动化其核心业务流程。ERP 系统通常包括财务管理、人力资源管理、制造与生产、供应链管理、客户关系管理、采购和数据服务等模块。这些模块共享一个通用的数据库，从而确保信息的实时更新和一致性。

ERP 系统的核心目标是将所有部门和功能整合到一个统一的计算机系统中，以满足不同部门的特定需求。它提供了一个集中的数据源，使得信息可以在组织的各个部分之间流动，从而提高决策的质量和速度。ERP 系统通常包括以下核心模块。

1. 生产控制管理

生产控制管理模块包括生产计划、物料需求计划、车间控制、质量管理和产品生命周期管理等功能。生产控制模块是企业资源计划的核心模块，它将分散的生产流程有机结合，加快生产速度，减少生产过程中材料、半成品的积压和浪费。

2. 财务管理

财务管理模块包括总账管理、应收账款追踪、应付账款调控、固定资产监控、现金流转优化以及财务报告编制等功能。财务管理在企业资源计划中十分重要，它主要包括会计核算和财务管理两部分。会计核算主要记录、核算、反映和分析资金在企业经济活动中的变动过程和结果。财务管理主要是对会计核算的结果进行分析，做出新的预测、管理、控制活动。

3. 人力资源管理

人力资源管理模块包括招聘管理、薪资计算、培训管理、绩效管理和人力资源报告等功能，为企业提供完整的人力资源数据。

4. 供应链管理

供应链管理模块是为了便于企业和供应商进行业务合作而设立的，包括库存管理、采购、订单处理、供应商管理和物流管理等功能。

5. 客户关系管理

客户关系管理模块包括销售自动化、市场营销、客户服务和支持、客户数据管理等功能。通过客户关系管理模块，企业能够收集客户的相关数据，为提升客户的体验价值提供数据支撑。

6. 数据服务和报告

该模块主要是为企业各职能部门提供数据分析工具，以支持决策制定。

这些模块在企业资源计划中是相互紧密联系的，它们之间有相应的网络接口，能够实现互动，从而有效整合企业内外部的各种资源，以更好满足市场需求。通过 ERP 系统，企业可以实现业务流程的标准化、自动化和集成化，提高操作效率，减少冗余，增强数据分析能力，从而支持更有效的战略规划和决策制定。ERP 系统还有助于提高客户满意度，优化供应链管理，降低运营成本，并提高企业的整体竞争力。

本章要点

- 企业的生产运作计划可以分为长期计划、中期计划、短期计划三种类型。长期计划是企业战略蓝图的核心组成部分，紧密关联着企业产品与服务的战略选择；中期计划的计划期一般在一年左右，是企业长期计划和短期计划的纽带；短期计划作为具体执行层面的规划，其周期往往较短。
- 综合生产计划是生产进度安排和生产控制系统制定的出发点，涉及对投入要素的预测和需求管理。其反映的并非某几个生产岗位或某一条生产线的生产活动，而是从宏观层面勾勒出企业在计划期内应实现的关键生产运作指标。

● 为把生产计划转换成有意义的生产单位，必须把综合生产计划以能够被生产或提供的实际产品或服务为单位进行分解，这一分解成果即为主生产计划。

● 物料需求计划是一种基于需求的计划方法，旨在确保生产过程中所需的原材料、零部件和其他资源能够在正确的时间，以正确的数量到位。

● 制造资源计划是一种集成的生产管理方法，旨在通过有效的资源规划和管理，优化制造过程。其英文简写与物料需求计划一致(MRP)，为了与传统 MRP 相区别，又体现其是 MRP 的继续和发展，故被称为“MRP Ⅱ”。

● 企业资源计划是以信息技术为基础，通过整合企业内部物流、资金流、信息流及外部市场资源，实现企业资源全面集成管理的管理思想与系统平台。

思考与练习

选择题

参考答案

1. MRP 系统的核心输入不包括(　　)。

A. 主生产计划　　B. 物料清单

C. 客户订单量　　D. 库存记录文件

2. 物料清单的作用是什么(　　)。

A. 记录物料的采购价格　　B. 描述产品组成结构及层级关系

C. 跟踪物料的运输路线　　D. 计算生产成本

3. MRP 系统中的“提前期”指的是(　　)。

A. 客户下单到收货的时间　　B. 物料采购到入库的时间

C. 订单下达至物料到货的时间　　D. 生产开始到结束的时间

4. 以下是 MRP 的输出结果的是(　　)。

A. 市场销售预测　　B. 生产订单和采购订单

C. 客户满意度报告　　D. 财务报表

5. 某产品总需求为 500 件，现有库存 200 件，计划接收量 100 件，安全库存 50 件，则净需求为(　　)。

A. 150　　B. 200

C. 250　　D. 300

6. MRP Ⅱ与 MRP 的主要区别在于(　　)。

A. 仅用于制造业　　B. 取消了 BOM 结构

C. 增加了生产车间计划模块　　D. 增加了财务管理模块

计算题

一个最终产品 X 由 1 个 B 组件和 3 个 C 组件构成，每个 B 组件需要 2 个 D 组件和 4 个 E 组件，制造 1 个 D 组件需要 2 个 E 组件。

(1)请画出其产品结构树。

(2)求组装 300 个产品 X 所需这些组件的数量。

案例分析题

某公司是一家集研发、生产、销售为一体的电子装备制造商。企业年销售收入超过 200 亿元，其供应链覆盖十几个国家共 100 余家供应商，涉及 1 万多个零部件，交付周期长达 6~8 个月。

近年来，公司业务快速增长，但也面临一些管理问题，如企业各部门之间存在信息壁垒，与供应商、客户之间的信息沟通不畅，企业面临“牛鞭效应”导致的库存高、人员流动大等诸多问题。

公司管理人员觉得现有的管理信息系统功能不完善，完全不能满足企业现有的业务需求，决定开发一套 ERP 系统以帮助企业提高管理效率。

根据上述案例，回答以下问题：

(1)该公司的 ERP 系统应该包括哪些模块？这些模块分别具备哪些功能？

(2)请思考该公司 ERP 系统的实施应该具备哪些条件。

第8章 库存管理

素质目标：激发库存管理兴趣，培养采购、库存和生产一体化的管理思维。

知识目标：理解库存管理的内容；理解四种基本的库存类型以及独立需求、相关需求的概念；熟悉三种典型的库存控制系统，掌握 ABC 库存分类管理法。

能力目标：能够应用库存控制系统对企业的产品库存进行科学分析，能够应用 ABC 库存分类管理法合理控制物料库存。

引导案例

库存：企业管理中的一把“双刃剑”

DC科技制造有限公司是一家生产打印机的企业，在日常的经营过程中，企业的库存主要存在的两个问题一直困扰着库存管理人员。

第一个问题是管理人员难以找出合理的库存水平，很难做到既随时满足顾客对各种产品的需求，又尽量减少库存。

第二个问题是在企业内部，各部门很难就正确的库存水平达成一致意见。有的部门如财务部门希望库存产品尽可能少；而营销部门希望库存产品尽可能多，以随时满足顾客的订单需求。

其实，上面两个问题也是大多数制造企业的库存管理人员需要面对的问题，同时这两个问题也说明了库存的本质：一方面，人们设置库存的目的是防止短缺，库存如同蓄水池，这样便占用了企业大量的资金，减少了企业的利润；另一方面，库存能保持生产的连续性，缓解供需矛盾，提高客户满意度，甚至有些时候，库存还有“居奇”的作用，使企业盈利。

通过DC科技制造有限公司的案例可以发现，库存管理本质上是一个动态平衡的过程：既要成为维持供应链的“安全气囊”，又要避免成为吞噬现金流的“黑洞”。财务部门与营销部门的立场分歧恰恰折射出库存管理的核心矛盾——库存持有成本与服务水平的博弈。这种矛盾在制造企业中普遍存在，那么，如何在“蓄水池”与“资金链”之间找到黄金平衡点？如何构建跨部门协同的库存决策机制？这正是本章要探讨的库存管理核心议题。

8.1 库存概述

8.1.1 库存及库存管理的概念

库存（inventory）是指存货或物品的储备。企业一般都会储备成百甚至上千件物品，小到铅笔、纸张、螺钉和螺母等物品，大到卡车、建筑设备和飞机等。当然，企业库存中的大多数物品与其所从事的业务有关，如百货公司的库存就有服装、家具、文具和玩具等，超级市场则存有家居用品、农产品及其他物品。可见，不同类型的企业需要对各种形式的库存进行有效管理

库存管理是企业管理的一个关键组成部分，它通过对企业库存水平、库存流动和库存成本的监控，保障企业生产的平衡，并尽可能降低库存成本。有效的库存管理能够确保企业在正确的时间持有适量的库存，以满足生产需求和客户订单，同时最小化库存持有成本和避免库存过剩或短缺。

库存管理通常涉及库存规划、需求预测、库存分析与控制、订货策略制定等活动。具体来说，库存管理的目标如下。

(1)确保生产所需的原材料和组件以及销售所需的成品能够及时供应。

(2)通过优化库存水平减少资金占用，降低存储和保险费用。

(3)通过及时满足客户订单，提高服务质量。

库存管理可以通过人工清点或使用专门的库存管理软件来进行。现代库存管理系统通常与企业的其他系统(如 ERP 系统)集成，以实现数据的实时更新和共享。这些系统可以使许多库存管理任务，如跟踪库存水平、生成采购订单、预测需求和生成报告等实现自动化处理。

8.1.2 库存的分类

根据库存物品的类型，通常可以将库存分为四种形式，包括原材料库存、备件库存、在制品库存、产成品库存。

1. 原材料库存

原材料是指来自组织外部(通常通过采购获得)，并直接用于生产最终产品的材料。当谈到原材料时，我们常会想到钢板、油漆等基础物料，以及螺栓与螺母、注油器、车架、集成电路等从外部采购而来的装配件——它们同样被视为原材料库存的重要组成部分，共同支撑着生产活动的顺利进行。

2. 备件库存

备件可以是机械或其他类型的组件，它们在设备出现故障或需要定期维护时用于更换原有部件。

3. 在制品库存

在制品包括生产系统中正在被加工或等待加工的所有材料、零部件、装配件。在制品库存是指所有那些已经离开原材料库存，但还未被转化或装配为最终产品的品目。例如，50 把椅子已经完成喷漆，但是需要 2 个小时油漆才能干，那么这 50 把椅子便是在制

品库存。

4. 产成品库存

产成品库存是指工业企业生产的并经质量检验合格的、已办理入库手续但尚未销售出去的本期末实际产成品的库存量。

在不同的企业，由于产品性质和生产类型不同，上述四种形式的库存数量、价值、控制方式也不一样，但它们都影响着企业的设施与设备的利用率、产能及劳动效率。因此，需要对不同类别的库存进行合理的管理和控制。

8.1.3 库存的作用以及弊端

库存对企业至关重要，它不仅能够保障企业生产运作的顺畅进行，也有助于企业降低运营成本。然而，库存也存在一些弊端，处理不当会对企业的运营带来负面影响。

1. 库存的作用

具体来说，库存的作用主要如下。

(1)缓冲供需波动，保障生产连续性。库存能够有效应对供应链中的不确定性，例如市场需求突增、原材料供应延迟或生产设备故障等问题。通过保持一定的安全库存，企业可以避免因外部供应中断导致的生产停滞或订单违约。例如，在季节性需求高峰期(如节假日)，零售商提前储备商品库存，能够快速响应客户需求，防止缺货损失；制造企业储备关键原材料，可减少因国际物流延迟对生产计划的影响。此外，库存还能平稳生产节奏，避免因需求波动导致的产能频繁调整，从而降低运营成本。

(2)支持规模经济，降低采购与生产成本。集中采购或大批量生产时，库存能帮助企业实现规模经济效益。例如，通过大批量采购原材料，企业可获得供应商的价格折扣，降低单位成本；大规模生产则能分摊固定成本(如设备折旧、人工费用)，提升利润率。库存在此过程中充当“蓄水池”，允许企业以批量的方式进行采购和生产，而非被动跟随小批量订单，从而优化资源配置。此外，库存还能缩短交货周期，提升客户满意度——企业通过成品库存实现快速交付，尤其在定制化产品中，半成品库存可加速最终组装流程。

2. 库存的弊端

值得注意的是，库存也存在如下弊端。

(1)占用资金并增加持有成本。库存本质上是企业流动资金的固化，过量库存会导致资金周转率下降，尤其对中小企业来说，可能增加其现金流压力。此外，库存持有成本包括仓储租金、保险、人工管理、损耗(如过期、变质)以及机会成本(资金用于库存而非其他投资)等。例如，食品行业库存面临保质期限制，电子产品库存可能因技术迭代而迅速贬值。若库存规划不当，企业可能陷入“高库存、低周转”的恶性循环，最终侵蚀利润空间。

(2)掩盖生产与供应链问题。过量库存可能掩盖企业管理中的深层次问题，例如生产低效、需求预测不准或供应商协同不足。精益生产理论指出，库存如同“隐藏问题的海水”，水位越高，问题越不易暴露。例如，企业若依赖库存弥补生产延误，可能忽视设备维护或流程优化；依赖安全库存应对需求波动，可能弱化市场预测能力。长期来看，这种“以库存代管理”的模式会导致资源浪费，阻碍企业竞争力的提升。此外，库存还可能引发“牛鞭效应”——供应链各级过度囤积，放大需求波动，加剧系统性风险。

8.2 库存分析

8.2.1 独立需求与相关需求

在进行库存分析时，我们首先要明确库存物料的需求特征，有的物料需求来自外部客户的订单，而有的物料需求则是企业内部生产过程中产生的需求。因此，库存物料的需求可以分为独立需求和相关需求。

1. 独立需求

独立需求是指企业产品或服务的最终市场需求，其产生不依赖于其他产品或服务的需求，而是直接由市场或客户决定。这类独立需求最明显的特征是需求的对象和数量不确定，只能通过预测的方法粗略估计。例如，汽车制造商的整车订单、零售商的商品销量均属于独立需求，其数量和时间由客户直接决定。

2. 相关需求

相关需求是指企业生产过程中由主产品或服务的生产计划所派生出的对零部件、原材料或中间产品的需求，其数量和时点直接依赖于上级产品的生产安排，而非由市场直接决定。例如，某汽车制造厂年产汽车 20 万辆，这是通过预测需求来确定的。一旦 20 万辆汽车的生产任务确定之后，对构成该种汽车的零部件和原材料的数量及所需时间是可以通过精确计算得到的。对零部件和原材料的需求就是相关需求。

独立需求库存问题和相关需求库存问题是两类不同的库存问题。企业里产成品的库存问题属于独立需求库存问题，在制品库存和原材料库存问题属于相关需求库存问题。

8.2.2 库存成本的构成

正如前文所述，库存在企业管理实践中有正、反两方面的影响，所以，如何降低库存的负面影响，强化其正面影响，做到浪费最少而又能保证生产经营正常进行，一直是库存分析与控制所追求的目标。

库存管理基于两点考虑：一个是顾客服务水平，即在正确的地点、正确的时间，能够提供足够数量的合适商品；另一个则是订货成本与库存持有成本。库存管理的总目标是在库存成本的合理范围内达到满意的顾客服务水平。为达到该目标，决策者需要对各种库存成本进行分析，务必尽量使库存平衡。

通常情况下，企业与库存相关的成本主要有三大类别：订货成本、库存持有成本、缺货成本。

1. 订货成本

订货成本是指企业为完成一次物料或产品采购所支出的全部费用，涵盖采购流程中的订单处理、供应商协商、运输安排、质量验收等环节。例如，采购部门进行市场调研、比价、合同签订等人工成本，物流运输费用，以及订单系统的维护费用，等等。

2. 库存持有成本

库存持有成本是企业为维持库存而产生的综合费用，包括仓储租金、设备折旧、保险费用、人工管理成本、库存损耗(如过期、损坏)以及资金占用成本(即库存占用流动资金的利息或机会成本)。例如，食品行业需承担冷藏仓储费用和保质期损耗，电子行业面临技术迭代导致的库存贬值风险。这类成本通常与库存量和存储时间正相关。

3. 缺货成本

缺货成本指因库存不足，无法满足需求而造成的直接与间接损失，包括订单取消、紧急采购溢价、客户流失、商誉损害以及生产中断导致的停工损失。例如，零售商缺货可能导致客户转向竞争对手，损害品牌忠诚度；制造商缺料可能延误交付，面临合同违约风险。缺货成本具有隐蔽性和滞后性，尤其是客户信任度下降等隐性损失难以量化。

8.2.3 ABC 库存分类管理法

1. ABC 库存分类管理法的内涵

库存管理的核心挑战在于识别不同物资的价值贡献与管理优先级差异。例如，电气设备制造商需同时管理高价值发电机、中等价值金属线圈及低价值螺丝螺母等物资，若对所有品类投入均等资源，将导致管理效率低下。ABC 库存分类管理法(ABC inventory control)正是针对这一矛盾提出的分级管控工具，其遵循“二八法则”，通过量化分析将有限资源集中于关键的物资。简单来讲，就是将库存根据数量和价值，分为 A、B、C 三类，目的是根据物品的重要性，采取不同程度的库存控制手段。

A 类物资：数量占总库存量的 15%~20%，价值占总库存的 70%~80%。

B 类物资：数量占比 30%~40%，价值占总库存的 15%~25%。

C 类物资：数量占比 40%～55%，价值仅占总库存的 5%～15%。

在实施过程中，具体做法是将每一种物资的年用量乘上单价，然后按价值从大到小排列。年用量可以根据历史资料或预测数据来确定。为了更好地反映现状，人们更多地使用预测数据。

2. ABC 分类结果的运用

(1) A 类物资需实施严格管控：建立精准动态库存台账，设定高频次盘点机制；由管理层定期复核补货策略，采用定量订货模型精细计算经济订单量与再订货点；优先安排仓储与物流资源，通过缩短供应周期压缩库存持有时间。

(2) B 类物资采取标准化管理：使用定期订货系统，按预设周期检查库存并进行补货；采用经济批量模型平衡订货与持有成本；日常维持基础库存记录，仅在供应链异常时启动应急响应机制，适度提升作业优先级。

(3) C 类物资推行简化管理，如仅进行简单的记录或不进行记录、实施半年或年度集中补货等。

8.3 库存控制

8.3.1 库存控制的内涵

库存控制就是要对库存水平及库存水平的改变做出决策。对企业来说，库存控制的目标就是防止产品超储和缺货，在合理的成本范围内达到满意的服务水平。

在企业的库存控制中，管理者需要对库存控制效果进行衡量，库存周转率、库存周转周期就是反映库存控制效果最重要的两个指标。

1. 库存周转率

库存周转率(inventory turnover ratio)是衡量企业库存管理效率的核心指标，反映一定时期内库存转化为销售收入的次数或速度。其本质揭示了企业资金在库存形态上的周转效率，是评估供应链健康度、企业盈利能力和现金流状况的重要依据。高库存周转率通常表明企业的库存销售速度快，库存管理效率高；而低库存周转率可能意味着库存积压，销售不畅或者库存管理不善。库存周转率通常采用以下公式进行计算：

库存周转率＝一定期间内的销售成本/同期间内物料的平均库存值

2. 库存周转周期

库存周转周期(inventory turnover period)，也称为库存持有天数，是指企业从购买库存到销售出去所需的平均时间。这个指标反映了企业将库存转化为销售收入的速度，是衡量库存管理效率的另一个重要指标。其计算公式为：

库存周转周期(月)= 12/一年的库存周转率

较短的库存周转周期通常表明库存流动快，资金回收迅速，库存管理效率高；而较长的库存周转周期可能意味着库存流动慢，资金占用时间长，库存管理效率低。

对库存周转周期的分析可以帮助企业管理者了解库存流动性和资金占用情况，从而做出更有效的库存管理决策。例如，如果库存周转周期过长，企业可能需要考虑减少库存采购量、提高销售效率或清理滞销库存。相反，如果库存周转周期过短，则可能需要检查是否存在库存短缺的风险，以免影响销售和客户满意度。

小故事

曾经在我国红极一时的服装电商凡客，由于盲目扩张，不断进货，加上产品定位脱离消费者需求，库存管控出现问题，产生了极高的库存。直至2011年末，凡客的库存竟然达到14.45亿元，总亏损近6亿元，100亿元的销售目标也只完成1/3。此后一年多的时间里，凡客始终在做着清库存的重复工作。衰败的迹象不仅是清库存，还有清人员，此后两年间，8000多名员工被辞退。2011年，生产线效率低下、资金链紧绷、巨额库存积压这三座大山一齐向凡客压来，凡客陷入“四面楚歌”，掀起了由盛转衰的序幕。企业界人士开玩笑说：库存杀死凡客。

点评：库存占用企业大量流动资金，高库存往往会拖垮企业，合理控制库存是降低企业生产运作成本的关键。

8.3.2 库存控制系统

库存控制是库存管理中的核心环节，它涉及如何在满足生产和销售需求的同时，最小化库存成本。在一般情况下，企业的独立需求受市场影响，企业不可控制；企业向外发出订货的提前期也不可控制；这些都是随机变量。

在库存控制过程中，企业能够自主决策的是何时发出订货(订货点和订货间隔期)和一次订多少(订货量)两个参数。因此，企业在进行库存控制决策时需要明确回答三个基本问题：

第一，企业间隔多长时间检查一次库存量，也就是要确定订货间隔期的问题。

第二，企业何时提出补充订货，也就是要确定订货点。

第三，每次订多少，也就是要确定每次订货的数量。

根据上述三个问题，库存管理中形成了三种典型的库存控制系统。

1. 固定量库存控制系统

固定量库存控制系统(perpetual inventory system)就是订货点和订货量都为固定量的库存控制系统。该库存控制系统基于经济订货量模型，旨在最小化库存持有成本和订货成本的总和。固定量库存控制系统如图 8-1 所示。

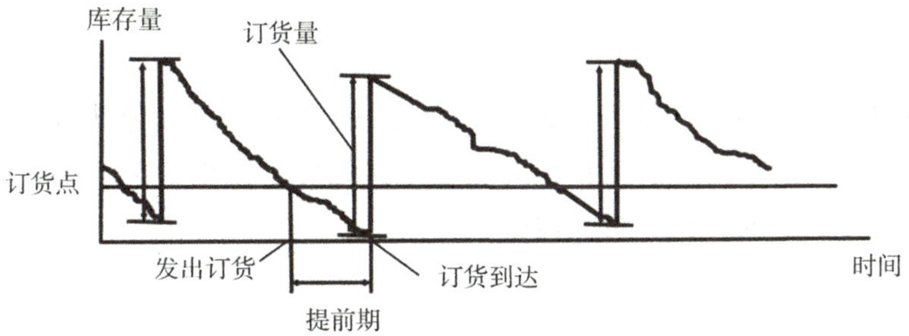

图 8-1 固定量库存控制系统

在固定量库存控制系统中，订货点和订货量是固定不变的，在日常生产活动中连续不断地检查库存水平，当库存控制系统的现有库存量下降到订货点及以下时，库存控制系统就向供应厂家发出订货，每次订货量均为一个固定量 Q。经过一段时间，所有产品完成交付，这一段时间即为提前期(交付周期)，库存量增加 Q。订货提前期是从发出订货至到货的时间间隔，其中包括订货准备时间、发出订单、供方接受订货、供方生产、产品发运、产品到达、提货、验收、入库等过程。

固定订货量简化了订货过程，减少了管理复杂性，对于需求相对稳定的产品，定量库存控制系统可以有效地管理库存。但该方法的缺点是要发现现有库存量是否到达或低于订货点，也就是说必须随时检查库存量，并随时发出订货。这样无疑增加了管理工作量，但它使库存量得到严密的控制。因此，定量库存控制系统适用于重要物资的库存控制，A 类物资可采用此法进行控制。

2. 固定间隔期库存控制系统

定量库存控制系统需要随时监视库存变化，对于物资种类很多且订货费用较高的情况来说，是很不经济的。固定间隔期库存控制系统(periodic inventory system)可以弥补定量库存控制系统的不足。固定间隔期库存控制系统就是每经过一个相同的时间间隔，发出一次订货，订货量旨在将当前库存水平补充至既定的目标库存量，如图 8-2 所示。

固定间隔期系统不需要随时检查库存量，到了固定的间隔期，各种不同的物资可以同时订货。这样既简化了管理，也节省了订货费。由于不同物资的目标库存量可能不一样，运行固定间隔期系统的关键是要确定固定检查期和预定的目标库存量。

固定间隔期系统存在一定的局限性：相较于定量系统仅需在提前期内预防缺货，固

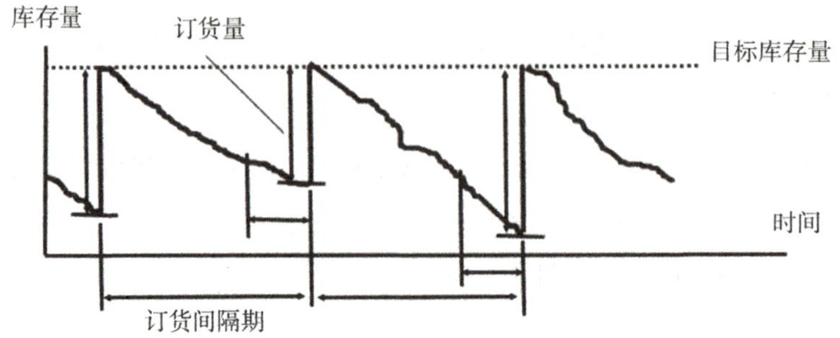

图 8-2　固定间隔期库存控制系统

定间隔期系统则需在提前期内额外考虑下一个周期的需求，以避免缺货情况，这就导致了较高的安全库存需求。此外，无论库存水平下降幅度是多少，系统都会按期发出订货指令，当库存水平较高时，订货量往往较少。

3. 最大最小库存控制系统

最大最小库存控制系统(max-min inventory system)通过设定库存水平的上限(最大库存水平)和下限(最小库存水平)来控制库存量。这个系统的目的是在确保库存不会耗尽的同时，避免过多的库存积压。

在最大最小库存控制系统中，库存水平被持续监控。当库存量下降到最小库存水平(订货点)时，系统会触发一个订货信号，以补充库存。订货量通常是基于最大库存水平和当前库存水平的差额来确定的，以确保库存不会超过最大库存水平。

最大最小库存控制系统也是一种固定间隔期系统，只不过它需要确定一个最小库存水平 s。当经过时间间隔期，如果库存量降到最小库存水平 s 及以下，就发出订货，将库存补充到预定的最大库存水平 S；否则，在经过间隔期后再考虑是否发出订货。由此可见，运行最大最小库存控制系统的关键是要确定固定检查期、最大的库存水平 S 和最小库存水平 s 三个变量。最大最小库存控制系统如图 8-3 所示。

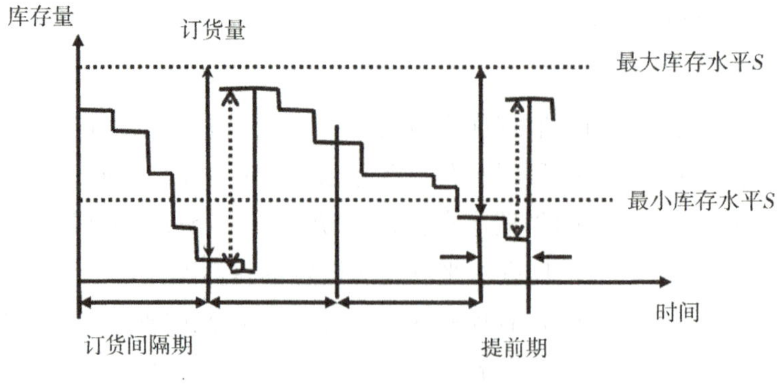

图 8-3　最大最小库存控制系统

最大最小库存控制系统虽有其优势，但亦不乏局限性。例如，该系统可能未能充分考虑需求波动和供应不确定性，因而难以应对需求不稳定或供应不可靠的情形。此外，为了确保系统适应市场变化和运营条件变化，最大最小库存控制系统通常要求定期对最大和最小库存水平进行审查和调整。

8.4 经济订货批量

制造企业在库存管理的过程中，经常需要考虑一个问题：每次订货量应该是多少呢？这个问题常常通过经济订货批量(economic order quantity，EOQ)模型来解决。

订货批量是指消耗一次订货费用采购某种产品的数量。经济订货批量是按照订货成本和库存费用之和最小的原则确定出的订货批量。经济订货批量问题是库存管理中最基本的问题，但它揭示了库存控制的本质。

经济订货批量反映了库存持有成本与订货成本之间的平衡：当订货量变化时，一种成本上升的同时另一种成本会下降。比如，假如订货量比较小，平均库存就会比较低，持有成本也相应较低。但是，小订货量必然导致经常性的订货，这又迫使订货成本上升。相反，如果企业采取大批量订货会降低企业的订货成本，但也会导致较高的平均库存水平，从而使持有成本上升。

因此，理想的解决方案是既不能使订货次数太多又不能使订货次数太少。下面我们来讲述经济订货批量模型的原理，并通过具体例子来进行分析。

经济订货批量模型最早由福特·哈里斯(Ford Harris)提出，该模型有如下假设条件。

(1)外部对库存系统的需求是已知的，需求是均匀的，即单位时间内的需求量不变。

(2)一次订货量无最大最小限制。

(3)不允许发生缺货；交货提前期为零，即瞬时交货。

(4)订货提前期是已知的，且为常数。

(5)采购、运输成本不随批量而变化，没有数量折扣。

(6)订货费与订货批量无关。

(7)维持库存费是库存量的线性函数。

(8)采用定量库存系统。

基于上述假设，库存量的变化如图 8-4 所示。从图 8-4 可以看出，系统最大的库存为 Q，最小的库存为 0，不存在缺货，库存按值为 d 的固定需求率减少。当库存量降到订货点 RL 时，就按固定订货量 Q 发出订货。经过一个固定的订货提前期 LT，新的一批订货到达 Q(订货刚好在库存变为 0 时到达)，因此年平均库存为$\frac{1}{2}Q$。

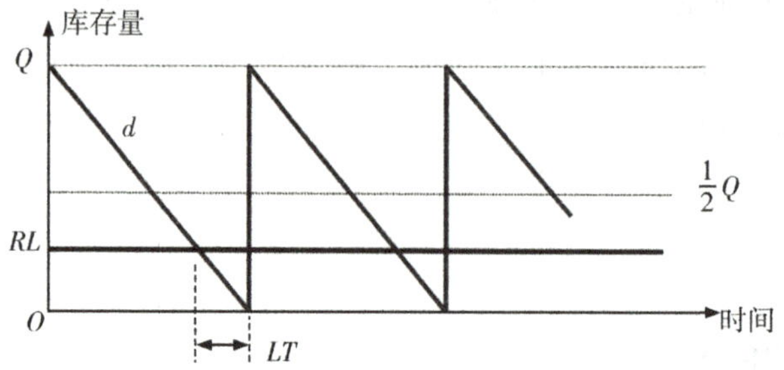

图 8-4　年平均库存

假设库存产品的年需求量为 D，购买单位产品的成本为 C，每次订货发生的费用(与供应商的联系费、采购人员的旅差费等)为 S，单位产品每年的存储成本为 H($H=C\times h$，h 为资金费用率)，订货批量为 Q，采购和维持产品的年总成本为 TC。根据上面的描述可以得到：

$$\text{年库存维持费用}=\frac{1}{2}Q\times C\times h=\frac{1}{2}\times Q\times H \qquad \text{式(8-1)}$$

$$\text{年订货费用}=D/Q\times S \qquad \text{式(8-2)}$$

$$\text{年总费用 } TC=\frac{1}{2}Q\times C\times h+D/Q\times S \qquad \text{式(8-3)}$$

将式(8-3)对 Q 求导数，并令一阶导数为零，可得到最优解即为经济订货批量 EOQ：

$$\text{EOQ}=\sqrt{\frac{2DS}{H}}=\sqrt{\frac{SDS}{Ch}}$$

例 8-1

G 公司以单价 10 元订货 8 000 件，每次订货费用为 30 元，资金年利息率为 12%，单位维持库存费按库存货物价值的 18% 计算。若每次订货的提前期为 2 周，试求经济订货批量和年订货次数。

解：依题意可知，$C=10$(元/件)，$D=8\ 000$ 件，$S=30$(元)，$LT=2$(周)。H 则是由两个部分组成，一是资金利息，一是仓库费用，因此有：

$$H=10\times 12\%+10\times 18\%=3[\text{元}/(\text{件}\cdot\text{年})]。$$

根据经济订货批量模型计算公式，可得：

$$\text{EOQ}=\sqrt{\frac{2DS}{H}}=\sqrt{\frac{2\times 8\ 000\times 30}{3}}=400(\text{件})$$

故年订货次数为：

$$n=D/\text{EOQ}=8\ 000/400=20(\text{次})$$

本章要点

• 库存是指存货或物品的储备。库存管理通过对企业库存水平、库存流动和库存成本的监控，保障企业生产的平衡，并尽可能降低库存成本。

• 根据库存物品的类型，可以将库存分为原材料库存、备件库存、在制品库存、产成品库存四类。

• 库存的优点：缓冲供需波动，保障生产连续性；支持规模经济，降低采购与生产成本。库存的缺点：占用资金并增加持有成本，掩盖生产与供应链问题。

• 独立需求是指企业产品或服务的最终市场需求，其产生不依赖于其他产品或服务的需求，而是直接由市场或客户决定。相关需求是指企业生产过程中由主产品或服务的生产计划所派生出的对零部件、原材料或中间产品的需求。

• 企业与库存相关的成本主要有三大类别：订货成本、库存持有成本、缺货成本。订货成本是指企业为完成一次物料或产品采购所支出的全部费用，库存持有成本是企业为维持库存而产生的综合费用，缺货成本是指因库存不足，无法满足需求而造成的直接与间接损失。

• ABC 库存分类管理法就是将库存根据数量和价值，分为 A、B、C 三类，目的是根据物品的重要性，采取不同程度的库存控制手段。

• 库存控制就是要对库存水平及库存水平的改变做出决策。对企业来说，库存控制的目标就是防止产品超储和缺货，在合理的成本范围内达到满意的服务水平。

• 库存周转率是衡量企业库存管理效率的核心指标，反映一定时期内库存转化为销售收入的次数或速度。库存周转周期是指企业从购买库存到销售出去所需的平均时间。

• 库存控制系统包括固定量库存控制系统、固定间隔期库存控制系统和最大最小库存控制系统。固定量库存控制系统是订货点和订货量都为固定量的库存控制系统。

思考与练习

选择题

参考答案

1. 经济订货批量(EOQ)模型的主要目标是(　　)。

A. 最小化总库存成本

B. 最大化库存周转率

C. 减少供应商数量

D. 提高客户满意度

2. ABC 库存分类管理法的分类依据是(　　)。

A. 物品的物理大小

B. 物品的年消耗金额

C. 物品的采购难度

D. 物品的保质期

3. 安全库存的设置主要是为了应对(　　)风险。

A. 供应商涨价

B. 仓库空间不足

C. 员工操作失误

D. 需求波动或供应延迟

4. 库存周转率的计算公式是(　　)。

A. 销售额/平均库存

B. 销售成本/平均库存

C. 净利润/总库存

D. 总库存/年需求量

5. 库存持有成本不包括(　　)。

A. 仓储租金

B. 库存折旧

C. 保险费

D. 缺货成本

简答题

1. 请阐述库存成本包括哪些方面。
2. 企业库存控制决策需要明确哪些基本问题?
3. 请简述固定量库存控制系统的基本思想。

计算题

乐科公司以单价 20 元购买 6000 件产品，每次订货费用为 20 元，资金年利率为 12%，单位维持库存费按所库存货物价值的 16% 计算。若每次订货的提前期为 2 周，试求经济订货批量。

案例分析题

2023 年深秋，“JS 动力”总部会议室里，总经理林某攥着第三季度财报，指尖微微发白。玻璃幕墙外银杏叶纷飞，却掩不住屋内凝滞的空气。这家她亲手创立的运动品牌，五年前凭借一款“碳速 1.0”跑鞋杀出血路，如今却陷入诡异困境——仓库里价值 1.2 亿的货品堆至天花板，旗舰店却挂着“部分尺码缺货”的告示牌。

三天前，市场总监在直播带货时遭遇滑铁卢。当红主播对着镜头举起那双限量联名鞋：“家人们，原价 1 299，现在只要 799！”弹幕却飘过一片“过气设计”“不如买国际大牌”。这款曾被寄予厚望的产品，如今 8 000 双库存卡在仓库，而爆款“碳速 2.0”的补货订单已在越南代工厂排队两个月。

财务总监推了推眼镜，激光笔在投影幕布上颤抖：“我们的缓震胶原料只够维持 20 天生产，但东莞仓还有 3 万双旧款跑鞋占着货架。更糟的是——”他调出智能仓储系统的热力图，华北地区冬季跑步紧身衣库存显示为刺眼的红色预警，“北京经销商刚退了 15 家商超的订单，因为他们等不起 45 天的调货周期。”

供应链主管举起手机，屏幕上是代工厂凌晨发来的邮件：“如果下周不确认春季新品订单，产线就要让给其他品牌了。”就在此时，电商运营小杨突然冲进会议室：“林总，‘碳速 2.0’的预售页面涌进 5 000 条差评，都是抱怨付款半月还没发货！”窗外忽然响起闷雷，雨点砸在玻璃上，仿佛库存表上那些触目惊心的数字化作了实体。

林总望向窗外，想起半年前那只被海关扣留了三个月的进口缓震胶原料箱。当时生产主管蹲在仓库门口抽烟：“要是咱们自己能造这玩意儿……”此刻她的目光扫过会议室，落在产品架上那双试验中的“国产平替”鞋底样品上。

根据上述案例，回答以下问题：

为何爆款持续缺货与滞销品积压同时存在？全渠道库存如何实现动态平衡，避免“拆东墙补西墙”？

第9章 供应链管理

素质目标：激发供应链管理的兴趣，从供应链上下游一体化运作模式探究企业合理的运作机制；树立绿色供应链理念。

知识目标：了解供应链产生的背景；理解供应链的概念、特征；熟悉拉式供应链、推式供应链、效率型供应链、快速反应型供应链等不同供应链类型的特征及运作模式；理解供应链管理的主要风险。

能力目标：能够根据企业的产品性质构建合理的供应链运作模式。

引导案例

BC 机械应用供应链看板实现合作伙伴的全球协同

BC 机械是一家工程装备制造商，主营挖掘机、盾构机等重型机械，其供应链覆盖 23 个国家共 500 余家供应商，涉及 10 万多个零部件，交付周期长达 6~8 个月。随着海外订单激增，传统管理模式濒临崩溃。企业面临诸多问题："牛鞭效应"放大，经销商预测偏差导致生产计划频繁调整，核心部件库存积压严重；跨国协同低效，德国液压件供应商与日本电机厂商各自为政；成本失控，海运价格波动大。

在一次企业内部会议上，公司高管直言："我们的供应链，比盾构机的刀盘更脆弱！"为此，公司决定优化供应链管理模式，首先构建多级可视化协同平台，实现协同采购、协同库存和自动化协商。然后，打造三级供应链看板体系，在企业制造车间实现车间—仓库实时联动看板，系统自动向仓库发送补货信号，同步生成供应商订单。最后，客户交付溯源透明化，客户可通过手机 APP 查看设备生产进度，并可反馈紧急需求变更。

经过一系列信息技术的应用和流程优化，企业供应链的响应速度提升 4 倍，能够更好地满足客户定制化需求，库存成本大幅降低，实现了供应链合作伙伴的协同。

BC 机械的供应链困局折射出全球化制造企业的典型挑战：当供应链网络跨越地理边界、文化差异和复杂层级时，传统的线性管理模式已难以为继。案例中"牛鞭效应"的蔓延、跨国协同的割裂与成本失控，本质上暴露了供应链管理的核心问题——如何在多主体、长周期的复杂系统中实现价值流的高效传导？本章将深入解析供应链管理的基本思想与方法，并展望供应链管理的发展趋势。

9.1 供应链概述

9.1.1 供应链形成的背景

随着经济全球化的推进和贸易自由化的加深，企业面临的竞争日益激烈，传统的纵向一体化管理模式存在诸多弊端，如增加企业投资负担、存在丧失市场时机的风险、难以形成突出的核心优势等。这些弊端使得企业需要寻求新的管理模式来应对市场挑战。特别是信息技术的飞速发展，促进了交互式 Web 的应用及电子商务的出现，为企业之间的信息沟通提供了便利，也极大地改变了企业的经营方式和运营模式。

与此同时，消费者需求也发生了巨大的变革，消费者对于产品的品质要求越来越高，不仅关注产品的基本功能，还注重产品的附加价值和个性化需求。消费者期望能够快速获得所需的产品和服务，这就对企业的响应速度提出了更高要求。因此，面对竞争环境和消费者需求的变化，企业需要进行管理变革和创新，重构运营模式以适应外部环境的变化。

为了克服纵向一体化模式的弊端，企业开始采用横向一体化模式，将非核心业务外包出去，集中资源提升核心能力，通过企业之间的合作为客户提供优质的产品和服务，从而促进了供应链的形成和发展。

9.1.2 供应链的内涵

供应链是指围绕核心企业，从配套零件开始，制成中间产品以及最终产品，最后由销售网络把产品送到消费者手中的，将供应商、制造商、分销商直到最终用户连成一个整体的功能网链。供应链的运营本质就是企业之间通过合作为消费者提供所需的产品或服务。

供应链的运营由加工、生产、集成、包装、销售、运输等一系列活动构成，最终将产品或服务交付给顾客。这些活动环环相扣，使多个企业能在一个整体的管理下实现协作经营和协调运作。供应链将单个企业的分散计划纳入整个供应链的计划中，实现资源和信息的共享，从而大大增强了该供应链在大市场环境中的整体优势，同时也使每个企业均能以最小的个别成本和转换成本来获得成本优势。

9.1.3 供应链的特征

供应链主要的特征包括：复杂性、动态性、面向用户需求、交叉性和整体性。

1. 复杂性

供应链由多个企业组成，涉及不同目标和层次，结构比单个企业更复杂。供应链的运营涉及多个环节，各环节的需求和成本随时间变化而动态变化，增加了管理的难度。

2. 动态性

供应链中的企业需要动态更新以适应市场变化和企业战略，同时供应链的构成成员随时可能退出供应链系统，也有些新的企业可以随时加入供应链，这使得供应链具有明显的动态性。

3. 面向用户需求

供应链的形成、存在和重构基于市场需求，用户需求是信息流、物流和资金流运作的驱动源。供应链中产品的生产和服务的提供都是基于用户的需求，供应链的目的就是要为客户高效地提供所需的产品和服务。

4. 交叉性

供应链节点企业可以是多个供应链的成员，形成交叉结构，这也增加了协调管理的难度。

5. 整体性

供应链是由多个节点企业共同构建的协作组织，是一个整体合作、协调一致的系统。合作伙伴之间通过资源互补，共同打造整体的竞争优势。

知识链接

牛鞭效应

随着全球化的深入，供应链管理变得越来越复杂。为了确保供应链的高效运转，企业需要深入了解供应链管理的基本原则和概念。其中一个重要的概念就是“长鞭效应”，在管理学上俗称“牛鞭效应”。

“牛鞭效应”是美国著名的供应链管理专家李效良教授对需求信息扭曲在供应链中传递的一种形象描述。通俗地来讲，“牛鞭效应”是指供应链中的下游企业的需求信息在向上游企业传递时，由于无法有效地实现信息的共享，零售商、分销商、批发商之间层层加码，出现越往上游需求越大的现象，这种需求信息扭曲的放大作用在图形上显示时，很像一根甩起的牛鞭，因此被称为“牛鞭效应”。

9.2 供应链的类型

9.2.1 推式供应链和拉式供应链

根据供应链的运作模式，供应链可以分为推式供应链和拉式供应链两种。

1. 推式供应链

推式供应链的运作是以产品为中心，以生产制造商为推动源点，生产制造商对市场需求进行预测，根据预测的需求进行采购和生产制造，然后把自己生产的产品发至下游批发商、零售商进行销售。推式供应链的运作模式如图 9-1 所示。

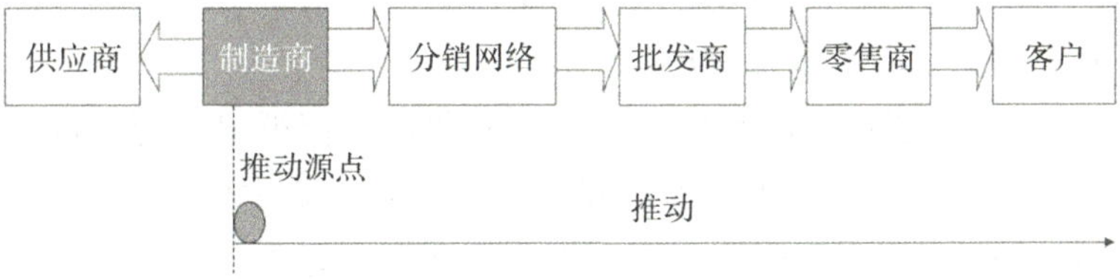

图 9-1　推式供应链的运作模式

推式供应链管理作为一种以预测和计划为导向的供应链管理模式，其核心特征如下。

(1) 依靠预测驱动。生产和供应活动基于市场需求预测和历史数据，而非实际需求。供应链的各个环节根据预测结果提前安排生产和库存。但由于依赖预测和计划，推式供应链在面对需求波动和市场变化时风险较高，可能导致库存积压或短缺。

(2) 高库存水平。由于生产和供应基于预测，推式供应链通常需要维持较高的库存水平，以应对需求的波动和不确定性。

(3) 计划性强，信息流动单向。供应链活动依赖于详细的计划和调度，生产和供应流程通常按照预定的计划执行，信息通常从上游向下游流动。供应链各环节之间的信息共享较少，可能导致信息滞后和不准确。由于生产和供应活动基于预测和计划，推式供应链在面对需求波动和市场变化时调整较慢，灵活性较低。

(4) 成本导向，批量生产。推式供应链更注重规模经济和成本控制，通过批量生产和库存管理来降低单位成本，但可能导致库存积压。

(5) 供应链协同较少。供应链各环节之间的协同较少，更多依赖中央计划和调度，可能导致信息不对称和效率低下。

这些特征使推式供应链在需求稳定、产品生命周期较长的行业中具有优势，但在需求波动大、市场变化快的环境中可能面临较大挑战。

2. 拉式供应链

拉式供应链的运作是以客户需求为中心，订单是从用户、零售商逐级往上游企业传递，制造企业则根据下游批发商和零售商的订单进行采购和生产安排。可以看出，拉式供应链的运营是由客户的实际需求来拉动产品的生产。拉式供应链的运作模式如图 9–2 所示。

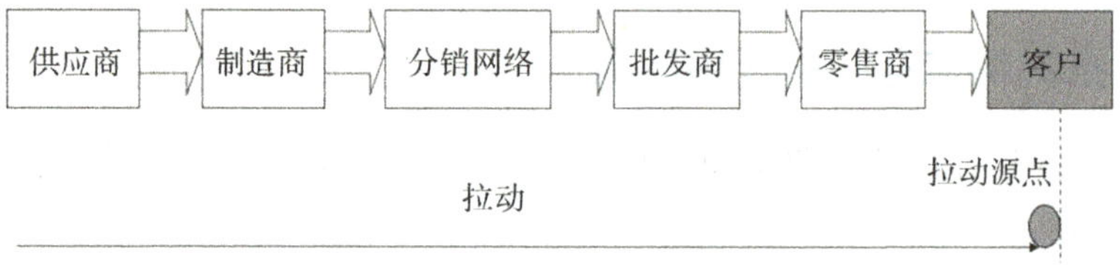

图 9–2　拉式供应链的运作模式

拉式供应链运作实施相对复杂，对供应链上企业的管理和信息化程度要求较高，对整个供应链的集成和协同运作的技术和基础设施也提出了更高的要求，其核心特征如下。

(1)需求驱动。生产和供应活动由实际需求触发，而非依靠预测或计划驱动。供应链的各个环节对下游的实际需求进行响应。

(2)库存水平较低。通过实时响应需求，拉式供应链能够显著降低库存水平，减少库存积压和浪费。拉式供应链能够更好地应对市场波动和不确定性，降低供应链风险。

(3)快速响应。拉式供应链具备快速响应市场变化的能力，能够及时调整生产和供应计划，满足客户需求。拉式供应链各环节紧密协作，确保需求信息能够快速传递并得到响应，提升整体供应链效率。

(4)信息共享。拉式供应链各环节之间能够实现高效的信息共享，确保需求信息能够迅速传递到上游，避免信息滞后。

(5)减少浪费。通过按需生产和供应，拉式供应链能够有效减少资源浪费，提升运营效率。拉式供应链常与 JIT 生产模式相结合，确保物料和产品在需要时准时到达，减少库存积压。

这些特征使拉式供应链在快速变化的市场环境中更具竞争力，尤其适用于需求波动大、产品生命周期短的行业。

9.2.2 直线型供应链和网状型供应链

根据供应链的结构，供应链可以分为直线型供应链和网状型供应链。

1. 直线型供应链

直线型供应链是指供应链中每个节点成员只与一个上游成员和一个下游成员相连接而形成的供应链。在整个供应链中，每个环节只有一个节点企业，呈“直线”形状，如图 9–3 所示。

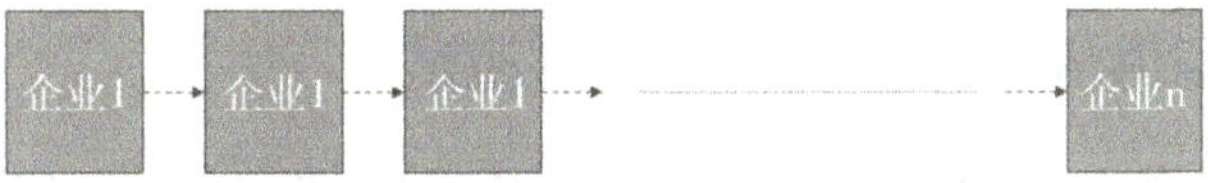

图 9-3　直线型供应链示意图

由于直线型供应链中每一个节点企业只与一个上下游合作企业连接，所以结构比较简单，运作模式单一，运行效率较高。但直线型供应链的缺点是产品品种少，动态适应能力较弱，受外部影响而中断的风险大。

2. 网状型供应链

在网状型供应链体系中，每个节点企业均与至少一个上游成员和至少一个下游成员相互连接，共同编织成一个复杂而灵活的供应链网络，如图 9-4 所示。

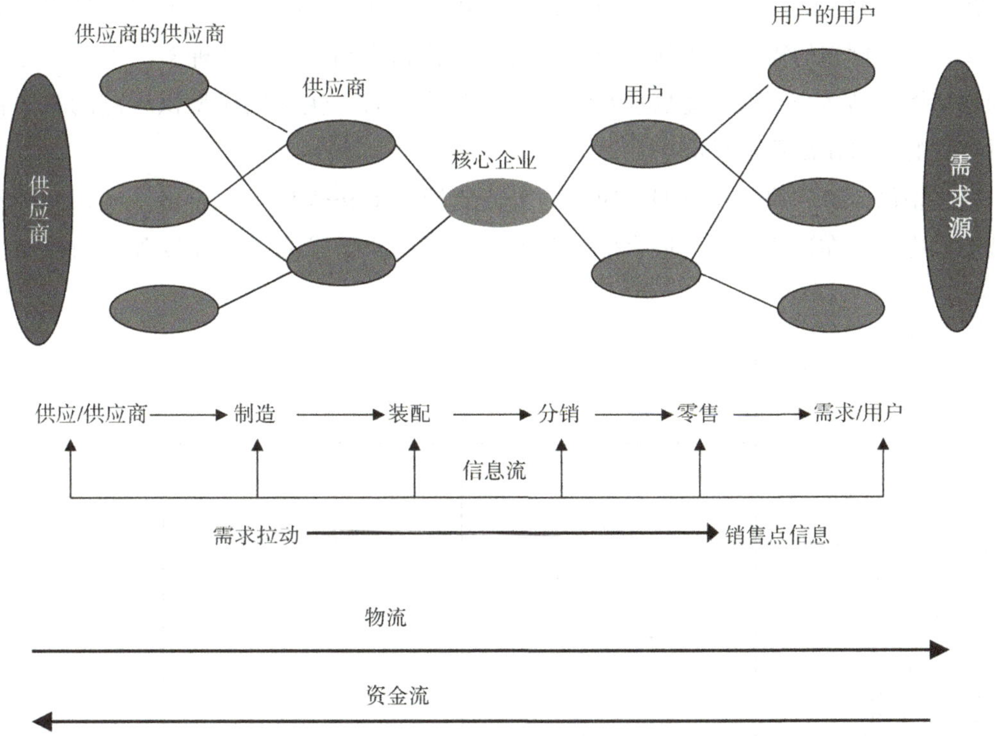

图 9-4　网状型供应链示意图

网状型供应链中的企业(供应商、制造商、分销商、零售商等)形成交叉连接的网络，而非单一的线性链条。网状型供应链中各节点企业高度互联、资源共享，并能实现动态调整，显著提升了供应链的弹性和市场响应速度。然而，要实现这一高效运作，还需精心平衡技术投入并做好合作关系管理，确保整个供应链系统的顺畅与协同。

9.2.3 效率型供应链和快速反应型供应链

按供应链的功能模式(物理功能和市场中介功能)，供应链可以分为效率型供应链和快速反应型供应链。

效率型供应链主要体现供应链的物理功能，即以最低的成本将原材料转化成零部件、半成品、产品，并在供应链中运输。价格稳定、品种少、单位产品利润低、提前期短的功能性产品一般适合采取效率型供应链的运作模式。效率型供应链的目标在于通过战略性合作，消除供应商与零售商系统中冗余的成本费用，进而为客户创造更大的效益。这种供应链管理方式不仅注重成本控制，更强调通过优化流程、提升协作效率，实现供应链整体价值的最大化，最终达到客户、供应商和零售商多方共赢的局面。

快速反应型供应链主要体现供应链的市场中介功能，即把产品分配到满足用户需求的市场，对未预知的需求做出快速反应，等等。价格先高后低、品种多、单位产品利润高的创新性产品适合采取快速反应型供应链的运作模式。快速反应型供应链的主要目标是对客户的需求做出快速反应。

效率型供应链和快速反应型供应链的特征比较如图 9-5 所示。可以看出，两种不同类型的供应链，在运营模式、适合的产品类型、对用户需求的响应速度等方面存在巨大的差异。

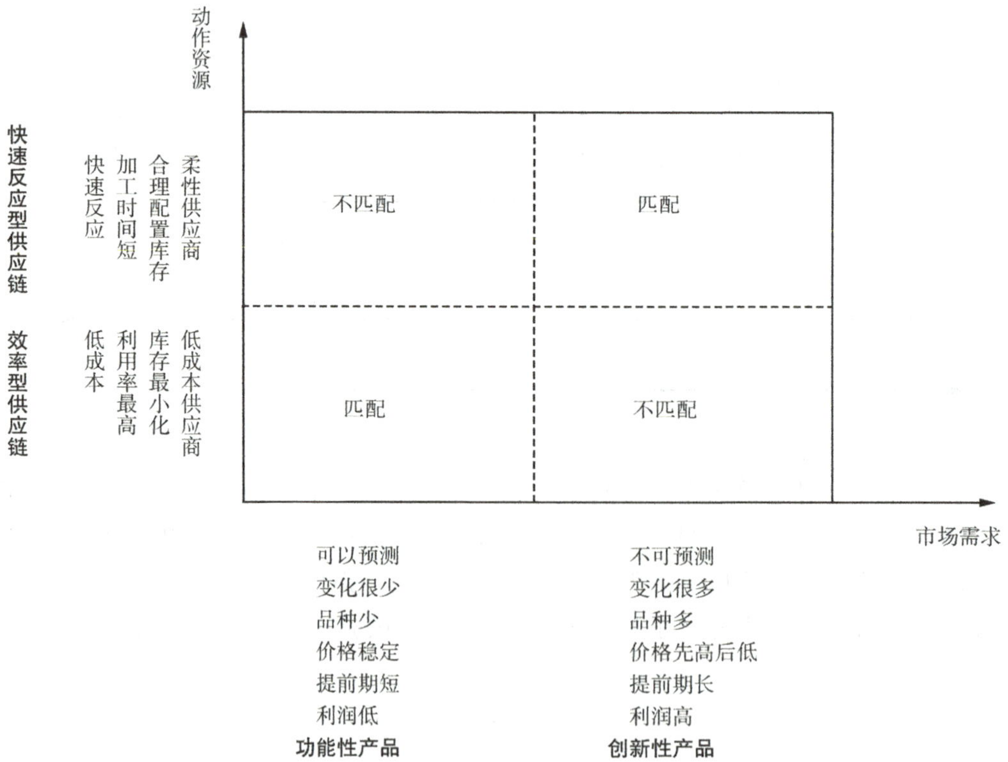

图 9-5 效率型供应链和快速反应型供应链的特征比较

小故事

快时尚品牌大行其道之时，H&M 和 ZARA 是其中的佼佼者。但如果仔细考究的话，我们就会发现，这两家企业的运作方式其实存在着较大的差异。

ZARA 采用的是“极速供应链”模式，其运作的首要目标是尽快将服装提供给消费者。为了达到这一目的，ZARA 几乎所有的工厂都位于欧洲，大部分位于其总部附近。所有的远程运输全部依靠空运。这些措施使得 ZARA 平均只需要 15 天就能够完成从开始下单到货物在全球任何门店上架的流程。但这也使 ZARA 的生产运营成本和价格比 H&M 高出不少。

尽管也是快时尚品牌，H&M 就更强调降低成本。它的大部分服装都交给亚洲的工厂来进行生产，也较少采用空运。这使得 H&M 的生产运作周期较长，为 20 天左右，但 H&M 获得了成本的优势，成本比 ZARA 少 30% 左右。

点评：不同类型的供应链的运作模式是不一样的，生产销售同类型产品也可以采取不同的供应链策略，关键是要与企业的定位相匹配。

9.3 供应链管理概述

9.3.1 供应链管理的概念

供应链管理是通过前馈的信息流和反馈的物料流及资金流，将供应商、制造商、分销商、零售商，直到最终用户连成一个整体的管理模式。

供应链管理的目标是实现成本最小化、效率最大化和风险最小化。具体来说，通过与供应商建立长期合作关系，优化库存管理和物流管理，降低采购价格、库存成本和运输成本。通过实时信息共享和协同工作，减少等待时间和资源浪费，提高整个供应链的运作效率。与此同时，供应链管理过程中，通过实时收集和分析客户需求数据，提供更符合客户期望的产品和服务，提高交货速度和产品质量，以满足顾客的需求。供应链管理是企业核心竞争力的重要来源。

9.3.2 供应链管理的主要内容

供应链管理主要包括计划、采购、制造、配送、退货五大基本内容。

1. 计划

这是供应链管理的策略性部分。为了满足客户对产品的需求，必须制定一套周密的策略来统筹管理所有资源。优秀的供应链计划涵盖了一系列监控机制，旨在引导供应链中的企业进行合理规划，确保以高效、低成本的方式向顾客交付或提供高质量、高价值的产品或服务。

2. 采购

采购的重点是选择“最优”供应商，供应商需要在产品质量、价格以及服务和诚信等方面具有优越性。同时，要与供应商达成共识，签订相应的合同、协议作为具体工作业绩的约束，以解决合作过程中的矛盾。另外，供应链模式下的采购管理要注重创新，采用现代化模式，如保兑仓模式，以降低风险，提高资金的使用价值，努力提高整个供应链的“诚信度”。

3. 制造

制造是供应链管理的核心内容，企业需要安排生产、测试、打包和准备送货所需的活动。制造是供应链中测量内容最多的部分，包括质量水平、产品产量和工人的生产效率等的测量。

4. 配送

配送在新时期被定义为“物流”，具体工作包括用户订单收货信息的调整、仓库网络系统的建立、运输调度、运输方式的选择、货物价格体系的建立等等。配送环节有多种运输组织模式，如多式联运模式，这一模式能够有效降低运输成本，提升运输效率。企业可根据实际需求选择合适的模式。

5. 退货

退货主要是处理整个供应链中存在的问题，包括一些存在质量问题的产品和用户不满意的产品。同时，要加强对问题的总结和补救措施的制定和实施，避免类似问题的再次发生。

9.3.3 供应链管理的评价

供应链管理的评价是对供应链整体运作效率、成本、质量和响应能力等方面的综合评估，旨在识别改进机会、优化资源配置并提升供应链竞争力。

对供应链的评价不仅包括财务绩效，还应该从供应链运营的维度来进行，如供应链柔性、供应链的稳定性等方面。一般来说，供应链管理可以从以下六个方面进行评价。

1. 财务绩效

供应链的财务绩效作为评估供应链效能的关键指标，主要依托于供应链成本指标和财务指标进行综合衡量。成本指标涵盖了采购成本、生产成本、物流成本以及库存成本等各个环节的所有成本要素，全面反映了供应链的运营成本结构；而财务指标则包括供应链投资收益率、成本占总收入的比例等关键财务数据。这些指标深入揭示了供应链的盈利能力、成本控制效果及整体财务健康状况。

2. 柔性

供应链的柔性，即其适应激烈市场竞争、应对需求波动或突发事件的能力，是衡量供应链韧性和灵活性的关键指标。这包括产能弹性、供应商快速更换能力，以及供应链在遭遇中断后的恢复时间等。

3. 稳定性

影响供应链稳定性的因素一个是供应链中的企业，另一个就是供应链的组织结构。评估供应链稳定性的指标包括交货准时率、库存准确率和供应链中断频率等。

4. 协调性

供应链的协调涵盖了利益协调与管理协调两大层面。在利益协调方面，必须在供应链构建之初就明确各企业之间的利益分配机制，确保公平合理，激发各方合作动力；而管理协调则要求供应链适应组织结构的特点，实施有效的计划、控制管理，并依托信息技术提供有力支持。为了评估供应链的协调性，需关注一系列关键指标，如订单履行周期、生产周期以及运输时间等。

5. 简洁性

供应链中每一个环节都必须是增值的过程，非增值过程不仅会增加供应链管理的难度，增加产品和服务的成本，还会降低供应链的柔性，影响供应链中企业的竞争实力。

6. 集成度

供应链的集成包括信息集成、物资集成、管理集成等。集成度的高低影响供应链整体优势发挥的大小。提高供应链集成度的关键在于提高信息集成和管理集成，即需要形成信息中心和管理中心。

供应链管理的评价是推动供应链管理持续优化的重要手段。为此，企业应当科学地选择评价指标，运用先进的工具和技术进行精准评估，进而制定针对性的改进计划，并通过持续优化提升供应链的整体竞争力和客户满意度。

9.4 供应链的风险管理

9.4.1 供应链风险概述

1. 供应链风险的概念

供应链具有多参与主体、多环节、地域分布广、多目标的特点，致使供应链容易受到外部环境和供应链上企业内部不利因素的影响，风险管理难度较大。对于供应链管理来说，不严密的合同、供应链知识缺乏、低效率的信息系统、不诚信的合作伙伴、原材料供应市场和产品销售市场的变化波动等，都可能导致供应链运营中断。

供应链风险是指供应链偏离预定管理目标的可能性。偏离预定管理目标，可能是产品没有及时送达造成短缺而偏离预定时间目标，也可能是运营成本超支而偏离预定成本目标，还可能是质量达不到要求而偏离预定质量目标，等等。

供应链的风险产生及其后果具有偶然性，风险事件是否发生、何时发生、发生之后会造成什么样的后果，事先无法确定。同时，供应链风险的产生也有其内在的必然性，与供应链上企业的管理能力、信誉水平、装备性能，企业间的合作成熟度以及自然灾害、社会政治经济情况等因素密切相关。

与此同时，供应链的风险是不断发展变化的。随着各种风险因素的变化，供应链的风险性质和结构、风险的后果都会发生变化，还会不断出现新的风险。因此，供应链管理在一定程度上说就是风险管理。

2. 供应链风险的影响因素

供应链的运营复杂，受到合作伙伴、外部市场环境、产品性能以及政府政策等诸多因素影响。一般情况下，如果企业对原材料和产品的性能缺乏了解，对供应市场不尽熟悉，与供应商合作不稳定，对供应链管理的各种手段工具不精通，等等，都会造成供应链的风险水平比较高。通常供应链风险主要受到以下因素影响。

(1)企业战略。供应链风险随着企业战略的调整而动态变化。例如，当企业战略从强调高质量和服务的高价位转向成本领先的低价位时，供应链管理必然需要严格把控成本超支风险，确保成本控制与战略调整相匹配。此外，企业若进入新的产业领域或推出新产品，供应链管理则需寻找新的供应商、采购新型原材料，并建立相应的产品配送和销售网络，这些改变无疑会带来新的供应链风险。

(2)技术发展与装备水平。供应链管理随着信息技术的不断成熟而日益受到重视。一个完善且高效的信息系统是提升供应链风险管理水平的坚实基础。随着人工智能技术、物联网技术的深入发展和广泛应用，以及物流设备性能的显著提升，供应链的可靠性得到了进一步增强。这些先进技术的融入，不仅优化了供应链的运作流程，还为其应对复杂多变的市场环境提供了有力保障，推动了供应链管理向更高水平迈进。

(3)市场。供应链产品的生产和销售深受市场需求波动的影响，这种波动源于市场需求的不确定性、季节性变化等多重因素。同时，产品的需求量和价格亦受到市场规模、消费者偏好转变、购买习惯变化等复杂因素的影响。此外，市场中的竞争态势，如竞争对手的策略调整、市场份额的变动，以及合作伙伴的市场策略转变等，均能引发供应链供需关系的动态变化，为供应链带来潜在风险。

(4)经济环境和政策。不同的经济环境以及不同国家和地区经济政策的变动，均可能成为引发供应链风险的诱因。例如，经济衰退、通货膨胀、汇率波动，以及国家间税率的调整，这些因素均能导致原料、零部件等产品成本发生波动。由此可见，经济环境和政策对供应链的各个环节都具有深远的影响，潜藏着不容忽视的风险。

(5)物流环境和设施。供应链风险同样受到物流环境的影响。供应链上各节点企业(如生产厂、仓库、商店等)所在地区的物流环境水平，包括道路、码头、机场、铁路运输等基础设施，以及物流设施和仓储设施的状况，均对供应链的运作有直接影响。这些物流环境和设施的变化，无论是改善还是恶化，都可能成为引发供应链风险的潜在因素。

9.4.2 供应链风险的类型

根据不同的分类标准，供应链的风险可以被细分为多种类型，每种类型都反映了供应链在不同维度上所面临的挑战和不确定性。

1. 按照供应链管理的目标划分

供应链管理的主要目标可以归纳为成本目标、时间目标和质量目标，根据供应链管理的三大目标，供应链风险也可以分为成本风险、时间风险和质量风险三类。

(1)成本风险。供应链成本风险是指供应链运营过程中因各种不确定性因素导致的成本增加或失控，可能影响企业的盈利能力和竞争力。成本风险包括采购成本风险和生产成本风险等。供应链成本风险涉及采购、生产、库存、物流和管理等多个环节，可能由内部或外部因素引发。企业应通过供应商多元化、流程优化、精准预测、物流网络优化等策略降低成本风险。

(2)时间风险。供应链时间风险是指由于各种不确定性因素导致供应链各环节时间延迟或中断，从而影响产品交付、客户满意度以及企业运营效率的风险。供应链时间风险包括：采购时间风险，如供应商交货延迟，原材料短缺导致采购周期延长；生产时间风险，如设备故障导致生产中断，生产计划不合理导致效率低下；物流时间风险，如因天气或交通问题导致运输延误，因仓储管理不善导致发货延迟；交付时间风险，如配送延迟导致客户无法按时收货。

供应链时间风险可能由内部计划不合理、资源不足或外部物流问题等引发。企业应通过供应商管理、生产计划优化、物流网络优化、设置应急预案等措施管理时间风险，应用数据分析和先进技术工具持续改进供应链效率，确保产品按时交付并提升客户满意度。

(3)质量风险。供应链质量风险是指在供应链运作的过程中，由于各种因素导致产品或服务质量不达标，从而影响客户满意度、企业声誉和市场竞争力的风险。供应链质量风险主要包括：采购质量风险，如原材料或零部件质量不达标；生产质量风险，如生产工艺不达标或操作失误导致质量问题；物流质量风险，如运输过程中产品损坏或变质；交付质量风险，如产品在交付过程中出现质量问题，客户收到的产品与订单不符；等等。

引起供应链质量风险的原因主要包括质量管理体系不完善，缺乏明确的质量标准和流程，工艺不达标或设备老化，员工素质不高，缺乏有效的质量检测工具或方法，供应商为降低成本偷工减料以及自然灾害导致的供应链中断，等等。因此，企业需要定期评估供应商的质量表现，完善供应链质量管理体系，通过精益管理等方法优化质量管理流程，应用数据分析和先进技术工具持续改进质量管理，降低供应链的质量风险。

2. 按照供应链管理的过程划分

供应链管理包括采购、生产、库存、配送等环节。因此，根据供应链管理的过程，其风险主要包括采购风险、生产风险、库存风险和物流风险四类。

(1)采购风险。采购风险是指企业采购过程中发生的风险，包括供应商的变动、原材料缺货、原材料质量问题、零部件价格波动等。

(2)生产风险。生产风险是指企业在生产产品的过程中，由于设备故障、技术缺陷等产生的风险。

(3)库存风险。供应链运营过程中，原材料、零部件、半成品、成品存在大量的库存，库存积压、库存损坏、库存短缺等也会造成供应链风险。

(4)物流风险。物流风险是指在物流运输过程中由于运输延误、物流成本变化、物流损坏等原因造成的风险。

3. 按照供应链风险的来源划分

按照供应链风险的来源划分，供应链风险可以分为经济风险、市场风险、技术风险、政治风险和自然灾害风险等。

(1)经济风险。经济风险涉及整体经营经济环境中的诸多因素，如通货膨胀、利率调整、汇率波动以及经济周期等，这些因素对企业供应链可能产生深远的影响，从而构成潜在的风险。例如金融汇率的急剧变化对跨国供应链成本造成的显著冲击，便是经济风险的一个典型体现。

(2)市场风险。供应链运营涵盖多个复杂环节，在此过程中，企业不可避免地会面临多种市场风险。这些风险包括市场需求的波动、市场竞争的加剧，以及原材料和产品价格的起伏不定等。这些因素不仅会影响供应链的稳定运作，还可能导致供应链合作伙伴关系的变动，进而引发市场风险。

(3)技术风险。技术风险是指随着科学技术的不断进步和普及而伴随产生的风险。在供应链中，应用尚未成熟的技术可能导致意料之外的问题出现，而未能积极采纳先进技术则可能使企业落后于时代发展。此外，协作单位之间若采用不统一的技术标准或技术水平差异显著，将直接影响合作伙伴间的协调效率。某些新技术的应用可能带来不可预期的副作用，以及合作伙伴间可能出现的专利纠纷等，这些都是构成供应链技术风险的重要因素。

(4)政治风险。政治风险涉及政局变动、政权更迭、罢工、战争、种族冲突、恐怖主义等多种因素，这些因素引发的社会动荡以及因法律政策调整而需企业承担的额外成本，均对供应链构成潜在风险。从全球视角来看，尽管世界经济一体化的进程不可逆转，但地区间的恐怖活动、霸权主义行为以及频繁的民族冲突，均对全球供应链安全构成严峻威胁。

(5)自然灾害风险。自然灾害风险是指因遭遇难以预见且无法抗拒的自然灾害而引发的供应链风险，例如地震、洪水、台风等所导致的供应链中断。此类风险具有突发性和不可控性，对供应链的稳定性和持续性构成严重威胁。

9.4.3 供应链风险的管理过程

供应链风险管理是一个动态过程，需要对供应链各环节的风险进行识别和分析，确保供应链的稳定性和高效率。具体来说，供应链风险的管理过程主要包括风险识别、风险评价、风险规划、风险控制、风险沟通和持续改进等具体的步骤。

1. 风险识别

供应链风险识别是一项系统性工程，其核心在于深入分析供应链的各个环节、每一个参与主体及其所处的复杂环境，从而找出可能对供应链造成影响的风险因素。这一过程要求企业全面掌握每个风险事件的特征，准确识别风险源及其相互之间的关联性。在进行供应链风险识别时，必须紧密结合供应链管理的计划目标，依托充足的信息和丰富的经验进行判断。企业应通过调查研究、专家访谈、头脑风暴等多种方式，广泛搜集供应链管理的历史数据和外部信息，从而科学确定可能影响供应链的各类风险，为制定有效的风险应对策略奠定坚实基础。

2. 风险评价

风险评价是针对供应链各个环节所蕴含的风险、风险之间的相互关联性、对供应链整体的潜在影响，以及企业自身风险承受能力进行的深入研究和综合评估。在这一过程中，需要细致分析单个风险的性质，准确估算风险事件发生的概率，并判断其可能带来的后果的严重程度。风险评价方法通常分为定性评价和定量评价两大类。定性评价主要依靠专家的专业判断、风险矩阵等工具，对供应链各环节的风险进行系统评估；而定量评价则运用统计分析、模拟模型等方法，对风险进行量化分析，以确定供应链风险发生的可能性及其影响程度。通过这样的综合评价，企业能够更有效地识别、评估和管理供应链风险，保障供应链的稳定性和安全性。

3. 风险规划

风险规划是构建供应链风险规避策略、实施措施及手段的系统性过程。对于可能面临的各种风险，企业可以采取不同的风险响应策略，如预防、减轻、转移、回避、接受等。供应链风险规避策略必须和供应链管理目标一致，符合供应链整体计划安排，要有一定的资源作保证。通过风险规划，企业将制定出风险管理计划、应急计划、保险计划、资源储备计划等。

4. 风险控制

风险控制是基于风险监视所提供的信息，执行风险控制策略的关键环节。其核心在于采取迅速而果断的措施，以恢复供应链的正常运行状态。在风险控制阶段，有时甚至需要修订风险管理计划乃至供应链管理计划，这是因为即便进行了最全面、最深入的风险分析与规划，也无法完全预见所有风险及其可能带来的后果，因此在风险事件发生时，必须灵活应对、相机处置。

在风险控制策略中，对供应链各环节进行持续的风险监视至关重要。这包括实时监控供应链的运行状态，捕捉可能对供应链产生影响的突发事件，以及及时发现和预估供应链偏离预定计划目标的程度。通过这样的持续跟踪和动态调整，企业能够确保风险应对策略的有效性，最大限度地降低风险对供应链的负面影响。

5. 风险沟通和持续改进

在供应链风险管理过程中，企业要和供应链上下游合作伙伴进行充分沟通、协商，召开跨部门会议对相关风险进行讨论，确保所有相关方了解风险及其应对措施。同时，在供应链风险管理的过程中，合作伙伴需要通过反馈，持续改进和优化风险管理流程，提高供应链的韧性，以促进供应链的可持续发展。

需要指出的是，风险管理过程不是按一成不变的既成顺序进行的，其各组成部分也不是各自独立的。事实上，在任何时刻供应链上的各个环节可能同时在运行不同类型的供应链活动，供应链风险管理过程的各个阶段也在同时进行着，需要合理地使用多种管理方法、技术和手段，对可能影响供应链的各种风险因素实行有效控制，妥善处理风险事件造成的不利后果，确保供应链管理目标的实现。

9.5 供应链管理的发展趋势

当前，随着全球商业环境的不断变化，供应链管理也正在经历深刻的变革，呈现出数字化和智能化、以客户为中心的定制化、线上线下一体化、绿色低碳化等发展趋势。

9.5.1 数字化和智能化

随着物联网、人工智能、区块链等技术的快速发展，供应链管理正朝着更加数字化和智能化的方向发展，物联网、人工智能、区块链、自动化设备、机器人和无人驾驶等智能技术已经在供应链的各环节得到了广泛的应用。企业通过传感器和智能设备实时监控库存和运输途中的物料信息，应用人工智能和机器学习技术对市场需求进行预测、对库存进行优化。在供应链全流程中，企业能够应用区块链技术实现从原材料、零部件、半成品到产品的追溯和管理，提升供应链管理的透明度。企业也可以使用机器人和自动化系统构建自动化仓库，应用无人驾驶车辆提升物流配送效率。

由此可见，数字化技术可以帮助供应链企业提高运营效率、降低成本并增强韧性，而智能化则通过智能采购、库存管理和物流路径规划等手段，进一步提升供应链的灵活性和响应速度。因此，供应链企业需要投资技术基础设施，并培训员工以有效地利用这些工具，进一步促进数字化技术和人工智能技术在供应链中的应用。

9.5.2 以客户为中心的定制化

随着市场环境的不断演变，供应链运营日益凸显以客户需求为核心的重要性，强调以客户订单为导向，全面优化供应链的各个环节。具体而言，供应链的运作建立在深入理解客户需求的基础之上，通过各环节的紧密合作，迅速获取客户订单，并提供定制化的产品和服务，以精准满足客户的个性化需求。与此同时，借助智能技术对市场信息进行精准预测和高效共享，使企业能够迅速应对市场变化和客户需求的波动。

为了实现这一目标，企业需积极运用大数据、人工智能等先进分析工具，深入分析客户行为，实时监控需求动态，并加强与合作伙伴之间的信息共享和协同运作。通过实施协同计划，企业能够快速响应市场需求，进一步提升物流效率，缩短交货时间。此外，企业还应构建完善的客户关系管理系统，实现以客户为中心的定制化管理模式，从而显著提升客户满意度和忠诚度，为企业赢得竞争优势和持续发展的动力。

9.5.3 线上线下一体化

在当今时代，电子商务已深度融入我们的生产与生活，供应链线上线下一体化的运营趋势越发显著。企业通过整合线上线下资源，实现全渠道协同，不仅大幅提升了运营效率，更为客户带来了更好的体验。全渠道线上线下一体化运营的核心内容包括：统一线上线下库存，实施全渠道库存管理，通过共享的库存管理平台，有效避免缺货或积压现象；推行全渠道订单管理，打造线上下单、线下取货，线上下单、门店发货，以及线上下单、配送上门等多样化的订单处理模式。此外，企业还可整合线上线下营销资源，实现联动促销，构建全渠道营销管理模式。

因此，构建智能化的供应链管理平台，实现库存管理、订单履行、客户体验、营销、数据分析、物流配送、供应链协同和售后服务等各个环节的线上线下一体化运营，已成为提升供应链整体竞争力的重要举措。

9.5.4 绿色低碳化

随着全球环保意识的日益增强，绿色供应链管理越来越受到各国的高度重视，其背后的推动力包括企业社会责任的强化、政策法规的严格规定以及社会公众的广泛监督。绿色供应链管理致力于将环保理念深植于供应链的每一个环节，旨在减少对环境的污染和影响，同时显著提升资源利用效率。

具体而言，绿色供应链管理涵盖了一系列综合性措施：第一，实施绿色设计，在产品设计初期即融入环保考虑，打造可回收、可降解的产品，采用模块化设计以方便后续的维修和升级；第二，推行绿色采购，优先选择环保达标的供应商和材料，确保供应链的源头绿色化；第三，实行绿色生产，广泛应用节能技术，大幅降低生产过程中的资源消耗和污染排放；第四，优化绿色物流管理，通过精心规划运输路线和方式，有效减少碳排放；第五，采用绿色包装，使用可降解材料，避免过度包装，最大限度地减少包装材料对环境的影响；第六，建立绿色回收体系，积极推广再制造和再利用，构建完善的产品回收和再利用机制。

绿色供应链管理通过绿色设计、绿色采购、绿色生产、绿色物流、绿色包装、绿色回收等全方位的措施，将绿色低碳理念融入供应链的日常运营之中，从而有力推动供应链的可持续发展，实现经济效益与环境效益的双赢。

本章要点

● 供应链是指围绕核心企业，从配套零件开始，制成中间产品以及最终产品，最后由销售网络把产品送到消费者手中的，将供应商、制造商、分销商直到最终用户连成一个整体的功能网链。

● 供应链主要的特征包括：复杂性、动态性、面向用户需求、交叉性和整体性。

● 根据供应链的运作模式，供应链可以分为推式供应链和拉式供应链；根据供应链的结构，供应链可以分为直线型供应链和网状型供应链；按供应链的功能模式（物理功能和市场中介功能），供应链可以分为效率型供应链和快速反应型供应链。

● 供应链管理是通过前馈的信息流和反馈的物料流及资金流，将供应商、制造商、分销商、零售商，直到最终用户连成一个整体的管理模式。

● 供应链管理主要包括计划、采购、制造、配送、退货五大基本内容。

● 供应链具有多参与主体、多环节、地域分布广、多目标的特点，致使供应链容易受到外部环境和供应链上企业内部不利因素的影响，风险管理难度较大。

● 供应链风险主要受企业战略、技术发展与装备水平、市场、经济环境和政策以及物流环境和设施等因素的影响。

● 按照供应链管理的目标划分，供应链风险可以分为成本风险、时间风险和质量风险三类；按照供应链管理的过程划分，其风险主要包括采购风险、生产风险、库存风险和物流风险四类；按照供应链风险的来源划分，供应链风险可以分为经济风险、市场风险、技术风险、政治风险和自然灾害风险等。

● 供应链风险的管理过程主要包括风险识别、风险评价、风险规划、风险控制、风险沟通和持续改进等具体的步骤。

● 随着全球商业环境的不断变化，供应链管理也正在经历深刻的变革，呈现出数字化和智能化、以客户为中心的定制化、线上线下一体化、绿色低碳化等发展趋势。

思考与练习

选择题

参考答案

1. 供应链管理的核心目标是（　　）。

A. 最大化制造商利润

B. 通过协同优化整体网络效率与客户满意度

C. 仅缩短单个环节的运输时间

D. 完全消除库存

2. “牛鞭效应”的本质是(　　)。

A. 供应商交货延迟

B. 供应链中从下到上运输成本随距离呈指数增长

C. 需求信息从下游向上游传递时波动逐级放大

D. 生产线切换导致的效率损失呈指数增长

3. 下面不是供应链的特征的是(　　)。

A. 多态性

B. 复杂性

C. 动态性

D. 多节点

4. 供应链“绿色化”的主要驱动力不包括(　　)。

A. 政府环保法规

B. 消费者可持续偏好

C. 降低员工福利成本

D. 企业社会责任(CSR)要求

简答题

1. 请简述供应链管理形成与发展的背景。

2. 请简述效率型供应链和快速反应型供应链的特点以及适用的产品类型。

3. 随着信息技术的发展，供应链管理的发展趋势有哪些？

案例分析题

FF 科技是一家智能手表制造商，主打高端运动健康监测设备。2021 年新品“鹰眼 N”上市后，遭遇严重供应链危机：一是需求端因社交媒体误传“辐射超标”，首月实际销量仅为预测值的 40%，但次月经官方澄清后销量暴增 300%，导致需求剧烈波动；二是供应端核心传感器芯片由两家东南亚供应商独家供货，其中一家因洪灾停产，另一家趁机涨价；三是库存端为应对热销预期，提前囤积成品库存 50 万个，但需求波动导致库存周转天数从 30 天激增至 120 天，仓储成本超预算 200%；四是市场端由于北美渠道商因缺货转向竞品，导致企业市场份额下降。

根据上述案例，回答以下问题：

(1)分析 FF 科技在供应链中遇到了哪些风险。

(2)提出改进需求预测与响应机制的具体措施。

(3)提出技术赋能建议，分析可以应用哪些信息技术来解决上述的危机。

第10章 质量管理

素质目标：培养数据驱动的决策习惯、注重细节与过程控制的严谨性。

知识目标：掌握质量管理的概念及其属性；理解六西格玛质量管理和全面质量管理思想。

能力目标：能够应用六西格玛质量管理和全面质量管理思想进行质量管理；熟练掌握各种质量管理理念。

引导案例

要工期还是要质量

在2019年，一家著名的电子产品生产企业需要生产一批电子产品，由于工期要求很紧，公司从上到下层层实行目标管理，要求必须按时完工。所有人在巨大的压力下加班加点，总算按时完成了电子产品的交付，成功地实现了公司制定的生产任务目标计划。该订单成了公司该年度盈利最高的订单任务。

但是好景不长，两个月后这批电子产品开始出现质量问题，经技术鉴定，发现原因是制造过程中没有严格执行产品的质量标准，导致产品在使用过程中容易松动，引发了某个零部件的磨损。事实上，在目标管理的期限内，他们根本不可能用常规工作方式完成生产任务，再加上零部件供货延迟，所以质量问题无法避免。根据合同，企业需要进行赔偿，这批产品项目也成了公司总经理难以启齿的败笔。

以质量和公司长期利益为代价的目标管理是没有意义的，往往一个产品项目不合格就会毁了企业的品牌声誉。

以上案例表明，当企业将“工期”与“质量”置于对立天平的两端时，本质上已陷入“伪目标管理”的陷阱。表面上，该公司通过高压目标完成了交付任务，实则用短期交付效率的“显性胜利”掩盖了质量失控的“隐性溃败”。究其根源，问题远非简单的“赶工疏忽”，而是暴露了传统目标管理的盲区：在供应链波动、资源约束（人力与时间极限）的复杂场景下，质量问题绝非单纯的生产环节问题，而是贯穿战略决策、流程设计、供应商协同乃至组织文化的系统工程。

10.1 质量概述

10.1.1 质量的内涵

质量、成本、交货期、服务及响应速度，是决定市场竞争成败的关键要素，其中质量更是居于首位，成为企业参与市场竞争的必备条件。若产品品质低劣，即便成本低廉，也难以吸引消费者。企业若想打入国际市场，首先必须提供优质的产品和完美的服务。提高生产率是企业生产运作的核心目标，然而，只有确保高质量，才能真正实现高生产率。若企业的产品和服务质量无法满足顾客需求，便无法在市场上实现其价值，这样的劳动无疑是无效或低效的，更谈不上实现高效率和高效益。

质量是质量管理的对象，正确、全面地理解质量的概念，对开展质量管理工作非常重要。在生产发展的不同历史时期，人们对质量的理解随着科学技术的发展和社会经济的变化而有所变化。质量是一个复杂的概念，人们对质量这个概念没有一个统一的看法。质量是反映实体满足明确和隐含需要的特性总和。这里的质量不仅指产品质量，也包括过程质量和服务质量，它是基于产品对用户的适用性而言的。所谓适用性，就是产品和服务满足顾客要求的程度。因此，质量不再仅仅由标准规范来衡量，而是以顾客是否满意为标准，但是适用性和满足顾客要求是比较抽象的概念，为了使之对质量管理工作起到指导作用还需将其具体化。美国质量管理专家戴维·加文(Dave Garvin)教授将适用性的概念具体概括为八个方面的含义。

(1)性能。产品主要功能达到的技术水平和等级，如立体声音响的信噪比、灵敏度等，汽车运行速度、载荷等都是性能指标。

(2)附加功能。为使顾客更加方便、舒适等所增加的产品功能，如相机的自动卷片功能，汽车里的投影、自动导航都是附加功能。

(3)可靠性。产品和服务完全达到规定功能的准确性和概率，如燃气灶、打火机每次一打就着火的概率，快递信件在规定时间内送达顾客手中的概率。

(4)一致性。产品和服务符合产品说明书和服务规定的程度。比如，汽车的百公里油耗是否超过说明书规定的数值，饮料中天然杂质的含量是否达到所规定的百分比，等等。

(5)耐久性。产品和服务达到规定使用寿命的概率。比如，电视机是否达到规定的使用小时，汽车轮胎是否达到规定的使用里程数，等等。

(6)维护性。产品是否容易修理和维护。

(7)美学性。产品外观是否具有吸引力和艺术性。比如，汽车的外观造型是否让消费者青睐，手机外观是否精致美观。

(8)感觉性。产品和服务是否使人产生美好联想，如服装面料的手感、广告用语给人的感觉和使人产生的联想等。

以上这八个方面是适用性概念的具体化，从而也就更容易从这八个方面明确产品和服务的要求，并将这种要求转化为产品和服务的各种标准。

从以上关于质量概念的表述可以看出，随着社会的进步、人们的收入水平和受教育水平的提高，消费者对产品和服务质量的要求越来越高，越来越具有丰富的文化和个性内涵。因此，如何正确地认识顾客的需求，如何将其转化为系统性的产品和服务的标准是现代质量管理首先要解决的重要问题。

10.1.2 过程质量

产品和服务质量从形成过程来说，包括设计过程质量、制造过程质量、使用过程质量及服务过程质量。

(1)设计过程质量。这是指设计阶段所体现的质量，也就是产品设计符合质量特性要求的程度，它最终经过图样和技术文件质量来体现。

(2)制造过程质量。这是指根据设计要求，通过生产工序制造而实际达到的实物质量，是设计质量的实现，是制造过程中操作工人、技术装备、原料、工艺方法以及环境条件等因素的综合产物，也称符合性质量。

(3)使用过程质量。这是产品在实际使用过程中所表现的质量，它是产品质量与质量管理水平的最终体现。

(4)服务过程质量。这是指产品进入使用过程后，生产企业对用户的服务要求的满足程度。

10.1.3 工作质量

工作质量一般指与质量有关的各项工作对产品质量、服务质量的保证程度。工作质量即各个部门、各个岗位工作的有效性，决定着产品质量和服务质量。它取决于人的素质，包括工作人员的质量意识、责任心和业务水平。其中，最高管理者的工作质量起主导作用，一般管理层和执行层的工作质量起保证和落实的作用。

工作质量能反映企业的组织工作、管理工作与技术工作的水平。工作质量的特点是它不像产品质量那样直观地表现在人们面前，而是体现在一切生产、经营活动之中，受到操作者、机器设备、原材料、操作和检测方法、环境等因素影响，并且通过企业的工作效率及工作成果，最终以产品质量和经济效益的形式表现出来。

产品质量可以用产品质量特性值来表示，而工作质量一般是通过产品合格率、废品率和返修率等指标来表示的。然而，工作质量在许多场合是不能用上述指标来直接定量的，通常是采取综合评分的方法来进行定量评价。具体的工作标准则因部门、岗位的不同而具有差异。

10.1.4 质量成本

质量成本是指当生产的产品不合格时，由于产品质量缺陷而增加到生产当中的全部成本，或者说是目前的实际生产成本与完美质量水平下的成本之间的差值。约瑟夫·朱兰(Joseph M. Juran)博士 1951 年在他的《质量控制手册》一书中，提出了一个对质量成本进行分类的框架，该框架将质量成本分为四类：内部损失成本、外部损失成本、鉴定成本、预防成本。

1. 内部损失成本

内部损失成本是指产品在生产过程中被发现不合格而造成的损失。内部损失成本的产生有多种原因，其中包括从供货商那里采购到不合格原材料、机器没有得到正确安装、设备有缺陷、制造方法不正确、工艺有问题、操作不仔细以及错误的或不合适的材料加工过程。内部损失成本包括加工时间的浪费、修复和返工损失、调查质量事故所产生的费用以及可能发生的设备损坏和对操作人员的伤害。返工损失包括工人工资和进行返工所需的额外资源(如设备、能源、原材料等)支出。除此之外，还有像返工零部件所导致的仓库中配件和材料的额外管理费用，记录、管理返工产品直到它们能够投入生产所需的图纸、文档的额外支出。

2. 外部损失成本

外部损失成本是指由于产品没有达到规定质量标准，但没有被产品生产者或服务项目提供者发现而引起的公司损失。这一成本涵盖了多个方面：担保费用、处理客户抱怨、更换产品或重新提供服务所产生的支出、诉讼赔偿、残次品折扣、顾客信任度的下降以及与销售量下滑相关的机会成本等。可以看出，产品质量问题导致的外部损失成本增加，将直接削弱企业的市场竞争力。

3. 鉴定成本

鉴定成本是指为发现不合格产品或服务，或确保没有质量问题而进行的检查、试验和其他活动有关的费用。这些费用包括检查人员的薪酬、试验与测试设备的购置和维护、实验室的运营成本、质量审计的支出以及实地测试的费用等。

4. 预防成本

预防成本是指与防止出现质量问题有关的费用。这些费用包括计划和管理系统的建立与维护、采购业务中的质量把关、员工培训，以及质量控制过程中与预防质量问题直接相关的管理费用。此外，为了在设计和生产阶段减少工艺质量问题，企业还需承担额外的管理费用支出。

企业管理者清楚了低质量会导致高成本，就肯定会高度关注质量问题。然而，当产品的合格率很高(缺陷很少)时，虽然质量的损失成本很低，但此时的预防鉴定成本却很高。反之，当产品的合格率较低(缺陷较多)时，情况则恰好相反。因此，在这两种极端情况之间存在着一个理想的质量成本水平。产品处于这种理想的质量成本水平时，它的总质量成本最低。

10.2 质量管理概述

10.2.1 质量管理

质量管理这一概念早在20世纪初就被提出来了，它是伴随着企业管理与实践的发展而不断完善，随着市场竞争的变化而发展起来的。从质量管理的发展历史可以看出，在不同时期，质量管理的理论、技术和方法都在不断地发展和变化，人们对质量管理的认知也在不断深入和丰富。

质量管理是指确定质量方案、目标和职责，并通过质量体系中的质量策划、质量控制、质量保证和质量改进来使其实现所有管理职能的全部活动。这个定义指出了质量管理是一个组织管理职能的重要组成部分，必须由一个组织的最高管理者来推动。但是，质量管理又是各级管理者的职责，并且和组织内的全体成员都有关系，他们的工作都直接或间接地影响着产品或服务的质量。因此，质量管理的涉及面很广，从横向来说，质量管理包括战略计划、资源分配和其他系统活动，如质量计划、质量保证、质量控制等；从纵向来说，质量管理包括质量方针、质量目标以及质量体系。

1. 质量保证

质量保证是指为使人们确信某实体能满足质量要求，在质量体系内开展的并按需要进行证实的、有计划和有系统的全部活动。

质量保证的基本思想是对用户负责，其关键在于使人们确信某一组织有能力满足规定的质量要求，给用户、第三方(政府主管部门、质量监督部门、消费者协会等)和本企业最高管理者提供信任感。为了有把握地使用户、第三方和本企业最高管理者相信企业具有质量保证能力，使他们树立足够信心，企业必须提供充分必要的证据和记录，证明有足够能力满足他们对质量的要求。为了使质量保证系统行之有效，还必须时常接受评价。

质量保证是一种有计划、有组织的系统活动，是实现质量管理所必需的工作保证。通过有计划地开展质量保证活动，能形成一个有效的质量保证体系。

2. 质量控制

质量控制是指为满足质量要求所采取的作业技术和活动。质量控制贯穿于质量形成全过程的各个环节，旨在确保整个质量形成过程始终处于受控状态。具体而言，质量控制包括制定并确定控制计划与标准，严格执行这些计划与标准，并在实施过程中进行持续的监视、验证和调整，一旦发现不符合计划或程序的现象，立即予以纠正；同时，积极排除质量形成过程中的不良因素和偏离规范的情况，并确保纵观负面情况时能及时恢复至正常状态。

在实际运用质量控制概念时，应该明确控制对象。对具体的质量控制活动，应冠以限定词，如工序质量控制、外协件质量控制、公司范围质量控制等。

3. 质量体系

质量体系指为保证产品或服务质量，满足规定（或潜在）的要求，由组织机构、职责、程序、活动、能力和资源等构成的有机整体。

质量体系作为一个有机体，还应拥有必要的体系文件，包括质量手册、程序性文件、质量计划及质量记录等。

通过以上关于质量管理、质量保证、质量控制、质量体系等概念的分别阐述，我们可以说，质量管理涵括了质量保证、质量控制、质量体系。其中质量保证、质量控制是质量管理的具体实施方式与手段，质量体系是质量管理的组织、程序与资源的规范化、系统化。

10.2.2 六西格玛（6σ）质量管理理念

1. 六西格玛的内涵

西格玛原为希腊字母“σ”，其含义为“标准偏差”，六西格玛意为“6 倍标准差”，在质量上表示每百万产品中坏品数不高于 3.4 个。

六西格玛是一种改善企业质量流程管理的技术，秉承“零缺陷”的理念，融合了系统的理论和实践方法。它聚焦于揭示生产流程中的缺陷与失误，精确计算每百万个机会中的缺陷率。这些缺陷和失误包括产品本身、生产流程、包装、转运、交货期限、系统运行乃至不可抗力等方面。

六西格玛质量管理是一种以数据为基础，追求完美的质量管理方法。它强调消除错误、减少消耗、避免重复劳动。其核心是数据定义、测量、分析原因、改进优化和控制效果。

在六西格玛实施过程中，小到单一产品和服务，中到一个项目、一个部门，大到一个企业都应该可以计量。不能有一些诸如“也许”“差不多”“可能”等模糊观念，即六西格玛不能成功地运用于不能用数据来表示的过程。

六西格玛管理在提高顾客满意程度的同时降低经营成本，它是通过提高组织核心过程的运行质量，进而提升企业盈利能力的管理方式，也是在新经济环境下企业获得竞争力和持续发展能力的经营策略。

2. 六西格玛质量分析的流程

六西格玛质量管理理念强调以数理统计为基础。应用六西格玛进行质量分析的流程包括：定义、测量、分析、改进和控制等活动，如图 10-1 所示。

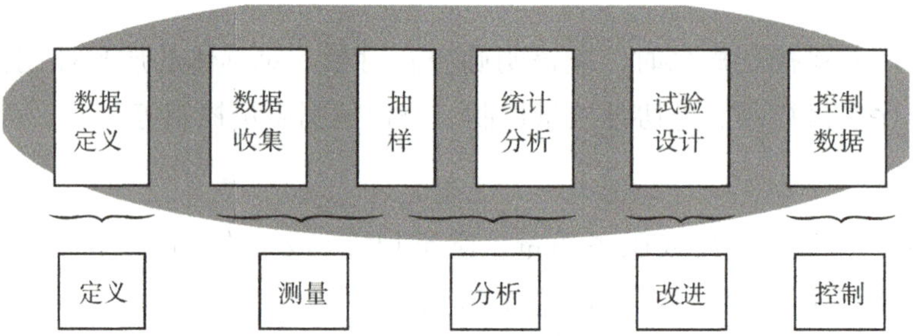

图 10-1 六西格玛质量分析的流程图

(1)定义(D)。定义即陈述问题。基于企业现有资源，结合顾客反馈数据和员工信息，绘制相应曲线，进行数据对比分析，进而确定改进目标。

(2)测量(M)。测量的目的是识别并量化客户需求。通过收集顾客数据，深入了解当前质量水平，确认顾客期望，并对改进后的预期效益进行评估。

(3)分析(A)。深入分析数据，挖掘问题背后的主要原因、关键因素，以及与竞争对手的差距，为后续改进提供有力依据。

(4)改进(I)。基于数据分析结果，针对存在的问题及原因，特别是关键因素，制定并实施最佳改进方案。

(5)控制(C)。主要对关键因素进行长期控制并采取措施以维持改进结果。具体内容包括关注改进对象数据，对关键变量进行控制，制定过程控制计划，修订标准操作程序和作业指导书，建立测量体系，监控工作流程，并制定一些应对突发事件的措施。

由此可见，六西格玛不仅是质量管理理念，更是一种追求卓越的企业文化。应用六西格玛质量管理理念能够帮助企业提升质量、降低成本，并提升客户满意度。

小故事

某巧克力工厂主要生产金莎巧克力。生产工厂发现每100块巧克力中就有15块出现包装瑕疵(漏气/褶皱)，客户投诉率飙升，年返工成本高达80万元。

为了保证质量，生产部长在巧克力工厂开启了六西格玛之旅，基于DMAIC五步法进行质量改进。

(1)定义(define)。成立“甜心特工队”，成员包含质检员、设备维修工、统计学大学生等，通力协作，明确关键质量特性(包装密封强度≥5 N/15 mm)。

(2)测量(measure)。用“巧克力跑酷”法追踪流程，发现包装膜在第三滚轴处有0.3 mm错位，热封温度波动±8 ℃(应控制在±2 ℃)。收集2000组数据绘制帕累托图，锁定主要问题：45%缺陷来自膜张力不够，30%缺陷因操作工忘调参数。

(3)分析(analyse)。通过分析发现操作手册温度设置表印刷模糊，员工常看错行；凌晨3点夜班照明不足，换班时故障率骤升。

(4)改进(improve)。实施“防呆三招”：第一，物理限位，给温度旋钮加装“甜甜圈”定位卡；第二，视觉管理，用不同颜色标签标注早/晚班参数；第三，自动校准膜位置，在滚轴加装激光纠偏器。

(5)控制(control)。开发“巧克力温度卫士”看板，实时显示热封温度波动曲线，超限自动播放《冰雪奇缘》主题曲提醒；建立“咖啡奖”，连续7天零缺陷请全员喝咖啡。

通过以上措施，该工厂生产的巧克力缺陷率从15%降至0.34%，达到4.5 σ水平。每年节省返工费67万元。

启示：六西格玛理念的落地实施，数据是不可或缺的。通过运用与质量相关的专业工具，企业能够更加精准地发现问题、深入地分析问题，并最终有效地消除质量缺陷。

10.3 全面质量管理

10.3.1 全面质量管理概述

1. 全面质量管理的概念

全面质量管理是一个以质量为中心，以全员参与为基础，以通过让顾客满意和本组织成员及社会受益而实现长期成功为目标，应用一整套科学合理的质量管理体系、手段、方法所进行的系统的质量管理活动。可见，全面质量管理是一种由顾客的需求和期望驱动的管理哲学，是建立在全员参与基础上的一种管理方法。

全面质量管理有三个核心：第一是永无止境地推进质量改进，也就是人们所说的持续改进；第二是全员参与；第三是追求顾客满意度，要不断地满足或超出顾客的期望。全面质量管理成功颠覆了传统质量管理的固有观念，创新性地引入了全新的管理理念，将原先仅对最终产品或服务进行质量检查的单一模式，转变为对产品或服务全过程实施严密监控的全面管控体系。

知识链接

质量管理的阶段

质量管理大体上经历了三个阶段：产品质量的检验阶段、统计质量管理阶段和全面质量管理阶段。

1. 产品质量的检验阶段

20 世纪初，美国企业出现了流水作业等先进生产方式，许多企业组建了专职检验部门，负责对流水线产品的质量管理和检验工作。到 20 世纪 40 年代左右，美国的工业企业普遍设置了集中管理的技术检验机构，质量管理进入产品质量的检验阶段。

从质量管理的角度看，质量检验的效能较差，因为这一阶段的特点就是按照标准规定，对成品进行检验，即从成品中挑出不合格品。这种质量管理方法的任务只是“把关”，而不能预防废品产生，虽然可以防止废品流入下道工序，但是由废品造成的损失已经存在，是无法消除的，是一种事后的质量管理活动。

2. 统计质量管理阶段

1924年，美国贝尔试验室的统计学家休哈特(Walter A. Shewhart)博士提出了“预防缺陷”的概念。他认为，质量管理除了检验外，还应做到预防，解决的办法就是采用他所提出的统计质量控制方法。统计质量控制方法强调应用统计学方法，对零部件、产品的质量进行抽样统计分析，减少生产过程中的错误并提高质量检测效率。

由于第二次世界大战对大量生产(特别是军需品)的需要，过去的质量检验工作立刻显示出其弱点，检验成了生产中最薄弱的环节。由于事先无法控制质量以及检验工作量大，军火生产常常延误交货期，影响前线军需供应。这时，美国政府和国防部组织数理统计学家去解决实际问题，抽样检查方法被重视起来。二战后，美国的产业界顺利地从战时生产转入和平生产，统计方法在国民工业生产中得到了广泛的应用。随后，这种方法在欧美各国企业相继推广开来。

这一阶段的质量管理手段是利用数理统计原理，预防产生废品并检验产品的质量。这标志着事后检验的观念转变为预防质量事故的发生的概念，是质量管理工作前进一大步的体现。

但是，统计质量管理阶段过分地强调数理统计方法，让企业员工误以为“质量管理就是数理统计方法”“质量管理是少数数学家和学者的事情”。统计质量管理阶段忽视了组织管理工作的过程分析以及多种方法的应用，一些部门员工并没有彻底重视产品质量问题，企业的产品缺陷有待进一步解决。

3. 全面质量管理阶段

从20世纪60年代开始，质量管理进入全面质量管理阶段。由于科学技术的迅速发展，工业生产技术手段越来越现代化，工业产品的更新换代也越来越频繁。特别是出现了许多大型产品和复杂的系统工程，对质量的要求大大提高了。此时，单纯靠统计质量控制已无法满足要求，因为整个系统工程与试验研究、产品设计、试验鉴定、生产准备、辅助过程、使用过程等每个环节都有着密切关系，仅仅靠控制过程是无法保证质量的。这样就要求从系统的观点，全面控制产品质量形成的各个环节、各个阶段。同时，由于行为科学在质量管理中的应用，其中主要内容就是重视人的作用，认为人受心理因素、生理因素和社会环境等方面的影响。因而必须从社会学、心理学的角度去研究社会环境与人的相互关系以及维护个人利益对提高工效和产品质量的影响，发挥人的能动作用，调动人的积极性，去加强企业管理。

阿曼德·费根堡姆(Armand Feigenbaum)首先提出了全面质量管理的想法，并且在1961年出版了《全面质量管理》一书，他指出要真正做好质量管理，除了利用统计方法控制制造过程外，还需要组织管理工作，对生产全过程进行质量管理。他还指出参与质量管理工作是企业全体人员的责任，应该使全体人员都具有质量意识和承担质量职能。全面质量管理的提出符合生产发展和质量管理发展的客观要求，所以很快被人们接受，并在世界各地逐渐普及和推行。经过多年实践，全面质量管理理论已比较完善，在实践上也取得了较大的成功。

10.3.2 全面质量管理的特点

全面质量管理的特点就在“全面”上，所谓“全面”，有以下四方面的含义。

1. 全面质量管理是全面质量的管理

所谓全面质量就是指产品质量、过程质量和工作质量。全面质量管理不同于以前质量管理的一个特征，就是其工作对象是全面质量，而不仅仅局限于产品质量。全面质量管理认为应从抓好产品质量入手，用优质的工作质量来保证产品质量，这样能有效地改善影响产品质量的因素，达到事半功倍的效果。

2. 全面质量管理是全过程质量的管理

所谓全过程，是相对制造过程而言的，就是要求把质量管理活动贯穿于产品质量产生、形成和实现的全过程，全面落实预防为主的方针，逐步形成一个包括市场调研、开发设计直至销售服务全过程所有环节的质量保证体系，把不合格品消灭在生产过程之中，做到防患于未然。

3. 全面质量管理是全员参与的质量管理

产品质量的优劣，取决于企业全体人员的工作质量水平，提高产品质量必须依靠企业全体人员的努力。企业中任何人的工作都会在一定范围内和一定程度上影响产品的质量。显然，过去那种依靠少数人进行质量管理的方法是很不得力的。因此，全面质量管理要求不论是哪个部门的人员，也不论是哪个层级的人员，都要具备质量意识，都要承担具体的质量职能，积极关心产品质量。

4. 全面质量管理是全社会的质量管理

所谓全社会的质量管理，指的是要使全面质量管理深入持久地开展下去，并取得好的效果，就不能把工作局限于企业内部，而需要全社会的重视，需要通过立法、认证、监督等工作，进行宏观上的控制引导。之所以全面质量管理的开展要求全社会推动，是因为一个完整的产品，往往是由许多企业共同协作来完成的，例如，机器产品的制造企业就需要从其他企业获得原料。因此，仅仅依赖企业内部的质量管理无法完全保障产品质量。

10.3.3 全面质量管理的工作内容

全面质量管理是生产经营活动全过程的质量管理，要将影响产品质量的一切因素都控制起来，其中主要抓好以下几个环节的工作。

1. 市场调查

市场调查的目的是了解用户对产品质量的要求，以及对本企业产品质量的反映，为下一步工作指出方向。

2. 产品设计

产品设计是产品质量形成的起点，是影响产品质量的重要环节，设计阶段要制定产品的生产技术标准。可以应用质量屋等工具帮助企业分析产品质量、成本、客户需求等的关系来确定最佳设计水平。

3. 采购

原材料、协作件、外购标准件的质量对产品质量的影响很大，因此，要从供应单位的产品质量、价格和遵守合同的能力等方面来选择供应厂家。

4. 制造

制造过程是产品实体的形成过程，制造过程的质量管控，着重于把控影响产品质量的多种因素，包括操作者的技术熟练程度、设备的先进性与稳定性、原材料的质量、操作方法的科学性、检测手段的精准性以及生产环境的适宜性等。

5. 检验

制造过程中同时存在着检验过程。检验在生产过程中起到把关、预防和预报的作用。把关就是及时挑出不合格品，防止其流入下道工序或出厂；预防是防止不合格品的产生；预报是将产品质量状况反馈到有关部门，并将其作为质量决策的依据。为了更好地起到把关和预防等作用，同时减少检验费用，缩短检验时间，要正确选择检验方式和方法。

6. 销售

销售是产品质量实现的重要环节。销售过程中要实事求是地向用户介绍产品的性能、用途、优点等，防止不合实际地夸大产品的质量，影响企业的信誉。

7. 服务

应抓好对用户的服务工作，如提供技术培训、编制好产品说明书、开展咨询活动解决用户的疑难问题、及时处理出现的质量事故等。为用户服务的质量影响着产品的使用质量。

10.3.4 全面质量管理的基本方法：PDCA 循环

PDCA 循环是美国质量管理专家休哈特首先提出的，由威廉·戴明(William Deming)采纳、宣传并且普及，所以又称戴明环。全面质量管理的思想基础和方法依据就是 PDCA 循环。PDCA 循环的含义是将质量管理分为四个阶段，即计划(plan)、执行(do)、检查(check)和处理(act)。在质量管理活动中，要求把各项工作严格按照做出计划、计划实施、检查实施效果这一流程施行，然后将成功的纳入标准，不成功的留待下一循环去解决。这一工作方法是质量管理的基本方法，也是企业管理各项工作的一般规律。

1. 计划（P）阶段

第一，对现有工序进行研究并以书面形式描述工序；第二，搜集数据以明确所要解决的问题；第三，分析数据并制定改进计划；第四，详细说明如何评价计划。

2. 执行（D）阶段

如果可能的话，在一个小范围内实施计划。书面描述在这个阶段所发生的所有变化。全面收集数据，对计划实施效果做出评价。

3. 检查（C）阶段

分析在执行阶段所收集到的数据。检查计划实施结果是否符合在计划阶段所制定的最初目标。

4. 处理（A）阶段

如果结果达到预期目标，质量改进项目就取得了成功。将新方法予以标准化，并在与该工序有关的所有人员当中贯彻新的方法，就新方法开展培训工作。如果质量改进项目未取得成功，就要修订计划并重复上面的步骤或者中断这一项目。

PDCA 的实施是一个不断循环的过程，每个部门都有自己的 PDCA 循环，就像一个行星轮系一样，大环带动小环，一级带一级，大环指导并推动着小环，小环又促进着大环，有机地构成一个运转的体系。每经过一次循环，都需要将取得的成果加以巩固，只有这样才能使企业的产品质量水平不断提高。

利用 PDCA 循环进行企业全面质量管理的过程中，需要注意以下三点。

第一，企业高层领导的承诺和带头作用。企业高层领导要重视企业全面质量管理体系建设，贯彻全面质量管理的理念，推动企业从上而下的流程优化和组织结构变革，以更好地在全部门、全员中实施质量管理工程。

第二，顾客的参与。实施全面质量管理是以顾客需求为导向的，因此，在全面质量管理的过程中需要通过小组访谈、调研的方式获取顾客对产品质量的意见和反馈。

第三，连续不断改进。实施全面质量管理需要企业长期推进，需要根据技术变化、客户需求变化、竞争对手产品质量的变化不断地优化企业质量管理体系，促进企业产品质量持续改进和创新，达到企业长期的质量目标。

10.4 质量管理工具

好的质量管理工具可帮助企业解决质量问题，实现工序的改进。本节重点介绍常用的质量管理工具。这些工具有助于收集和分析数据以便为质量管理决策提供依据。

10.4.1 流程图

流程图(flow chart)是一个针对工序质量分析的直观工具，流程图能够帮助检查人员确定工序中哪些点可能出现问题。图 10-2 所示是一种电话订货的流程图，其中可能出现问题的关键点已在图中显著标识出来。

流程图中的菱形代表工序中的决策点，而矩形代表操作，箭头表明工序中各步骤发生的先后顺序。

为绘制一个流程图，开始时要列出工序中的各个步骤，然后把这些步骤按操作或决策(检查)点进行分类。不要把流程图画得过于详细，否则它可能会使分析人员不知所措。但是要注意，不能遗漏工序中的任意一个关键步骤。

10.4.2 检查表

检查表(check sheet)是经常用来确定问题的质量管理工具。检查表为使用者提供了一种表格形式，以便他们收集、整理、记录和组织数据。检查表一般根据使用者通过收集数据想要了解什么问题来进行设计。

检查表种类很多，且同一种检查表也有多种不同形式。表 10-1 展示了一种常见的检查表形式，它可以用来分析每种缺陷在不同工作日出现的数量，这能够帮助管理者更好地找到缺陷产生的原因。

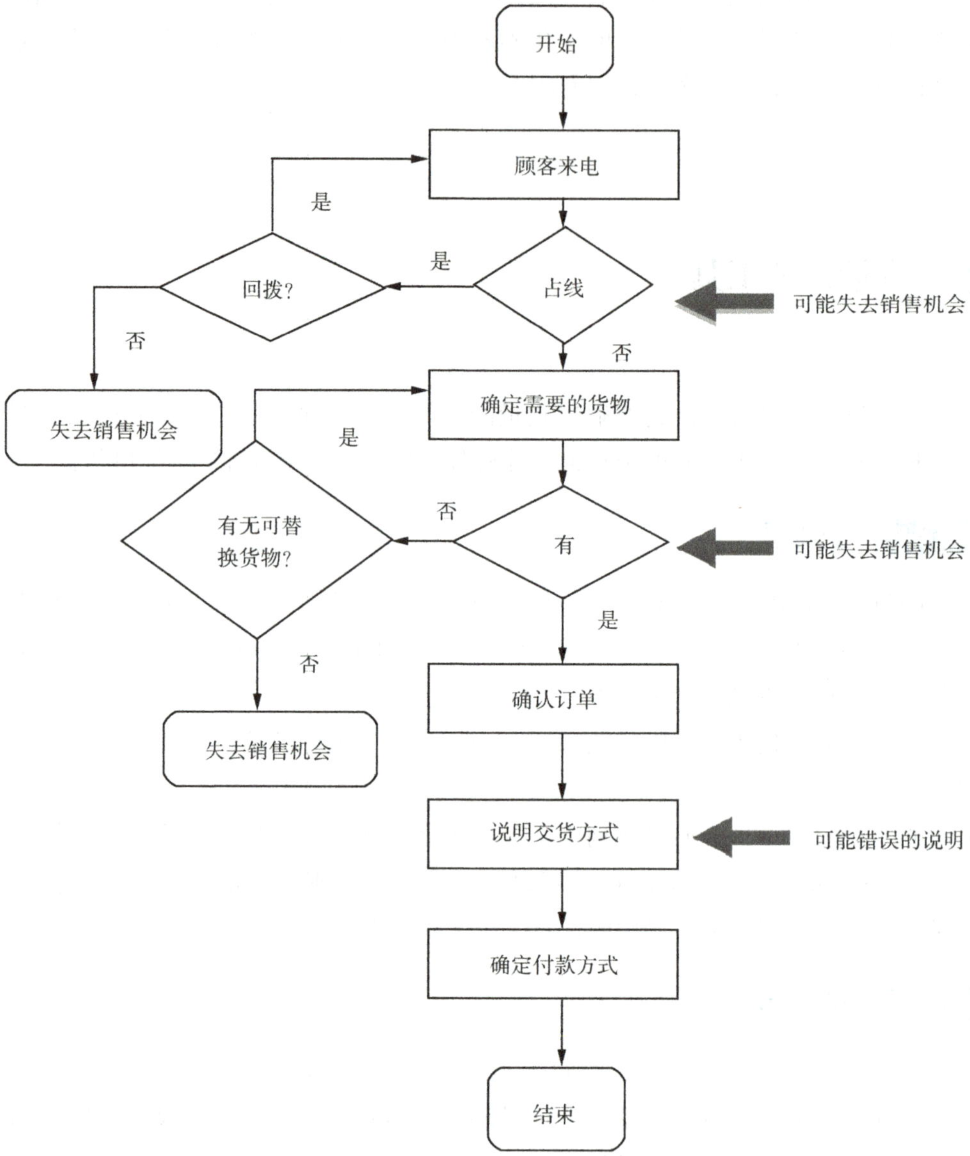

图 10-2　电话订货流程图

表 10-1　检查表示例

缺陷	3 月				总计
	6 日	7 日	8 日	9 日	
尺寸缺陷	3	1	2	4	10
形状缺陷	2	2	3	2	9
重量缺陷	4	1	1	2	8

续表

缺陷	3 月				总计
	6 日	7 日	8 日	9 日	
光洁度缺陷	1	2	0	1	4
总计	10	6	6	9	31

10.4.3 直方图

直方图(histogram)是一种用于展示数据分布情况的统计图表。它通过将数据划分为连续的区间，并统计每个区间内数据出现的频数或频率，以柱状图的形式直观呈现数据的分布特征。

通过直方图可以看出分布是否对称、数值的变化范围是什么以及是否有异常的数值。图 10-3 就是一个典型的直方图，能够直观地描述质量因素 1、质量因素 2 和质量因素 3 发生的频率。

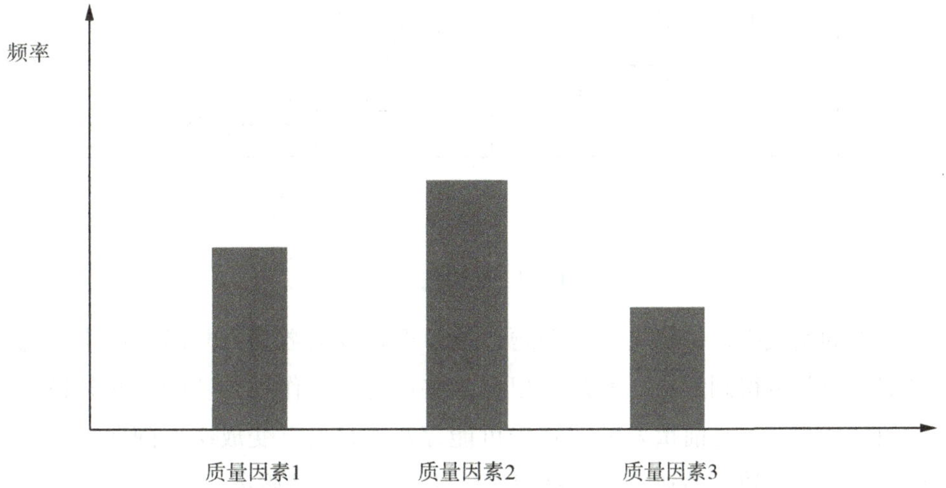

图 10-3　直方图示例

10.4.4 帕累托图

帕累托图(Pareto chart)是一种融合了柱状图与折线图特性的统计工具，它作为质量管理中的常用工具，旨在识别关键问题，通过聚焦“关键少数”来显著提升决策效率。其核心理念在于依据问题的重要程度对问题进行分类，集中资源解决最为关键的问题，同时适当兼顾次要问题。帕累托原理，即广为人知的二八法则，指出大约 80% 的问题源自仅占原因总数 20% 的少数原因。例如，在机器故障中，80% 的故障往往集中在占总零部件数 20% 的特定部件上。在电商领域，客户投诉的前三大类问题(物流延迟、质量问题、客服响应）占比高达 88%，优先解决这些投诉能够大幅降低整体投诉率。

在质量管理实践中，我们通常依据质量缺陷发生的频次进行分析，对原因进行分类，并按照频数大小重新排序，进而绘制出帕累托图。这种方法有助于我们精准把握主要矛盾，从而更加高效地推动质量改进。

图 10-4 为一个帕累托图示例。根据图 10-4，我们可以发现 A 类差错和 B 类差错占了绝大多数，是主要问题；而后面的差错则是次要的。因此，管理者及员工应集中主要精力解决这两种问题，一旦这两种重要的问题被解决以后，产品的质量会大幅度提升。

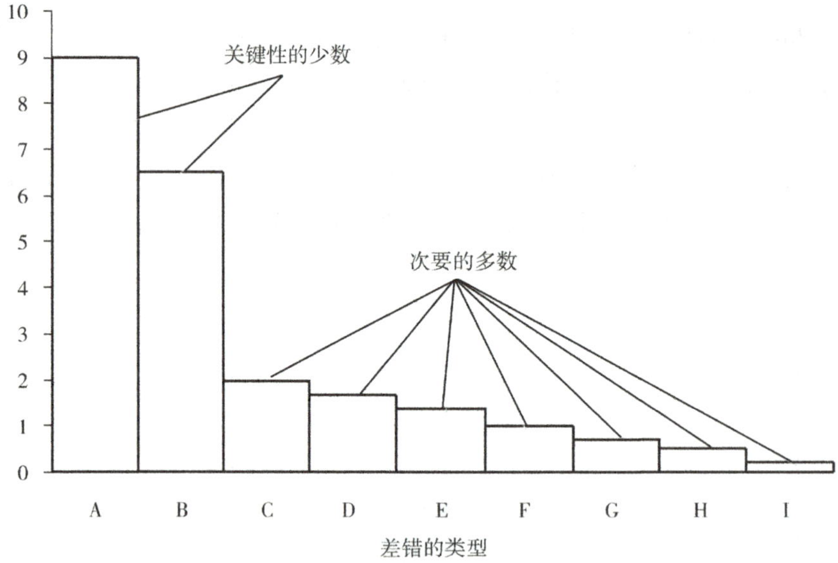

图 10-4　帕累托图示例

质量管理的实践中，每解决一个问题，就要重新收集数据，并确认原来最为重要的问题已经消除或基本得到解决。然后，根据这些信息，制作一张新的帕累托图。在第二次制作的帕累托图中，之前重要的问题仍可能存在，只是已变成次要问题。经过这些措施，可以不断解决导致产品缺陷的关键因素，从而提升产品质量。

10.4.5　散点图

散点图在判断两个变量之间是否存在相互关联方面具有极高的实用价值，这种关联性能够为我们分析特定问题的成因提供有力支持。图 10-5 便是一个典型的散点图示例。在该图中，空气湿度与每小时出现的差错数之间呈现出一种正相关性（即向上倾斜的趋势），表明湿度较高时，差错数也相应增多。

两个变量之间的相互关联性越强，图中的数据点就越集中，趋于分布在一条直线附近。相反，如果两个变量之间几乎没有或不存在相关性，那么这些数据点将会呈现出完全分散的状态。在图 10-5 中，湿度和差错数之间的关联性显得尤为显著，因为数据点紧密地分布在一条虚拟直线周围，清晰地揭示了二者之间的密切关系。

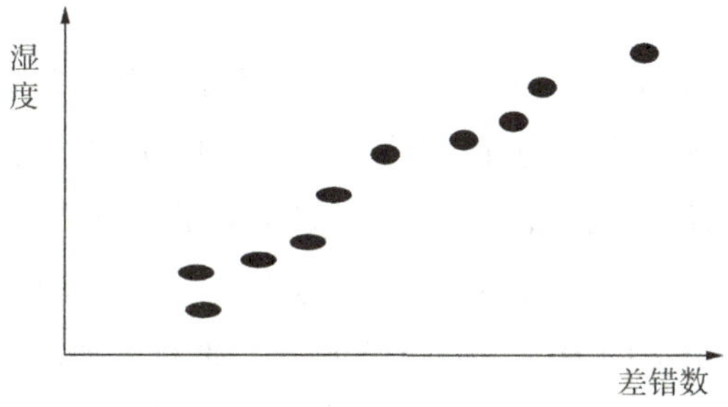

图 10-5　散点图示例

10.4.6 控制图

控制图（control chart）作为统计过程控制的核心工具，在检测工序稳定性、判断产品特性值分布是否随机等方面发挥着重要作用。它不仅能够帮助我们及时发现并纠正引起偏离的潜在原因，更是实时监控生产过程或服务流程稳定性的得力助手。通过识别异常波动，控制图确保产品质量始终符合预期标准。

图 10-6 生动地展示了控制图的原理，即以图形的方式直观地揭示了样本偏离程度的动态变化。此外，控制图还具备定位问题发生时间和揭示问题原因的功能。通过分析控制图上的数据点分布和趋势，我们能够迅速锁定问题出现的具体时段，进而深入探究引发问题的根本原因，为持续改进和优化生产过程提供有力依据。

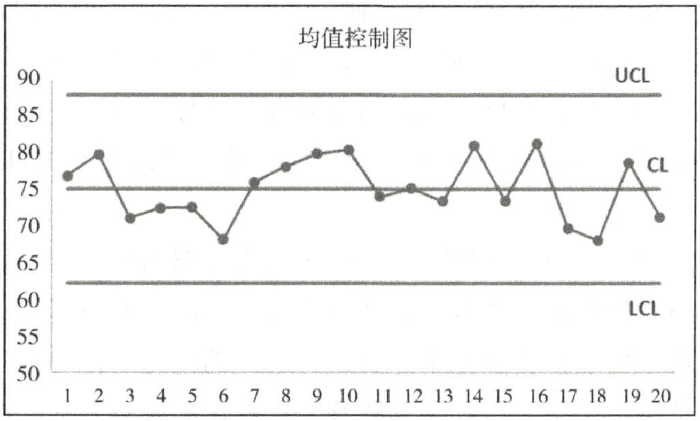

图 10-6　控制图

控制图作为预防性质量管理的核心工具，在实践应用中展现出其独特的价值。一方面，它能够用于判断生产过程的稳定性，通过数据点是否超出控制区域或呈现非随机分布，及时采取必要的改进措施，从而防患于未然。另一方面，通过长期持续监控，控制图还能有效验证工艺优化或管理措施的实施效果，为质量改进提供有力支持。

10.4.7 因果分析图

因果分析图(cause-and-effect diagram)是一种通过可视化方式系统分析问题根本原因的工具，由于其形状像鱼刺，因此也被叫作鱼刺图。应用因果分析图进行质量管理的核心目标在于系统化、结构化地梳理潜在原因，聚焦关键因素，从而协助企业负责人定位问题的真正根源。通常，在经过头脑风暴后，运用这一工具能够更加条理清晰地整理和分析所面临的问题。图 10-7 即为因果分析图的一个典型示例，展示了如何通过图形化的方式直观地呈现问题与各种潜在原因之间的逻辑关系，为质量改进提供有力的分析工具。

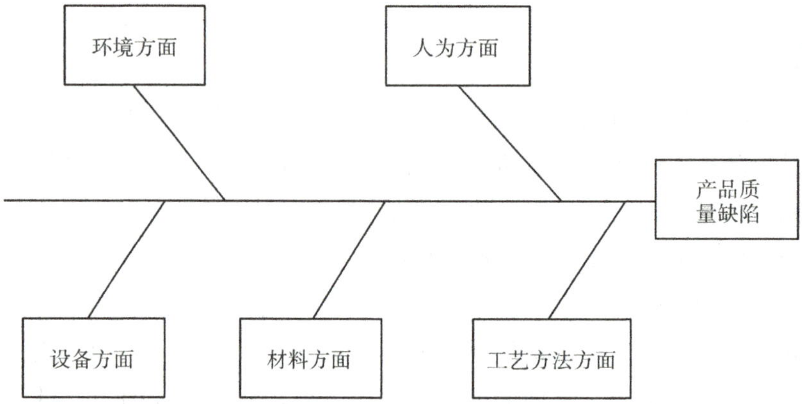

图 10-7　因果分析图

图 10-7 说明了引起产品质量缺陷的五种主要原因，包括人为原因，如操作失误、技能不足；设备原因，如设备老化、维护不足；材料原因，如原材料质量波动；工艺方法的原因，如工艺流程不合理；环境原因，如温湿度不达标。可以看出，通过因果图可以直观地找到引起产品质量问题的关键原因，然后针对这些关键原因可以制定有效措施，从而提升产品质量。

在质量管理的实践活动中，应用因果分析图尤为强调团队协作与引导。通过头脑风暴的形式，激发跨部门团队的集体智慧，共同参与深入的原因分析。借助结构化分类方法，将纷繁复杂的原因有序归类至主干分支，为后续的优先级排序奠定坚实基础。因果分析图不仅适用于企业的质量改进和流程优化，更在诊断服务延迟、成本超支等问题的根源时展现出独特价值。结合数据验证与优先级排序，因果分析图能够显著提升问题解决的效率。

本章要点

- 质量是反映实体满足明确和隐含需要的特性总和，这里的质量不仅指产品质量，也包括过程质量和服务质量，它是基于产品对用户的适用性而言的。

- 产品和服务质量从形成过程来说，包括设计过程质量、制造过程质量、使用过程质量及服务过程质量。
- 工作质量一般指与质量有关的各项工作对产品质量、服务质量的保证程度，反映了各个部门、各个岗位工作的有效性。
- 质量成本是指当生产的产品不合格时，由于产品质量缺陷而增加到生产当中的全部成本，或者说是目前的实际生产成本与完美质量水平下的成本之间的差值。
- 质量管理是指确定质量方案、目标和职责，并通过质量体系中的质量策划、质量控制、质量保证和质量改进来使其实现所有管理职能的全部活动。
- 全面质量管理的特点就在“全面”上，具体可概括为：全面质量管理是全面质量的管理、全面质量管理是全过程质量的管理、全面质量管理是全员参与的质量管理、全面质量管理是全社会的质量管理。
- 全面质量管理的主要工作内容包括市场调查、产品设计、采购、制造、检验、销售、服务等。
- 全面质量管理的思想基础和方法依据就是 PDCA 循环。PDCA 循环的含义是将质量管理分为计划(plan)、执行(do)、检查(check)和处理(act)四个阶段。在质量管理活动中，要求把各项工作严格按照做出计划、计划实施、检查实施效果这一流程施行，然后将成功的纳入标准，不成功的留待下一循环去解决。
- 质量管理的常用工具包括流程图、检查表、直方图、帕累托图、散点图、控制图和因果分析图。

思考与练习

选择题

参考答案

1. 全面质量管理的核心原则是(　　)。

A. 仅关注产品出厂检验

B. 全员参与与持续改进

C. 依赖高成本检测设备

D. 以降低原材料成本为首要目标

2. PDCA 循环中的“C”代表(　　)。

A. control(控制)

B. correct(纠正)

C. check(检查)

D. create(创造)

3. 控制图主要用于(　　)。

A. 分析产品缺陷的根本原因

B. 区分过程波动是否处于统计控制状态

C. 计算生产线的理论产能

D. 优化供应链库存水平

4. 属于质量成本中的预防成本的是(　　)。

A. 退货处理费用

B. 废品损失

C. 员工质量培训费用

D. 客户投诉赔偿

5. 因果分析图主要用于(　　)。

A. 分析问题潜在原因的分类与关联

B. 展示产品质量数据分布

C. 计算工序能力指数

D. 优化生产排程

6. 六西格玛质量管理中的"σ"是表示(　　)。

A. 平均值

B. 百万分之方差

C. 标准偏差

D. 期望值

7. 直方图的主要作用是(　　)。

A. 展示数据随时间的变化趋势

B. 显示数据分布形态与波动范围

C. 比较不同类别数据的差异

D. 分析两个变量的相关性

8. 某企业推行"零缺陷"管理，其管理哲学基础是(　　)。

A. 第一次就把事情做对

B. 允许合理范围内的小缺陷

C. 通过筛选剔除所有不良品

D. 依赖客户反馈改进质量

简答题

1. 简述质量过程包括哪几个阶段。

2. 质量成本包括哪些内容？质量预防成本主要指哪些方面？

3. 帕累托图是质量管理中一种常用的工具，请简述帕累托图的基本思想。

4. 简述全面质量管理的核心思想和主要特点。

案例分析题

GH 科技有限公司是一家汽车零部件制造企业，主要生产发动机的关键零部件。这些年产品的质量合格率在行业一直徘徊在中上水平，导致企业市场份额难以提升。近年来，企业面临的竞争压力越来越大，客户对产品质量的要求更加苛刻。

为了提升企业的竞争力，提升产品的质量和声誉，减少企业废品带来的浪费，企业决定引入六西格玛方法来进行质量管理，全面提高产品质量和生产效率。

根据上述案例，回答以下问题：

(1) 应用六西格玛质量管理对提升企业产品质量有哪些好处？

(2) 应用六西格玛进行质量分析的流程有哪些？

(3) 请思考 GH 科技有限公司实施六西格玛质量管理可能遇到哪些障碍。

第 11 章 生产运作中的流程重组

素质目标：培养“打破常规”的质疑精神；锻炼在资源约束与不确定性中坚持目标的心理韧性。

知识目标：掌握流程及流程的特点；理解信息技术对流程的影响；掌握企业流程重组的内涵和基本思想。

能力目标：能够基于企业信息技术的应用，对生产运作流程进行优化。

开篇案例

从“部门割据”到“秒级响应”
——HX 制造如何用流程再造打赢数字化转型生死战?

HX 制造主营空调、冰箱产品，年营收超 300 亿元。但 HX 在 2018 年后陷入增长泥潭，主要原因是“大企业病”肆虐，部门效率低下，订单响应迟缓：客户定制需求需经 7 部门、12 人审批，平均耗时 23 天；数据孤岛丛生，生产部用 SAP、销售部用金蝶、仓储用自研系统，库存准确率仅 65%。

2021 年，欧洲某客户紧急追加 5 万台智能空调订单，要求 45 天交付。HX 因跨部门协同失效，导致生产计划误判：采购部未同步新能效标准，10 万片压缩机不匹配，返工成本超 3000 万元。客户永久终止合作，导致企业丢单、合作伙伴信任崩塌。董事长在内部信中疾呼：“不拆掉部门墙，我们就拆自己的招牌!”于是，2022 年企业开启了刀刃向内的流程革命，启动流程再造计划。

企业的核心策略包括：首先，重构组织部门，取消所有非增值环节(如重复质检、多级签字)，审批节点从 12 个减至 3 个；其次，将“客户订单”设为唯一触发源，消灭部门自创的 63 张内部表格；再次，实施全链路数字化，构建企业统一的信息平台，打通 CRM、ERP、MES 系统；最后，实施组织重生，从“科层制”转变为“流程制”，推行流程负责制，关键流程由跨部门的骨干全权负责，对结果终身追责。

企业经过半年的流程再造，取得了明显的效果：订单交付周期从 45 天压缩至 9 天，定制化响应速度在行业内排第一，运营成本降低 28%，年节省费用超 8 亿元，公司的柔性生产能力大幅提升。

上述案例中，HX 制造从“部门割据”到“秒级响应”的蜕变，深刻揭示了数字化转型背景下企业流程重组的战略价值。当传统科层制遭遇客户需求碎片化、市场竞争白热化的双重冲击时，部门墙、审批冗余、数据孤岛等大企业病不仅造成 3000 万元级经营事故，更使企业面临被数字化浪潮淘汰的生死危机。而通过以客户订单为价值锚点的流程再造，HX 制造突破性地完成了变革。可见，企业流程重组绝非简单的审批节点删减或 IT 系统叠加，而是需要构建以客户价值为核心、数据为纽带、责任为保障的新型运营范式。

11.1 生产运作中的流程及其测量

11.1.1 生产运作中的流程

流程是生产运作管理中重要的概念之一。就其本质来讲，生产运作就是流程，是从原材料变成产品和服务的流程。

生产运作中的流程是具有特定输入和输出的一组相关活动(任务)。企业产品由原材料到半成品，再到成品，要经过一系列加工环节，即经过一系列流程。同时，在经过流程的各个环节，也在不断地消耗人力、物力和财力，成本也在不断升高。对流程进行规划、分析和改进，是生产运作管理的核心内容。

现通过一个具体的例子对流程进行阐述。图 11-1 是一个简单的汽车生产流程图。从图中可以发现，汽车生产包括以下活动(作业或工序)：冲压、焊接、涂装、总装、检测和包装。在汽车生产活动中，输入的是车身板材、零部件、油漆等，输出的是满足特定标准和性能的汽车。在汽车生产的流程中包括一组相关活动，这些活动有先后顺序，如涂装是在焊接之后，总装又是在涂装之后，这些活动在汽车生产流程中至关重要，缺一不可。

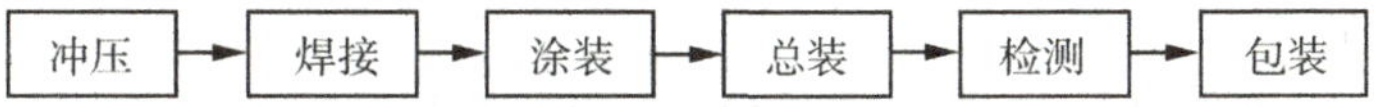

图 11-1 汽车生产流程图

在企业中，生产流程具有顺序性、标准化、以资源投入为前提、重视质量控制和可追溯性等特点。

(1)顺序性。顺序性是指生产过程中的流程活动是按特定顺序执行的，一般在生产系统设计时就明确了每一个流程的先后顺序。

(2)标准化。标准化是指生产过程中每个流程活动有明确的操作标准，对资源输入和成果输出有明确的要求，有标准的制度文件对流程活动进行阐释。

(3)以资源投入为前提。生产运作中的生产流程以一定的资源投入为前提，通过一系列流程活动，实现产品的持续增值。在此过程中，合理配置人力、设备和物料，力求降低消耗，最大化资源利用效率，成为企业追求的目标。

(4)重视质量控制。质量控制贯穿于生产流程的始终。每个流程活动都需经过严格的质量检测和分析，确保最终产品符合既定的质量标准。

(5)可追溯性。生产流程的可追溯性为问题排查提供了有力支持。通过追踪每个环节的物料、工件和活动，企业能够迅速定位问题源头，采取有效措施，保障生产过程的稳定性和产品质量的可靠性。

11.1.2 生产运作中的流程测量

尽管不同行业的制造企业在生产流程上各有不同，但它们共同的目标都是确保生产过程高效、可控，以达成预期的质量和产量目标。为此，企业常常借助量化指标来深入评估生产过程的效率、质量和成本等核心要素，从而为流程的改进和优化提供有力依据。

1. 生产流程的测量步骤

生产流程的测量步骤主要包括以下几步。

(1)确定测量目标。企业需要明确生产流程需要改进的方面，如效率、质量或成本等。

(2)选择关键的测量指标。根据目标选择合适的指标，如生产效率、合格率等。

(3)数据收集。通过问卷调查、企业内部调研、生产记录、客户单据等方式收集与流程活动相关的数据。

(4)数据分析。根据收集的数据，使用统计工具对相关指标进行分析，对相关流程进行测量和评价。

2. 生产流程的测量指标

在实践中，用于测量生产运作中的流程的指标主要有流程时间、在制品库存、一次合格率、返工率等。

(1)流程时间。流程时间是指加工对象(物料)从进入生产运作系统(如车间)开始，到离开生产运作系统为止的时间间隔。流程时间是加工服务对象在加工服务系统中停留的时间，它是企业管理者在控制分析生产流程时的重要指标。缩短流程时间是生产运作追求的目标之一。在具体测量时，可以是某一个单一流程的时间，也可以是完成产品生产所有流程的时间之和。

(2)在制品库存。在制品库存是处于流程中的物料的数量。企业希望在它的生产系统内不要有太多的在制品，以减少生产拥挤程度，减少空间和场地的占用，加快资金的周转。因此，减少在制品库存也是生产运作追求的目标之一。在制品库存可以用生产过程中未完成的产品数量来表示。如某生产线有200件未完成产品，则在制品库存为200件。

另一个用来计算在制品库存的指标是库存平均周转次数，即单位时间内周转次数越多，表明在制品库存的周转越快，其计算公式为：

$$库存平均周转次数=1/平均流程时间$$

(3)一次合格率。一次合格率是指企业生产过程中，首次通过质量检验的产品比例，它是衡量流程质量的重要指标，其计算公式为：

一次合格率=(首次质检合格产品数/总生产产品数)×100%

如企业某流程生产 1000 件产品，其中有 950 件首次质检即合格，则一次合格率为 95%。

(4)返工率。返工率是指经过流程活动生产的产品中需要返工的产品比例，其计算公式为：

返工率=(返工产品数/总生产产品数)×100%

如企业某生产流程生产了 1000 件产品，其中 100 件需返工，则该流程的返工率为 10%。

除了以上指标，生产流程还可以通过周期时间、设备利用率、废品率等指标进行测量。

知识链接

数字化技术对生产运作组织与流程的影响

随着互联网、大数据、人工智能等信息技术的发展，企业开发了各种智能化的管理信息系统，帮助企业对相关信息资源进行管理。管理信息系统的应用也意味着新的工作方式和业务活动的改变。与此同时，企业员工的意识水平也在发展和变化，对工作的需求自然也会发生变化。

由此，在信息技术的推动下，企业的生产运作模式与业务流程也在不断改变。具体来说，信息技术促进了生产运作流程的自动化、合理化和业务流程再造。

1. 自动化

自动化是指利用计算机系统来帮助员工提高完成某项业务的效率。自动化是信息技术所引起的组织流程变化的最普通形式，如企业应用自动控制设备对生产工序进行自动化操作，企业应用物料需求分析系统、会计记账系统、生产统计系统、客户关系管理系统对相关数据进行自动分析。由此可以看出，自动化是应用先进设备、信息系统软件代替员工完成某些工序活动，或者辅助员工完成某些活动。

2. 流程合理化

自动化往往会使原有的业务流程产生一些新的瓶颈或显得比较烦琐。合理化是应用信息技术将标准的业务操作程序做进一步的精简和改进，消除流程活动中明显的瓶颈，使自动化的效率更高。可以看出，流程合理化主要是针对某些瓶颈流程或者某些不合理的流程进行改进。

3. 企业流程重组

企业流程重组也叫业务流程再造，这是组织流程变动中更有力的一种类型。业务流程定义了企业为向顾客提供有价值的产品或服务所进行的各种有序的活动。业务流程重组是以流程为导向，基于信息系统对原有的产品生产和服务过程进行分析简化和重新设计，消除或合并生产过程中的无效流程，从而提升企业运营效率。可以看出，业务流程重组是信息技术时代企业流程活动的彻底变革，是企业生产运作模式的重构。

11.2 企业流程重组

11.2.1 企业流程重组的概念

企业流程重组(business process reengineering，BPR)是对企业现有业务流程进行深刻反思和全面再设计的战略举措。其目标在于实现质量、服务和生产速度等方面的显著提升，从而助力企业更好地适应以顾客需求为导向、竞争激烈且快速变化的现代企业经营环境。

根据上述企业流程重组的基本概念，可以看出企业流程重组有几个明显的特点。

1. 根本性

根本性意味着企业在进行流程重组时，应摒弃既定前提和现有框架的束缚，不以其作为优化重组的起点。相反，企业应立足于新技术支撑的基础之上，以流程为导向来实施彻底的重组。现实中，许多企业的业务活动往往偏离了“以流程为导向”的核心，过于专注于任务完成和本位工作，过分重视组织结构而忽视了流程本身。这种偏重局部、忽视整体的现象，正是流程重组需要从根本上加以改变和优化的关键所在。

2. 彻底性

企业流程重组不是指对企业现有的业务工作进行改良或提高，而是要根据企业的业务需要，在信息系统的驱动下重新构建企业的业务活动的关系，实现流程的彻底优化。

3. 显著性

一般来说，企业通过业务流程重组，构建起以管理信息系统为支撑的信息共享模式，能减少部门之间的无效沟通，减少信息冗余，显著提升企业效率。

企业流程重组实质上是对企业运作过程进行深入剖析，对其从发生、发展到终结的每一个环节进行细致考察，进而确定、分析并分解整个企业流程。在此基础上，重构与企业生产运作过程高度匹配的运行机制和组织机构，以实现对企业全过程的精准管理和有效控制。BPR 推动企业构建全新的组织架构，打破传统以专业分工理论为基础的职能部门管理框架，转而建立以过程工作小组为单元的管理模式。这种变革形成了扁平化的管理机构，有效压缩了管理层级，大幅提高了企业生产运营管理效率。

小故事

LB 科技是一家专门从事电子产品研发、生产制造和销售的大型企业。公司有采购、生产、财务、销售、人力等多个部门。一天，采购部的王部长跑到财务部问财务部长老张：“我的采购申请单给你们一个月了，供应商说你们还没有付钱不发货！”财务部长老张说：“我没看到采购单据怎么付钱？”王部长说：“上个月我们采购部就给了你们财务部小李一张纸质的采购单啊！”老张去核对，结果小李找了半天也没有找到采购单据。

就在老张头晕脑涨的时候，生产部林部长给采购部王部长打电话了：“你们采购的零部件为什么还没有到货，我们都要停工了……”

点评：企业要提升效率，各部门之间必须进行信息共享，以信息共享为基础实施企业流程再造，是实现各部门协同工作的关键。

11.2.2 流程重组的类型

鉴于不同行业及不同性质的企业在运营模式上的差异性，流程重组的形式必然呈现出多样化的特点，不可能完全一致。企业在推进流程重组时，应综合考虑自身的生产运作策略、业务处理类型以及所采用的信息技术水平和能力。基于这些关键因素，企业可以灵活选择并实施最符合自身需求的流程重组类型，以确保重组活动的有效性和针对性，从而实现业务流程的优化和整体运营效率的提升。一般而言，企业流程重组可分为以下三类。

1. 功能内的业务流程重组

功能内的业务流程重组主要聚焦于对职能内部流程的深入分析和系统优化。在传统管理模式下，职能管理部门往往存在职责重叠、中间层次繁多的现象。这些中间管理层通常承担着一些非创造性的工作，如统计、汇总、核对等，而这些工作完全可以由计算机替代。通过取消职能部门内的冗余岗位或一些无法带来增值的流程，企业能够显著提升职能部门内流程活动的效率，实现资源的高效配置和利用，进而推动整体管理水平的提升。图 11-2 所示为一个百货公司销售部门在流程优化之前顾客购买商品的活动流程图，该流程包括挑选货物、开票、收款、核对票据并交货、验收货物等活动。

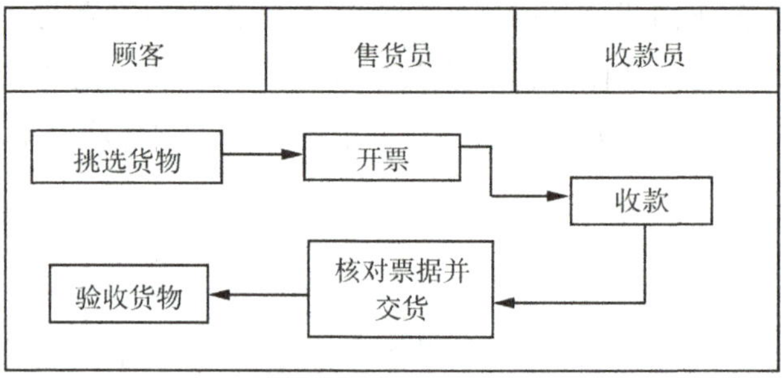

图 11-2　销售部门流程优化之前的流程图

图 11-3 所示则为该销售部门业务流程重组后的流程图。这个业务流程重组后，应用收银机进行开票、收款、核对票据的业务活动。可以看出，业务流程重组之后业务活动减少了，不再需要售货员，大幅提升了顾客购买商品的效率，也降低了企业的销售成本。

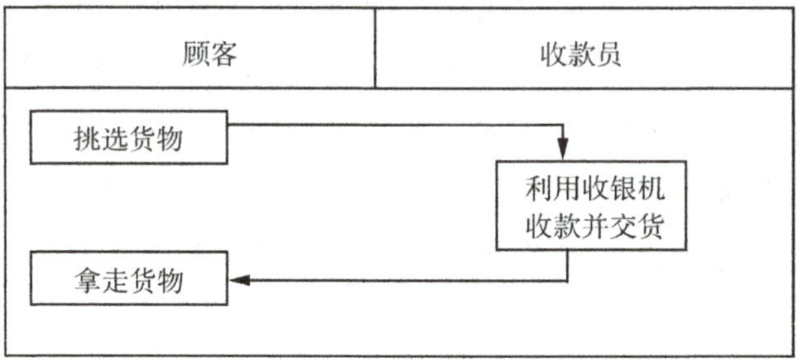

图 11-3　销售部门流程优化之后的流程图

2. 功能间的业务流程重组

功能间的业务流程重组通常是指在企业范围内，打破部门的界限，对跨越多个职能部门边界的业务流程进行重组。这种职能部门间的业务流程重组需要以信息系统为支撑，对各部门的信息进行集成，减少部门之间的沟通障碍，实现部门之间的信息共享，为减少部门之间的等待、审核和冲突提供支撑。图 11-4 所示为某企业业务流程重组之前部门之间的业务流程图。

由图 11-4 可以看出，在流程重组之前，各部门之间的流程较多，涉及企业销售代表、接受台、信用部、商务部、核价部、文书组等多个部门，工作效率较低。通过应用智能决策系统对相关的流程活动进行优化重组后的流程图如图 11-5 所示。可以看出，部

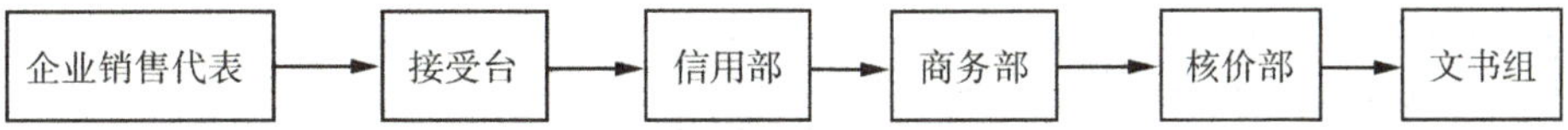

图 11-4　流程重组之前部门之间的流程图

门之间经过流程重组后，流程大大简化，企业的灵活性、适应性更强，多个流程活动可并行处理，信息传递的效率大幅提升。

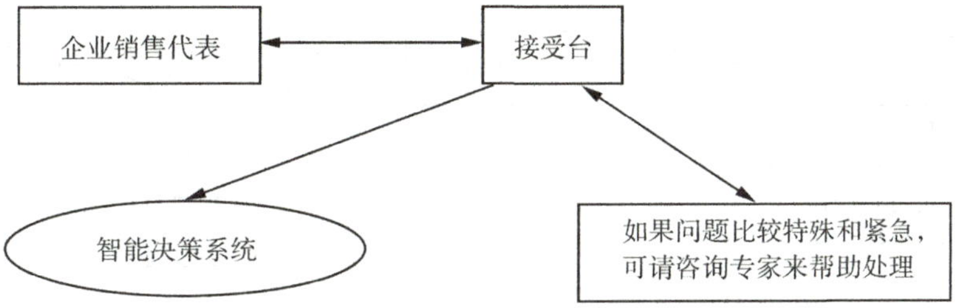

图 11-5　流程重组之后部门之间的流程图

3. 组织间的业务流程重组

组织间的业务流程重组是指对企业与企业之间的业务活动进行分析、优化以提升它们的效率。图 11-6 显示了一个制造企业和供应商的采购业务流程图，可见，在这一流程中，业务活动多、部门之间的联系多、单据多，企业之间的采购活动效率低。

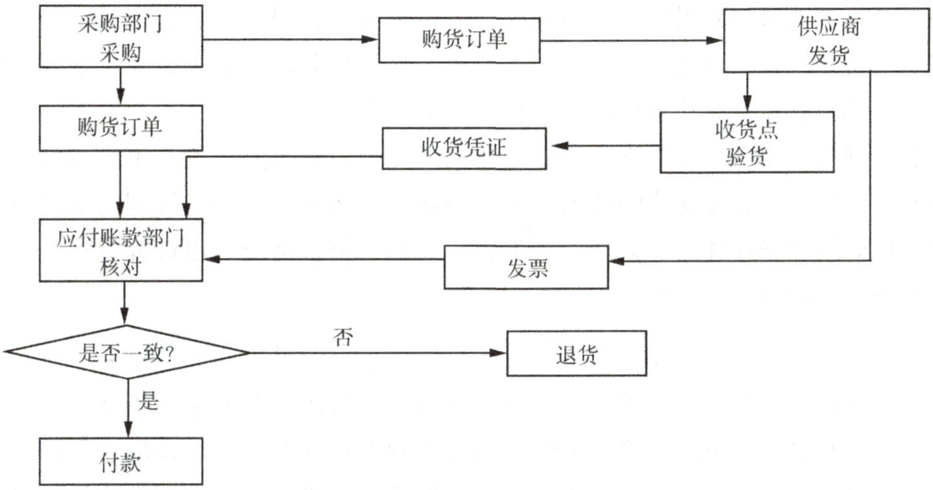

图 11-6　流程重组之前企业之间的采购业务流程图

图 11-7 显示了该制造企业和供应商流程重组之后的采购业务流程图。该图显示企业构建了基于数据库的管理信息系统，企业各部门可以通过管理信息系统的中央数据库来获取相关信息，企业和外部的供应商也可以通过管理信息系统来实现业务对接，这使得企业和供应商的运转如同一家公司，实现了对整个采购活动的信息共享和有效管理，缩短了订货周期，简化了工作流程。

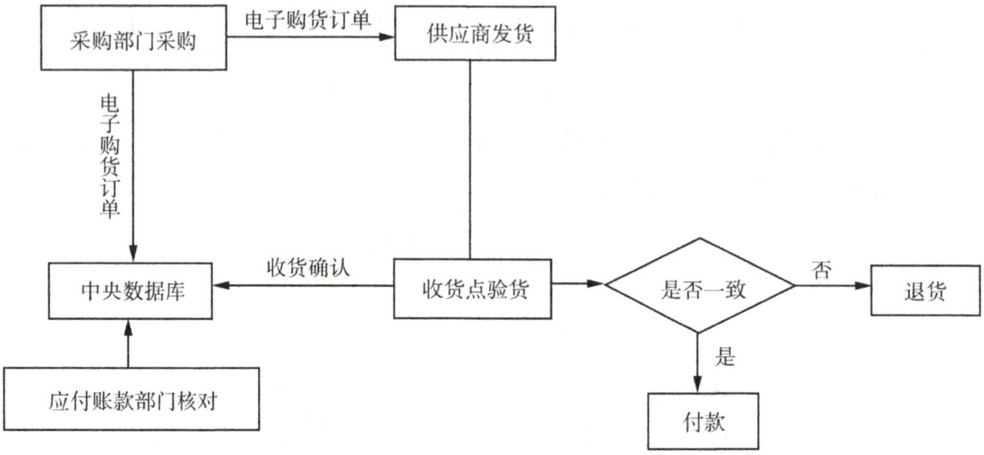

图 11-7　流程重组之后企业之间的采购业务流程图

11.2.3 企业流程重组的原则

在企业流程重组的过程中，为确保重组效果的最大化并推动企业的持续发展，应当严格遵循以下原则。

1. 以过程管理代替职能管理，取消不增值的管理环节

以前的管理大部分采用的是职能管理，而不是过程管理。职能管理是一种用静态的眼光来看待管理问题的方法，优点是相对简单、容易划分职责范围，缺点是其中包含较多不增值的环节，并且对外界用户来说并不友好。

过程管理是一种动态的管理，优点是节省外部用户的时间，没有不增值的环节，难点是管理相对复杂，需要支持的技术更多。经济的全球化对企业的管理活动提出了更高的要求，以前的职能管理已不太适应当下企业面临的复杂情况。以过程管理代替职能管理，这是现代管理发展的必然趋势。

2. 以事前管理代替事后监督，减少不必要的审核、检查和控制活动

事后监督是一种被动的管理方式，是在问题发生后才采取的补救措施。而事前管理则截然不同，它是一种主动的管理策略，通过预测潜在问题并提前采取预防措施，从而避免问题的发生。在企业流程重组中，应积极推动计算机系统的应用，使其取代部分事后的监督审核工作。这样，不仅能够实时减少流程活动中的错误，降低对人工审查、检查和控制活动的依赖，还能显著提升生产效率，减少人工成本，并降低生产过程中的损耗。

3. 取消不必要的信息处理环节，消除冗余信息

信息处理环节越短，信息的作用就越大，信息的真实性和可靠性也越强。如工厂里出现事故，如果依层次向上汇报，事故的处理就不可能及时。冗余的信息是造成信息处

理效率低下的主要原因之一。在企业流程重组过程中，应尽可能缩短信息处理过程，开发先进的管理信息系统对各部门的信息进行集成管理，通过部门间的信息共享，消除信息冗余。

4. 以计算机协同处理为基础的并行过程取代串行和反馈控制过程

要提高信息处理效率，加快信息处理的速度，用并行处理代替串行处理是必然选择。这就需要应用管理信息系统对流程进行优化，使得各部门能够根据自身的需要实时获取数据库中的信息，实现信息流的并行获取和控制。如图 11-7 所示，应付账款部门、采购部门均可自主获取数据库中的数据，同时对供应商的单据进行核对和分析，提升产品验收和付款的效率。

5. 以信息技术实现过程自动化

采用信息技术实现过程自动化是加快流程的有效手段之一。在企业流程重组的过程中，需要对各个业务活动进行分析，尽可能以计算机系统、自动化设备代替手工劳动，以计算机软件代替人工进行信息的处理活动，应用信息管理系统代替人工进行审核、统计、单据交付等活动，这样能大幅提高管理效率。

企业实施业务流程再造后，企业原有的组织结构、经营模式、业务活动、工作方式、部门之间的关系等都会受到重大影响。经过流程重组，企业打破了固有的组织结构界限，使得业务活动在面向客户和供应商时展现出更高的效率。此外，业务流程的整合推动了企业组织结构的扁平化，减少了管理层次，实现了权力的下放。在业务活动的安排上，企业采用项目确定流程的方式，实现了劳动力的动态组合，能够灵活应对市场变化。同时，企业流程重组以后实行流程负责人制，赋予了一线工作人员更大自主权。在这种情况下，并行工程是企业生产组织的主要形式，企业各部门构建了基于信息系统的协调工作方式，使信息更加畅通，大大提升了员工的工作效率和积极性。

总的来说，企业业务流程重组包括人员重构、经营过程重构、技术重构、组织结构重构和企业文化的重构。成功实施企业流程重组以后，企业的生产运作过程及其运营方式会彻底发生变革，企业的管理思想、企业文化、价值观念等均会为适应过程、组织层面上的变化而发生变化。

本章要点

- 流程是生产运作管理中重要的概念之一。就其本质来讲，生产运作就是流程，是从原材料变成产品和服务的流程。
- 在企业中，生产流程具有顺序性、标准化、以资源投入为前提、重视质量控制和可追溯性等特点。
- 生产流程的测量步骤主要包括确定测量目标、选择关键的测量指标、数据收集和数据分析。

● 在实践中，用于测量生产运作中的流程的指标主要有流程时间、在制品库存、一次合格率、返工率等。

● 企业流程重组是对企业现有业务流程进行深刻反思和全面再设计的战略举措，其具有根本性、彻底性、显著性等特点。

● 一般而言，企业流程重组可分为功能内的业务流程重组、功能间的业务流程重组、组织间的业务流程重组三类。

● 在企业流程重组的过程中，应当严格遵循以下原则：以过程管理代替职能管理，取消不增值的管理环节；以事前管理代替事后监督，减少不必要的审核、检查和控制活动；取消不必要的信息处理环节，消除冗余信息；以计算机协同处理为基础的并行过程取代串行和反馈控制过程；以信息技术实现过程自动化。

思考与练习

选择题

参考答案

1. 企业流程重组的核心目标是(　　)。

A. 对现有流程进行渐进式优化

B. 彻底重新设计流程以实现突破性改进

C. 降低员工工作强度

D. 复制竞争对手的最佳实践

2. 以下哪项是 BPR 的关键成功因素(　　)。

A. 完全依赖外部咨询公司主导

B. 优先选择技术成熟的软件系统

C. 高层管理者的全力支持与参与

D. 保持现有组织架构不变

3. 以下属于 BPR 的典型特征的是(　　)

A. 以职能分工为基础优化效率

B. 仅调整非核心业务流程

C. 保留所有现有 IT 系统

D. 以客户需求为流程设计的起点

4. 某企业实施 BPR 后失败，最可能的原因是(　　)。

A. 未改变绩效评估体系，员工仍按旧规则行事

B. 使用最新 ERP 系统

C. 流程设计过于简单

D. 减少管理层级

5. BPR 中“流程负责人”的主要职责是(　　)。

A. 执行具体操作任务

B. 对端到端流程的绩效与优化负责

C. 监督部门预算使用

D. 开发 IT 系统

6. 信息技术(IT)在 BPR 中的作用是(　　)。

A. 仅用于自动化现有流程

B. 降低数据存储成本

C. 替代所有人工操作

D. 赋能全新流程模式的设计与实施

7. 以下是 BPR 的典型风险的是(　　)。

A. 员工技能小幅提升

B. 变革阻力导致项目停滞

C. 供应商交付周期缩短

D. 客户满意度暂时波动

8. BPR 中“消除非增值活动”主要指(　　)。

A. 减少所有人工参与环节

B. 停止客户服务投入

C. 消除审批冗余、重复检查等浪费

D. 取消员工培训计划

9. 某制造企业生产了 2000 件产品，首次合格的产品有 1800 件，返工后合格的产品有 1900 件，则该制造企业生产的产品一次合格率为多少？(　　)

A. 90%

B. 95%

C. 10%

D. 5%

简答题

1. 请简述企业流程重组的特征有哪些。

2. 请简述企业流程重组的内涵。

3. 请简述企业流程重组的原则。

案例分析题

VB 集团是区域性连锁超市龙头，2018 年面临电商冲击时，其经营数据显示其库存周转天数从 35 天攀升至 58 天，生鲜损耗率高达 28%，比行业优秀水平高出 16%，会员复购率同比下降40%，新店开业筹备周期长达9个月。

集团管理者在企业内部进行了深入调研，发现商品从采购到销售的流程中存在诸多问题：23个采购组独立运作，信息不共享，同一商品出现5个不同采购价；无效环节多，商品从供应商到货架需经6次转运（行业标杆为3次）；配送效率低，冷链断链率达37%，导致生鲜商品报废率激增；会员系统与POS机数据割裂。

针对上述管理问题，VB集团管理者对企业流程进行了再造。第一步，价值流重绘，用价值流图暴露全链路浪费情况，删除6个重复审批节点（采购合同审批从72小时缩至4小时），合并生鲜品类的3个质检环节为1个中央实验室；第二步，构建数字化中枢，应用数智技术搭建供应链大脑系统，实施智能补货、智能预测采购需求等；第三步，优化组织结构，将136家门店划分为18个“数字孪生体”，每个单元包含一个前置仓功能和3人敏捷小组，实施灵活采购、运营和IT复合职能；第四步，对用户服务流程重构，开发“扫码购”数字主线，实现“顾客扫描商品—自动匹配优惠券—商品选购”一体化服务模式。

在企业流程重组的过程中，也遇到了一定的冲突。首先是文化冲突，62%的资深采购员抵制系统推荐订单，爆发“数据与经验”之争；其次是系统阵痛，新旧管理信息系统切换期间发生3次大规模库存错乱；最后也遇到了老年人群体对手机支付流程投诉量单月激增的问题。

根据这些问题，企业果断设立“数字教师”岗位，由90后员工培训老员工；此外，销售渠道保留10%的“人工安全通道”，如在门店开设“银发数字岗”帮助老年顾客解决支付流程方面的问题。

经过一段时间后，企业流程重组取得了巨大的成效，库存周转天数降至31天，释放流动资金4.7亿元，会员数增长3倍，复购率提升至68%，定制化促销响应率从9%提升至43%，企业效益大幅提升。

根据上述案例，回答以下问题：

（1）VB集团在企业流程再造过程中遇到的阻碍有哪些？

（2）VB集团的企业流程再造的成功之道是什么？

第12章 准时生产与精益生产

素质目标：培养"永远不满足现状"的改善意识，将消除浪费、追求效率内化为职业习惯；培养从日常细节中发现问题的能力。

知识目标：掌握准时生产制的内涵、目标和方法，了解准时生产制中的拉式系统和看板系统，掌握精益生产的内涵和基本思想。

能力目标：领悟精益生产的核心理念及实现条件，能够应用精益生产理念对企业进行高效管理。

引导案例

XR 汽配的精益转型之路

XR 汽车配件有限公司是国内领先的制动系统供应商，为多家整车企业提供关键零部件。随着市场竞争加剧，客户对交付周期、成本与质量的要求越发严苛。尽管企业年营收突破 20 亿元，但内部问题凸显：库存积压严重，生产线效率低下，设备综合效率仅为 55%；质量成本攀升，售后索赔率连续两年增长 12%。管理层意识到，传统的大批量生产模式已无法适应目前需求波动大的市场，亟须通过精益生产实现系统性变革。

在精益生产理念的指导下，公司引入价值流图识别出七大核心浪费，针对具体的浪费进行优化。第一，重构拉动式生产系统，引入智能化的看板管理系统，将生产计划由月计划拆解为小时级指令，库存周转天数大幅缩短；第二，建立单元化生产线，优化 U 型布局以减少人员移动；第三，实施全员持续改进，推行“每日改善提案”制度，累计实施改进项目 327 项；第四，通过 5S 管理优化生产现场环境，减少了操作错误，提升了生产效率。

XR 汽配构建的这一“消除浪费—快速响应—持续学习”的精益生产体系，实现了企业效益的大幅提升。

当传统大批量生产遭遇客户需求高频波动、质量成本失控的挑战时，设备低效、流程浪费和库存冗余不仅吞噬了企业的年利润增长空间，更使其面临被产业链淘汰的风险。XR 汽配从“库存积压”到“小时级响应”的转型历程，生动诠释了准时生产与精益生产在动态市场中的实践价值。

12.1 准时生产概述

自 20 世纪后半期以来，世界进入了一个市场需求多样化发展的新时代，多品种、小批量生产已成为制造业的一个显著特征，美国现代汽车工业提出的大批量生产方式，在新时代面前显露出诸多不足。当时，以日本丰田汽车公司的大野耐一为首的一些人认为，美国汽车工业的生产方式虽然已很先进，但仍然需要考虑采取一种更能适应市场需求的生产方式。

大野耐一从美国超级市场的管理结构和工作程序中受到启发，找到了通过看板实现准时生产的方法。他提出了一种创新的视角，即将超级市场视作生产线的前一道工序，而顾客则成为后一道工序。在这种模式下，顾客(后工序)能够在某一时间节点上，在超级市场(前工序)中，获取所需数量和种类的商品(零部件)。更为巧妙的是，超级市场还具备高效的补货机制——通过计价器实时传输顾客购买物品的数量和品种信息至采购部门，确保商品能够及时得到补充。

从 1953 年起，丰田公司进行准时生产制的摸索和试验，终于在 1962 年实行了看板管理，而看板管理正是实现准时生产的重要手段。正是从这个时候起，采用准时生产方式的丰田汽车公司，其经营绩效与采用传统方式进行大批量生产的汽车制造企业拉开了距离，准时生产方式的优越性引起了企业界和学术界的关注。

12.1.1 准时生产的内涵

准时生产，也称为适时生产，是精益生产方式在生产现场的体现，是围绕减少成品库存、在制品库存和原材料库存而形成的一套原则和方法。

准时生产的基本思想是“只在需要的时刻，生产所需数量的产品”，这也就是准时生产一词的含义。在此思想引导下，开发了包括“看板”在内的一系列具体方法，并逐渐形成了一套独具特色的生产管理体系。

准时生产是一种“无库存生产”方式，就是不提供暂时不需要的物料，即提供的都是当时需要的东西。

准时生产作为一种独特的生产方式，有严格的标准和要求。尽管在实际生产中，企业追求库存无限接近“零”的理想状态可能永远无法完全实现，但这一目标却激发了企业持续改进、不断进取的精神。可见，执行准时生产并非一蹴而就的任务，而是一个永无止境、动态演进的持续改进过程，需要企业长期坚持、不懈努力。

12.1.2 准时生产的目标

企业的经营目标是获取最大利润，而降低成本则是生产运作管理子系统的目标。为了实现这个目标，在福特时代采用的是单一品种的规模生产。那个时代，实际上不需要太严密的生产计划和细致的管理，即使出现生产日程频繁变动、工序间在制品储备不断增加、间接作业工时过长等问题，只要质量有保证，企业可以开足马力生产，利润就有保证。但是，在多品种、中小批量生产的情况下，这样的方法是不行的。因此，准时生产的目标就是通过“彻底消除浪费”来降低企业运营成本，从而实现企业的利润最大化。

12.1.3 准时生产的基本方法

为了实现准时生产的目标，采取的基本方法就是消除浪费，降低生产过程中的成本，在生产过程中按需要适时、适量生产。具体的方法包括：第一，保持生产批量极小化以及生产同步化；第二，缩短作业更换时间，保持生产均衡化；第三，通过看板系统来实时、适量地补充工序所需的物料，弹性配置作业人数；第四，尽可能实现自动化。准时生产的基本方法如图 12-1 所示。

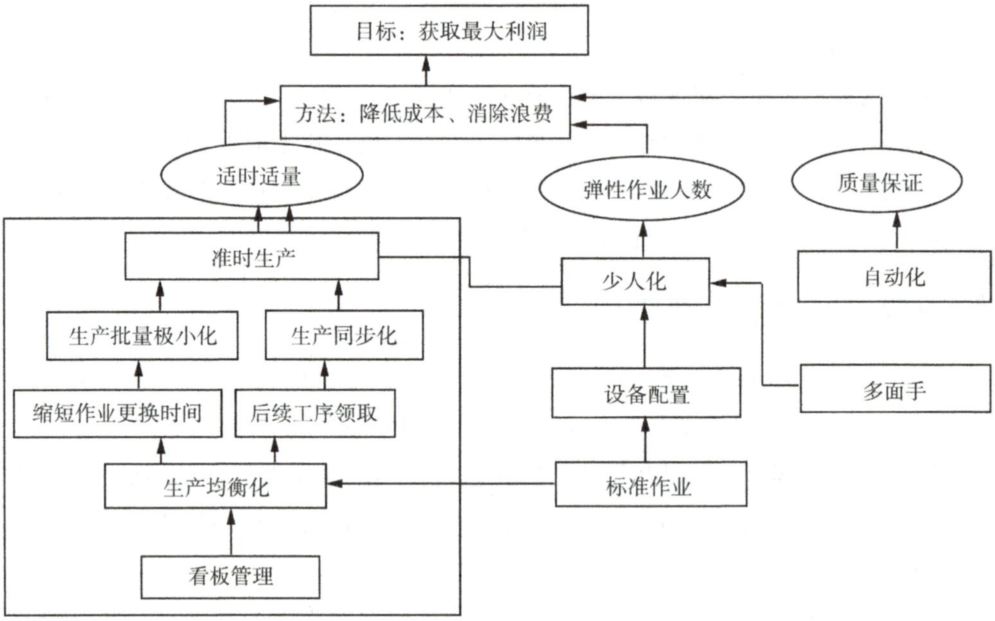

图 12-1 准时生产的基本方法

1. 适时、适量生产

适时、适量生产是指“在需要的时候，按需要的数量，生产所需的产品”。随着时代的演进，市场逻辑已从“只要生产出来就能卖得出去”转变为“只能生产卖得出去的产品”。在这一背景下，适时、适量的生产策略显得尤为重要。唯有精准把握市场需求，合理安排生产计划，才能有效避免生产过剩所带来的人员闲置、设备浪费、物资积压以及资金占用等不利后果，实现资源的高效利用和企业的可持续发展。

2. 弹性配置作业人数

随着劳动力费用的不断上升，降低劳动成本已成为企业降低整体成本的重要方面。实现这一目标的有效方法是根据生产量的变化，灵活地调整生产线上的作业人数，并力求以较少的人力完成更多的工作。这种人员配置方式与传统的定员制有所不同，它代表了一种创新的人员管理理念。为此，需要设计出独特的设备布局，以便能够将因生产量减少而节省的工时集中利用，从而实现人员的优化配置。然而，这种变革将引发作业内容、作业时间、作业组合以及作业顺序等一系列的调整，这就要求作业人员必须具备多种技能，以适应新的生产模式。

3. 质量保证

以前的企业管理者认为，要想提高质量就必须增加成本。然而，准时生产方式消除了人们这一错误认识，将质量管理贯穿于每一道工序之中，来实现提高质量与降低成本的一致性。其具体做法是，在生产组织中融入“自动化”机制。第一，生产线能够自动检测不良产品，一旦发现异常可以自动停机；第二，操作工人有权在设备或产品发生问题时自行停止生产，这样，不良品就被扼杀在萌芽之中，避免长时间造成的大量浪费，而且也容易找到发生异常的原因，从而有针对性地采取措施，防止异常情况再次发生。可见，这种质量管理方法，和通常在末道工序或关键工序进行检验、对不良品返工或作其他处理、尽量不使生产过程中断的方法，从思路上是完全不同的。

准时的核心是适时适量生产，准时采取生产同步化的措施。生产同步化，即工序间不设仓库，前一工序加工结束后立即转到下一工序去，各工序几乎平行进行，产品一件一件连续生产出来。而在铸造、锻压、冲压等必须成批生产的工序中，则通过尽量缩短作业更换时间，缩小生产批量。生产同步化通过“后工序领取”这样的方法实现，即后工序只在需要的时刻到前工序领取所需要的数量，而前工序只补充生产被领走的数量和品种。这样，以总装配线为出发点，生产计划只下达给总装配线，然后一层一层向前一工序领取，直至粗加工及原材料部门，把各工序都连接起来，实现同步化生产。

12.2 推拉式生产系统

在加工装配式生产企业，产品由多种零部件装配而成，每个零部件要经过多道工序加工。组织这样的生产可以采用两种不同的发送生产指令的方式，即推式和拉式。

12.2.1 推式生产系统

推式生产系统是一种基于预测需求驱动的生产管理模式，其核心逻辑是“预先生产，后匹配需求”。在该系统中，生产计划通常由企业根据历史数据、市场预测或订单预估制定，各工序按计划逐级“推动”物料和半成品向下游流动，而非由实际需求实时触发生产。例如，传统制造业中常通过 MRP（物料需求计划）系统计算原材料采购量和生产排程，批量制造产品并存入仓库，等待客户订单到来时进行销售。这种模式的优势在于能提前储备库存以应对需求波动，适用于产品需求稳定、生产周期长或供应链响应迟缓的场景(如大宗商品)。但其弊端显著：过度依赖预测易导致库存积压(尤其是需求不及预期时)，资源浪费在非急需产品的生产上，且缺乏灵活性——当市场变化或客户需求调整时，已生产的库存可能滞销，而紧急订单又难以及时响应。此外，推式生产系统常引发“牛鞭效应”，即供应链各环节为应对不确定性而放大订单量，最终导致整体库存成本飙升。

12.2.2 拉式生产系统

拉式生产系统是一种以实际需求为驱动的生产模式，其核心理念是“按需生产，杜绝浪费”，通过下游需求实时触发上游生产活动，形成“需求拉动”的价值流。与推式系统依赖预测不同，拉式系统强调只在客户需要时、按所需数量生产所需产品，典型应用包括丰田的准时制生产(JIT)和看板管理。例如，在汽车装配线上，当某工序完成零件组装后，通过看板信号(如空容器或电子指令)向上游工序传递补货需求，上游仅在此信号触发后才开始生产，确保物料流动与消耗同步，避免过量库存。这种模式能够显著减少在制品积压和仓储成本，同时增强企业对市场变化的响应能力——需求波动可直接传导至生产端，快速调整排程。拉式生产系统尤其适用于多品种、小批量、需求波动大的行业(如定制化电子产品)，但也需柔性生产线、高效物流系统和数字化管理工具作为支撑，才能实现“零库存”与“高质量”的协同目标。

12.3 看板管理

看板，又称传票卡，是传递信息的工具。它可以是卡片，也可以是信号或告示牌。看板及其使用规则共同构成了看板管理系统。

在看板管理系统中，每种零件只有一个来源。零件在加工过程中有明确固定的移动路线。每个工作地需要精心布置，使在制品与零部件存放在工作地旁边，而不是存放在仓库里。这样，每一个工作地都有两个存放处：入口存放处和出口存放处。对于装配作业，一个工作地可能有多个入口存放处，众多的存放处使车间与库房合一，这是看板管理的一个特点，是准时生产的初级阶段。

看板分为移动看板和生产看板。移动看板在上道工序的出口处与下道工序的入口处之间往返运动。生产看板在工作地和它的出口处之间往返运动。当下道工序需要补充零件时，移动看板就被送到上道工序出口处相应的盛装零部件的容器上，当该移动看板与上道工序出口处容器上的生产看板对上号时，生产看板就被取下，放入生产看板盒内，而放满零件的容器连同移动看板一起被送往下道工序的入口处。上道工序的工人则按顺序从生产看板盒内取走生产看板，按生产看板的规定从入口处取出零件加工，加工完毕后将生产看板挂在容器上，送往工作地出口处。每个移动看板只对应一种零件，挂在一种容器上。

移动看板通常包括以下信息：零件号、容器容量、看板号、供方工作地号、供方工作地出口存放处号、需方工作地号、需方工作地入口存放处号。典型的移动看板如图 12-2 所示。

<table>
<tr><td>供方工作地号：
$12^{\#}$涂料</td><td rowspan="3">零件号：A123
涂料箱座
容器：2 型(黄色)
每一容器容量：5 件
看板号：3 号(共发出 5 张)</td><td>需方工作地号：
$3^{\#}$装配</td></tr>
<tr><td>出口存放处号：
NO. 12-5</td><td>入口存放处号：
NO. 3-1</td></tr>
<tr><td></td><td></td></tr>
</table>

图 12-2　典型的移动看板

生产看板通常包括以下内容：零件号、容器容量、供方工作地号、供方工作地出口存放处号、看板号、所需物料清单、所需工具等。典型的生产看板如图 12-3 所示。

供方工作地号：$12^{\#}$涂料 零件号：A123 涂料箱座 出口存放处号：NO. 12-5 所需物料：$5^{\#}$涂料，黑色 物料地点：压制车间 9-11 号储藏室

图 12-3　典型的生产看板

12.3.1 用看板组织生产的过程

图 12-4 表示用看板组织生产的过程。为简化起见，假设只有三个工序，分别为总装配工序、零件组装工序、零件加工工序。

如图 12-4 所示，A 为本道工序存放准备加工件的存放箱，B 为本道工序已完成件的存放箱。图中实线为零部件实物流动过程，虚线为看板的传递过程。当最后工序（此处是总装配工序）的操作人员从Ⅲ A 箱中取用一个（或一组）零部件后，就从箱中取出一块移动看板，到上道工序的ⅡB 箱中提取一个同样的零部件，以补充ⅢA 箱中已使用过的一个零部件；同时在ⅡB 箱中取出一块生产看板，交给第二道工序的操作者，第二道工序的操作者根据这个指令来加工这个零部件，制成后补入Ⅱ B 箱中。第二道工序的操作者开始制造这一零部件时又按上述同样的程序进行，然后依次向前类推，使生产持续进行。

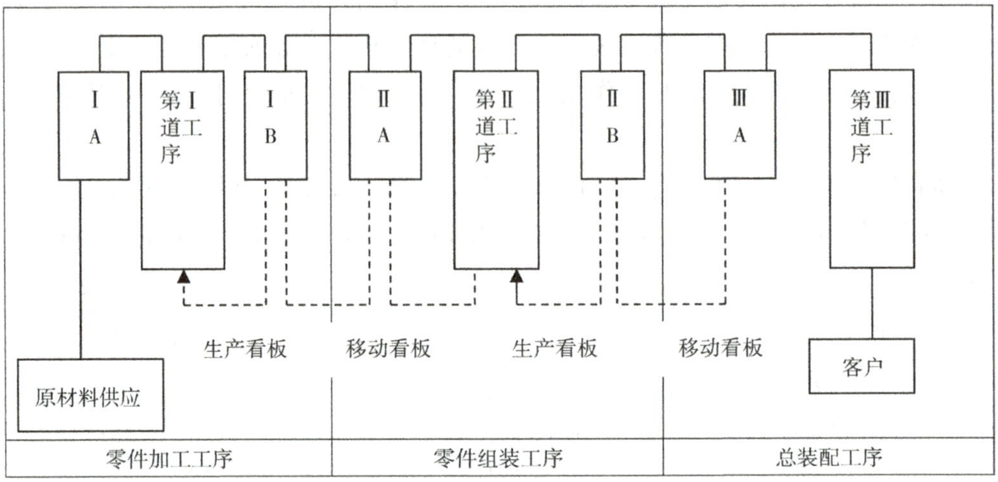

图 12-4　看板组织生产的过程

12.3.2 看板组织生产的作用

在看板管理中，出口处与入口处的在制品数量越少，越接近无库存生产，生产的准时性就越好。每减少一次在制品，都要大大改进各方面的管理，都要付出极大的努力。但是，只要初步实现了看板管理，就进入了准时生产的起点，并可以依据零库存的思想进一步降低零部件的库存。

要减少工序间在制品的数量，可以通过减少发出的看板数量的方式实现，因为工作地出口、入口处的在制品数量，可以用发出的生产看板、移动看板数计算出来。在工作地的出口处挂有生产看板，在下道工序的入口处挂有移动看板。因此，控制看板发出的数量就是控制工序间在制品的数量。

具体而言，看板管理可起到以下作用。

1. 持续改进

看板管理强调通过小步迭代优化流程，而非一次性变革。团队定期召开回顾会议，结合看板数据分析问题(如某阶段任务长期停滞)，并制定改进措施(如简化审批流程或增加自动化测试)。例如，若发现需求变更频繁导致返工，团队可推动客户参与需求评审会，减少后期改动。这种持续改进文化鼓励每个成员提出建议(如调整在制品限制或优化任务拆分规则)，逐步消除低效环节。看板不追求“完美流程”，而是通过暴露问题驱动团队主动学习，形成“发现问题—解决—验证”的正向循环。

2. 限制在制品数量

看板通过为每个流程阶段设置并行任务上限，强制团队聚焦于“完成”而非“开始”。这一机制减少了多任务切换带来的效率损耗，并暴露了流程中的深层问题。

3. 促进团队协作与沟通

看板通过明确标注任务负责人、依赖关系和截止时间，将协作流程具象化。例如，开发完成的任务卡片会移动到测试列，测试人员无须等待通知即可介入，减少交接延迟。每日站会结合看板状态更新，帮助团队快速对齐进展、暴露问题。跨职能团队（如开发、运维等）也能通过看板理解彼此的工作节奏，打破部门壁垒。

4. 减少浪费

看板帮助识别并消除非增值活动。例如，任务在等待测试环境时处于闲置状态，属于“等待浪费”，团队可通过预配资源或并行任务设计来减少此类时间损耗；过度生产（如开发超出客户实际需求的功能）可通过“按需拉动”机制来避免，即仅在有明确需求时启动任务。看板还减少返工浪费，例如在需求列明确验收标准后再进入开发，降低后期修改成本。通过持续监控任务流动，团队能精准定位浪费环节，优化资源配置，提升整体交付效率。

12.4 精益生产方式

12.4.1 精益生产方式的基本思想

在瞬息万变的全球经济格局中，现代企业不断探索新颖且高效的运营模式以求生存与发展。对众多企业而言，这代表着从传统运营模式向近年来备受推崇的精益生产（lean production，LP）转变。

精益生产是一种以客户价值为核心、以消除浪费为目标的系统性管理哲学与方法论，起源于日本丰田汽车公司的丰田生产系统（Toyota production system，TPS）。其核心逻辑是通过持续识别并剔除所有不创造价值的活动，同时优化资源流动效率，实现“用最少资源创造最大价值”。

准时生产方式主要围绕生产制造系统展开，而精益生产则将视野拓宽至整个企业，形成了一种扩展版的经营管理模式。它不仅是对准时生产方式的进一步提炼和理论升华，而且融合了大规模生产和单件生产的优势，同时克服了前者市场适应性不足和后者成本过高的弊端。精益生产以销售部门为生产流程的起点，确保市场需求始终处于核心位置。

精益生产系统有三个基本要素，即需求驱动、聚焦于消除浪费和建立追求卓越和持续改进的企业文化。其核心思想主要包括以下几点。

(1)精益生产强调只有那些被顾客认可和需要的价值才是真正的价值。精益生产以顾客需求为导向，将满足顾客需求视作企业一切工作的中心。

(2)精益生产致力于追求卓越，旨在实现用户满意度的最大化、生产过程的无误差，以及企业自身的持续优化，力求在这些方面达到尽善尽美的境界。

(3)在产品开发过程中，精益生产采用并行工程方法，以确保产品质量、控制成本、缩短开发周期，并满足用户需求。

(4)精益生产企业的组织特征体现在将更多的工作任务和责任赋予那些真正为企业创造价值的员工。同时，精益生产企业通常会建立一套高效的缺陷监测系统，能够迅速定位问题并找出原因，从而最大限度地降低生产成本，以满足市场的需求。

(5)通过实施拉式生产和准时化生产策略，精益生产以用户需求为起点，从生产流程的末端向前端逐步拉动，确保各个生产环节按照需求有效运转，实现资源的优化配置和高效流动。

小故事

上海某机械制造厂生产某零件的设备中有一台机床是从美国进口的，一天该机床的喷头不小心被烧坏，从而导致机床无法正常运行，整个生产线停工。负责该机床的技术员立即检查备件，发现本厂并无该喷头的备件，由于国内并无销售该机床备件的公司，现在唯一的办法就是从美国运回这种备件，而这样做需要两个星期，损失将无法估量。负责部门召开紧急会议，商讨问题的解决办法。在会上有人提出一方面从美国购进这种备件，另一方面将机床上的在制品转出，折价给其他生产该产品的公司，这样可以减少损失。技术人员则提出修改该喷头的接口，使之适合国内的相关接口型号，但这样做大概需要两天时间，改装后的机床虽然不如原装的好且喷头容易损坏，但如果加强控制，产品的质量也不会下降。还有人认为应该立即打电话给上海进出口公司，询问国内是否有该机床的备件，如果有，可以借用。然而，不论采用哪种方式，损失已经造成，这次的事故也开始让该企业管理者思考怎样才能避免再次出现同样的情况……

点评：精益生产的核心是消除浪费。设备故障就是生产过程中的主要浪费之一，会大幅降低企业生产率。

12.4.2 精益生产方式的实现条件

精益生产方式有三大支撑：零库存、多品种、零缺陷。与三大支撑对应的管理技术为准时生产、成组技术、质量管理，其基础为计算机网络支持下的并行工作方式和小组化工作方式。精益生产方式的结构如图 12-5 所示。

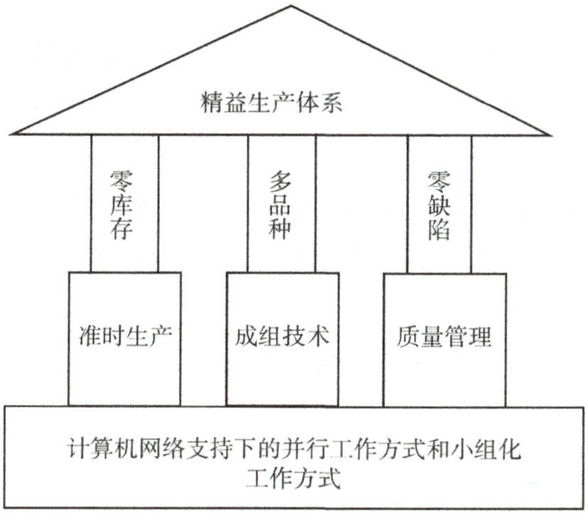

图 12-5　精益生产方式的结构简图

实行精益生产方式需满足诸多条件，这些条件包括以下几个方面。

(1)生产计划平稳。这意味着生产速率与市场需求速率保持一致，同时尽可能减少每种产品的生产批量，实现按需生产，即市场需要一台，企业就生产一台。这样可以使物料流动与市场需求同步，始终保持在一个平稳的运行状态。同时，企业还需确保主生产计划的持续稳定性。

(2)减少调整准备时间，以适应扩大生产频率的要求。为了达成这一目标，企业需要提升生产系统的灵活性，对员工进行专业培训，并采纳先进的组织管理技术。

(3)对生产流程进行精心规划，重新布局生产车间，以实现零库存的理念，确保生产效率和响应速度的最优化。

(4)准时采购，消除原材料和外购件的库存。

(5)加强质量管理，消除废品。

12.4.3 精益生产中的七大浪费

精益生产的核心是最大化客户价值，同时最小化浪费。精益生产强调从客户的角度定义价值，明确客户愿意为哪些产品或服务付费。企业需要分析从原材料到最终产品的整个价值流，找出哪些步骤是增值的，哪些是非增值的，确保价值流中的每个步骤顺畅流动，避免停滞和瓶颈。通过不断改进流程，消除浪费。

七大浪费理论是丰田生产系统的核心概念之一，由丰田工程师大野耐一提出，旨在帮助企业识别和消除生产过程中所有不创造价值的活动。以下是七大浪费的具体内容。

(1)过度生产。生产超出实际需求，如工厂生产了 1000 件产品，但客户仅需要 800 件。

(2)等待。人员、设备或任务因流程不连贯而处于闲置状态，如工人因设备故障或材料未到位而停工等待。

(3)运输。不必要的物料或信息搬运，如纸质文件在不同部门间多次传递。

(4)过度加工。执行超出客户需求的、无附加值的加工或操作，如为零件添加客户不需要的抛光工艺。

(5)库存。过量存储原材料、半成品或成品，如仓库堆积大量未销售的成品。

(6)动作浪费。人员或设备因流程设计不合理而产生的无效移动，如工人频繁弯腰取工具或远距离走动拿取零件。

(7)缺陷。因错误导致产品不合格或服务不达标，需返工或报废，如零件因尺寸错误被退货，需重新加工。

12.4.4 精益生产中的实施工具和方法

为了消除浪费，在合适的时间、合适的地点提供合适数量的产品，贯彻精益生产的理念，生产运作过程中需要利用和实施一系列具体的工具和方法。

1. 5S 管理方法

5S 管理包括整理(seiri)、整顿(seiton)、清扫(seiso)、清洁(seiketsu)、素养(shitsuke)，主要用于改善工作环境和工作效率。

整理是指区分必要的和不必要的物品，只保留必需品，清除废弃物和多余工具、设备。整顿则要求必需品按规定位置放置，整齐有序，明确标识物品，便于取用。清扫则要求清除现场的脏污和垃圾，保持工作区干净明亮。清洁是指制度化和规范化整理、整顿、清扫的做法，维持现场的干净和良好状态。素养是要求养成良好的习惯，遵守规定，培养积极进取的精神。

5S 管理是现代企业管理的基础，其意义在于帮助企业营造良好的工作环境和氛围，提升员工积极性和主动性，提高生产效率和产品质量，减少事故隐患，保障企业生产安全，达到精益生产的目的。

2. 看板

通过实施看板系统，在生产过程中既能够保证每个工地的物料所需，又能够避免生产场地拥堵和堆积。看板为生产过程的精益化提供可视化的导图。

3. 价值流图

价值流图(value stream mapping，VSM)是精益管理中的核心分析工具，用于可视化并优化产品或服务从原材料到客户手中的全流程。它通过绘制物料流、信息流和每个环节的时间消耗（如加工、等待、运输等），帮助团队识别增值与非增值活动，从而精准定位浪费。例如，在制造业中，VSM 可揭示因多次搬运某零件而导致的周期延长；在软件开发中，可暴露因反复修改需求而停滞的环节。通过对比“当前状态图”与“未来状态图”，团队能制定减少冗余步骤、提升流动效率的行动计划，最终实现成本降低、交付加速和资源高效利用。

4. 单件流

单件流（one-piece flow）是精益生产中的核心方法，指在制造或服务过程中，产品或任务以最小单位（单件或小批量）连续流动，而非批量堆积等待。其核心是通过消除中间库存、减少等待时间和缩短生产周期，实现高效的价值流动。例如，在组装线上，每个产品完成一道工序后立即传递至下一环节，而非累积成批处理。这种模式能快速暴露流程中的问题（如设备故障或质量缺陷），迫使团队即时改进，同时降低库存成本、提升生产灵活性，并确保资源精准匹配需求。单件流不仅适用于制造业，也可扩展至软件开发、医疗等领域，助力企业实现“高质量、低浪费”的目标。

5. 标准化工作

标准化工作是精益生产的核心实践之一，指通过科学分析制定最佳操作流程，明确作业步骤、时间、顺序及所需资源，确保所有员工以统一、高效的方式完成任务。其核心目标是减少流程变异和浪费，提升质量与效率，例如在汽车装配中，规定每个工位的动作顺序和完成时间，避免遗漏或错误。标准化并非僵化不变，而是基于实际数据持续优化，同时鼓励员工参与改进，既保障稳定性又支持创新。它不仅能加速新员工的培训，还为问题识别和持续改进提供基准，是实现高效、可预测产出的基础。

6. 全员生产维护

全员生产维护（total productive maintenance，TPM）是精益生产中的重要方法，强调通过全员参与（从操作工到管理层）实现设备效率最大化，其核心目标是“零故障、零缺陷、零损失”。TPM 通过预防性维护（如定期清洁、点检）、自主维护（操作工参与基础保养）和专业维护（技术人员处理复杂故障）相结合，减少设备停机时间、延长设备寿命并提升产能。例如，在工厂中，工人每日按标准流程清洁机器并记录异常，同时，团队分析设备数据并优化维护计划。TPM 不仅降低维修成本，还通过全员协作培养员工责任意识，最终实现设备综合效率的提升和持续改进文化的建立。

本章要点

- 准时生产，也称为适时生产，是精益生产方式在生产现场的体现，是围绕减少成品库存、在制品库存和原材料库存而形成的一套原则和方法，其基本思想是“只在需要的时刻，生产所需数量的产品”。

● 准时生产的目标是通过“彻底消除浪费”来降低企业运营成本，从而实现企业的利润最大化。

● 为了实现准时生产的目标，采取的基本方法就是消除浪费，降低生产过程中的成本，在生产过程中按需要适时、适量生产。具体的方法包括：①保持生产批量极小化以及生产同步化；②缩短作业更换时间，保持生产均衡化；③通过看板系统来实时、适量地补充工序所需的物料，弹性配置作业人数；④尽可能实现自动化。

● 推式生产系统是一种基于预测需求驱动的生产管理模式，其核心逻辑是“预先生产，后匹配需求”。

● 拉式生产系统是一种以实际需求为驱动的生产模式，其核心理念是“按需生产，杜绝浪费”。

● 精益生产是一种以客户价值为核心、以消除浪费为目标的系统性管理哲学与方法论，其核心逻辑是通过持续识别并剔除所有不创造价值的活动，同时优化资源流动效率，实现“用最少资源创造最大价值”。

● 精益生产中的七大浪费包括过度生产、等待、运输、过度加工、库存、动作浪费和缺陷。

● 精益生产中的主要实施工具和方法包括 5S 管理方法、看板、价值流图、单件流、标准化工作、全员生产维护。

思考与练习

选择题

参考答案

1. 准时生产的核心目标是(　　)。

A. 最大化设备利用率

B. 完全消除库存

C. 仅在需要时生产所需数量

D. 优先保障生产计划稳定性

2. 以下属于精益生产中“七大浪费”的是(　　)。

A. 必要的数据记录

B. 不必要的物料运输

C. 合理的设备维护

D. 客户定制化需求

3. 拉式生产系统的典型工具是(　　)。

A. 甘特图

B. 看板

C. 六西格玛

D. 关键路径法

4. JIT 实施成功的关键前提是(　　)。

A. 高库存缓冲

B. 单一客户订单模式

C. 供应链可靠性与质量水平

D. 完全自动化生产线

5. JIT 生产的关键要素不包括(　　)。

A. 小批量生产

B. 快速换型(SMED)

C. 大规模经济生产

D. 供应商协同

6. 价值流图主要用于(　　)。

A. 优化单一设备效率

B. 识别全流程中的浪费

C. 计算财务投资回报率

D. 设计产品外观

7. 精益生产中的“均衡生产”是指(　　)。

A. 所有产品均摊到每条生产线

B. 优先生产高利润产品

C. 确保每日产量绝对固定

D. 平准化生产量与种类波动

8. 拉动式生产的特点是(　　)。

A. 根据预测提前生产

B. 下游需求触发上游生产

C. 集中式计划控制

D. 最大化批量规模

简答题

1. 请简述精益生产方式的核心思想。

2. 请简述制造企业实行精益生产方式需要具备哪些条件。

3. 看板系统在准时生产中有哪些作用?

案例分析题

HF 汽配是一家中型汽车零部件供应商，主要生产发动机支架，为多家国产汽车品牌供货。2021 年起公司推行精益生产改革，引入准时生产，将原材料库存从 30 天用量压缩至 5 天，生产线从大批量生产改为单件流。

2023 年 9 月，为某头部车企定制的轻量化支架订单突增 50%，但 HF 汽配的冲压车间因模具磨损意外停机 8 小时。由于准时生产模式下仅储备 2 小时用量的特种钢材，生产线被迫中断，导致 24 小时内 3 家整车厂装配线告急。尽管 HF 汽配通过紧急空运钢材进行了补货，仍有两家客户以“交货延迟”为由取消了合计 800 万元的订单。

管理层因此开始思考 JIT 模式对于本公司的适配性，以下是一组数据。

(1) 库存成本：推行 JIT 后仓储费用下降 60%，但 2023 年因紧急采购产生的物流溢价达 280 万元。

(2) 生产弹性：单件流使换型时间缩短至 15 分钟，但关键设备故障率同比上升 40%(因取消冗余备机)。

(3) 供应链风险：80% 的特种钢材依赖单一进口商，因货源紧张，交货周期从 7 天延长至 12 天，但安全库存仍按旧数据设定。

生产部主张恢复部分安全库存：“至少储备 1 周用量的核心材料”；精益推进组坚持“彻底消灭浪费”，认为故障源于设备维护不足，提议增加预防性检修频次；采购部则提出开发本土替代供应商，但样品测试需 3 个月，且成本提高 18%。

根据上述案例，回答以下问题：

(1) 如何平衡 JIT 的“零库存”理想与供应链的不确定性现实？

(2) 若引入本土替代材料，如何量化评估供应链风险降低所带来的收益？

参考文献

[1]马士华，崔南方，周水银，等. 生产运作管理[M]. 3 版. 北京：科学出版社，2015.
[2]史蒂文森. 运营管理[M]. 张群，张杰，马风才，译. 北京：机械工业出版社，2019.
[3]庄品. 生产运作管理[M]. 4 版. 北京：科学出版社，2022.
[4]程国平. 生产运作管理[M]. 2 版. 北京：人民邮电出版社，2017.
[5]梅雷迪思，谢弗. MBA 运营管理. [M]. 唐奇，译. 北京：中国人民大学出版社，2015.
[6]孟宪华，张鸿萍. 生产运作管理[M]. 2 版. 北京：经济科学出版社，2018.
[10]王海军. 运营管理[M]. 北京：中国人民大学出版社，2013.
[11]王海军，杜丽敬. 供应链管理[M]. 北京：清华大学出版社，2021.
[12]张国良，郭琦. 企业战略管理[M]. 北京：清华大学出版社，2023.
[13]蓝海林. 企业战略管理[M]. 4 版. 北京：中国人民大学出版社，2024.
[14]赵晓波，黄四民. 库存管理[M]. 2 版. 北京：清华大学出版社，2018.
[15]刘伟. 管理信息系统[M]. 2 版. 大连：东北财经大学出版社，2023.
[16]张涛. 企业资源计划(ERP)原理与实践[M]. 3 版. 北京：机械工业出版社，2020.
[17]程国卿，吉国力. 企业资源计划(ERP)教程[M]. 2 版. 北京：清华大学出版社，2013.
[18]田军，刘正刚. 企业资源计划：ERP[M]. 2 版. 北京：机械工业出版社，2020.